AF464437

MANUEL

POUR ÉTUDIER

LA LANGUE SANSCRITE

MANUEL

POUR ÉTUDIER

LA LANGUE SANSCRITE

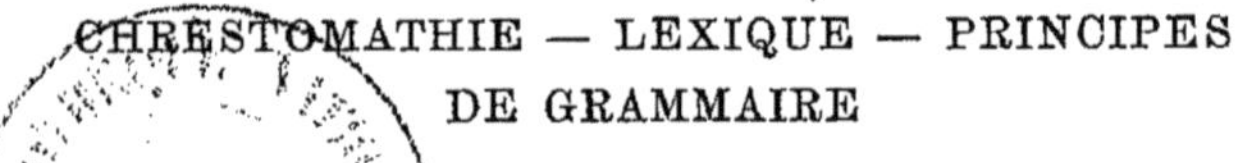

CHRESTOMATHIE — LEXIQUE — PRINCIPES
DE GRAMMAIRE

PAR

ABEL BERGAIGNE

MAÎTRE DE CONFÉRENCES A LA FACULTÉ DES LETTRES DE PARIS ET A L'ÉCOLE DES HAUTES ÉTUDES

PARIS

F. VIEWEG, LIBRAIRE ÉDITEUR

67, RUE DE RICHELIEU, 67

1884.

A MONSIEUR

ADOLPHE REGNIER

Vous m'avez permis d'inscrire en tête de ce Manuel le nom du savant que nous appelons notre maître vénéré, parce que ses livres, à défaut de sa parole, ont continué chez nous l'enseignement d'Eugène Burnouf. C'est un grand honneur pour une publication si modeste. Puisse-t-elle le mériter en rendant quelques services à nos jeunes indianistes!

Abel Bergaigne.

PRÉFACE

J'ai composé ce *Manuel* avant tout pour les besoins de mes leçons à la Sorbonne; mais je serais très flatté qu'il fût adopté par d'autres maîtres, et très heureux qu'il pût servir aussi aux étudiants qui, à défaut d'un autre enseignement à leur disposition, voudraient me prendre pour guide à distance : je dois aux uns et aux autres quelques mots d'explication.

Pour la *grammaire,* je ne donne qu'un abrégé, ou, plus exactement, des *Principes*. Tous les menus faits sont renvoyés au Lexique[1]; mais en même temps l'organisme de la langue est décrit dans ses traits essentiels. Mon ambition a été de faire une œuvre à la fois pratique et scientifique, et qui pût être utile particulièrement à ceux qui veulent prendre une idée du sanscrit en vue des études de grammaire comparée. Pour cela, j'ai cru devoir mettre mon exposition en harmonie, autant qu'il était possible de le faire pour un si court abrégé, avec les théories nouvelles sur le vocalisme des langues indo-européennes; je suis même allé jusqu'à l'hypothèse de M. Ferdinand de Saussure sur les racines dissyllabiques, bien qu'elle n'ait pas encore rencontré généralement la faveur qu'elle

1. Ceux du moins qui se rencontrent dans la Chrestomathie; les autres sont purement et simplement omis. Mes confrères apprécieront l'opportunité de ces omissions : mais je les prie de croire qu'elles sont volontaires.

me paraît mériter. Quant à l'ordre que j'ai suivi, il est rigoureusement synthétique, la formation des thèmes nominaux, par exemple, précédant la déclinaison. Dans le classement des différentes déclinaisons, à défaut d'un ordre qui s'impose, ou qui du moins ait été fixé par une tradition quelconque, j'adopte celui des déclinaisons correspondantes de la langue grecque, qui aura, à défaut d'autre avantage, celui de soulager la mémoire de l'étudiant. Pour le verbe, l'ordre traditionnel de la conjugaison en ω et de la conjugaison en μι m'a pareillement fourni les numéros des deux grandes conjugaisons sanscrites : quand l'étudiant passera de mon abrégé à la grammaire complète de M. Whitney[1] (qui a fait oublier toutes les autres), il aura à renverser ces numéros; mais le mal n'est pas grand.

Le *Lexique* ne présente qu'une seule innovation : mais elle est importante. C'est un usage général dans les dictionnaires sanscrits de ranger les verbes composés avec un ou plusieurs préfixes sous le verbe simple, ou plus exactement sous la racine du verbe simple. Il y a un grand avantage en effet à trouver ainsi rapprochées des formes aussi étroitement unies par l'étymologie, et à suivre les modifications du sens de la racine dans ses combinaisons avec les divers préfixes. J'ai pensé qu'il y aurait un avantage non moins grand pour l'étudiant à trouver les formations nominales de la même racine rapprochées des formations verbales. Tous les mots qui se rattachent par une dérivation entièrement sûre à une racine verbale sont donc rangés sous cette racine. Ceux qui, sans pouvoir être rattachés sûrement à une racine verbale, sont dérivés d'un autre mot, seront trouvés pareillement sous le primitif. Enfin, par une dernière conséquence du système adopté, les composés sont rangés sous leur dernier terme.

Pour la simplification des recherches, les racines verbales et les mots primitifs non rattachés à une racine sont seuls imprimés en

1. Publiée à Leipzig, chez Breitkopf et Härtel, à la fois en anglais et en allemand.

caractères *devanāgaris*[1], les racines elles-mêmes étant distinguées par un astérisque, et les racines ou primitifs homonymes par des numéros d'ordre. Sous chaque racine, on trouvera dans un premier paragraphe l'indication des formations verbales, suivie de celle des formations nominales étroitement rattachées au verbe par l'usage, participes, infinitif, gérondifs; puis, dans autant de paragraphes distincts, chaque mot simple, suivi, s'il y a lieu, d'abord des composés dont il forme le dernier terme, puis de chacun de ses dérivés avec les composés terminés par chaque dérivé. Cette première partie de l'article consacré à une racine ne comprend que les formations, verbales ou nominales, sans préfixe. Elle est suivie d'autant d'autres parties qu'il y a de préfixes joints à la racine, commençant toutes par l'indication du préfixe en caractères *devanāgaris*, mais, pour éviter toute confusion, dans une colonne distincte de celle que forment les têtes des articles (racines et primitifs) : dans chacune de ces parties l'ordre des formes est le même que dans la première.

On ne contestera pas sans doute les avantages de cette disposition. Elle permettra à l'étudiant appliqué de trouver dans chacun des principaux articles, d'abord le sujet d'une lecture intéressante, ensuite le résumé de connaissances déjà acquises. Elle obligera celui qui le serait moins à analyser rigoureusement toutes les formes, sous peine de ne rien comprendre au texte qu'il devra expliquer. Mais ces avantages ne seront-ils pas achetés au prix d'inconvénients plus grands encore? Les débuts, déjà si pénibles, de l'étude du sanscrit, n'en deviendront-ils pas plus ardus? La méthode que j'impose à mes élèves est scientifique : est-elle pratique?

Je pourrais répondre qu'avec tous les dictionnaires en usage, l'étudiant a un effort à faire pour trouver le verbe composé, ses participes, etc. sous la racine du verbe simple; qu'il ne faut pas un

1. Voir *Grammaire*, 9 (p. 237).

don de divination plus merveilleux pour trouver, par exemple, le substantif *adhikāra* sous la racine *kar*, que pour y trouver le participe *adhikṛta;* qu'il y a même un bénéfice matériel, dans une période des études où on ne distingue pas toujours bien les noms des verbes, et surtout, parmi les formations nominales, celles qui sont plus étroitement rattachées au verbe de celles qui en sont plus indépendantes, à être exempté des tâtonnements, et à savoir qu'on doit chercher tout également sous la racine. Il me serait permis surtout de faire remarquer que l'avantage de trouver un plus grand nombre de mots à leur ordre alphabétique propre est beaucoup moindre dans une langue dont le système d'écriture [1] est tel que, souvent, le plus difficile à déterminer est justement le commencement du mot; si bien que, dans une expérience déjà longue de l'enseignement, j'ai cru remarquer que le meilleur moyen de faire débrouiller une phrase sanscrite à des commençants était de leur en faire chercher les racines.

Mais la meilleure justification du système de classement suivi dans le Lexique est dans les notes qui accompagnent la première partie de la *Chrestomathie*. Les recherches y fussent-elles, ce que je ne crois pas, plus difficiles que dans un autre dictionnaire quelconque, j'ai tant fait, dans ces premiers exercices, pour faciliter la tâche des commençants, qu'ils auront encore tout profit à en passer par mes exigences.

Au moment où j'ai conçu le plan de ce Manuel, et particulièrement des premiers exercices, il n'existait encore, on peut le dire, aucun ouvrage méthodique pour simplifier l'étude des éléments du sanscrit. Pendant que je l'exécutais, ce *desideratum* a été rempli par une publication de M. Georges Bühler [2]. Mais j'ai cru qu'il serait toujours utile aux étudiants français d'avoir entre les mains un

1. Voir *Grammaire*, 10 (p. 237).

2. *Leitfaden für den Elementarcursus des Sanskrit.* Vienne. Carl Konegen. 1883.

livre écrit dans leur langue. De plus, je suis moins convaincu que M. Bühler des avantages que peut offrir pour des étudiants européens la méthode suivie dans les écoles de l'Inde. Les jeunes Hindous abordent l'étude du sanscrit sans avoir passé par celle du latin et du grec, et l'exercice du «thème», en particulier, ne me paraît pas nécessaire à des jeunes gens familiarisés avec le génie des langues anciennes, et qui n'apprennent pas le sanscrit pour le parler ni même pour l'écrire.

Ma méthode consiste, comme celle de M. Bühler, à faire marcher de front l'étude de la grammaire et les exercices : mais je me contente de la «version». De plus, au lieu de composer de petites phrases pour servir d'exemples aux règles, je jette immédiatement l'élève dans des textes qui n'ont pas été composés pour lui : mais je dispose ces textes dans l'ordre le plus commode pour l'étude successive des règles. Pour cela, je donne un choix de sentences offrant toutes un sens complet dans une seule stance, et se prêtant par conséquent à tous les genres de classement. En dépit du soin que j'ai pris de choisir le plus favorable, il reste toujours naturellement dans presque toutes ces stances des faits grammaticaux dont la connaissance ne doit être exigée que plus tard, pour l'explication d'autres stances de la série, et la conjugaison tout entière est réservée pour un travail de révision[1]. Tous ces faits sont donnés en note jusqu'au moment où l'étudiant est invité, par une indication spéciale, à les reconnaître lui-même. Ces indications successives lui donnent l'ordre pratique, très différent de l'ordre scientifique adopté pour l'exposition, dans lequel il devra étudier les différentes règles de la grammaire. Naturellement, à mesure qu'il avance, le nombre des notes destinées à tenir lieu des connaissances qu'il n'a pas encore acquises, diminue. Abondantes au début, elles contribuent à lui apprendre l'usage du Lexique, et répondent aux

1. P. 37.

dernières objections qu'on pourrait élever contre le classement que j'y ai adopté.

J'ai pu déjà apprécier les résultats de cette méthode, la Chrestomathie et le Lexique étant depuis quelques mois entre les mains de mes élèves. J'espère que mon livre pourra être également utile à d'autres. Je prie ceux qui s'en serviront en dehors de ma direction de suivre naïvement, aveuglément, la voie que je leur ai tracée. Toutes les parties de ce Manuel se tiennent étroitement, on le verra mieux encore à l'usage. De plus, il renferme assez de nouveautés pour qu'un commençant ne puisse pas, sans s'exposer à des confusions, consulter en même temps d'autres livres. Qu'on se garde bien aussi de perdre du temps à « apprendre à lire ». On ne lira jamais couramment le sanscrit avant de le comprendre. De plus, les premières parties de la grammaire qu'on aura à étudier sont disposées de façon à servir en même temps d'exercices de lecture, et à graver dans la mémoire les mots qu'il est le plus nécessaire de savoir reconnaître dès le début, c'est-à-dire les particules, et les *préfixes* après lesquels on est toujours sûr de trouver la racine d'un mot.

Les sentences détachées, qui convenaient seules à mon plan, sont souvent d'une concision qui peut paraître énigmatique à des commençants. Pour remédier à cet inconvénient dans la mesure du possible, j'en ai donné une traduction en *Appendice*. Ce sera un moyen de vérification qui ne dispensera pas l'étudiant d'une analyse exacte des formes grammaticales : car je ne me suis attaché qu'à donner l'idée du sens général, sans rechercher une exactitude littérale.

Je ne dirai rien des autres morceaux de la Chrestomathie, sinon qu'ils ont été choisis surtout pour leur intérêt littéraire : l'étude du sanscrit est assez pénible au début pour qu'il semble inopportun de fatiguer par des choses plus « indiennes » des jeunes gens qui, pour la plupart d'ailleurs, sont appelés à devenir des linguistes plutôt que des indianistes. Je n'ai donné aucun texte védique, et la

Grammaire ne comprend également que les formes classiques. L'étude des Védas n'est décidément pas l'affaire des commençants.

Le texte des *Sentences morales* et des *Stances extraites de Bhartṛhari* est emprunté à la 2e édition des *Indische Sprüche* de M. Böhtlingk, avec deux ou trois corrections indiquées depuis par M. Böhtlingk lui-même. L'acte V de *Çakuntalā* n'est qu'une reproduction du texte de M. Pischel (recension bengalie), sauf une ou deux variantes orthographiques : mais j'ai corrigé librement, dans l'intérêt de l'enseignement, la traduction sanscrite des passages prâcrits. Pour *L'enlèvement de Draupadī,* j'ai mis à profit les deux éditions complètes du Mahābhārata, les deux manuscrits de la Bibliothèque nationale et les éditions de l'épisode données par Bopp et par Johnson; mais j'ai jugé inutile de joindre un appareil critique à un simple manuel, et pour un texte aussi connu. Je cite seulement les manuscrits à l'occasion : j'ai d'ailleurs suivi en principe l'édition de Bombay.

Il me reste, en terminant, à remercier mes amis : Louis Baize qui m'a prêté son concours dans la préparation même de ce Manuel, — Auguste Barth et Charles Michel qui ont revu chacun une épreuve des textes compris dans la Chrestomathie. Malgré tant d'efforts, et comme pour en prouver l'inanité, une faute s'étale à la seconde ligne de la première page : **शस्तेषु** pour **शस्त्रेषु**. Que celui qui est sans péché me jette la première pierre! J'en ai commis quelques autres encore; mais je crois que la plupart sont véniels. Je relève dans des *Additions et corrections* ceux que je connais déjà : je complèterai plus tard cet *erratum,* s'il y a lieu.

CHRESTOMATHIE

PREMIERS EXERCICES DE TRADUCTION

CHOIX DE SENTENCES MORALES

कान्तारे वनदुर्गेषु कृच्छ्रास्वापत्सु संभ्रमे ।
उद्यतेषु च शस्त्रेषु नास्ति सत्त्ववतां भयम् ॥ १ ॥

देयमार्तस्य शयनं परिश्रान्तस्य चासनम् ।
तृषितस्य च पानीयं क्षुधितस्य च भोजनम् ॥ २ ॥

1. ALPHABET ET ÉCRITURE (1—22[1]). — DÉCLINAISON DES NOMS MASCULINS ET NEUTRES EN *A* ET DES FÉMININS EN *Ā* (145, 150, 154), ET CAS DES PRONOMS EN *A*, *Ā*, DONT LES FORMES NE DIFFÈRENT PAS DE CELLES DES NOMS. — FORMATION DU FÉMININ EN *Ā* DES THÈMES EN *A* (128). — EUPHONIE EN GÉNÉRAL ET EUPHONIE DES VOYELLES (23—34). — EUPHONIE DE *M* FINAL (62). — *kāntāre* v. *kāntāra*[2]. — *vana-durga (dur-ga)*[3] n. « chemin difficile dans les bois ». — *āpatsu*[4] loc. pl. *ā-pad* v. *pad.* — *saṃ-bhrama* v. *bhram.* — *ud-yata* part.

1. Les chiffres entre parenthèses sont les numéros des paragraphes de la Grammaire. Les titres imprimés en capitales, complétés par les chiffres, indiquent successivement les règles dont la connaissance est exigée de l'étudiant pour l'explication des stances qui suivent. Toutes les formes qui ne rentrent sous aucune des règles déjà indiquées sont expliquées. L'étudiant doit se rendre compte lui-même des autres.

2. Le Lexique donne le thème sans désinence, et non le nom. s. comme les dictionnaires grecs ou latins. Le thème *kāntāra* forme un article à part du Lexique. Les thèmes en *a, ā,* qui sont dans le même cas ne seront plus relevés dans les notes, non plus que les thèmes pronominaux en *a, ā.*

3. Les termes des composés sont séparés par un trait quand cette séparation est possible (cf. 10). Le sens des composés dont le Lexique ne donne que les termes isolés, et leur genre, seront indiqués dans les notes jusqu'à la stance 21.

4. Les mots régulièrement formés d'une racine verbale, verbes ou noms, sont rangés sous la racine. Pour les mots comprenant un préfixe, on cher-

passé passif v. *yam.* — *çastra* v. *ças.* — *asti* 3e s. prés. act. *as 1.* — *sattvavatām* gén. pl. *sattvavant* dérivé de *sattva*[1] v. *as 1.* — *bhaya* v. *bhī.* — Le locatif exprime le lieu où une chose se passe. C'est aussi le cas absolu répondant à l'ablatif absolu du latin et au génitif absolu du grec[2]. — La stance, comme toutes les suivantes, comprend quatre *pādas* ou «pieds» (nous dirions «vers») de huit syllabes chacun. La conclusion de chacun des *pādas* pairs doit être un double ïambe (la dernière syllabe à volonté). Sont longues toutes les syllabes dont la voyelle est longue ou dont la voyelle brève est suivie de deux consonnes. L'*anusvāra* et le *visarga* comptent comme consonnes. — Le signe de ponctuation placé après le second *pāda* suspend l'application des règles d'euphonie (v. toutefois 36 et 49), mais non toujours le sens. Il n'y a jamais d'autre signe de ponctuation à l'intérieur de la stance, quel que soit le nombre des propositions.

2. *deya* part. fut. passif *dā 1.* — *ā-rta* part. passé passif v. *ar.* — *çayana* v. *çī 1.* — *pari-çrānta*[3] part. passé v. *çram.* — *āsana* v. *ās 2.* — *tṛṣita* part. passé *tarṣ.* — *pānīya* v. *pā 2.* — *kṣudhita* part. passé *kṣudh.* — *bhojana* v. *bhuj 2.* — Le verbe «être» est très souvent sous-entendu. Il l'est particulièrement avec un participe (autre que ceux tirés d'un thème verbal, qui ne peuvent jamais remplacer les formes personnelles du verbe). — Les participes futurs passifs ont le sens d'obligation. — Le génitif a plusieurs des emplois du datif latin. Ici il exprime l'«attribution» qui d'ailleurs, même en sanscrit, est plus ordinairement exprimée par le datif.

chera d'abord la racine, puis, sous la racine, le préfixe, puis, sous le préfixe, les diverses formations verbales ou nominales. Dans le Lexique, les éléments de la forme sont séparés par des traits quand cette séparation est possible.

1. Les dérivés viennent après le primitif qui est rangé sous la racine (et sous le préfixe s'il y en a un). *sattva* est lui-même dérivé de *sant.*

2. La Grammaire ne comprenant que la morphologie, tous les faits de syntaxe qui ne s'expliquent pas par l'usage conforme du grec ou du latin sont relevés dans les notes la première fois qu'ils se rencontrent. La seconde fois l'étudiant est renvoyé à la première note. Il doit ensuite les reconnaître lui-même.

3. *n* pour *m* (59). Les renvois de ce genre sont destinés à satisfaire l'étudiant qui voudrait se rendre compte à l'avance de certains faits qu'on ne lui demande pas encore de reconnaître lui-même.

अयं निजः परो वेति गणना लघुचेतसाम् ।
उदारचरितानां तु वसुधैव कुटुम्बकम् ॥ ३ ॥

तेनाधीतं श्रुतं तेन तेन सर्वमनुष्ठितम् ।
येनाशाः पृष्ठतः कृत्वा नैराश्यमवलम्बितम् ॥ ४ ॥

अरावप्युचितं कार्यमातिथ्यं गृहमागते ।
छेत्तुमप्यागते छायां नोपसंहरते द्रुमः ॥ ५ ॥

नन्दन्त्युदित आदित्ये नन्दन्त्यस्तमिते ऽहनि ।
आत्मनो नावबुध्यन्ते मनुष्या जीवितक्षयम् ॥ ६ ॥

मत्तः प्रमत्त उन्मत्तः श्रान्तः क्रुद्धो बुभुक्षितः ।
लुब्धो भीरुस्त्वरायुक्तः कामुकश्च न धर्मवित् ॥ ७ ॥

देहीति वक्तुकामस्य यद्दुःखमुपजायते ।
दाता चेत्तद्विजानीयाद्दद्यात्स्वपिशितान्यपि ॥ ८ ॥

3. *ayam* v. *ayam*[1]. — *ni-ja* v. *jan*. — *paro* pour *paras*[2]. — *gaṇanā* v. *gaṇa*. — *laghucetasām* gén. pl. *laghu-cetas* « qui a l'âme vile ». — *udāra-carita* « qui a une conduite noble ». — *vasu-dhā*[3] v. *dhā 1*. — Pour le verbe « être » sous-entendu, v. st. 2.

4. Préfixes (22 et 105), formes des racines (86—101) et formation des noms primitifs masculins et neutres en *a*, féminins en *ā*[4] (106—111). — *anuṣṭhitam* *ṣṭh* pour *sth*[5]. — *pṛṣṭhataḥ*[6] pour *pṛṣṭhatas* adv. v. *pṛṣṭha*. — *kṛtvā* gérondif indéclinable *kar 1*. — *nairāçya* dérivé de *nir-āça* v. *āça*. — L'instrumental exprime l'agent de l'action du verbe passif (ici des participes passifs). — Le gé-

1. Les formes difficiles des pronoms démonstratifs et toutes celles des pronoms personnels sont données à leur ordre alphabétique dans le Lexique avec renvoi à la Grammaire.

2. La connaissance des règles d'euphonie concernant le *s* final sera exigée dès la stance 7.

3. Les composés dont le sens ne se tire pas directement de celui des termes composants sont donnés dans le Lexique. Ils sont rangés sous le dernier terme.

4. La racine de ces noms ne sera plus indiquée dans les notes.

5. (57 et 67.)

6. V. note 2. Dès maintenant, l'étudiant devra se rappeler que le visarga *ḥ* représente toujours un *s*.

rondif a le sens d'un participe actif, passé ou quelquefois présent, et se rapporte ordinairement à l'agent de l'action, c'est-à-dire au nominatif sujet du verbe actif ou à l'instrumental régime du verbe passif.

5. *arau* loc. s. *ari.* — *ātithya* dérivé v. *atithi.* — *chettum*[1] infinitif *chid.* — *upa-saṃ-harate*[2] 3ᵉ s. prés. moy. v. *har.* — Le locatif signifie ici « en ce qui concerne, à l'égard de, pour ». — L'accusatif exprime le but du mouvement. — Sur le participe futur passif, v. st. 2. — L'infinitif (sans distinction de temps, comme le supin latin), exprime le but de l'action, même avec les verbes autres que ceux de mouvement.

6. *nandanti* 3ᵉ pl. prés. *nand.* — *āditya* v. *aditi.* — *ahani* loc. s. *ahan.* — *ātmano* pour *ātmanas* gén. s. *ātman.* — *ava-budhyante* 3ᵉ pl. prés. moy. v. *budh.* — *manuṣyā* pour *manuṣyās* v. *manus.* — *jīvita-kṣaya* m. « diminution du temps qui reste à vivre ». — Sur le locatif absolu, v. st. 1.

7. Euphonie des muettes en général (36, 38, 40 et 42). — Euphonie de *s* final (45—50, 56). — *un-matta, un* pour *ud*[3]. — *çrānta, n* pour *m*[4]. — *kruddha* participe passé[5] *krudh.* — *bubhukṣita* v. *bhuj* 2. — *lubdha* participe passé[6] *lubh.* — *bhīrus* nom. s. m. *bhīru* v. *bhī.* — *tvarā-yukta* « (trop) prompt ». — *dharmavid* nom. s. m. *dharma-vid* « qui connaît, observe la loi ».

8. *dehi* 2ᵉ s. impér. act. *dā 1.* — *vaktu-kāma* « qui veut dire ». — *yad* nom n. s. *ya.* — *duḥ-kha* v. *kha.* — *upa-jāyate* 3ᵉ s. prés. moy. *jan.* — *dātā* nom. m. s. *dātar* v. *dā 1.* — *tad* acc. n. s. *ta.* — *vi-jānīyāt* 3ᵉ s. opt. act. *jñā.* — *dadyāt* id. *dā 1.* — *sva-piçita* n. « la propre chair ». — Nouvel emploi du génitif correspondant à l'un de ceux du datif latin (cf. 2) : on construit à ce cas la personne au profit ou au détriment de laquelle se fait l'action. — L'un des sens de l'optatif est celui d'un conditionnel. Il s'emploie dans la proposition conditionnelle comme dans la proposition principale correspondante.

1. Le premier *t* est pour *d*. La connaissance de la règle sera exigée à partir de la stance 7.

2. Lorsque le mot a deux préfixes, il faut chercher sous la racine, d'abord le second préfixe, puis le premier sous le second.

3. (43.) — 4. (59.) — 5. (41.) — 6. *(Ibid.)*

मन्यते पापकं कृत्वा न कश्चिद्वेत्ति मामिति ।
विदन्ति चैनं देवाश्च यश्चैवान्तरपूरुषः ॥ ९ ॥

आमरणान्ताः प्रणयाः कोपास्तत्क्षणभङ्गुराः ।
परित्यागाश्च निःसङ्गा भवन्ति हि महात्मनाम् ॥ १० ॥

अन्तःसारैरकुटिलैर्निश्छिद्रैः सुपरीक्षितैः ।
मन्त्रिभिर्धार्यते राज्यं सुस्तम्भैरिव मन्दिरम् ॥ ११ ॥

वध्यन्ते न ह्यविश्वस्ताः शत्रुभिर्दुर्बला अपि ।
विश्वस्तास्तेषु वध्यन्ते बलवन्तो ऽपि दुर्बलैः ॥ १२ ॥

अप्रियस्य प्रथमतः परिणामे हितस्य च ।
वक्ता श्रोता च यत्र स्यात्तत्र श्रीः कुरुते पदम् ॥ १३ ॥

नृपाणां च नराणां च केवलं तुल्यमूर्तिता ।
आधिक्यं तु क्षमा धैर्यमाज्ञा दानं पराक्रमः ॥ १४ ॥

उद्यमेन हि सिध्यन्ति कार्याणि न मनोरथैः ।
न हि सुप्तस्य सिंहस्य प्रविशन्ति मुखे मृगाः ॥ १५ ॥

विषस्य विषयाणां च दूरमत्यन्तमन्तरम् ।
उपभुक्तं विषं हन्ति विषयाः स्मरणादपि ॥ १६ ॥

इह दुःखं लयः प्रोक्तो दुःखं हर्तुं लयः क्षमः ।
दुःखे शुभे लयो दुःखं दुःखं किं तस्य कथ्यते ॥ १७ ॥

9. *manyate* 3e s. prés. moy. *man*. — *pāpaka* v. *pāpa*. — *kṛtvā* gérondif *kar 1*. — *vetti* 3e s. prés. act. *vid 1*. — *vidanti* 3e pl. id. *vid 1*. — *antara-pūruṣa* m. « l'âme intérieure, l'être unique et infini du panthéisme indien résidant dans tous les êtres finis ». — La 3e personne du singulier, dans le style sentencieux, équivaut au français «on». — Sur le sens du gérondif v. st. 4.

10. *ā-maraṇānta* « durant jusqu'à la mort ». — *pra-ṇaya*, *ṇ* pour *n*[1]. — *tat-kṣaṇa-bhaṅgura* « finissant à l'instant même ». — *pari-tyāga*, *g* pour *j*[2]. — *niḥ-saṅga*, v. *saṅga* sous *sañj*[3]. — *bhavanti* 3e pl. prés. act. *bhū*. — *mahātmanām* gén. pl. *mahātman* v. *ātman*.

1. (61.) — 2. (72.)
3. Même observation. — Remarquez de plus qu'ici *nis* n'est pas préfixe, mais particule privative.

11. *antaḥ-sāra*[1], v. *sāra*. — *a-kuṭila* « droit ». — *niç-chidra* v. *chid*. — *su-parīkṣita* « tout-à-fait éprouvé ». — *mantribhis* instr. pl. *mantrin* dérivé de *mantra*. — *dhāryate* 3ᵉ s. prés. passif du causal, *dhar*. — *su-stambha* m. « bon pilier ». — Pour le sens de l'instrumental, v. st. 4.

12. *vadhyante* 3ᵉ pl. prés. passif *vadh*. — *a-vi-çvasta* « défiant » — *çatrubhis* instr. pl. *çatru*. — *dur-bala* v. *bala*. — *balavantas* n. pl. *balavant* dérivé de *bala*. — Pour le sens du locatif v. st. 5.

13. Changement de *n* en *ṇ* (61). — *a-priya* « non agréable ». — *prathamatas* adv. *prathama*. — *hita* v. *dhā 1*. — *vaktā* nom. s. m. *vaktar* v. *vac*[2]. — *çrotā* nom. s. m. *çrotar* v. *çru*. — *yatra* v. *ya*. — *syāt* 3ᵉ s. opt. act. *as 1*. — *tatra* v. *ta*. — *çrīs* nom. s. *çrī*. — *kurute* 3ᵉ s. prés. moy. *kar 1*. — L'optatif a encore ici le sens d'un conditionnel, cf. 8. — Le locatif exprime non-seulement le lieu, cf. 1, mais le temps où une chose se passe.

14. *nṛ-pa*[3] v. *pā 1*. — *tulya-mūrti-tā* f. « ressemblance extérieure ». — *ādhikya* dérivé de *adhika* qui lui-même est dérivé de *adhi*. — *dhairya* dérivé de *dhīra*. — *ā-jñā*[4] v. *jñā*.

15. *sidhyanti* 3ᵉ pl. prés. act. *sādh*. — *mano-ratha* v. *ratha*. — *pra-viçanti* 3ᵉ pl. prés. act. v. *viç*. — L'instrumental exprime l'instrument de l'action, le moyen. — Le locatif exprime ici le but du mouvement avec un verbe signifiant « entrer ».

16. *aty-anta* v. *anta*. — *upa-bhukta*, *k* pour *j*[5]. — *hanti* 3ᵉ s. prés. act. *han*.

17. Infinitif et gérondif (118—120). — *duḥ-kha* v. *kha*. — *prokta*, *k* pour *c*[6]. — *kathyate* 3ᵉ s. prés. passif v. *kathā*. — Le locatif du lieu (st. 1) et du temps (st. 13) exprime naturellement au figuré la condition, l'état.

1. Ici *antaḥ*, pour *antar* (51), n'est pas préfixe, mais adverbe en composition.
2. (74.)
3. Ce composé, très usité, est assimilé pour l'euphonie à un mot simple.
4. Ce mot n'est pas une *formation* en *ā*. Il ne comprend, outre le préfixe, que la racine elle-même, *jñā*. La connaissance des règles de formation des mots-racines ne sera exigée qu'à partir de la stance 107.
5. (77.) — 6. (74.)

अकृत्वा निजदेशस्य रक्षां यो विजिगीषते ।
स नृपः परिधानेन वृतमौलिः पुमानिव ॥ १८ ॥

निधाय मनसा वैरं प्रियं वक्तीह यो नरः ।
उपसर्पेन्न तं प्राज्ञः कुरङ्ग इव लुब्धकम् ॥ १९ ॥

अपकृत्य बुद्धिमतो दूरस्थोऽस्मीति नाश्वसेत् ।
दीर्घौ बुद्धिमतो बाहू याभ्यां हिंसति हिंसितः ॥ २० ॥

तावद्भयात्तु भेतव्यं यावद्भयमनागतम् ।
आगतं तु भयं दृष्ट्वा प्रहर्तव्यमभीतवत् ॥ २१ ॥

त्यज हिंसां कुरु दयां भज धर्मं सनातनम् ।
स्वदेहेनापि सत्त्वानां विधेह्युपकृतिं तथा ॥ २२ ॥

ईप्सितं मनसः सर्वं कस्य संपद्यते सुखम् ।
दैवायत्तं यतः सर्वं तस्मात्संतोषमाश्रयेत् ॥ २३ ॥

इष्टान्भोगान्हि वो देवा दास्यन्ते यज्ञभाविताः ।
तैर्दत्तानप्रदायैभ्यो यो भुङ्क्ते स्तेन एव सः ॥ २४ ॥

गुणेष्वेवादरः कार्यः किमाटोपैः प्रयोजनम् ।
विक्रीयन्ते न घण्टाभिर्गावः क्षीरविवर्जिताः ॥ २५ ॥

शान्तितुल्यं तपो नास्ति न संतोषात्परं सुखम् ।
न तृष्णायाः परो व्याधिर्न च धर्मो दयापरः ॥ २६ ॥

18. *nija-deça* m. « propre pays ». — *vi-jigīṣate* 3e s. prés. moy. désidératif *ji.* — *sa* nom. s. m. v. *ta.* — *nṛ-pa* v. *pā 1.* — *vṛtamaulis* nom. s. m. *vṛita-mauli* « qui a la tête enveloppée ». — *pumān* nom. s. *pumaṃs.* — Instrumental, v. st. 15.

19. *manasā* instr. s. *manas* v. *man.* — *vaira* dérivé de *vīra.* — *vakti* 3e s. prés. act. *vac*[1]. — *upasarpen* pour *upa-sarpet*[2] 3e s. opt. act. v. *sarp.* — *prājña* dérivé de *pra-jñā* v. *jñā.* — *lubdhaka* dérivé de *lubdha*[3], participe passé *lubh.* — L'optatif remplace l'impératif.

20. *buddhimatas* gén. s. *buddhimant* dérivé de *buddhi* v. *budh.* —

1. (74.) — 2. (43.) — 3. (41.)

dūra-stha «qui est loin». — *asmi* 1ère s. prés. act. *as 1.* — *ā-çvaset* 3e s. opt. act. v. *çvas.* — *bāhū* nom. duel *bāhu.* — *hiṃsati* 3e s. prés. act. *hiṃs.* — Optatif, v. st. 19. — Sur l'emploi de la 3e personne du singulier, v. st. 9.

21. Dérivations adverbiales (131). — Dérivés de thèmes pronominaux et de particules (181). — Composés en général et composés primitifs (132—135). — *dṛṣṭvā*[1], gérondif de *darç.* — Les participes passifs, au nom. neutre, avec le verbe «être» sous-entendu, s'emploient dans le sens d'un passif impersonnel. — Le gérondif se rapporte à l'agent de l'action (st. 4) qui est ici sous-entendu (à l'instrumental).

22. *tyaja* 2e s. impér. act. *tyaj.* — *kuru* id. *kar 1.* — *bhaja* id. *bhaj.* — *sattva* dérivé de *sant* v. *as 1.* — *vi-dhehi* 2e s. impér. act. v. *dhā 1.* — *upakṛtim* acc. s. *upa-kṛti* v. *kar 1.*

23. *īpsita* part. passé passif du désidératif, *āp.* — *manasas* gén. s. *manas* v. *man.* — *saṃ-padyate* 3e s. prés. moy. v. *pad.* — *su-kha* v. *kha.* — *daiva* dérivé de *deva.* — *tasmād* abl. s. n. *ta* pris adverbialement. — *ā-çrayet* 3e s. opt. act. v. *çri.* — Génitif, v. st. 8.

24. *iṣṭa*, *ṭ* pour *t*[2]. — *bhoga*, *g* pour *j*[3]. — *dāsyante* 3e pl. fut. moy. *dā 1.* — *yajña*, *ñ* pour *n*[4]. — *bhāvita* part. passé passif du causal, *bhū.* — *datta* part. passé passif *dā 1*[5]. — *bhuṅkte* 3e s. prés. moy. *bhuj 2.*

25. *vi-krīyante* 3e pl. prés. passif v. *krī.* — *gāvas* nom. pl. f. *go.* — *vivarjita* part. passé passif du causal v. *varj.* — *kiṃ prayojanam*, ou même *kim* pris substantivement au neutre, avec un instrumental, signifie «à quoi bon?». — L'instrumental exprime aussi quelquefois la cause, plus ordinairement exprimée par l'ablatif.

26. *çānti* v. *çam 1.* — *tapas* nom. s. *tapas* v. *tap.* — *asti* 3e s. prés. act. *as 1.* — *su-kha* v. *kha.* — *vyādhis* nom. s. *vy-ā-dhi* v. *dhā 1.* — Les adjectifs pronominaux exprimant une idée de plus ou de moins se construisent avec l'ablatif comme les comparatifs.

1. (75.) — 2. (67.) — 3. (72.) — 4. (60.)

5. Ce participe est en réalité formé d'une fausse racine *dad.* Les fausses racines sont données dans le Lexique avec renvoi à la racine vraie.

संक्षेपात्कथ्यते धर्मो जनाः किं विस्तरेण वः ।
परोपकारः पुण्याय पापाय परपीडनम् ॥ २७ ॥

यदधो ऽधः क्षितौ वित्तं निचखान मितंपचः ।
तदधोनिलयं गन्तुं चक्रे पन्थानमग्रतः ॥ २८ ॥

बुद्धिमन्तं कृतप्रज्ञं शुश्रूषुमनसूयकम् ।
दान्तं जितेन्द्रियं चापि शोको न स्पृशते नरम् ॥ २९ ॥

को जानीते कदा कस्य मृत्युकालो भविष्यति ।
अद्यैव धर्मशीलः स्यादनित्यं खलु जीवितम् ॥ ३० ॥

यदि स्याच्छीतलो वह्निः शीतांशुर्दहनात्मकः ।
तत्स्वभावो ऽत्र मर्त्यानां शक्यते कर्तुमन्यथा ॥ ३१ ॥

बलवानपि निस्तेजाः कस्य नाभिभवास्पदम् ।
निःशङ्कं धीयते लोकैः पश्य भस्मचये पदम् ॥ ३२ ॥

कृपणानाथवृद्धानां यदाश्रु परिमार्जति ।
हर्षं संजनयन्नृणां स राज्ञो धर्म उच्यते ॥ ३३ ॥

बन्धुत्यागस्तनुत्यागो देशत्याग इति त्रिषु ।
आद्यन्तावायतक्लेशौ मध्यमः क्षणिकज्वरः ॥ ३४ ॥

यो हि धर्मं समाश्रित्य हित्वा भर्तुः प्रियाप्रिये ।
अप्रियाण्याह पथ्यानि तेन राजा सहायवान् ॥ ३५ ॥

एकेन तिष्ठताधस्तादन्येनोपरि तिष्ठता ।
दातृयाचकयोर्भेदः कराभ्यामेव सूचितः ॥ ३६ ॥

27. *kathyate* 3e s. prés. passif v. *kathā*. — Instrumental, v. st. 25. — Construction du datif identique à celle du latin (sauf le verbe « être » sous-entendu).

28. *yad* et *tad* acc. n. de *ya* et *ta* pris adverbialement. — *kṣitau* loc. s. *kṣiti* v. *kṣi 1*. — *ni-cakhāna* 3e s. parf. act. *khan*. — *gantum, n* pour *m*[1]. — *cakre* 3e s. parf. moy. *kar 1*. — *panthānam* acc. s. *panthān*. — Infinitif, v. st. 5. — Répétition de *adhas :* « de plus en plus bas. »

1. (59.)

29. Composés dérivés (136). — *buddhimantaṃ* acc. s. m. *buddhimant* dérivé de *buddhi* v. *budh*. — *pra-jñā* v. *jñā*. — *çuçrūṣum* acc. s. m. *çuçrūṣu* v. *çru*. — *dānta*, *n* pour *m*[1]. — *indriya* dérivé, *indra*. — *çoka*, *k* pour *c*[2]. — *spṛçate* 3ᵉ s. prés. moy. *sparç*.

30. *jānīte* 3ᵉ s. prés. moy. *jñā*. — *mṛtyu* v. *mar*. — *bhaviṣyati* 3ᵉ s. fut. act. *bhū*. — *syāt* 3ᵉ s. opt. act. *as 1*. — L'emploi de deux et même de trois interrogatifs dans la même proposition est fréquent en sanscrit. On peut traduire les constructions de ce genre en changeant les interrogatifs supplémentaires en indéfinis.

31. *syāc* pour *syāt*, *chītalo* pour *çītalas*[3]. — *vahnis* nom. s. *vahni* v. *vah*. — *çītāṃçus* nom. s. *çītāṃçu*. — *ātma* thème faible de *ātman*. — *tad* acc. n. *ta* pris adverbialement. — *çakyate* 3ᵉ s. prés. passif *çak*. — L'infinitif unique du sanscrit ne pouvant exprimer le passif, c'est le verbe «pouvoir» qui se met au passif. — Le présent, après une proposition conditionnelle, prend naturellement le sens du conditionnel.

32. *balavān* nom. s. m. *balavant* dérivé de *bala*. — *nistejās* nom. s. m. *nis-tejas* v. *tij*. — *dhīyate* 3ᵉ s. prés. passif *dhā 1*. — *paçya* 2ᵉ s. impér. act. *paç*. — *bhasma* thème faible de *bhasman*. — L'impératif est comme entre parenthèses.

33. Composés copulatifs (137). — *vṛddha*[4] part. passé *vardh*. — *yad* acc. s. n. *ya* adverbial. — *[illegible]āçru* acc. s. *[illegible]āçru*. — *pari-mārjati* 3ᵉ s. prés. act. *marj*. — *saṃ-janayan* nom. s. m. part. prés. causal, *jan*. — *nṝṇām* gén. pl. *nar*. — *sa* nom. m. s. v. *ta*. — *rājñas* gén. s. *rājan* v. *rāj*. — *ucyate* 3ᵉ s. prés. passif *vac*.

34. *bandhu* v. *bandh*. — *tyāga*, *g* pour *j*[5]. — *tanu* v. *tan*. — *triṣu* loc. pl. *tri*. — *madhyama* dérivé, *madhya*. — *kṣaṇika* dérivé, *kṣaṇa*. — Le locatif pluriel peut signifier «entre, parmi».

35. *bhartur*[6] gén. s. *bhartar* v. *bhar*. — *āha* 3ᵉ s. parf. act. *ah*. — *rājā* nom. s. *rājan* v. *rāj*. — *sahāyavān* nom. s. m. *sahāyavant* dérivé de *sahāya* qui lui-même est dérivé de *saha* v. *sa 2*.

36. *tiṣṭhatā* instr. s. m. *tiṣṭhant*[7] part. prés. act. *sthā*. — *dātṛ*, thème faible de *dātar*, v. *dā 1*. — *sūcita* part. passé passif v. *sūcaya*[8].

1. (59.) — 2. (72.) — 3. (68.) — 4. (41.) — 5. (72.) — 6. (51.) — 7. (67.)
8. Verbe dénominatif, dont la base nominale manque.

नामुत्र हि सहायार्थं पिता माता च तिष्ठतः ।
न पुत्रदारं न ज्ञातिर्धर्मस्तिष्ठति केवलः ॥ ३७ ॥

अकृतज्ञमकार्यज्ञं दीर्घरोषमनार्जवम् ।
चतुरो विद्धि चण्डालाञ्जन्मना सह पञ्चमम् ॥ ३८ ॥

सदा प्रहृष्टया भाव्यं गृहकार्येषु दक्षया ।
सुसंस्कृतोपस्करया व्यये चामुक्तहस्तया ॥ ३९ ॥

स्वभावकठिनस्यास्य कृत्रिमां बिभ्रतो नतिम् ।
गुणो ऽपि परहिंसायै चापस्य च खलस्य च ॥ ४० ॥

आयुक्तकेभ्यश्चौरेभ्यः परेभ्यो राजवल्लभात् ।
पृथिवीपतिलोभाच्च प्रजानां पञ्चधा भयम् ॥ ४१ ॥

मृत्योर्बिभेषि किं बाल न स भीतं विमुञ्चति ।
अद्य वाब्दशतान्ते वा मृत्युर्वै प्राणिनां ध्रुवः ॥ ४२ ॥

आकारैरिङ्गितैर्गत्या चेष्टया भाषितेन च ।
नेत्रवक्त्रविकारैश्च गृह्यते ऽन्तर्गतं मनः ॥ ४३ ॥

जन्ममृत्युजरादुःखैर्नित्यं संसारसागरे ।
क्लिश्यन्ते जन्तवो घोरे मर्त्यास्त्रस्यन्ति मृत्युतः ॥ ४४ ॥

सेन्द्रं स्वर्गं सशैलां क्ष्मां सनागेन्द्रं रसातलम् ।
निर्दग्धुं हि क्षणेनैव विप्राः शक्ताः प्रकोपिताः ॥ ४५ ॥

अफलानि दुरन्तानि समव्ययफलानि च ।
अशक्यानि च कार्याणि नारभेत विचक्षणः ॥ ४६ ॥

त्यक्तात्मसुखभोगेच्छाः सर्वसत्त्वसुखैषिणः ।
भवन्ति परदुःखेन साधवो नित्यदुःखिताः ॥ ४७ ॥

37. *sahāya* dérivé, *saha* v. *sa 2*. — *pitā, mātā*, nom. s. *pitar, mātar*. — *tiṣṭhatas* 3ᵉ duel prés. act. *sthā*. — *jñātis* nom. s. *jñāti* v. *jñā*. — *tiṣṭhati* 3ᵉ s. prés. act. *sthā*. — L'emploi du duel est de rigueur en sanscrit quand il ne s'agit que de deux objets.

38. Composés de composés (138). — *jña* v. *jñā*. — *ārjava* dérivé, *ṛju*. — *caturas* acc. pl. m. *catvār*. — *viddhi* 2ᵉ s. impér. act. *vid 1*. —

caṇḍālāñ, *ñ* pour *n*[1]. — *janmanā* instr. s. *janman* v. *jan*. — *pañcama* v. *pañcan*.

39. *pra-hṛṣṭa*, *ṭ* pour *t*[2]. — *mukta*, *k* pour *c*[3]. — Le passif impersonnel (cf. st. 21) des verbes neutres se construit avec l'instrumental du mot qui serait le sujet du verbe actif. Le passif du verbe «être» ou des verbes de sens analogue se construit en outre avec un instrumental jouant le rôle d'attribut. Enfin l'instrumental, agent de l'action du verbe passif, se sous-entend, comme le sujet du verbe actif à la st. 9. Seulement, ici, «on» est «la femme».

40. *kṛtrima* v. *kar 1*. — *bibhratas* gén. s. part. prés. act. *bhar*. — *natim* acc. s. *nati* v. *nam*. — Datif, v. st. 27. — Jeu de mots sur *guṇa*: les épithètes se rapportent à la fois aux deux substantifs.

41. *āyuktaka* dérivé, *ā-yukta*, *k* pour *j*[4]. — *caura* dérivé, *curā*. — *rāja* thème faible de *rājan*, v. *rāj*. — *pṛthivī* v. *prath*. — *pati* v. *pat 2*. — *lobhāc* pour *lobhād*[5]. — *pra-jā* v. *jan*. — Les verbes signifiant «craindre» gouvernent l'ablatif. Les substantifs abstraits peuvent régir le même cas que le verbe correspondant.

42. *mṛtyos* abl. s. *mṛtyu* v. *mar*. — *bibheṣi* 2e s. prés. act. *bhī*. — *sa* nom. s. m. v. *ta*. — *vi-muñcati* 3e s. prés. act. *muc*. — *mṛtyus* nom. s. *mṛtyu*. — *prāṇinām* gén. pl. *prāṇin* dérivé de *prāṇa*.

43. *gatyā* instr. s. *gati* v. *gam*. — *vaktra*, *k* pour *c*[6]. — *gṛhyate* 3e s. prés. passif *grah*. — *manas* nom. s. *manas* v. *man*.

44. *janma* thème faible de *janman* v. *jan*. — *mṛtyu* v. *mar*. — *kliçyante* 3e pl. prés. passif *kliç*. — *jantavas* nom. pl. *jantu* v. *jan*. — *trasyanti* 3e pl. prés. act. *tras*.

45. *çaila* dérivé, *çilā*. — *nir-dagdhum*[7] infinitif v. *dah*. — *prakopita* part. passé passif du causal v. *kup*.

46. *ā-rabheta* 3e s. opt. moy. v. *rabh*.

47. *tyaktvā*, *k* pour *j*[8]. — *ātma* thème faible de *ātman*. — *bhoga*, *g* pour *j*[9]. — *sattva* dérivé, *sant* v. *as 1*. — *eṣiṇas* nom. pl. m. *eṣin* v. *iṣ*. — *bhavanti* 3e pl. prés. act. *bhū*. — *sādhavas* nom. pl. m. *sādhu* v. *sādh*. — *duḥkhita* v. *duḥ-kha*.

1. (68.) — 2. (67.) — 3. (74.) — 4. (77.) — 5. (68.) — 6. (74.) — 7. (79.) — 8. (77.) — 9. (72.)

जलान्तश्चन्द्रचपलं जीवितं खलु देहिनाम् ।
तथाविधमिति ज्ञात्वा शश्वत्कल्याणमाचरेत् ॥ ४८ ॥

अतिथिर्यस्य भग्नाशो गृहात्प्रतिनिवर्तते ।
स दत्त्वा दुष्कृतं तस्मै पुण्यमादाय गच्छति ॥ ४९ ॥

अरक्ष्यमाणाः कुर्वन्ति यत्किंचित्किल्बिषं प्रजाः ।
तस्मात्तु नृपतेरर्धं यस्माद्गृह्णात्यसौ करान् ॥ ५० ॥

निरालोके हि लोकेऽस्मिन्नासते तत्र पण्डिताः ।
जात्यस्य हि मणेर्यत्र काचेन समता मता ॥ ५१ ॥

यस्यां यस्यामवस्थायां यत्करोति शुभाशुभम् ।
तस्यां तस्यामवस्थायां तत्फलं समुपाश्नुते ॥ ५२ ॥

श्रूयतां धर्मसर्वस्वं श्रुत्वा चैवावधार्यताम् ।
आत्मनः प्रतिकूलानि परेषां न समाचरेत् ॥ ५३ ॥

सर्वासामपि नारीणां मध्ये श्रीः सुभगा खलु ।
स्पृहयन्ति महान्तोऽपि यां स्वेच्छाचारिणीमपि ॥ ५४ ॥

धन्यास्ते पृथिवीपालाः सुखं ये निशि शेरते ।
पौरान्पुत्रानिव पुरः सर्वतो वीक्ष्य निर्वृतान् ॥ ५५ ॥

यत्करोत्यरतिं क्लेशं तृष्णां मोहं प्रजागरम् ।
न तद्धनं कदर्याणां हृदयव्याधिरेव सः ॥ ५६ ॥

अकृत्यं नैव कर्तव्यं प्राणत्यागेऽपि संस्थिते ।
न च कृत्यं परित्याज्यं धर्म एष सनातनः ॥ ५७ ॥

ते पुत्रा ये पितुर्भक्ताः स पिता यस्तु पोषकः ।
तन्मित्रं यत्र विश्वासः सा भार्या यत्र निर्वृतिः ॥ ५८ ॥

अप्रियाण्यपि पथ्यानि ये वदन्ति नृणामिह ।
त एव सुहृदः प्रोक्ता अन्ये स्युर्नामधारकाः ॥ ५९ ॥

48. *antaç* pour *antar* [1]. — *dehinām* gén. pl. *dehin* dérivé, *deha.* — *vi-dhā* v. *dhā 1.* — *ā-caret* 3ᵉ s. opt. act. v. *car.*

49. Déclinaison complète des pronoms en *a* (169—175). — *ati-*

1. (51.)

this nom. s. *atithi.* — *bhagna, g* pour *j*[1]. — *prati-ni-vartate* 3e s. prés. moy. v. *vart.* — *duṣ-kṛta, ṣ* pour *s*[2]. — *gacchati* 3e s. prés. act. *gam.*

50. *rakṣyamāṇa* part. prés. passif *rakṣ.* — *kurvanti* 3e pl. prés. act. *kar 1.* — *pra-jā* v. *jan.* — *nṛpates* gén. s. *nṛ-pati* v. *pat 2.* — *gṛhṇāti* 3e s. prés. act. *grah.* — Ablatif partitif.

51. *āsate* 3e pl. prés. moy. *ās 2.* — *jātya* dérivé, *jāti* v. *jan.* — *maṇes* gén. s. *maṇi.* — *samatā* dérivé, *sama.* — L'instrumental exprime la ressemblance. — Remarquez les allitérations.

52. *ava-sthā* v. *sthā.* — *karoti* 3e s. prés. act. *kar 1.* — *sam-upāçnute* 3e s. prés. moy. v. *aç 1.* — Le pronom relatif répété prend le sens indéfini « quelque . . . que ». Deux relatifs peuvent en outre remplir des fonctions différentes dans la même proposition (cf. les deux interrogatifs, st. 30).

53. *çrūyatām* 3e s. impér. passif *çru.* — *ava-dhāryatām* 3e s. impér. passif du causal v. *dhar.* — *ātmanas* gén. s. *ātman.* — *sam-ā-caret* 3e s. opt. act. v. *car.* — Gérondif, v. st. 21.

54. *nārīṇām* gén. pl. *nārī* v. *nara.* — *çrīs* nom. s. *çrī.* — *spṛhayanti* 3e pl. prés. act. *sparh.* — *mahāntas* nom. pl. m. *mahānt.* — *cāriṇīm* acc. s. *cāriṇī,* fém. de *cārin* v. *car.*

55. *dhanya* dérivé, *dhana.* — *pṛthivī* v. *prath.* — *niçi* loc. s. *niç.* — *çerate* 3e pl. prés. moy. *çī 1.* — *paura* dérivé, *pura.*

56. *karoti* 3e s. prés. act. *kar 1.* — *aratim* acc. s. *a-rati* v. *ram.* — *pra-jāgara* v. *gar 3.* — *vyādhis* nom. s. *vy-ā-dhi* v. *dhā 1.*

57. *tyāga, g* pour *j*[3].

58. *pitur* gén. s. *pitar.* — *bhakta, k* pour *j*[4]. — *pitā* nom. s. *pitar.* — *tan* pour *tad*[5]. — *nirvṛtis* nom. s. *nir-vṛti* v. *var 1.* — L'adverbe de lieu en *tra* peut remplacer le locatif du pronom dont il est dérivé.

59. *pathya* dérivé, *patha.* — *vadanti* 3e pl. prés. act. *vad.* — *nṛṇām* gén. pl. *nar.* — *suhṛdas* nom. pl. *su-hṛd.* — *prokta, k* pour *c*[6]. — *syur* 3e pl. opt. act. *as 1.* — *nāma* thème faible de *nāman.* — Génitif partitif dépendant du pronom relatif. — Optatif remplaçant l'indicatif dans une affirmation sentencieuse, et équivalent à un conditionnel (cf. st. 13) : « S'il y en avait d'autres, ils seraient . . . »

1. (72.) — 2. (57.) — 3. (72.) — 4. (77.) — 5. (43.) — 6. (74.)

जयतु द्रव्यमेवैकं यत्प्रभावेण देहिनः ।
विदेशो ऽपि स्वदेशः स्यात्परे ऽपि स्वे भवन्ति च ॥ ६० ॥

चन्दनादपि संभूतो दहत्येव हुताशनः ।
विशिष्टकुलजातो ऽपि यः खलः खल एव सः ॥ ६१ ॥

आनृशंस्यं क्षमा सत्यमहिंसा दम आर्जवम् ।
प्रीतिः प्रसादो माधुर्यं मार्दवं च यमा दश ॥ ६२ ॥

स्मरन्ति सुकृतान्येव न वैराणि कृतान्यपि ।
सन्तः परार्थं कुर्वाणा नावेक्षन्ते प्रतिक्रियाम् ॥ ६३ ॥

रहस्यभेदं पैशुन्यं परदोषानुकीर्तनम् ।
पारुष्यं कलहं चैव दूरतः परिवर्जयेत् ॥ ६४ ॥

दाने तपसि शौर्ये च विज्ञाने विनये नये ।
विस्मयो हि न कर्तव्यो बहुरत्ना वसुंधरा ॥ ६५ ॥

एतावज्जन्मसाफल्यं यदनायत्तवृत्तिता ।
ये पराधीनतां यातास्ते चेज्जीवन्ति के मृताः ॥ ६६ ॥

तावद्गुणा गुरुत्वं च यावन्नार्थयते परम् ।
अर्थी चेत्पुरुषो जातः क्व गुणाः क्व च गौरवम् ॥ ६७ ॥

दारिद्र्यं यौवने यस्य शिशुत्वे मातृशून्यता ।
वार्द्धक्ये पुत्रहीनत्वं निष्फलं तस्य जीवनम् ॥ ६८ ॥

गुणिनो न विदेशो ऽस्ति न संतुष्टस्य चासुखम् ।
धीरस्य च विपन्नास्ति नासाध्यं व्यवसायिनः ॥ ६९ ॥

यदि न स्यान्नरपतिः सम्यङ्नेता ततः प्रजा ।
अकर्णधारा जलधौ विप्लवेतेह नौरिव ॥ ७० ॥

शरणं किं प्रपन्नानि विषवन्मारयन्ति वा ।
न त्यज्यन्ते न भुज्यन्ते कृपणेन धनानि यत् ॥ ७१ ॥

तस्करेभ्यो नियुक्तेभ्यः शत्रुभ्यो नृपवल्लभात् ।
नृपतिर्निजलोभाच्च प्रजा रक्षेत्पितेव हि ॥ ७२ ॥

अपि कापुरुषो भीरुः स्याच्चेन्नृपतिसेवकः ।
तथापि न पराभूतिं जनादाप्नोति मानवः ॥ ७३ ॥

60. *jayatu* 3e s. impér. act. *ji.* — *dehinas* gén. s. m. *dehin* dérivé, *deha.* — *syāt* 3e s. opt. act. *as 1.* — *bhavanti* 3e pl. prés. act. *bhū.*

61. *dahati* 3e s. prés. act. *dah.* — *vi-çiṣṭa, ṭ* pour *t*[1].

62. FORMATION DES NOMS DÉRIVÉS EN *A, Ā* (121—123). — *nṛ* thème faible, *nar.* — *sat* id., *sant* v. *as 1.* — *prītis* nom. s. *prīti* v. *prī.* — *mṛdu* v. *mard.*

63. *smaranti* 3e pl. prés. act. *smar.* — *santas* nom. pl. m. *sant* v. *as 1.* — *kurvāṇa* part. prés. moy. *kar 1.* — *avekṣante* 3e pl. prés. moy. v. *īkṣ.*

64. *rahas* v. *rah.* — *pari-varjayet* 3e s. opt. causal *varj.*

65. *tapasi* loc. s. *tapas* v. *tap.*

66. *etāvat*[2] nom. s. n. *etāvant.* — *janma* thème faible, *janman* v. *jan.* — *vṛtti* v. *vart.* — *cej* pour *ced*[3]. — *jīvanti* 3e pl. prés. act. *jīv.* — Deux verbes « être » sous-entendus avec *etāvat* et *yad.*

67. *guru* v. *gar 4.* — *yāvan* pour *yāvat*[4]. — *arthayate* 3e s. prés. moy. v. *artha.* — *arthī* nom. s. m. *arthin* v. *artha.*

68. *mātṛ* thème faible, *mātar.* — *vṛddha*[5] part. passé *vardh.* — *niṣ-phala, ṣ* pour *s*[6].

69. CHANGEMENT D'UNE MUETTE EN NASALE DEVANT UNE NASALE (43, 44). — *guṇinas* gén. s. m. *guṇin* dérivé, *guṇa.* — *asti* 3e s. prés. act. *as 1.* — *saṃ-tuṣṭa, ṭ* pour *t*[7]. — *vipad* nom. s. *vi-pad* v. *pad.* — *vyavasāyinas* gén. s. m. *vy-ava-sāyin* v. *sā.*

70. *syāt* 3e s. opt. act. *as 1.* — *narapatis* nom. s. *nara-pati* v. *pat 2.* — *samyak* v. *añc.* — *netā* nom. s. m. *netar* v. *nī.* — *pra-jā* v. *jan.* — *jaladhau* loc. s. *jala-dhi* v. *dhā 1.* — *vi-plaveta* 3e s. opt. moy. *plu.* — *naus* nom. s. *nau.*

71. *mārayanti* 3e pl. prés. causal *mar.* — *tyajyante* 3e pl. prés. passif *tyaj.* — *bhujyante* id. *bhuj 2.*

72. CHANGEMENT D'UNE DENTALE EN PALATALE DEVANT UNE PALATALE (68). — *ni-yukta, k* pour *j*[8]. — *çatrubhyas* abl. pl. *çatru.* — *nṛ* thème faible, *nar.* — *pa* v. *pā 1.* — *nṛpatis* nom. s. *nṛ-pati* v. *pat 2.* — *ni-ja* v. *jan.* — *pra-jā* v. *jan.* — *rakṣet* 3e s. opt. act. *rakṣ.* — *pitā* nom. s. *pitar.*

73. *bhīrus* nom. s. m. *bhīru* v. *bhī.* — *syāt* 3e s. opt. act. *as 1.* — *nṛ-pati,* v. st. 72. — *parābhūtim* acc. s. *parā-bhūti* v. *bhū.* — *āpnoti* 3e s. prés. act. *āp.*

1. (67.) — 2 et 3. (68.) — 4. (43.) — 5. (41.) — 6. (57.) — 7. (67.) — 8. (77.)

यज्जीव्यते यशोधैर्यसहितैस्तच्च जीवितम् ।
बलिं कवलयन्कश्चिच्चिरं जीवति वायसः ॥ ७४ ॥

ऊर्ध्वबाहुर्विरौम्येष न च कश्चिच्छृणोति मे ।
धर्मादर्थश्च कामश्च स किमर्थं न सेव्यते ॥ ७५ ॥

अन्योच्छिष्टेषु पात्रेषु भुक्त्वैतेषु महीभुजः ।
कस्मान्न लज्जामवहञ्छौचे चिन्तां न वा दधुः ॥ ७६ ॥

अन्यदुप्तं जातमन्यदित्येतन्नोपपद्यते ।
उप्यते यद्धि यद्बीजं तत्तदेव प्ररोहति ॥ ७७ ॥

एक एव सुहृद्धर्मो निधने ऽप्यनुयाति यः ।
शरीरेण समं नाशं सर्वमन्यद्धि गच्छति ॥ ७८ ॥

आत्मानं नियमैस्तैस्तैः कर्षयित्वा प्रयत्नतः ।
प्राप्यते निपुणैर्धर्मो न सुखाल्लभ्यते सुखम् ॥ ७९ ॥

अपि प्राणसमानिष्टान्पालिताँल्लालितानपि ।
भृत्यान्युद्धे समुत्पन्ने पश्येच्छुष्कमिवेन्धनम् ॥ ८० ॥

न तृप्तिः प्रियलाभे ऽस्ति तृष्णा नाद्भिः प्रशाम्यति ।
संप्रज्वलति सा भूयः समिद्भिरिव पावकः ॥ ८१ ॥

अधनेनार्थकामेन नार्थः शक्यो विधित्सितुम् ।
अर्थैरर्था निबध्यन्ते गजैरिव महागजाः ॥ ८२ ॥

अलब्धं चैव लिप्सेत लब्धं रक्षेत्प्रयत्नतः ।
रक्षितं वर्धयेच्चैव वृद्धं पात्रेषु निक्षिपेत् ॥ ८३ ॥

छिन्नमूले ह्यधिष्ठाने सर्वे तज्जीविनो हताः ।
कथं नु शाखास्तिष्ठेरंश्छिन्नमूले वनस्पतौ ॥ ८४ ॥

74. *jīvyate* 3e s. prés. passif *jīv.* — *balim* acc. s. *bali.* — *kavalayan* nom. s. m. part. prés. v. *kavala.* — *jīvati* 3e s. prés. act. *jīv.* — Passif impersonnel et attribut à l'instrumental, v. st. 39.

75. Changement de *ç* en *ch* après une dentale changée en palatale (68). — *ūrdhvabāhus* nom. s. m. *ūrdhva-bāhu.* — *vi-raumi* 1ère s. prés. act. v. *ru.* — *çṛṇoti* 3e s. prés. act. *çru.* — *sevyate* 3e s.

prés. passif *sev.* — Le verbe à sous-entendre avec l'ablatif d'origine signifiera naturellement « naître ».

76. *uc-chiṣṭa, ṭ* pour *t*[1]. — *bhuktvā, k* pour *j*[2]. — *mahībhujas* nom. pl. *mahī-bhuj.* — *avahan* 3e pl. imparf. act. *vah.* — *çuci* v. *çuc.* — *dadhuḥ* pour *dadhur*[3] 3e pl. parf. act. *dhā 1.*

77. Changement de *h* en aspirée après une muette (85). — *upapadyate* 3e s. prés. moy. *pad.* — *upyate* 3e s. prés. passif *vap.* — *pra-rohati* 3e s. prés. act. v. *ruh.* — Répétition du relatif et de son corrélatif, v. st. 52.

78. *suhṛd* nom. s. *su-hṛd.* — *anu-yāti* 3e s. prés. act. *yā.* — *gacchati* 3e s. prés. act. *gam.* — La construction des verbes signifiant « aller » avec l'accusatif d'un substantif abstrait remplace un verbe exprimant la même action ou le même état que le substantif.

79. Changement d'une dentale en *l* devant un *l* (69). — *ātmānam* acc. s. *ātman.* — *karṣayitvā* gér. causal *karṣ.* — *prāpyate* 3e s. prés. passif v. *āp 1.* — *labhyate* 3e s. prés. passif *labh.* — Répétition de l'adjectif démonstratif exprimant la répétition de l'action marquée par le substantif.

80. *iṣṭa, ṭ* pour *t*[4]. — *lālita* part. passé passif causal *lal.* — *yuddha* v. *yudh.* — *paçyet* 3e s. opt. act. *paç.*

81. Euphonie des aspirées (37, 39—41). — *tṛptis* nom. s. *tṛpti* v. *tarp.* — *asti* 3e s. prés. act. *as 1.* — *adbhis* instr. pl. v. *āp 2.* — *praçāmyati* 3e s. prés. act. *çam 1.* — *saṃ-pra-jvalati* 3e s. prés. act. *jval.* — *bhūyas* acc. n. adv. *bhūyaṃs.* — *samidbhis* instr. pl. *sam-idh* v. *idh.*

82. *vi-dhitsitum* infinitif désidératif v. *dhā 1.* — *ni-badhyante* 3e pl. prés. passif *bandh.* — Passif de « pouvoir » v. st. 31.

83. *lipseta* 3e s. opt. moy. désidératif *labh.* — *rakṣet* 3e s. opt. act. *rakṣ.* — *vardhayet* 3e s. opt. causal *vardh.* — *ni-kṣipet* 3e s. opt. act. *kṣip.*

84. Changement de *s* en *ṣ* (56—57). — Changement d'une dentale en cérébrale après une cérébrale (67). — Intercalation d'une sifflante après *n* final (64). — *tajjīvinas* nom. pl. m. *taj-jīvin,* v. *jīv.* — *tiṣṭheran* 3e pl. opt. moy. *sthā.* — *vanaspatau* loc. s. *vanaspati* v. *pat 2* (*s* par exception pour *ḥ* en composition).

1. (67.) — 2. (77.) — 3. (51.) — 4. (67.)

प्राणेभ्यो ऽपीह ये ऽभीष्टा यैर्विना न क्षणं रतिः ।
वियोगः सह्यते तेषां महाकष्टा भवस्थितिः ॥ ८५ ॥
यस्मिन्रुष्टे भयं नास्ति तुष्टे नैव धनागमः ।
निग्रहो ऽनुग्रहो नास्ति स रुष्टः किं करिष्यति ॥ ८६ ॥
तृष्णा हि चेत्परित्यक्ता को दरिद्रः क ईश्वरः ।
तस्याश्चेत्प्रसरो दत्तो दास्यं च शिरसि स्थितम् ॥ ८७ ॥
अन्यान्परिवदन्साधुर्यथा हि परितप्यते ।
तथा परिवदन्नन्यांस्तुष्टो भवति दुर्जनः ॥ ८८ ॥
आलस्यं हरति प्रज्ञां धनमायुर्यशो बलम् ।
यस्मिन्नास्ते तदालस्यं सर्वदोषाकरस्तु सः ॥ ८९ ॥
यदेवोपनतं दुःखात्सुखं तद्रसवत्तरम् ।
निर्वाणाय तरुच्छाया तप्तस्य हि विशेषतः ॥ ९० ॥
उष्णकाले जलं दद्याच्छीतकाले हुताशनम् ।
प्रावृट्काले गृहं देयं सर्वकाले च भोजनम् ॥ ९१ ॥
षट्पदः पुष्पमध्यस्थं यथा सारं समुद्धरेत् ।
तथा सर्वेषु कार्येषु सारं गृह्णाति बुद्धिमान् ॥ ९२ ॥
आहवेषु च ये शूराः स्वाम्यर्थे त्यक्तजीविताः ।
भर्तृभक्ताः कृतज्ञाश्च ते नराः स्वर्गगामिनः ॥ ९३ ॥
आदिराजयशोबिम्बमादर्शं प्राप्य वाङ्मयम् ।
तेषामसंनिधाने ऽपि न स्वयं पश्य नश्यति ॥ ९४ ॥
प्रथमं युद्धकारित्वं समस्तबलपालनम् ।
दिङ्मार्गाणां विशोधित्वं पत्तिकर्म प्रचक्षते ॥ ९५ ॥
द्वावुपायाविह प्रोक्तौ विमुक्तौ शत्रुदर्शने ।
हस्तयोश्चालनादेको द्वितीयः पादवेगजः ॥ ९६ ॥
यः पृष्ट्वा कुरुते कार्यं प्रष्टव्यान्स्वहितान्गुरून् ।
न तस्य जायते विघ्नः कस्मिंश्चिदपि कर्मणि ॥ ९७ ॥
योग्यः कृतापकारो ऽपि कदा चिदुपयुज्यते ।
विहितागारदाहो ऽग्निः शरणं भोज्यसिद्धये ॥ ९८ ॥
प्रजा यस्य विवर्धन्ते सरसीव महोत्पलम् ।
स सर्वफलभाग्राजा स्वर्गलोके महीयते ॥ ९९ ॥

85. *ratis* nom. s. *rati* v. *ram.* — *vi-yoga, g* pour *j* [1]. — *sahyate* 3e s. prés. passif *sah.* — *bhavasthitis* nom. s. *bhava-sthiti*, v. *sthā.* — Un adjectif construit avec l'ablatif prend le sens du comparatif.

86. *asti* 3e s. prés. act. *as 1.* — *kariṣyati* 3e s. fut. act. *kar 1.*

87. *pari-tyaktā, k* pour *j* [2]. — *çirasi* loc. s. *çiras.* — Génitif, v. st. 2.

88. Doublement de *n* final (65). — *pari-vadan* nom. s. m. part. prés. v. *vad.* — *sādhus* nom. s. m. *sādhu* v. *sādh.* — *pari-tapyate* 3e s. prés. passif *tap.* — *bhavati* 3e s. prés. act. *bhū.*

89. *harati* 3e s. prés. act. *har.* — *pra-jñā* v. *jñā.* — *āyus* acc. s. *āyus.* — *yaças* id. *yaças.* — *āste* 3e s. prés. moy. *ās 2.*

90. Doublement d'un *ch* initial. (83). — *rasavattara* comparatif de *rasavant* dérivé, *rasa.*

91. Euphonie des palatales, de *h* et de *ṣ* (70—82). — *dadyāt* 3e s. opt. act. *dā 1.* — *prāvṛṣ* v. *varṣ.*

92. *stha* v. *sthā.* — *sam-ud-dharet* 3e s. opt. act. *har.* — *gṛhṇāti* 3e s. prés. act. *grah.* — *buddhimān* nom. s. m. *buddhimant* dérivé, *buddhi* v. *budh.* — L'optatif exprime une supposition, cf. 59.

93. *svāmi*, thème faible, *svāmin* v. *sva.* — *bhartṛ* thème faible, *bhartar* v. *bhar.* — *jña* v. *jñā.* — *gāminas* nom. pl. m. *gāmin* v. *gam.*

94. *vāc* v. *vac.* — *paçya* 2e s. impér. act. *paç.* — *naçyati* 3e s. prés. act. *naç.* — Impératif, v. st. 32.

95. *kāri* thème faible, *kārin* v. *kar 1.* — *diç* v. *diç.* — *viçodhi* thème faible, *vi-çodhin* v. *çudh.* — *pattikarma* acc. s. n. *patti-karman* v. *pad* et *kar 1.* — *pra-cakṣate* 3e pl. prés. moy. v. *cakṣ.*

96. *ja* v. *jan.* — Verbe à sous-entendre, v. st. 75.

97. *kurute* 3e s. prés. moy. *kar 1.* — *gurūn* acc. pl. m. *guru* v. *gar 4.* — *jāyate* 3e s. prés. moy. *jan.* — *karmaṇi* loc. s. *karman* v. *kar 1.*

98. *upa-yujyate* 3e s. prés. passif *yuj.* — *agnis* nom. s. *agni.* — *bhojyasiddhaye* dat. s. *bhojya-siddhi* v. *sādh.* — Le datif exprime le but, l'objet qu'on se propose.

99. *pra-jā* v. *jan.* — *vi-vardhante* 3e pl. prés. moy. *vardh.* — *sarasi* loc. s. *saras* v. *sar.* — *sarvaphalabhāg* nom. s. m. *sarva-phala-bhāj* v. *bhaj.* — *rājā* nom. s. *rājan* v. *rāj.* — *mahīyate* 3e s. prés. moy. v. *mahīya.*

1. (72.) — 2. (77.)

सार्थः प्रवसतो मित्रं भार्या मित्रं गृहे सतः ।
आतुरस्य भिषङ्मित्रं दानं मित्रं मरिष्यतः ॥ १०० ॥
एकं हन्यान्न वा हन्यादिषुर्मुक्तो धनुष्मता ।
बुद्धिर्बुद्धिमतोत्सृष्टा हन्याद्राष्ट्रं सराजकम् ॥ १०१ ॥
अरुष्यन्रुष्यमाणस्य सुकृतं नाम विन्दति ।
दुष्कृतं चात्मनो मर्षी रुष्यत्येवापमार्ष्टि वै ॥ १०२ ॥
पात्रापात्रविशेषो ऽस्ति धेनुपन्नगयोरिव ।
तृणादुत्पद्यते दुग्धं दुग्धादुत्पद्यते विषम् ॥ १०३ ॥
सर्वाशुचिनिधानस्य कृतघ्नस्य विनाशिनः ।
शरीरकस्यापि कृते मूढाः पापानि कुर्वते ॥ १०४ ॥
अर्थाः खलु समृद्धा हि बाढं दुःखं विजानताम् ।
असमृद्धास्त्वपि सदा मोहयन्त्यविचक्षणान् ॥ १०५ ॥
सोढुं शक्यो ऽग्निसंस्पर्शः शस्त्रस्पर्शश्च दारुणः ।
न तु शोकभवं दुःखं संसोढुं नृप शक्यते ॥ १०६ ॥
कौर्मं संकोचमास्थाय प्रहारमपि मर्षयेत् ।
काले प्राप्ते तु मतिमानुत्तिष्ठेत्कृष्णसर्पवत् ॥ १०७ ॥
बलवानिन्द्रियग्रामो देहिनां शत्रवः स्मृताः ।
निग्रहार्थाय तेषां वै शास्त्रं शस्त्रसमं विदुः ॥ १०८ ॥
अकिंचनः परिपतन्सुखमास्वादयिष्यसि ।
अकिंचनः सुखं शेते समुत्तिष्ठति चैव ह ॥ १०९ ॥
जानन्नपि च यः पापं शक्तिमान्न नियच्छति ।
ईशः सन्सो ऽपि तेनैव कर्मणा संप्रयुज्यते ॥ ११० ॥
यावतः कुरुते जन्तुः संबन्धान्मनसः प्रियान् ।
तावन्तो ऽस्य निखन्यन्ते हृदये शोकशङ्कवः ॥ १११ ॥
पठतो नास्ति मूर्खत्वं जपतो नास्ति पातकम् ।
मौनिनः कलहो नास्ति न भयं चास्ति जाग्रतः ॥ ११२ ॥
अप्रियैः सह संवासः प्रियैश्चापि विनाभवः ।
असद्भिः संप्रयोगश्च तद्दुःखं चिरजीविनाम् ॥ ११३ ॥

100. *pravasatas* gén. s. m. *pra-vasant* part. prés. act. v. *vas 3.* — *satas* id. *sant* id. *as 1.* — *bhiṣag* nom. s. *bhiṣaj.* — *mariṣyatas* gén. s. m. part. fut. act. *mar.*

101. *hanyāt* 3e s. opt. act. *han.* — *iṣus* nom. s. *iṣu* v. *iṣ.* — *dhanuṣmatā* instr. s. m. *dhanuṣmant* dérivé, *dhanus.* — *buddhis* nom. s. *buddhi* v. *budh.* — *buddhimatā* instr. s. m. *buddhimant* dérivé, *buddhi.* — L'optatif exprime la possibilité.

102. *ruṣyan* nom. s. m. *ruṣyant* part. prés. act. *ruṣ.* — *ruṣyamāṇa* part. prés. moy. *ruṣ.* — *nāma* acc. adv., *nāman.* — *vindati* 3e s. prés. act. *vid 2.* — *ātmanas* gén. s. *ātman.* — *marṣī* nom. s. m. *marṣin* v. *marṣ.* — *ruṣyati* loc. s. m. *ruṣyant.* — *apa-mārṣṭi* 3e s. prés. act. v. *marj.*

103. *asti* 3e s. prés. act. *as 1.* — *ut-padyate* 3e s. prés. moy. *pad.*

104. *çuci* v. *çuc.* — *vināçinas* gén. s. m. *vi-nāçin* v. *naç.* — *kurvate* 3e pl. prés. moy. *kar 1.*

105. *vijānatām* gén. pl. m. *vi-jānant* part. prés. act. *jñā.* — *mohayanti* 3e pl. prés. causal *muh.*

106. *nṛ-pa* v. *pā 1.* — *çakyate* 3e s. prés. passif *çak.*

107. Troisième déclinaison (149, 155—159). — Formation des mots racines (112) et des différents thèmes qui suivent la troisième déclinaison, primitifs (113—114, cf. 104) ou dérivés (124 à 126), *les participes tirés de thèmes de temps exceptés.* — *marṣayet* 3e s. opt. causal *marṣ.* — *mati* v. *man.* — *ut-tiṣṭhet* 3e s. opt. act. v. *sthā.*

108. *çatravas* nom. pl. *çatru.* — *viduḥ* pour *vidur* [1] 3e pl. parf. act. *vid 1.* — Collectif singulier avec un attribut pluriel.

109. La locution *kiṃ ca na* en composition. — *pari-patant* part. prés. act. v. *pat 1.* — *ā-svādayiṣyasi* 2e s. fut. causal v. *svad.* — *çete* 3e s. prés. moy. *çī 1.* — *sam-ut-tiṣṭhati* 3e s. prés. act. v. *sthā.*

110. *jānant* part. prés. act. *jñā.* — *çakti* v. *çak.* — *ni-yacchati* 3e s. prés. act. v. *yam.* — *sant* v. *as 1.* — *saṃ-pra-yujyate* 3e s. prés. passif v. *yuj.*

111. *kurute* 3e s. prés. moy. *kar 1.* — *jantus* nom. s. *jantu* v. *jan.* — *ni-khanyante* 3e pl. prés. passif v. *khan.* — *çokaçaṅkavas* nom. pl. *çoka-çaṅku.*

112. *paṭhant* part. prés. act. *paṭh.* — *asti* 3e s. prés. act. *as 1.* — *japant* part. prés. act. *jap.* — *jāgrat* part. prés. intensif act. *gar 3.*

113. *sant* v. *as 1.*

1. (51.)

तुल्यं परोपतापित्वं क्रुद्धयोः साधुनीचयोः ।
न दाहो ज्वलतोर्भिन्नश्चन्दनेन्धनयोः क्व चित् ॥ ११४ ॥

स्रवन्ति न निवर्तन्ते स्रोतांसि सरितामिव ।
आयुरादाय मर्त्यानां रात्र्यहानि पुनः पुनः ॥ ११५ ॥

अश्रुतश्च समुन्नद्धो दरिद्रश्च महामनाः ।
अर्थांश्चाकर्मणा प्रेप्सुर्मूढ इत्युच्यते बुधैः ॥ ११६ ॥

अहस्सु गण्यमानेषु क्षीयमाणे तथायुषि ।
जीविते लिख्यमाने च किमुत्थाय न धावसि ॥ ११७ ॥

संनियच्छति यो वेगमुत्थितं क्रोधहर्षयोः ।
स श्रियो भाजनं राजन्यश्चापत्सु न मुह्यति ॥ ११८ ॥

न प्रेम नौषधं नाज्ञा न सेवा न गुणो न धीः ।
न कुलं न बलं नाशीर्दुर्जनं प्रशमं नयेत् ॥ ११९ ॥

यद्वाञ्छति दिवा मर्त्यो वीक्षते वा करोति वा ।
तत्स्वप्नेऽपि तदभ्यासाद्ब्रूते वाथ करोति वा ॥ १२० ॥

अप्रणोद्योऽतिथिः सायं सूर्योढो गृहमेधिना ।
काले प्राप्तस्त्वकाले वा नास्यानश्नन्गृहे वसेत् ॥ १२१ ॥

114. *sādhu* v. *sādh.* — *jvalant* part. prés. act. *jval.*

115. *sravanti* 3e pl. prés. act. *sru.* — *ni-vartante* 3e pl. prés. moy. *vart.* — *srotas*[1] v. *sru.* — *sarit*[2] v. *sar.* — *punaḥ* pour *punar*[3].

116. *prepsus* nom. s. m. *prepsu* v. *āp 1.* — *ucyate* 3e s. prés. pass. *vac.*

117. *ahassu*, v. 27 et 49. — *gaṇyamāna* part. prés. passif v. *gaṇa.* — *kṣīyamāṇa* part. prés. passif *kṣi 2.* — *likhyamāna* id. *likh.* — *ut-thāya, s* tombé entre *t* et *th*[4]. — *dhāvasi* 2e s. prés. act. *dhāv 1.*

118. *sam-ni-yacchati* 3e s. prés. act. v. *yam.* — *ut-thita, s* tombé entre *t* et *th*[5]. — *muhyati* 3e s. prés. act. *muh.*

119. *āçīs* nom. s. *ā-çis.* — *nayet* 3e s. opt. act. *nī.* Les verbes signifiant « conduire » forment des locutions du même genre que les verbes signifiant « aller » (v. st. 78), mais de sens causal.

120. *vāñchati* 3e s. prés. act. *vāñch.* — *vīkṣate* 3e s. prés. moy. v. *īkṣ.* — *karoti* 3e s. prés. act. *kar 1.* — *brūte* 3e s. prés. moy. *brū.*

1. Formation rare. — 2. *Id.* — 3. (51.) — 4. (58.) — 5. *(Ibid.)*

रिक्तपाणिर्न पश्येत राजानं भिषजं गुरुम् ।
दैवज्ञं पुत्रकं मित्रं फलेन फलमादिशेत् ॥ १२२ ॥

राजवृत्तं किल लोकः कृत्स्नः समुपवर्तते ।
यद्वृत्ताः सन्ति राजानस्तद्वृत्ताः सन्ति मानवाः ॥ १२३ ॥

सहसोत्प्लुत्य दुष्टेभ्यो दुष्करं संपदर्जनम् ।
उपायेन पदं मूर्ध्नि न्यस्यते मत्तहस्तिनाम् ॥ १२४ ॥

इन्द्रियाणां प्रसृष्टानां हयानामिव वर्त्मसु ।
धृतिं कुर्वीत सारथ्ये धृत्या तानि जयेद् ध्रुवम् ॥ १२५ ॥

पूर्वे वयसि कर्माणि कृत्वा पापानि ये नराः ।
पश्चाद्गङ्गां निषेवन्ते ते ऽपि यान्त्युत्तमां गतिम् ॥ १२६ ॥

तीव्राण्युद्वेगकारीणि विसृष्टान्यनयात्मकैः ।
कृन्तन्ति देहिनां मर्म शस्त्राणीव वचांसि च ॥ १२७ ॥

चक्षुर्भ्यां हसते विद्वान्दन्तोद्घाटेन मध्यमाः ।
अधमा अट्टहासेन न हसन्ति मुनीश्वराः ॥ १२८ ॥

युक्तियुक्तमुपादेयं वचनं बालकादपि ।
विदुषापि सदा ग्राह्यं वृद्धादपि न दुर्वचः ॥ १२९ ॥

121. *atithis* nom. s. *atithi.* — *açnant* part. prés. act. *aç* 2. — *vaset* 3e s. opt. act. *vas 3.*

122. *riktapāṇis* nom. s. m. *rikta-pāṇi.* — *paçyeta* 3e s. opt. moy. *paç.* — *gurum* acc. s. m. *guru* v. *gar 4.* — *ā-diçet* 3e s. opt. act. v. *diç.*

123. *sam-upa-vartate* 3e s. prés. moy. v. *vart.* — *santi* 3e pl. prés. act. *as 1.*

124. *ny-asyate* 3e s. prés. passif *as* 2.

125. *dhṛtim* acc. s. *dhṛti* v. *dhar.* — *kurvīta* 3e s. opt. moy. *kar 1.* — *dhṛtyā* instr. s. *dhṛti.* — *jayet* 3e s. opt. act. *ji.*

126. *ni-ṣevante* 3e pl. prés. moy. v. *sev.* — *yānti* 3e pl. prés. act. *yā.* — *uttama* v. *ud.* — *gatim* acc. s. *gati* v. *gam.*

127. *kṛntanti* 3e pl. prés. act. *kart.*

128. *hasate* 3e s. prés. moy. *has.* — *vidvaṃs* v. *vid 1.* — *hasanti* 3e pl. prés. act. *has.*

129. *yukti* v. *yuj.* — *vidvaṃs* v. *vid 1.*

बहुधा बहुभिः सार्धं चिन्तिताः सुनिरूपिताः ।
कथं चिन्न विलीयन्ते विद्वद्भिश्चिन्तिता नयाः ॥ १३० ॥

इन्दुव्रतसहस्रं तु यश्चरेत्कायशोधनम् ।
पिबेद्यश्चापि गङ्गाम्भः समौ स्यातां न वा समौ ॥ १३१ ॥

हन्ति जातानजातांश्च हिरण्यार्थे ऽनृतं वदन् ।
सर्वं भूम्यनृते हन्ति मा स्म भूम्यनृतं वदीः ॥ १३२ ॥

साधूनां पालनं सम्यग्दुष्टानां विग्रहस्तथा ।
एष राज्ञां परो धर्मः परत्रेह च शर्मणे ॥ १३३ ॥

अदेशस्थो हि रिपुणा स्वल्पकेनापि हन्यते ।
ग्राहो ऽल्पीयानपि जले गजेन्द्रमपि कर्षति ॥ १३४ ॥

आविष्ट इव दुःखेन हृद्गतेन गरीयसा ।
समन्वितः करुणया परया दीनमुद्धरेत् ॥ १३५ ॥

न तत्कुर्यादसिस्तीक्ष्णः सर्पो वा व्याहतः पदा ।
अरिर्वा नित्यसंक्रुद्धो यथात्मा दुरनुष्ठितः ॥ १३६ ॥

आनृशंस्यं परो धर्मः सर्वप्राणभृतां मतः ।
तस्माद्राजानृशंस्येन पालयेत्कृपणं जनम् ॥ १३७ ॥

तीक्ष्णा नारुंतुदा बुद्धिः कर्म शान्तं प्रतापवत् ।
नोपतापि मनः सोष्म वागेका वाग्मिनः सतः ॥ १३८ ॥

न जातु कामः कामानामुपभोगेन शाम्यति ।
हविषा कृष्णवर्त्मेव भूय एवाभिवर्धते ॥ १३९ ॥

यद्यत्त्यजति कामानां तत्सुखस्याभिपूर्यते ।
कामानुसारी पुरुषः कामाननुविनश्यति ॥ १४० ॥

नागुणी गुणिनं वेत्ति गुणी गुणिषु मत्सरी ।
गुणी च गुणरागी च विरलः सरलो जनः ॥ १४१ ॥

धर्मो यशो नयो दाक्ष्यं मनोहारि सुभाषितम् ।
इत्यादिगुणरत्नानां संग्राही नावसीदति ॥ १४२ ॥

हसते जल्पते वैरी एकपात्रे भुनक्ति च ।
एकासनं चारोहति स्मरते तच्च किल्बिषम् ॥ १४३ ॥

एको ऽहमस्मीत्यात्मानं यत्त्वं कल्याण मन्यसे ।
नित्यं स्थितस्ते हृद्येष पुण्यपापेक्षिता मुनिः ॥ १४४ ॥

130. *bahubhis* instr. pl. m. *bahu.* — *cintita* part. passé passif v. *cit.* — *ni-rūpita* part. passé passif v. *rūpa.* — *vi-līyante* 3e pl. prés. moy. v. *lī.* — *vidvaṃs* v. *vid 1.*

131. *caret* 3e s. opt. act. *car.* — *pibet* id *pā 2.* — *syātām* 3e duel opt. act. *as 1.*

132. *hanti* 3e s. prés. act. *han.* — *vadant* part. prés. act. *vad.* — *bhūmi* v. *bhū.* — *vadīs* 2e s. aoriste 1er act. sans augment *vad.* — Locatif absolu d'un abstrait (sans adjectif). — L'aoriste sans augment s'emploie avec la particule prohibitive *mā* dans le sens d'un impératif négatif.

133. Changement de *n* en *ṅ* après une palatale (60). — *sādhūnām* gén. pl. m. *sādhu* v. *sādh.*

134. Comparatif en *īyaṃs* (130). — *ripuṇā* instr. s. *ripu* v. *rip.* — *hanyate* 3e s. prés. passif *han.* — *karṣati* 3e s. prés. act. *karṣ.*

135. *ud-dharet* 3e s. opt. act. v. *har.*

136. Nominatif singulier des thèmes en *n* (159). — *kuryāt* 3e s. opt. act. *kar 1.* — *asis* nom. s. *asi.* — *aris* id. *ari.* — Optatif, st. 101.

137. *nṛ* v. *nar.* — *pālayet* 3e s. opt. act. v. *pāla* sous *pā 1.* — Instrumental de manière.

138. *buddhis* nom. s. *buddhi* v. *budh.* — *çānta, n* pour *m* [1]. — *sant* v. *as 1.*

139. *çāmyati* 3e s. prés. act. *çam 1.* — *abhi-vardhate* 3e s. prés. moy. v. *vardh.*

140. *tyajati* 3e s. prés. act. *tyaj.* — *abhi-pūryate* 3e s. prés. passif v. *par 1.* — *anu-vi-naçyati* 3e s. prés. act. v. *naç.*

141. *vetti* 3e s. prés. act. *vid 1.*

142. *ity-ādi* composé possessif « ayant son commencement ainsi » [2]. — *guṇa-ratna,* composé appositif « joyau qui est une qualité » [3]. — *ava-sīdati* 3e s. prés. act. v. *sad.*

143. *hasate* 3e s. prés. moy. *has.* — *jalpate* id. *jalp.* — *bhunakti* 3e s. prés. act. *bhuj 2.* — *ā-rohati* 3e s. prés. act. v. *ruh.* — *smarate* 3e s. prés. moy. *smar.* — Euphonie suspendue à la fin d'un *pāda.*

144. Nominatif singulier des thèmes en *ar* (160). — Formation des mêmes thèmes (115). — *asmi* 1ère s. prés. act. *as 1.* — *manyase* 2e s. prés. moy. *man.* — *munis* nom. s. *muni.*

1. (59.) — 2. (140.) — 3. (139.)

प्रवृत्तवाक् चित्रकथ ऊहवान्प्रतिभानवान् ।
आशु ग्रन्थार्थवक्ता च यः स पण्डित उच्यते ॥ १४५ ॥

कृपणेन समो दाता न कश्चिद्भुवि विद्यते ।
अस्पृशन्नेव वित्तानि यः परेभ्यः प्रयच्छति ॥ १४६ ॥

नश्यतो युध्यतो वापि तावद्भवति जीवितम् ।
यावद्धातासृजत्पूर्वं न यावन्मनसेप्सितम् ॥ १४७ ॥

सुलभाः पुरुषा राजन्सततं प्रियवादिनः ।
अप्रियस्य तु पथ्यस्य वक्ता श्रोता च दुर्लभः ॥ १४८ ॥

किं स स्वर्गतरुः को ऽपि यस्य पुष्पं निशाकरः ।
ते वृक्षाः कीदृशा मातर्येषां मुक्ताफलं फलम् ॥ १४९ ॥

संतुष्टौ पितरौ यस्मिन्ननुरक्ताः सुहृद्गणाः ।
गायन्ति यद्यशो लोकास्तेन लोकत्रयं जितम् ॥ १५० ॥

दातारं कृपणं मन्ये मृतो ऽप्यर्थं न मुञ्चति ।
अदाता पुरुषस्त्यागी धनं संत्यज्य गच्छति ॥ १५१ ॥

सुमहान्त्यपि शास्त्राणि धारयन्तो बहुश्रुताः ।
छेत्तारः संशयानां च क्लिश्यन्ते लोभमोहिताः ॥ १५२ ॥

145. *āçu* acc. n. adv. *āçu*. — *ucyate* 3e s. prés. passif *vac*.

146. *vidyate* 3e s. prés. passif *vid 2*. — *spr̥çant* part. prés. act. *sparç*. — *pra-yacchati* 3e s. prés. act. *yam*. — Instrumental de ressemblance, v. st. 51.

147. *naçyant* part. prés. act. *naç*. — *yudhyant* id. *yudh*. — *bhavati* 3e s. prés. act. *bhū*. — *asr̥jat* 3e s. imparf. act. *sarj*. — *īpsita* part. passé passif désidératif *āp 1*. — L'imparfait ne correspond que pour la forme à l'imparfait grec. Les trois temps passés s'emploient à-peu-près indifféremment.

149. Reste de la déclinaison des thèmes en *ar* (160—161). — *tarus* nom. s. *taru*.

150. *gāyanti* 3e pl. prés. act. *gā 2*.

151. *manye* 1ère s. prés. moy. *man*. — *muñcati* 3e s. prés. act. *muc*. — *gacchati* 3e s. prés. act. *gam*.

152. *dhārayant* part. prés. causal *dhar*. — *kliçyante* 3e pl. prés. passif *kliç*. — *mohita* part. passé passif causal *muh*.

उपदेशप्रदातॄणां नराणां हितमिच्छताम् ।
इह लोके परत्र च व्यसनं नोपपद्यते ॥ १५३ ॥

संतुष्टो भार्यया भर्ता भर्त्रा भार्या तथैव च ।
यस्मिन्नेव कुले नित्यं कल्याणं तत्र वै ध्रुवम् ॥ १५४ ॥

कुलं वृत्तं श्रुतं शौर्यं सर्वमेतन्न गण्यते ।
दुर्वृत्ते ऽप्यकुलीने ऽपि जनो दातरि रज्यते ॥ १५५ ॥

बाल्ये पितुर्वशे तिष्ठेत्पाणिग्राहस्य यौवने ।
पुत्राणां भर्तरि प्रेते न भजेत्स्त्री स्वतन्त्रताम् ॥ १५६ ॥

वाति गन्धः सुमनसां प्रतिवातं कथं च न ।
धर्मजस्तु मनुष्याणां वाति गन्धः समन्ततः ॥ १५७ ॥

जयेदात्मानमेवादौ विजयायान्यविद्विषाम् ।
अजितात्मा हि विवशो वशीकुर्यात्कथं परान् ॥ १५८ ॥

अरैः संधार्यते नाभिर्नाभौ चाराः प्रतिष्ठिताः ।
स्वामिसेवकयोरेवं वृत्तिचक्रं प्रवर्तते ॥ १५९ ॥

असाध्यं साधुमन्त्राणां तीव्रं वाग्विषमुत्सृजन् ।
द्विजिह्ववदनं धत्ते दुष्टो दुर्जनपन्नगः ॥ १६० ॥

कूटसाक्षी मृषाभाषी कृतघ्नो दीर्घरोषणः ।
चत्वारः कर्मचाण्डाला जन्मचाण्डालपञ्चमाः ॥ १६१ ॥

153. *icchant* part. prés. act. *iṣ.* — *upa-padyate* 3e s. prés. moy. v. *pad.* — Sur l'emploi de l'adverbe de lieu, cf. st. 58.

155. *gaṇyate* 3e s. prés. passif v. *gaṇa.* — *rajyate* id. *raj.*

156. *tiṣṭhet* 3e s. opt. act. *sthā.* — *bhajet* id. *bhaj.* — *strī* nom. s. *strī.*

157. Supplément aux composés (139—144) — *vāti* 3e s. prés. act. *vā 2.*

158. *jayet* 3e s. opt. act. *ji.* — *ādau* loc. s. *ādi.* — *kuryāt* 3e s. opt. act. *kar 1.* — Datif du but, v. st. 98.

159. *saṃ-dhāryate* 3e s. prés. passif causal *dhar.* — *nābhis* nom s. *nābhi.* — *nābhau* loc. s. id. — *vṛtti* v. *vart.* — *pra-vartate* 3e s. prés. moy. v. *vart.*

160. *sādhu* v. *sādh.* — *ut-sṛjant* part. prés. act. v. *sarj.* — *dhatte* 3e s. prés. moy. *dhā 1.* — Génitif complément du verbe passif (correspondant au datif latin, cf. st. 2 et 8).

चित्तं समाधिना पूतं वदनं सत्यभाषणे ।
ब्रह्मचर्यादिभिः कायः शुद्धो गङ्गां विनाप्यसौ ॥ १६२ ॥

आज्ञामात्रफलं राज्यं ब्रह्मचर्यफलं तपः ।
ज्ञानमात्रफला विद्या दत्तभुक्तफलं धनम् ॥ १६३ ॥

परोक्षे कार्यहन्तारं प्रत्यक्षे प्रियवादिनम् ।
वर्जयेत्तादृशं मित्रं विषकुम्भं पयोमुखम् ॥ १६४ ॥

अध्वश्रान्तमविज्ञातमतिथिं क्षुत्पिपासितम् ।
यो तं न पूजयेद्भक्त्या तमाहुर्ब्रह्मघातिनम् ॥ १६५ ॥

अजरामरवत्प्राज्ञो विद्यामर्थं च चिन्तयेत् ।
गृहीत इव केशेषु मृत्युना धर्ममाचरेत् ॥ १६६ ॥

सर्पः क्रूरः खलः क्रूरः सर्पात्क्रूरतरः खलः ।
मन्त्रौषधिवशः सर्पः खलः केन निवार्यते ॥ १६७ ॥

यस्य वृत्तं नमस्यन्ति स्वर्गस्थस्यापि मानवाः ।
पौरजानपदामात्याः स राजा राजसत्तमः ॥ १६८ ॥

राज्ञि धर्मिणि धर्मिष्ठाः पापे पापाः समे समाः ।
राजानमनुवर्तन्ते यथा राजा तथा प्रजाः ॥ १६९ ॥

162. *samādhinā* instr. s. *sam-ā-dhi* v. *dhā 1.* — *satya* dérivé, *sant* v. *as 1.* — *brahmacaryādibhis* instr. pl. *brahmacaryādi* (*brahma-carya*). — Le substantif abstrait peut former, sans attribut, un locatif absolu correspondant à une proposition dont le verbe serait construit impersonnellement, cf. st. 132.

164. *varjayet* 3e s. opt. causal *varj.*

165. *çrānta, n* pour *m* [1]. — *atithim* acc. s. *atithi.* — *pūjayet* 3e s. opt. act. — *bhaktyā* instr. s. *bhakti* v. *bhaj.* — *āhur* 3e pl. parf. act. *ah.* — Instrumental, v. st. 137.

166. *cintayet* 3e s. opt. act. v. *cit.* — *mṛtyunā* instr. s. *mṛtyu* v. *mar.* — *ā-caret* 3e s. opt. act. v. *car.*

167. Comparatif en *tara* (129). — Superlatif (129—130). — *ni-vāryate* 3e s. prés. passif causal *var 1.*

168. *namasyanti* 3e pl. prés. act. v. *namas* sous *nam.* — *sant* v. *as 1.*

169. *anu-vartante* 3e pl. prés. moy. v. *vart.*

1. (59.)

बलं विद्या च विप्राणां राज्ञां सैन्यं बलं तथा ।
बलं वित्तं च वैश्यानां शूद्राणां चाकनिष्ठता ॥ १७० ॥

यस्य भार्या गृहे नास्ति साध्वी च प्रियवादिनी ।
अरण्यं तेन गन्तव्यं यथारण्यं तथा गृहम् ॥ १७१ ॥

हे जिह्वे कटुकस्नेहे मधुरं किं न भाषसे ।
मधुरं वद कल्याणि लोको ऽयं मधुरप्रियः ॥ १७२ ॥

कामक्रोधग्राहवतीं पञ्चेन्द्रियजलां नदीम् ।
नावं धृतिमयीं कृत्वा जन्मदुर्गाणि संतर ॥ १७३ ॥

दोग्ध्री धान्यं हिरण्यं च मही राज्ञा सुरक्षिता ।
नित्यं स्वेभ्यः परेभ्यश्च तृप्ता माता यथा पयः ॥ १७४ ॥

अनुकूला सदा तुष्टा दक्षा साध्वी विचक्षणा ।
एभिरेव गुणैर्युक्ता श्रीरिव स्त्री न संशयः ॥ १७५ ॥

एकस्यापि न यः शक्तो मनसः संनिबर्हणे ।
महीं सागरपर्यन्तां स कथं ह्यवजेष्यति ॥ १७६ ॥

प्रज्ञयातिविसारिण्या यो धनेन बलेन वा ।
धुरं वहति गोत्रस्य जननी तेन पुत्रिणी ॥ १७७ ॥

गृहं राजकुलं देवमन्दिरं पत्तनं वनम् ।
पृथिव्यां नास्ति तद्यच्च नाकारणरुषः खलः ॥ १७८ ॥

171. Formation du féminin des adjectifs, etc. (128). — Déclinaison des féminins dérivés en *ī* (151). — *asti* 3e s. prés. act. *as 1.* — *sādhu* v. *sādh.* — *gantavya, n* pour *m* [1]. — Accusatif, v. st. 5.

172. *bhāṣase* 2e s. prés. moy. *bhāṣ.* — *vada* 2e s. impér. act. *vad.*

173. *dhṛti* v. *dhar.* — *saṃ-tara* 2e s. impér. act. *tar.*

174. Nom d'agent construit avec l'accusatif.

175. *sādhu* v. *sādh.* — *ebhis* v. *a 1.* — *strī* nom. s. *strī.*

176. *ava-jeṣyati* 3e s. fut. act. v. *ji.*

177. *vahati* 3e s. prés. act. *vah.*

178. *pṛthivī* v. *prath.* — *asti* 3e s. prés. act. *as 1.*

1. (59.)

स्वजातीयं विना वैरी न जय्यः स्यात्कदा च न ।
विना वज्रमणिं मुक्तामणिर्भेद्यः कथं भवेत् ॥ १७९ ॥

वरं प्राणपरित्यागो न मानपरिखण्डनम् ।
मृत्युः स्यात्क्षणिकं दुःखं मानभङ्गो दिने दिने ॥ १८० ॥

यस्य कृत्यं न विघ्नन्ति शीतमुष्णं भयं रतिः ।
समृद्धिरसमृद्धिर्वा स वै पण्डित उच्यते ॥ १८१ ॥

चला लक्ष्मीश्चलाः प्राणाश्चलो देहो ऽपि यौवनम् ।
चलाचलश्च संसारः कीर्तिर्धर्मश्च निश्चलः ॥ १८२ ॥

अविद्वानपि भूपालो विद्यावृद्धोपसेवया ।
परां श्रियमवाप्नोति जलासन्नतरुर्यथा ॥ १८३ ॥

प्रायेण श्रीमतां लोके भोक्तुं शक्तिर्न विद्यते ।
जीर्यन्त्यपि तु काष्ठानि दरिद्राणां महीपते ॥ १८४ ॥

चित्तमन्तर्गतं दुष्टं तीर्थस्नाने न शुध्यति ।
शतशो ऽपि जलैर्धौतं मद्यभाण्डमिवाशुचि ॥ १८५ ॥

अभेदेन च युध्येरन्रक्षेयुश्च परस्परम् ।
फल्गु सैन्यस्य यत्किंचिन्मध्ये व्यूहस्य तद्भवेत् ॥ १८६ ॥

जयेत्कदर्यं दानेन सत्येनानृतवादिनम् ।
क्षमया क्रूरकर्माणमसाधुं साधुना जयेत् ॥ १८७ ॥

179. Formation et déclinaison des thèmes en *i* et en *u* (162—168 et 116—117 ; 127). — *syāt* 3e s. opt. act. *as 1.* — *bhavet* id. *bhū.*

180. *syāt* 3e s. opt. act. *as 1.*

181. *vi-ghnanti* 3e pl. prés. act. v. *han.* — *ucyate* 3e s. prés. passif *vac.*

182. *lakṣmīs* nom. s. *lakṣmī.*

183. *vidvaṃs* v. *vid 1.* — *avāpnoti* 3e s. prés. act. v. *āp 1.*

184. *vidyate* 3e s. prés. passif *vid 2.* — *jīryanti* 3e pl. prés. act. *jar.*

185. *çudhyati* 3e s. prés. act. *çudh.*

186. *yudhyeran* 3e pl. opt. moy. *yudh.* — *rakṣeyuç* pour *rakṣeyur* [1] 3e pl. opt. act. *rakṣ.* — *bhavet* 3e s. opt. act. *bhū.*

187. *jayet* 3e s. opt. act. *ji.* — *satya* dérivé, *sant* v. *as 1.*

1. (51.)

न देवाः शस्त्रमादाय निघ्नन्ति रिपुवत्क्रुधा ।
यं तु हिंसितुमिच्छन्ति बुद्ध्या विश्लेषयन्ति तम् ॥ १८८ ॥
दीयते स्वच्छहृदयैः पिण्डो येनैव पाणिना ।
मार्जार इव दुर्वृत्तस्तमेव हि विलुम्पति ॥ १८९ ॥
स्त्रीयं यशः पौरुषं च गुप्तये कथितं च यत् ।
कृतं यदुपकाराय धर्मज्ञो न प्रकाशयेत् ॥ १९० ॥
समं शक्तिमता युद्धमशक्तस्य हि मृत्यवे ।
दृषत्कुम्भमिवाभित्त्वा तावत्तिष्ठति शक्तिमान् ॥ १९१ ॥
बन्धाय विषयासक्तं मुक्त्यै निर्विषयं मनः ।
मन एव मनुष्याणां कारणं बन्धमोचयोः ॥ १९२ ॥
उप्यमानं मुहुः क्षेत्रं स्वयं निर्वीर्यतामियात् ।
न कल्पते पुनःसूत्या उप्तं बीजं च नश्यति ॥ १९३ ॥
गुरोर्यत्र परीवादो निन्दा वापि प्रवर्तते ।
कर्णौ तत्र पिधातव्यौ गन्तव्यं वा ततोऽन्यतः ॥ १९४ ॥
न शक्यो वायुराकाशे पाशैर्बन्द्धुं मनोजवः ।
दीप्यमानस्य वाप्यग्नेर्ग्रहीतुं विमलाः शिखाः ॥ १९५ ॥
राजतः सलिलादग्नेश्चोरतः स्वजनादपि ।
भयमर्थवतां नित्यं मृत्योः प्राणभृतामिव ॥ १९६ ॥

188. *ni-ghnanti* 3ᵉ pl. prés. act. v. *han.* — *icchanti* 3ᵉ pl. prés. act. *iṣ.* — *vi-çleṣayanti* 3ᵉ pl. prés. causal v. *çliṣ.* — Instrumental de cause, voyez st. 25.

189. *dīyate* 3ᵉ s. prés. passif *dā 1.* — *vi-lumpati* 3ᵉ s. prés. act. v. *lup.*

190. *kathita* part. passé passif v. *kathā.* — *pra-kāçayet* 3ᵉ s. opt. causal v. *kāç.*

191. *tiṣṭhati* 3ᵉ s. prés. act. *sthā.* — Gérondif négatif « sans avoir, avant d'avoir, jusqu'à ce qu'il ait . . . ».

193. *upyamāna* part. prés. passif *vap.* — *iyāt* 3ᵉ s. opt. act. *i 2.* — *kalpate* 3ᵉ s. prés. moy. *kalp.* — *punaḥ* pour *punar* [1]. — *naçyati* 3ᵉ s. prés. act. *naç.* — Abstrait avec un verbe « aller », v. st. 78.

194. *pra-vartate* 3ᵉ s. prés. moy. v. *vart.* — *gantavya, n* pour *m* [2].

195. *dīpyamāna* part. prés. moy. *dīp.*

196. Construction avec l'abstrait, v. st. 41.

1. (51.) — 2. (59.)

प्रभूतवयसः पुंसो धियः पाकः प्रवर्तते ।
जीर्णस्य चन्दनतरोरामोद उपजायते ॥ १९७ ॥

ऊधश्छिन्द्यात्तु यो धेन्वाः क्षीरार्थी न लभेत्पयः ।
एवं राष्ट्रमयोगेन पीडितं न विवर्धते ॥ १९८ ॥

तुङ्गत्वमितरा नाद्रौ नेदं सिन्धावगाधता ।
अलङ्घनीयताहेतुरुभयं तन्मनस्विनि ॥ १९९ ॥

कृतज्ञं धार्मिकं सत्यमक्षुद्रं दृढभक्तिकम् ।
जितेन्द्रियं स्थितं स्थित्यां मित्रमत्यागि चेष्यते ॥ २०० ॥

परोपदेशसमये सर्व एव हि पण्डिताः ।
स्वानुष्ठानस्य समये मुनयो ऽपि न पण्डिताः ॥ २०१ ॥

ऐश्वर्यमदपापिष्ठा मदाः पानमदादयः ।
ऐश्वर्यमदमत्तो हि नापतित्वा विबुध्यते ॥ २०२ ॥

जितेन्द्रियस्य नृपतेर्नीतिमार्गानुसारिणः ।
भवन्ति ज्वलिता लक्ष्म्यः कीर्तयश्च नभःस्पृशः ॥ २०३ ॥

तनवो ऽप्यायता नित्यं तन्तवो बहुलाः समाः ।
बहून्बहुत्वादायासान्सहन्तीत्युपमा सताम् ॥ २०४ ॥

षण्णामात्मनि युक्तानामिन्द्रियाणां प्रमाथिनाम् ।
यो धीरो धारयेद्रश्मीन्स स्यात्परमसारथिः ॥ २०५ ॥

अम्भांसि जलजन्तूनां दुर्गं दुर्गनिवासिनाम् ।
स्वभूमिः श्वापदादीनां राज्ञां सैन्यं परं बलम् ॥ २०६ ॥

197. *pra-vartate* 3ᵉ s. prés. moy. v. *vart.* — *upa-jāyate* id. v. *jan.*

198. *udhaç* pour *ūdhar*[1]. — *chindyāt* 3ᵉ s. opt. act. *chid.* — *labhet* id. *labh.* — *vi-vardhate* 3ᵉ s. prés. moy. v. *vardh.*

200. *satya,* v. *sant* sous *as 1.* — *iṣyate* 3ᵉ s. prés. passif *iṣ.*

202. *vi-budhyate* 3ᵉ s. prés. moy. *budh.* — Gérondif négatif, v. st. 191.

203. *bhavanti* 3ᵉ pl. prés. act. *bhū.*

204. *sahanti* 3ᵉ pl. prés. act. *sah.* — *sant,* v. *as 1.*

205. *dhārayet* 3ᵉ s. opt. causal *dhar.* — *syāt* 3ᵉ s. opt. act. *as 1.*

1. (51.)

पक्षिणां काकश्चाण्डालः पशूनां चैव कुक्कुरः ।
मुनीनां कोपी चाण्डालः सर्वचाण्डालनिन्दितः ॥ २०७ ॥
जलमग्निं विषं शस्त्रं क्षुद्व्याधी पतनं गिरेः ।
निमित्तं किं चिदासाद्य देही प्राणैर्विमुच्यते ॥ २०८ ॥
जरामृत्यू हि भूतानां खादितारौ वृकाविव ।
बलिनां दुर्बलानां च ह्रस्वानां महतामपि ॥ २०९ ॥
अहो तम इवेदं स्यान्न प्रज्ञायेत किं च न ।
राजा चेन्न भवेल्लोके विभजन्साध्वसाधुनी ॥ २१० ॥
स्वजनैः स्वात्मवज्जन्तुर्ज्ञायते गुणवान्परैः ।
गोपैर्गोपवदज्ञायि हरिर्देवैर्जगत्पतिः ॥ २११ ॥
स्वर्गस्तु न मुमुक्षूणां क्षयी चित्तं विलोभयेत् ।
तस्मादहंकृतित्यागाज्ज्ञाने यत्नं मुने कुरु ॥ २१२ ॥
ऋषयश्चैव देवाश्च सत्यमेव हि मेनिरे ।
सत्यवादी हि लोकेऽस्मिन्परमं गच्छति क्षयम् ॥ २१३ ॥
सुखदुःखानि भूतानामजरो जरयत्यसौ ।
आदित्यो ह्यस्तमभ्येति पुनः पुनरुदेति च ॥ २१४ ॥
करोतु नाम नीतिज्ञो व्यवसायमितस्ततः ।
फलं पुनस्तदेव स्याद्यद्विधेर्मनसि स्थितम् ॥ २१५ ॥

207. Positif dans le sens du comparatif, v. st. 85. Ici seulement la relation de l'ablatif n'est pas exprimée, le régime étant en composition avec l'adjectif régissant.

208. *ā-sādya* gérondif causal *sad.* — *vi-mucyate* 3e s. prés. passif. — Instrumental de séparation.

210. *syāt* 3e s. opt. act. *as 1.* — *pra-jñāyeta* 3e s. opt. passif v. *jñā.* — *bhavet* 3e s. opt. act. *bhū.* — *vi-bhajant* part. prés. act. v. *bhaj.*

211. *jñāyate* 3e s. prés. passif *jñā.* — *ajñāyi* 3e s. aoriste passif *jñā.*

212. *mumukṣu* v. *muc.* — *vi-lobhayet* 3e s. prés. causal *lubh.* — *kuru* 2e s. impér. act. *kar 1.*

213. *satya,* v. *sant* sous *as 1.* — *menire* 3e pl. parf. moy. *man.* — *gacchati* 3e s. prés. act. *gam.*

214. EUPHONIE DE *R* FINAL (45, 51, 54, 56). — *jarayati* 3e s. prés. causal *jar.* — *abhy-eti* 3e s. prés. act. v. *i 2.* — *ud-eti* id.

215. *karotu* 3e s. impér. act. *kar 1.* — *syāt* 3e s. opt. act. *as 1.*

अधः करोति यद्रत्नं मूर्ध्ना धारयते तृणम् ।
दोषस्तस्यैव जलधे रत्नं रत्नं तृणं तृणम् ॥ २१६ ॥

क्व यामः कुत्र तिष्ठामः किं कुर्मः किं न कुर्महे ।
रागिणश्चिन्तयन्त्येवं नीरागः सुखमेधते ॥ २१७ ॥

प्रमादः परमो द्वेषी प्रमादः परमं विषम् ।
प्रमादो मुक्तिपूर्दस्युः प्रमादो नरकायनम् ॥ २१८ ॥

न हिंस्यात्सर्वभूतानि मैत्रायणगतश्चरेत् ।
नेदं जीवितमासाद्य वैरं कुर्वीत केन चित् ॥ २१९ ॥

नास्त्यन्या तृष्णया तुल्या का चित्स्त्री सुभगा क्व चित् ।
या प्राणानपि मुञ्चन्ती भवत्येवाधिकप्रिया ॥ २२० ॥

दान्तस्य किमरण्येन तथादान्तस्य भारत ।
यत्रैव निवसेद्दान्तस्तदरण्यं स चाश्रमः ॥ २२१ ॥

धन्यास्ते पुरुषाः श्रेष्ठा ये बुद्ध्या क्रोधमुत्थितम् ।
प्रदीप्तमवलुम्पन्ति दीप्तमग्निमिवाम्भसा ॥ २२२ ॥

216. Chute de *r* devant *r* (52, 53, 56). — *karoti* 3ᵉ s. prés. act. *kar 1.* — *dhārayate* 3ᵉ s. prés. causal (moyen) *dhar.*

217. *yāmas* 1ère pl. prés. act. *yā.* — *tiṣṭhāmas* id. *sthā.* — *kurmas* id. *kar 1.* — *kurmahe* 1ère pl. prés. moy. *kar 1.* — *cintayanti* 3ᵉ pl. prés. act. v. *cit.* — *edhate* 3ᵉ s. prés. moy. *edh.*

218. Allongement d'une voyelle (ou conservation d'une voyelle longue) devant *r* suivi d'une consonne (55).

219. Nasales à l'intérieur des mots (59). — *hiṃsyāt* 3ᵉ s. opt. act. *hiṃs.* — *caret* 3ᵉ s. opt. act. *car.* — *ā-sādya* gérondif causal *sad.* — *kurvīta* 3ᵉ s. opt. moy. *kar 1.* — L'instrumental signifie ici «avec».

220. *asti* 3ᵉ s. prés. act. *as 1.* — *muñcant* part. prés. act. *muc.* — *bhavati* 3ᵉ s. prés. act. *bhū.* — Instrumental, v. st. 51.

221. *ni-vaset* 3ᵉ s. opt. act. v. *vas 3.*

222. Chute de *s* entre *t* et *th* (58). — *ava-lumpanti* 3ᵉ pl. prés. act. v. *lup.*

RÉVISION DES STANCES PRÉCÉDENTES

POUR L'ÉTUDE DE LA CONJUGAISON.

Présent, imparfait, impératif, optatif et participe présent de la première conjugaison, active et moyenne, et du passif. — Stances 5, 6, 10, 12, 15, 29, 32, 37, 43, 44, 46, 48, 49, 61, 66, 72, 77, 80, 84, 85, 88, 94, 98, 106, 114, 115, 116, 118, 119, 122, 124, 127, 134, 135, 139, 140, 142, 145, 146, 150, 151, 153, 156, 169, 172, 173, 177, 184, 185, 186, 187, 189, 191, 194, 195, 197, 202, 203, 221, 222.

Mêmes temps et modes de la deuxième conjugaison, active et moyenne. — Stances 1, 8, 9, 13, 16, 19, 20, 22, 26, 31, 38, 40, 42, 50, 51, 52, 55, 56, 59, 60, 62, 63, 69, 70, 73, 75, 78, 81, 89, 91, 92, 95, 97, 101, 102, 103, 104, 110, 111, 113, 120, 121, 123, 125, 126, 131, 136, 138, 141, 143, 144, 157, 158, 160, 171, 178, 179, 180, 181, 193, 198, 200, 204, 210, 215, 220.

Futur, aoriste et parfait. — Stances 24, 28, 30, 35, 76, 86, 100, 108, 109, 128, 129, 132, 176, 183, 211, 213.

Causal, Dénominatifs, etc., Intensifs, Désidératif, avec leur passif et leurs formations nominales. — Stances 3, 7, 11, 17, 18, 23, 25, 27, 33, 36, 45, 47, 53, 54, 64, 67, 71, 74, 79, 82, 83, 96, 99, 105, 107, 112, 117, 130, 133, 137, 147, 152, 155, 159, 164, 165, 166, 167, 168, 188, 190, 205, 208, 212, 214, 216, 217, 219.

Pour compléter la révision, il restera à relire les stances 2, 4, 14, 21, 34, 39, 41, 57, 58, 65, 68, 87, 90, 93, 148, 149, 154, 161, 162, 163, 170, 174, 175, 182, 192, 196, 199, 201, 206, 207, 209, 218.

L'ENLÈVEMENT DE DRAUPADĪ.

EXTRAIT DU MAHĀBHĀRATA.

(LIVRE III, CHAPITRES 264–272.)

॥ वैशंपायन उवाच ॥

तस्मिन्बहुमृगे ऽरण्ये अटमाना महारथाः ।
काम्यके भरतश्रेष्ठा विजह्रुस्ते यथामराः ॥ १ ॥
प्रेक्षमाणा बहुविधान्वनोद्देशान्समन्ततः ।
यथर्तुकालरम्याश्च वनराजीः सुपुष्पिताः ॥ २ ॥
पाण्डवा मृगयाशीलाश्चरन्तस्तन्महद्वनम् ।
विजह्रुरिन्द्रप्रतिमाः कंचित्कालमरिंदम ॥ ३ ॥
ततस्ते यौगपद्येन ययुः सर्वे चतुर्दिशम् ।
मृगयां पुरुषव्याघ्रा ब्राह्मणार्थे परंतपाः ॥ ४ ॥

264. 1. Pour le mètre de tout le chapitre, voir Sentences morales, stance 1. La stance est justement l'spèce particulière d'*anuṣṭubh* qu'on appelle vulgairement *çloka* épique. Dans le style très redondant et très lâche de l'épopée, les épithètes et les appositions se multiplient et se séparent très facilement les unes des autres ainsi que du terme auquel elles se rapportent. — Euphonie, v. st. 143. — Les trois temps passés sont équivalents et expriment indifféremment les diverses nuances du passé.

2. Une même proposition se continue souvent, surtout dans les descriptions, d'une stance à une ou plusieurs stances suivantes.

3. Il arrive quelquefois alors que dans la dernière stance, certains termes essentiels, par ex. ici le verbe et le sujet (sous un autre nom) sont répétés pour plus de clarté. On rencontre souvent dans la trame du récit du Mahābhārata un vocatif désignant Janamejaya, roi de la famille des Pāṇḍavas, à qui Vaiçampāyana, le récitant, raconte l'histoire de ses ancêtres.

4. Accusatif d'un substantif abstrait remplaçant l'infinitif du but, cf. st. 5 et 28. — Les Pāṇḍavas ont à nourrir les Brāhmanes qui vivent auprès d'eux dans la forêt où ils se sont exilés.

द्रौपदीमाश्रमे न्यस्य तृणबिन्दोरनुज्ञया ।
महर्षेर्दीप्ततपसो धौम्यस्य च पुरोधसः ॥ ५ ॥

ततस्तु राजा सिन्धूनां वार्द्धक्षत्रिर्महायशाः ।
विवाहकामः शाल्वेयान्प्रयातः सोऽभवत्तदा ॥ ६ ॥

महता परिबर्हेण राजयोग्येन संवृतः ।
राजभिर्बहुभिः सार्धमुपायात्काम्यकं च सः ॥ ७ ॥

तत्रापश्यत्प्रियां भार्यां पाण्डवानां यशस्विनीम् ।
तिष्ठन्तीमाश्रमद्वारि द्रौपदीं निर्जने वने ॥ ८ ॥

विभ्राजमानां वपुषा बिभ्रतीं रूपमुत्तमम् ।
भ्राजयन्तीं वनोद्देशं नीलाभ्रमिव विद्युतम् ॥ ९ ॥

अप्सरा देवकन्या वा माया वा देवनिर्मिता ।
इति कृत्वाञ्जलिं सर्वे ददृशुस्तामनिन्दिताम् ॥ १० ॥

ततः स राजा सिन्धूनां वार्द्धक्षत्रिर्जयद्रथः ।
विस्मितस्त्वनवद्याङ्गीं दृष्ट्वा तां दुष्टमानसः ॥ ११ ॥

स कोटिकास्यं राजानमब्रवीत्काममोहितः ।
कस्य त्वेषानवद्याङ्गी यदि वापि न मानुषी ॥ १२ ॥

विवाहार्थो न मे कश्चिदिमां प्राप्यातिसुन्दरीम् ।
एतामेवाहमादाय गमिष्यामि स्वमालयम् ॥ १३ ॥

गच्छ जानीहि सौम्येमां कस्य वात्र कुतोऽपि वा ।
किमर्थमागता सुभ्रूरिदं कण्टकितं वनम् ॥ १४ ॥

अपि नाम वरारोहा मामेषा लोकसुन्दरी ।
भजेदद्यायतापाङ्गी सुदती तनुमध्यमा ॥ १५ ॥

अप्यहं कृतकामः स्यामिमां प्राप्य वरस्त्रियम् ।
गच्छ जानीहि को न्वस्या नाथ इत्येव कोटिक ॥ १६ ॥

5. Draupadī est l'épouse commune des cinq frères. Ce trait, qui est en contradiction avec les mœurs de l'Inde brāhmanique, est, soit un emprunt à des races inférieures pratiquant la polyandrie, soit (beaucoup plus vraisemblablement), un ancien mythe.

9. Le participe *bhrājayantīm* est sous-entendu dans la comparaison.

10. Le verbe « être » sous-entendu même dans l'interrogation, et sans mot interrogatif.

13. Le gérondif se rapporte ici à un génitif, *me*. C'est que ce génitif est le véritable agent : « Je n'ai que faire de . . . . ». Cf. st. 4.

स कोटिकास्यस्तच्छ्रुत्वा रथात्प्रस्कन्द्य कुण्डली ।
उपेत्य पप्रच्छ तदा क्रोष्टा व्याघ्रवधूमिव ॥ १७ ॥

इति श्रीमहाभारते आरण्यके पर्वणि द्रौपदीहरणपर्वणि जयद्रथागमने चतुःषष्ट्यधिकद्विशततमो ऽध्यायः ॥ २६४ ॥

॥ कोटिक उवाच ॥

का त्वं कदम्बस्य विनाम्य शाखामेकाश्रमे तिष्ठसि शोभमाना ।
देदीप्यमानाग्निशिखेव नक्तं व्याधूयमाना पवनेन सुभ्रु ॥ १ ॥
अतीव रूपेण समन्विता त्वं न चाप्यरण्येषु बिभेषि किं नु ।
देवी नु यक्षी यदि दानवी वा वराप्सरा दैत्यवराङ्गना वा ॥ २ ॥
वपुष्मती वोरगराजकन्या वनेचरी वा क्षणदाचरस्त्री ।
यद्येव राज्ञो वरुणस्य पत्नी यमस्य सोमस्य धनेश्वरस्य ॥ ३ ॥
धातुर्विधातुः सवितुर्विभोर्वा शक्रस्य वा त्वं सदनात्प्रपन्ना ॥ ४ ॥
न ह्येव नः पृच्छसि ये वयं स्म न चापि जानीष्व तवेह नाथम् ।
वयं हि मानं तव वर्धयन्तः पृच्छाम भद्रे प्रभवं प्रभुं च ॥ ५ ॥
आचक्ष्व बन्धूंश्च पतिं कुलं च तत्त्वेन यच्चेह करोषि कार्यम् ।
अहं तु राज्ञः सुरथस्य पुत्रो यं कोटिकास्येति विदुर्मनुष्याः ॥ ६ ॥
असौ तु यस्तिष्ठति काञ्चनाङ्गे रथे हुतो ऽग्निश्चयने यथैव ।
त्रिगर्तराजः कमलायताक्षः क्षेमंकरो नाम स एष वीरः ॥ ७ ॥

(Conclusion.) Le dernier locatif est un locatif explicatif qui s'emploie dans les dictionnaires pour donner les différentes acceptions d'un mot. Il peut se traduire ici «traitant de». — Après le premier, il y a suspension de l'euphonie : nous mettrions une virgule.

265. 1. Le mètre de ce chapitre et du suivant est la *triṣṭubh.* Dans l'espèce particulière de *triṣṭubh,* ou stance de quatre pādas de 11 syllabes chacun, appelée *upajāti,* chaque pāda comprend : 1° un spondée ou ïambe, 2° un ïambe, 3° un choriambe, 4° un amphibraque, la dernière syllabe étant comme toujours à volonté. Nos stances sont, à part d'assez nombreuses irrégularités, conformes à ce type. — Le pronom interrogatif est en apposition au sujet.

4. L'interpolation ou la perte d'une demi-stance oblige souvent à admettre des stances de deux pādas dans l'épopée.

5. La leçon *jānīṣva* est empruntée au manuscrit de la Bibliothèque nationale, B, 20. Supposez une virgule après *pṛcchasi,* une autre après *jānīṣva,* et construisez la fin du 2e pāda avec le 3e et le 4e. *na* aurait ici le sens de *na nu* (la particule interrogative étant sous-entendue) avec les deux impératifs : «ne faut-il pas que...?». Mais le passage est sans doute corrompu.

6. *koṭikasyeti* pour *koṭikāsya iti;* contraction après l'application d'une première règle d'euphonie (contre l'usage ordinaire).

अस्मात्परस्त्वेष महाधनुष्मान्पुत्रः कुलिन्दाधिपतेर्वरिष्ठः ।
निरीक्षते त्वां विपुलायताक्षः सुपुष्पितः पर्वतवासनित्यः ॥ ८ ॥

असौ तु यः पुष्करिणीसमीपे श्यामो युवा तिष्ठति दर्शनीयः ।
इक्ष्वाकुराज्ञः सुबलस्य पुत्रः स एष हन्ता द्विषतां सुगात्रि ॥ ९ ॥

यस्यानु चक्रं ध्वजिनः प्रयान्ति सौवीरका द्वादश राजपुत्राः ।
शोणाश्वयुक्तेषु रथेषु सर्वे मखेषु दीप्ता इव हव्यवाहाः ॥ १० ॥

अङ्गारकः कुञ्जरो गुप्तकश्च शत्रुंजयः संजयसुप्रवृद्धौ ।
भयंकरो ऽथ भ्रमरो रविश्च शूरः प्रतापः कुहनश्च नाम ॥ ११ ॥

यं षट्सहस्रा रथिनो ऽनुयान्ति नागा हयाश्चैव पदातिनश्च ।
जयद्रथो नाम यदि श्रुतस्ते सौवीरराजः सुभगे स एषः ॥ १२ ॥

तस्यापरे भ्रातरो ऽदीनसत्त्वा बलाहकानीकविदारणाद्याः ।
सौवीरवीराः प्रवरा युवानो राजानमेते बलिनो ऽनुयान्ति ॥ १३ ॥

एतैः सहायैरुपयाति राजा मरुद्गणैरिन्द्र इवाभिगुप्तः ।
अजानतां ख्यापय नः सुकेशि कस्यासि भार्या दुहिता च कस्य ॥ १४ ॥

इति श्रीमहाभारते आरण्यके पर्वणि द्रौपदीहरणपर्वणि कोटिकास्यप्रश्ने पञ्चषष्ट्यधिकद्विशततमो ऽध्यायः ॥ २६५ ॥

॥ वैशंपायन उवाच ॥

अथाब्रवीद्द्रौपदी राजपुत्री पृष्टा शिबीनां प्रवरेण तेन ।
अवेक्ष्य मन्दं प्रविमुच्य शाखां संगृह्णती कौशिकमुत्तरीयम् ॥ १ ॥

बुद्ध्याभिजानामि नरेन्द्रपुत्र न मादृशी त्वामभिभाष्टुमर्हति ।
न त्वेव वक्तास्ति तवेह वाक्यमन्यो नरो वाप्यथ वापि नारी ॥ २ ॥

एका ह्यहं संप्रति तेन वाचं ददानि वै भद्र निबोध चेदम् ।
अहं ह्यरण्ये कथमेकमेका त्वामालपेयं निरता स्वधर्मे ॥ ३ ॥

12. Génitif, v. st. 160.

14. A la fin de la stance sous-entendez *iti :* le sanscrit ne connaît pas l'interrogation indirecte.

266. 2. Le verbe « être » exprimé, contre l'usage ordinaire, à la 3e pers. du futur auxiliaire. — Le second pāda appartient au mètre *jagatī :* la *triṣṭubh* est une *jagatī* catalectique. Les deux manuscrits de la Bibliothèque nationale, B, 20 et 214, rétablissent le mètre régulier par la leçon *arhā*. Mais on trouvera plus d'un exemple du mélange des deux mètres.

3. Première personne de l'impératif : « Il faut que je… », cf. 265, 5.

जानामि च त्वां सुरथस्य पुत्रं यं कोटिकाख्येति विदुर्मनुष्याः ।
तस्मादहं शैब्य तथैव तुभ्यमाख्यामि बन्धून्प्रथितं कुलं च ॥ ४ ॥

अपत्यमस्मि द्रुपदस्य राज्ञः कृष्णेति मां शैब्य विदुर्मनुष्याः ॥ ५ ॥

साहं वृणे पञ्च जनान्पतित्वे ये खाण्डवप्रस्थगताः श्रुतास्ते ।
युधिष्ठिरो भीमसेनार्जुनौ च माद्र्याश्च पुत्रौ पुरुषप्रवीरौ ॥ ६ ॥

ते मां निवेश्येह दिशश्चतस्रो विभज्य पार्था मृगयां प्रयाताः ।
प्राचीं राजा दक्षिणां भीमसेनो जयः प्रतीचीं यमजावुदीचीम् ॥ ७ ॥

मन्ये तु तेषां रथसत्तमानां कालो ऽभितः प्राप्त इहोपयातुम् ।
संमानिता यास्यथ तैर्यथेष्टं विमुच्य वाहानवरोहयध्वम् ॥ ८ ॥

प्रियातिथिर्धर्मसुतो महात्मा प्रीतो भविष्यत्यभिवीक्ष्य युष्मान् ॥ ९ ॥

एतावदुक्त्वा द्रुपदात्मजा सा शैब्यात्मजं चन्द्रमुखी प्रतीता ।
विवेश तां पर्णशालां प्रशस्तां संचिन्त्य तेषामतिथित्वधर्मम् ॥ १० ॥

इति श्रीमहाभारते आरण्यके पर्वणि द्रौपदीहरणपर्वणि द्रौपदीवाक्ये षट्षष्ट्यधिकद्विशततमो ऽध्यायः ॥ २६६ ॥

॥ वैशंपायन उवाच ॥

तथासीनेषु सर्वेषु तेषु राजसु भारत ।
यदुक्तं कृष्णया सार्धं तत्सर्वं प्रत्यवेदयत् ॥ १ ॥

कोटिकास्यवचः श्रुत्वा शैब्यं सौवीरको ऽब्रवीत् ॥ २ ॥

यदा वाचं व्याहरन्त्यामस्यां मे रमते मनः ।
सीमन्तिनीनां मुख्यायां विनिवृत्तः कथं भवान् ॥ ३ ॥

एतां दृष्ट्वा स्त्रियो मे ऽन्या यथा शाखामृगस्त्रियः ।
प्रतिभान्ति महाबाहो सत्यमेतद्ब्रवीमि ते ॥ ४ ॥

4. *koṭikāsyeti*, v. 265, 6.
6. *vṛṇe* présent de narration. — *patitve* loc. « *en* qualité d'époux ».
7. Accusatif d'un abstrait, v. 264, 4. — Le « roi » est Yudhiṣṭhira, l'aîné des cinq frères; les « jumeaux » sont Nakula et Sahadeva, les deux fils de Mādrī.
8. Infinitif complément d'un substantif.
10. Les verbes signifiant « dire » gouvernent deux accusatifs.
267. Çlokas épiques. — 1. Vocatif, v. 264, 3.
4. Gérondif, v. 264, 13.

दर्शनादेव हि मनस्त्वया मे ऽपहृतं भृशम् ।
तां समाचक्ष्व कल्याणीं यदि स्याच्छैब्य मानुषी ॥ ५ ॥

॥ कोटिक उवाच ॥

एषा वै द्रौपदी कृष्णा राजपुत्री यशस्विनी ।
पञ्चानां पाण्डुपुत्राणां महिषी संमता भृशम् ॥ ६ ॥
सर्वेषां चैव पार्थानां प्रिया बहुमता सती ।
तया समेत्य सौवीर सौवीराभिमुखो व्रज ॥ ७ ॥

॥ वैशंपायन उवाच ॥

एवमुक्तः प्रत्युवाच पश्यामि द्रौपदीमिति ।
पतिः सौवीरसिन्धूनां दुष्टभावो जयद्रथः ॥ ८ ॥
स प्रविश्याश्रमं पुण्यं सिंहगोष्ठं वृको यथा ।
आत्मना सप्तमः कृष्णामिदं वचनमब्रवीत् ॥ ९ ॥
कुशलं ते वरारोहे भर्तारस्ते ऽप्यनामयाः ।
येषां कुशलकामासि ते ऽपि कच्चिदनामयाः ॥ १० ॥

॥ द्रौपद्युवाच ॥

अपि ते कुशलं राजन्राष्ट्रे कोशे बले तथा ॥ ११ ॥
कच्चिदेकः शिबीनाढ्यान्सौवीरान्सह सिन्धुभिः ।
अनुतिष्ठसि धर्मेण ये चान्ये विदितास्त्वया ॥ १२ ॥
कौरव्यः कुशली राजा कुन्तीपुत्रो युधिष्ठिरः ।
अहं च भ्रातरश्चास्य यांश्चान्यान्परिपृच्छसि ॥ १३ ॥
पाद्यं प्रतिगृहाणेदमासनं च नृपात्मज ।
मृगान्पञ्चाशतं चैव प्रातराशं ददानि ते ॥ १४ ॥

5. *Yadi* n'est pas interrogatif; cf. 265, 14. Le sens est plutôt « à supposer que ».

8. Le présent peut exprimer un futur prochain.

9. Cf. l'expression française « lui septième ». — Sur les deux accusatifs, v. 266, 10.

10. Le premier terme (non fléchi) d'un composé peut régir un mot fléchi.

12. Antécédent du relatif construit au même cas que lui.

13. V. 12.

14. Impératif, v. 266, 3.

ऐणेयान्पृषतान् न्यङ्कून्हरिणाञ्छरभाञ्छशान् ।
ऋच्छान्रुरूञ्छम्बरांश्च गवयांश्च मृगान्बहून् ॥ १५ ॥

वराहान्महिषांश्चैव याश्चान्या मृगजातयः ।
प्रदास्यति स्वयं तुभ्यं कुन्तीपुत्रो युधिष्ठिरः ॥ १६ ॥

॥ जयद्रथ उवाच ॥

कुशलं प्रातराशस्य सर्वं मे दित्सितं त्वया ।
एहि मे रथमारोह सुखमाप्नुहि केवलम् ॥ १७ ॥

गतश्रीकान्हृतराज्यान्कृपणान्गतचेतसः ।
अरण्यवासिनः पार्थान्नानुरोद्धुं त्वमर्हसि ॥ १८ ॥

न वै प्राज्ञा गतश्रीकं भर्तारमुपयुञ्जते ।
युञ्जानमनुयुञ्जीत न श्रियः संक्षये वसेत् ॥ १९ ॥

श्रिया विहीना राष्ट्राच्च विनष्टाः शाश्वतीः समाः ।
अलं ते पाण्डुपुत्राणां भक्त्या क्लेशमुपासितुम् ॥ २० ॥

भार्या मे भव सुश्रोणि त्यजैनान्सुखमाप्नुहि ।
अखिलान्सिन्धुसौवीरानाप्नुहि त्वं मया सह ॥ २१ ॥

॥ वैशंपायन उवाच ॥

इत्युक्ता सिन्धुराजेन वाक्यं हृदयकम्पनम् ।
कृष्णा तस्मादपाक्रामद्देशात्सभ्रुकुटीमुखी ॥ २२ ॥

अवमत्यास्य तद्वाक्यमाक्षिप्य च सुमध्यमा ।
मैवमित्यब्रवीत्कृष्णा लज्जस्वेति च सैन्धवम् ॥ २३ ॥

सा काङ्क्षमाणा भर्तॄणामुपयातमनिन्दिता ।
विलोभयामास परं वाक्यैर्वाक्यानि युञ्जती ॥ २४ ॥

इति श्रीमहाभारते आरण्यके पर्वणि द्रौपदीहरणपर्वणि जयद्रथद्रौपदीसंवादे सप्तषष्ट्यधिकद्विशततमो ऽध्यायः ॥ २६७ ॥

20. Anacoluthe.

22. Un verbe « dire » au passif, quand le sujet est le nom de personne, conserve le nom de la chose à l'accusatif, cf. 266, 10.

24. Instrumental, v. st. 219.

॥ वैशंपायन उवाच ॥

सरोषरागोपहतेन वल्गुना सरागनेत्रेण नतोन्नतभ्रुवा ।
मुखेन विस्फूर्य सुवीरराष्ट्रपं ततो ऽब्रवीत्तं द्रुपदात्मजा पुनः ॥ १ ॥
यशस्विनस्तीक्ष्णविषान्महारथानतिब्रुवन्मूढ न लज्जसे कथम् ।
महेन्द्रकल्पान्निरतान्स्वकर्मसु स्थितान्समूहेष्वपि यक्षरक्षसाम् ॥ २ ॥
न किं चिदीड्यं प्रवदन्ति पापं वनेचरं वा गृहमेधिनं वा ।
तपस्विनं संपरिपूर्णविद्यं भषन्ति हैवं श्वनराः सुवीर ॥ ३ ॥
अहं तु मन्ये तव नास्ति कश्चिदेतादृशे क्षत्रियसंनिवेशे ।
यस्त्वद्य पातालमुखे पतन्तं पाणौ गृहीत्वा प्रतिसंहरेत ॥ ४ ॥
नागं प्रभिन्नं गिरिकूटकल्पमुपत्यकां हैमवतीं चरन्तम् ।
दण्डीव यूथादपसेधसि त्वं यो जेतुमाशंससि धर्मराजम् ॥ ५ ॥
बाल्यात्प्रसुप्तस्य महाबलस्य सिंहस्य पक्ष्माणि मुखाल्लुनासि ।
पदा समाहत्य पलायमानः क्रुद्धं यदा द्रक्ष्यसि भीमसेनम् ॥ ६ ॥
महाबलं घोरतरं प्रवृद्धं जातं हरिं पर्वतकन्दरेषु ।
प्रसुप्तमुग्रं प्रपदेन हंसि यः क्रुद्धमायोत्स्यसि जिष्णुमुग्रम् ॥ ७ ॥
कृष्णोरगौ तीक्ष्णमुखौ द्विजिह्वौ मत्तः पदाक्रामसि पुच्छदेशे ।
यः पाण्डवाभ्यां पुरुषोत्तमाभ्यां जघन्यजाभ्यां प्रयुयुत्ससे त्वम् ॥ ८ ॥
यथा च वेणुः कदली नलो वा फलत्यभावाय न भूतये त्मनः ।
तथैव मां तैः परिरक्ष्यमाणामादास्यसे कर्कटकीव गर्भम् ॥ ९ ॥

॥ जयद्रथ उवाच ॥

जानामि कृष्णे विदितं ममैतद्यथाविधास्ते नरदेवपुत्राः ।
न त्वेवमेतेन विभीषणेन शक्या वयं त्रासयितुं त्वयाद्य ॥ १० ॥
वयं पुनः सप्तदशेषु कृष्णे कुलेषु सर्वे ऽनवमेषु जाताः ।
षड्भ्यो गुणेभ्यो ऽभ्यधिका विहीनान्मन्यामहे द्रौपदि पाण्डुपुत्रान् ॥ ११ ॥

268. Les deux premières stances sont des *jagatī* de l'espèce appelée *vaṃçastha.* Puis viennent des *triṣṭubh.* Les *triṣṭubh,* mêlées de *jagatī,* et les *anuṣṭubh* alternent dans tout le reste de l'épisode. — 1. Instrumental de manière, cf. st. 137, exprimant une circonstance quelconque comme l'ablatif latin en poésie.

4. Locatif avec un verbe de mouvement, v. st. 15. — Locatif de la partie.

6. Le futur peut signifier «vouloir faire».

7. V. 6.

11. Six qualités maîtresses énumérées par les commentateurs (science, gloire, etc.).

सा क्षिप्रमातिष्ठ गजं रथं वा न वाक्यमात्रेण वयं हि शक्याः ।
आशंस वा त्वं कृपणं वदन्ती सौवीरराजस्य पुनः प्रसादम् ॥ १२ ॥

॥ द्रौपद्युवाच ॥

महाबला किं त्विह दुर्बलेव सौवीरराजस्य मताहमस्मि ।
नाहं प्रमाथादिह संप्रतीता सौवीरराजं कृपणं वदेयम् ॥ १३ ॥
यस्या हि कृष्णौ पदवीं चरेतां समास्थितावेकरथे समेतौ ।
इन्द्रो ऽपि तां नापहरेत्कथं चिन्मनुष्यमात्रः कृपणः कुतो ऽन्यः ॥ १४ ॥
यथा किरीटी परवीरघाती निघ्नन्रथस्थो द्विषतां मनांसि ।
मदन्तरे त्वद्ध्वजिनीं प्रवेष्टा कक्षं दहन्नग्निरिवोष्णगेषु ॥ १५ ॥
जनार्दनः सान्धकवृष्णिवीरो महेष्वासाः केकयाश्चापि सर्वे ।
एते हि सर्वे मम राजपुत्राः प्रहृष्टरूपाः पदवीं चरेयुः ॥ १६ ॥
मौर्वीविसृष्टाः स्तनयित्नुघोषा गाण्डीवमुक्तास्त्वतिवेगवन्तः ।
हस्तं समाहत्य धनंजयस्य भीमाः शब्दं घोरतरं नदन्ति ॥ १७ ॥
गाण्डीवमुक्तांश्च महाशरौघान्पतंगसंघानिव शीघ्रवेगान् ।
यदा द्रष्टास्यर्जुनं वीर्यशालिनं तदा स्वबुद्धिं प्रतिनिन्दितासि ॥ १८ ॥
सशङ्खघोषः सतलत्रघोषो गाण्डीवधन्वा मुहुरुद्वहंश्च ।
यदा शरानर्पयिता तवोरसि तदा मनस्ते किमिवाभविष्यत् ॥ १९ ॥
गदाहस्तं भीममभिद्रवन्तं माद्रीपुत्रौ संपतन्तौ दिशश्च ।
अमर्षजं क्रोधविषं वमन्तौ दृष्ट्वा चिरं तापमुपैष्यसे ऽधम ॥ २० ॥
यथा चाहं नातिचरे कथं चित्पतीन्महार्हान्मनसापि जातु ।
तेनाद्य सत्येन वशीकृतं त्वां द्रष्टास्मि पार्थैः परिकृष्यमाणम् ॥ २१ ॥
न संभ्रमं गन्तुमहं हि शक्ष्ये त्वया नृशंसेन विकृष्यमाणा ।
समागताहं हि कुरुप्रवीरैः पुनर्वनं काम्यकमागतास्मि ॥ २२ ॥

17. Sous-entendez au nom. pl. le mot *çara* exprimé dans la stance suivante.

18. Les deux accusatifs semblent former une sorte d'*endiadyin;* mais le texte est peut-être corrompu. Bopp lit *arjunena prayuktāms* et B, 214 *arjunena pramuktās (sic).* B, 20 donne notre leçon comme les éditions de Calcutta et de Bombay.

19. Conditionnel correspondant à un futur dans la proposition subordonnée.

22. Au lieu de *gantum* on attendrait le causal *gamayitum.*

॥ वैशंपायन उवाच ॥

साताननुप्रेक्ष्य विशालनेत्रा जिघृक्षमाणानवभर्त्सयन्ती ।
प्रोवाच मा मा स्पृशतेति भीता धौम्यं प्रचुक्रोश पुरोहितं सा ॥ २३ ॥
जग्राह तामुत्तरवस्त्रदेशे जयद्रथस्तं समवाक्षिपत्सा ।
तया समाक्षिप्ततनुः स पापः पपात शाखीव निकृत्तमूलः ॥ २४ ॥
प्रगृह्यमाणा तु महाजवेन मुहुर्विनिःश्वस्य च राजपुत्री ।
सा कृष्यमाणा रथमारुरोह धौम्यस्य पादावभिवाद्य कृष्णा ॥ २५ ॥

॥ धौम्य उवाच ॥

नेयं शक्या त्वया नेतुमविजित्य महारथान् ।
धर्मं क्षत्रस्य पौराणमवेक्षस्व जयद्रथ ॥ २६ ॥
क्षुद्रं कृत्वा फलं पापं त्वं प्राप्स्यसि न संशयः ।
आसाद्य पाण्डवान्वीरान्धर्मराजपुरोगमान् ॥ २७ ॥

॥ वैशंपायन उवाच ॥

इत्युक्त्वा ह्रियमाणां तां राजपुत्रीं यशस्विनीम् ।
अन्वगच्छत्तदा धौम्यः पदातिगणमध्यगः ॥ २८ ॥

इति श्रीमहाभारते आरण्यके पर्वणि द्रौपदीहरणपर्वणि द्रौपदीहरणे अष्टषष्ट्यधिकद्विशततमो ऽध्यायः ॥ २६८ ॥

॥ वैशंपायन उवाच ॥

ततो दिशः संप्रविहृत्य पार्था मृगान्वराहान्महिषांश्च हत्वा ।
धनुर्धराः श्रेष्ठतमाः पृथिव्यां पृथक् चरन्तः सहिता बभूवुः ॥ १ ॥
ततो मृगव्यालगणानुकीर्णं महावनं तद्विहगोपघुष्टम् ।
भ्रातॄंश्च तानभ्यवदद्युधिष्ठिरः श्रुत्वा गिरो व्याहरतां मृगाणाम् ॥ २ ॥
आदित्यदीप्तां दिशमभ्युपेत्य मृगा द्विजाः क्रूरमिमे वदन्ति ।
आयासमुग्रं प्रतिवेदयन्तो महावनं शत्रुभिर्बाध्यमानम् ॥ ३ ॥

26. L'enlèvement de Draupadī ne serait légitime que si elle avait été loyalement conquise par les armes.

(Conclusion.) Euphonie suspendue après le dernier locatif malgré sa liaison plus étroite avec le sujet (cf. conclusion du chapitre 264).

क्षिप्रं निवर्तध्वमलं मृगैर्नो मनो हि मे दूयति दह्यते च ।
बुद्धिं समाच्छाद्य च मे समन्युरुद्धूयते प्राणपतिः शरीरे ॥ ४ ॥
सरः सुपर्णेन हृतोरगं यथा राष्ट्रं यथाराजकमात्तलक्ष्मि ।
एवंविधं मे प्रतिभाति काम्यकं शौण्डैर्यथा पीतरसश्च कुम्भः ॥ ५ ॥
ते सैन्धवैरत्यनिलौघवेगैर्महाजवैर्वाजिभिरुह्यमानाः ।
युक्तैर्बृहद्भिः सुरथैर्नृवीरास्तदाश्रमायाभिमुखा बभूवुः ॥ ६ ॥
तेषां तु गोमायुरनल्पघोषो निवर्ततां वाममुपेत्य पार्श्वम् ।
प्रव्याहरत्तत्प्रविमृश्य राजा प्रोवाच भीमं च धनंजयं च ॥ ७ ॥
यथा वदत्येष विहीनयोनिः शालावृको वाममुपेत्य पार्श्वम् ।
सुव्यक्तमस्मानवमन्य पापैः कृतोऽभिमर्दः कुरुभिः प्रसह्य ॥ ८ ॥
इत्येव ते तद्वनमाविशन्तो महत्यरण्ये मृगयां चरित्वा ।
बालामपश्यन्त तदा रुदन्तीं धात्रेयिकां प्रेष्यवधूं प्रियायाः ॥ ९ ॥
तामिन्द्रसेनस्त्वरितोऽभिसृत्य रथादवप्लुत्य ततोऽभ्यधावत् ।
प्रोवाच चैनां वचनं नरेन्द्र धात्रेयिकामार्ततरस्तदानीम् ॥ १० ॥
किं रोदिषि त्वं पतिता धरण्यां किं ते मुखं शुष्यति दीनवर्णम् ॥ ११ ॥
कच्चिन्न पापैः सुनृशंसकृद्भिः प्रमाथिता द्रौपदी राजपुत्री ।
अचिन्त्यरूपा सुविशालनेत्रा शरीरतुल्या कुरुपुंगवानाम् ॥ १२ ॥
यद्येव देवी पृथिवीं प्रविष्टा दिवं प्रपन्नाप्यथ वा समुद्रम् ।
तस्या गमिष्यन्ति पदे हि पार्था यथा हि संतप्यति धर्मपुत्रः ॥ १३ ॥
को हीदृशानामरिमर्दनानां क्लेशक्षमाणामपराजितानाम् ।
प्राणैः समामिष्टतमां जिहीर्षेदनुत्तमं रत्नमिव प्रमूढः ॥ १४ ॥
न बुध्यते नाथवतीमिहाद्य बहिश्चरं हृदयं पाण्डवानाम् ।
कस्याद्य कायं प्रतिभिद्य घोरा महीं प्रवेक्ष्यन्ति शिताः शराग्र्याः ॥ १५ ॥
मा त्वं शुचस्तां प्रति भीरु विद्धि यथाद्य कृष्णा पुनरेष्यतीति ।
निहत्य सर्वान् द्विषतः समग्रान्पार्थाः समेष्यन्त्यथ याज्ञसेन्या ॥ १६ ॥
अथाब्रवीच्चारुमुखं विमृश्य धात्रेयिका सारथिमिन्द्रसेनम् ।
जयद्रथेनापहृता प्रमथ्य पञ्चेन्द्रकल्पान्परिभूय कृष्णा ॥ १७ ॥

269. 8. Les Kurus sont les cousins des Pāṇḍavas (qui descendent aussi de Kuru, v. 267, 13) et leurs ennemis.

16. Aoriste sans augment avec *mā*, v. st. 132.

तिष्ठन्ति वर्त्मानि नवान्यमूनि वृक्षाश्च न म्लान्ति तथैव भग्नाः ।
आवर्तयध्वं ह्यनुयात शीघ्रं न दूरयातैव हि राजपुत्री ॥ १८ ॥

संनह्यध्वं सर्व एवेन्द्रकल्पा महान्ति चारूणि च दंशनानि ।
गृह्णीत चापानि महाधनानि शरांश्च शीघ्रं पदवीं चरध्वम् ॥ १९ ॥

पुरा हि निर्भर्त्सनदण्डमोहिता प्रमोहचित्ता वदनेन शुष्यता ।
ददाति कस्मै चिदनर्हते तनुं वराज्यपूर्णामिव भस्मनि स्रुचम् ॥ २० ॥

पुरा तुषाग्नाविव हूयते हविः पुरा श्मशाने स्रगिवापविध्यते ।
पुरा च सोमो ऽध्वरगो ऽवलिह्यते शुना यथा विप्रजने प्रमोहिते ॥ २१ ॥

महत्यरण्ये मृगयां चरित्वा पुरा शृगालो नलिनीं विगाहते ॥ २२ ॥

मा वः प्रियायाः सुनसं सुलोचनं चन्द्रप्रभाच्छं वदनं प्रसन्नम् ।
स्पृश्याच्छुभं कश्चिदकृतपुण्यकारी श्वा वै पुरोडाशमिवाध्वरस्थम् ॥ २३ ॥

एतानि वर्त्मान्यनुयात शीघ्रं मा वः कालः क्षिप्रमिहात्यगाद्धि ॥ २४ ॥

॥ युधिष्ठिर उवाच ॥

भद्रे प्रतिक्राम नियच्छ वाचं मास्मत्सकाशे परुषाण्यवोचः ।
राजानो वा यदि वा राजपुत्रा बलेन मत्ता वञ्चनां प्राप्नुवन्ति ॥ २५ ॥

॥ वैशंपायन उवाच ॥

एतावदुक्त्वा प्रययुर्हि शीघ्रं तान्येव वर्त्मान्यनुवर्तमानाः ।
मुहुर्मुहुर्व्यालवदुच्छ्वसन्तो ज्यां विक्षिपन्तश्च महाधनुर्भ्यः ॥ २६ ॥

ततो ऽपश्यंस्तस्य सैन्यस्य रेणुमुद्धूतं वै वाजिखुरप्रणुन्नम् ।
पदातीनां मध्यगतं च धौम्यं विक्रोशन्तं भीममभिद्रवेति ॥ २७ ॥

ते सान्त्व्य धौम्यं परिदीनसत्त्वाः सुखं भवानेत्विति राजपुत्राः ।
श्येना यथैवामिषसंप्रयुक्ता जवेन तत्सैन्यमथाभ्यधावन् ॥ २८ ॥

तेषां महेन्द्रोपमविक्रमाणां संरब्धानां धर्षणाद्याज्ञसेन्याः ।
क्रोधः प्रजज्वाल जयद्रथं च दृष्ट्वा प्रियां तस्य रथे स्थितां च ॥ २९ ॥

20. Instrumental, v. 268, 1. — Présent, v. 267, 8.
24. Aoriste avec *mā*, cf. st. 132, gardant l'augment par exception.
25. V. 24. — Le quatrième pāda, non seulement a douze syllabes au lieu de onze, mais est tout-à-fait irrégulier : un pāda de *jagatī* doit se terminer par un double ïambe. Cf. plus loin, 270, 6, 11, 15, 17, 18.

प्रचुक्रुशुश्चाप्यथ सिन्धुराजं वृकोदरश्चैव धनंजयश्च ।
यमौ च राजा च महाधनुर्धरास्ततो दिशः संमुमुहुः परेषाम् ॥ ३० ॥

इति श्रीमहाभारते आरण्यके पर्वणि द्रौपदीहरणपर्वणि पार्थागमने ऊनसप्तत्यधिकद्विशततमो ऽध्यायः ॥ २६९ ॥

॥ वैशंपायन उवाच ॥

ततो घोरतरः शब्दो वने समभवत्तदा ।
भीमसेनार्जुनौ दृष्ट्वा क्षत्रियाणाममर्षिणाम् ॥ १ ॥

तेषां ध्वजाग्राण्यभिवीक्ष्य राजा स्वयं दुरात्मा कुरुपुंगवानाम् ।
जयद्रथो याज्ञसेनीमुवाच रथे स्थितां भानुमतीं हतौजाः ॥ २ ॥

आयान्तीमे पञ्च रथा महान्तो मन्ये च कृष्णे पतयस्तवैते ।
सा जानतीं ख्यापय नः सुकेशि परं परं पाण्डवानां रथस्थम् ॥ ३ ॥

॥ द्रौपद्युवाच ॥

किं ते ज्ञातैर्मूढ महाधनुर्धैरनायुष्यं कर्म कृत्वातिघोरम् ।
एते वीराः पतयो मे समेता न वः शेषः कश्चिदिहास्ति युद्धे ॥ ४ ॥

आख्यातव्यं त्वेव सर्वं मुमूर्षोर्मया तुभ्यं पृष्टया धर्म एषः ।
न मे व्यथा विद्यते त्वद्भयं वा संपश्यन्त्याः सानुजं धर्मराजम् ॥ ५ ॥

यस्य ध्वजाग्रे नदतो मृदङ्गौ नन्दोपनन्दौ मधुरौ युक्तरूपौ ।
एतं स्वधर्मार्थविनिश्चयज्ञं सदा जनाः कृत्यवन्तो ऽनुयान्ति ॥ ६ ॥

य एष जाम्बूनदशुद्धगौरः प्रचण्डघोणस्तनुरायताक्षः ।
एतं कुरुश्रेष्ठतमं वदन्ति युधिष्ठिरं धर्मसुतं पतिं मे ॥ ७ ॥

अप्येष शत्रोः शरणागतस्य दद्यात्प्राणान्धर्मचारी नृवीरः ।
परेह्येनं मूढ जवेन भूतये त्वमात्मनः प्राञ्जलिर्न्यस्तशस्त्रः ॥ ८ ॥

अथाप्येनं पश्यसि यं रथस्थं महाभुजं शालमिव प्रवृद्धम् ।
संदष्टौष्ठं भ्रुकुटीसंहतभ्रुवं वृकोदरो नाम पतिर्ममैषः ॥ ९ ॥

आजानेया बलिनः साधुदान्ता महाबलाः शूरमुदावहन्ति ।
एतस्य कर्माण्यतिमानुषाणि भीमेति शब्दो ऽस्य गतः पृथिव्याम् ॥ १० ॥

270. 2. Les Pāṇḍavas reçoivent aussi quelquefois le nom de Kurus, cf. 269, 8, en note.

नास्यापराद्धाः शेषमवाप्नुवन्ति नायं वैरं विस्मरते कदा चित् ।
वैरस्यान्तं संविधायोपयाति पश्चाच्छान्तिं न च गच्छत्यतीव ॥ ११ ॥
धनुर्धराग्र्यो धृतिमान्यशस्वी जितेन्द्रियो वृद्धसेवी नृवीरः ।
भ्राता च शिष्यश्च युधिष्ठिरस्य धनंजयो नाम पतिर्ममैषः ॥ १२ ॥
यो वै न कामान्न भयान्न लोभात्त्यजेद्धर्मं न नृशंसं च कुर्यात् ।
स एष वैश्वानरतुल्यतेजाः कुन्तीसुतः शत्रुसहः प्रमाथी ॥ १३ ॥
यः सर्वधर्मार्थविनिश्चयज्ञो भयार्तानां भयहर्ता मनीषी ।
यस्योत्तमं रूपमाहुः पृथिव्यां यं पाण्डवाः परिरक्षन्ति सर्वे ।
प्राणैर्गरीयांसमनुव्रतं वै स एष वीरो नकुलः पतिर्मे ॥ १४ ॥
यः खड्गयोधी लघुचित्रहस्तो महांश्च धीमान्सहदेवद्वितीयः ।
यस्याद्य कर्म द्रक्ष्यसे मूढसत्त्व शतक्रतोर्वा दैत्यसेनासु संख्ये ॥ १५ ॥
शूरः कृतास्त्रो मतिमान्मनस्वी प्रियंकरो धर्मसुतस्य राज्ञः ।
य एष चन्द्रार्कसमानतेजा जघन्यजः पाण्डवानां प्रियश्च ॥ १६ ॥
बुद्ध्या समो यस्य नरो न विद्यते वक्ता तथा सत्सु विनिश्चयज्ञः ।
स एष शूरो नित्यममर्षणश्च धीमान्प्राज्ञः सहदेवः पतिर्मे ॥ १७ ॥
त्यजेत्प्राणान्प्रविशेद्धव्यवाहं न त्वेवैष व्याहरेद्धर्मबाह्यम् ।
सदा मनस्वी क्षत्रधर्मे रतश्च कुन्त्याः प्राणैरिष्टतमो नृवीरः ॥ १८ ॥
विशीर्यन्तीं नावमिवार्णवान्ते रत्नाभिपूर्णां मकरस्य पृष्ठे ।
सेनां तवेमां हतसर्वयोधां विक्षोभितां द्रक्ष्यसि पाण्डुपुत्रैः ॥ १९ ॥
इत्येते वै कथिताः पाण्डुपुत्रा यांस्त्वं मोहादवमन्य प्रवृत्तः ।
यद्येतेभ्यो मुच्यसे ऽरिष्टदेहः पुनर्जन्म प्राप्स्यसे जीव एव ॥ २० ॥

॥ वैशंपायन उवाच ॥

ततः पार्थाः पञ्च पञ्चेन्द्रकल्पास्त्यक्त्वा त्रस्तान्प्राञ्जलींस्तान्पदातीन् ।
रथानीकं शरवर्षान्धकारं चक्रुः क्रुद्धाः सर्वतः संनिगृह्य ॥ २१ ॥

इति श्रीमहाभारते आरण्यके पर्वणि द्रौपदीहरणपर्वणि द्रौपदीवाक्ये सप्तत्यधिकद्विशततमो ऽध्यायः ॥ २७० ॥

14. Instrumental complément d'un comparatif (au lieu de l'ablatif). Cf. l'instrumental de ressemblance, st. 51.

15. La leçon *sahadevadvitīyaḥ,* adoptée par Bopp, est confirmée par les leçons, d'ailleurs corrompues, de B, 20 et 214, qui présentent toutes les deux *-deva* et non *-devo.*

18. Voir 14 : ici construction équivalente avec un superlatif.

॥ वैशंपायन उवाच ॥

संतिष्ठत प्रहरत तूर्णं विपरिधावत ।
इति स्म सैन्धवो राजा चोदयामास तान्नृपान् ॥१॥
ततो घोरतमः शब्दो रणे समभवत्तदा ।
भीमार्जुनयमान्दृष्ट्वा सैन्यानां सयुधिष्ठिरान् ॥ २ ॥
शिबिसौवीरसिन्धूनां विषादश्चाप्यजायत ।
तान्दृष्ट्वा पुरुषव्याघ्रान्व्याघ्रानिव बलोत्कटान् ॥ ३ ॥
हेमचित्रसमुत्सेधां सर्वशैक्यायसीं गदाम् ।
प्रगृह्याभ्यद्रवद्भीमः सैन्धवं कालचोदितम् ॥ ४ ॥
तदन्तरमथावृत्य कोटिकास्यो ऽभ्यहारयत् ।
महता रथवंशेन परिवार्य वृकोदरम् ॥ ५ ॥
शक्तितोमरनाराचैर्वीरबाहुप्रचोदितैः ।
कीर्यमाणो ऽपि बहुभिर्न स्म भीमो ऽभ्यकम्पत ॥ ६ ॥
गजं तु सगजारोहं पदातींश्च चतुर्दश ।
जघान गदया भीमः सैन्धवध्वजिनीमुखे ॥ ७ ॥
पार्थः पञ्चशतान्शूरान्पार्वतीयान्महारथान् ।
परीप्समानः सौवीरं जघान ध्वजिनीमुखे ॥ ८ ॥
राजा स्वयं सुवीराणां प्रवराणां प्रहारिणाम् ।
निमेषमात्रेण शतं जघान समरे तदा ॥ ९ ॥
ददृशे नकुलस्तत्र रथात्प्रस्कन्द्य खड्गधृत् ।
शिरांसि पादरक्षाणां बीजवत्प्रवपन्मुहुः ॥ १० ॥
सहदेवस्तु संयाय रथेन गजयोधिनः ।
पातयामास नाराचैर्द्रुमेभ्य इव बर्हिणः ॥ ११ ॥
ततस्त्रिगर्तः सधनुरवतीर्य महारथात् ।
गदया चतुरो वाहान्राज्ञस्तस्य तदावधीत् ॥ १२ ॥
तमभ्याशगतं राजा पदातिं कुन्तिनन्दनः ।
अर्धचन्द्रेण बाणेन विव्याधोरसि धर्मराट् ॥ १३ ॥
स भिन्नहृदयो वीरो वक्त्राच्छोणितमुद्वमन् ।
पपाताभिमुखः पार्थं छिन्नमूल इव द्रुमः ॥ १४ ॥

इन्द्रसेनद्वितीयस्तु रथात्प्रस्कन्द्य धर्मराट् ।
हताश्वः सहदेवस्य प्रतिपेदे महारथम् ॥ १५ ॥
नकुलं त्वभिसंधाय क्षेमंकरमहामुखौ ।
उभावुभयतस्तीक्ष्णैः शरवर्षैरवर्षताम् ॥ १६ ॥
तोमरैरभिवर्षन्तौ जीमूताविव वार्षिकौ ।
एकैकेन विपाठेन जघ्ने माद्रवतीसुतः ॥ १७ ॥
त्रिगर्तराजः सुरथस्तस्याथ रथधूर्गतः ।
रथमाक्षेपयामास गजेन गजयानवित् ॥ १८ ॥
नकुलस्त्वपभीस्तस्माद्रथाच्चर्मासिपाणिमान् ।
उद्भ्रान्तं स्थानमास्थाय तस्थौ गिरिरिवाचलः ॥ १९ ॥
सुरथस्तं गजवरं वधाय नकुलस्य तु ।
प्रेषयामास सक्रोधमत्युच्छ्रितकरं ततः ॥ २० ॥
नकुलस्तस्य नागस्य समीपपरिवर्तिनः ।
सविषाणं भुजं मूले खड्गेन निरकृन्तत ॥ २१ ॥
स विनद्य महानादं गजः किङ्किणिभूषणः ।
पतन्नवाक्शिरा भूमौ हस्त्यारोहानपोथयत् ॥ २२ ॥
स तत्कर्म महत्कृत्वा शूरो माद्रवतीसुतः ।
भीमसेनरथं प्राप्य शर्म लेभे महारथः ॥ २३ ॥
भीमस्त्वापततो राज्ञः कोटिकास्यस्य संगरे ।
सूतस्य नुदतो वाहान्क्षुरेणापाहरच्छिरः ॥ २४ ॥
न बुबोध हतं सूतं स राजा बाहुशालिना ।
तस्याश्वा व्यद्रवन्संख्ये हतसूतास्ततस्ततः ॥ २५ ॥
विमुखं हतसूतं तं भीमः प्रहरतां वरः ।
जघान तलयुक्तेन प्रासेनाभ्येत्य पाण्डवः ॥ २६ ॥
द्वादशानां तु सर्वेषां सौवीराणां धनंजयः ।
चकर्त निशितैर्भल्लैर्धनूंषि च शिरांसि च ॥ २७ ॥
शिबीनिक्ष्वाकुमुख्यांश्च त्रिगर्तान्सैन्धवानपि ।
जघानातिरथः संख्ये बाणगोचरमागतान् ॥ २८ ॥
सादिताः प्रत्यदृश्यन्त बहवः सव्यसाचिना ।
सपताकाश्च मातङ्गाः सध्वजाश्च महारथाः ॥ २९ ॥

प्रच्छाद्य पृथिवीं तस्थुः सर्वमायोधनं प्रति ।
शरीराण्यशिरस्कानि विदेहानि शिरांसि च ॥ ३० ॥
श्वगृध्रकङ्ककाकोलभासगोमायुवायसाः ।
अतृप्यंस्तत्र वीराणां हतानां मांसशोणितैः ॥ ३१ ॥
हतेषु तेषु वीरेषु सिन्धुराजो जयद्रथः ।
विमुच्य कृष्णां संत्रस्तः पलायनमनाभवत् ॥ ३२ ॥
स तस्मिन्संकुले सैन्ये द्रौपदीमवतार्य ताम् ।
प्राणप्रेप्सुरुपाधावद्वनं येन नराधमः ॥ ३३ ॥
द्रौपदीं धर्मराजस्तु दृष्ट्वा धौम्यपुरस्कृताम् ।
माद्रीपुत्रेण वीरेण रथमारोपयत्तदा ॥ ३४ ॥
ततस्तद्विद्रुतं सैन्यमपयाते जयद्रथे ।
आदिश्यादिश्य नाराचैराजघान वृकोदरः ॥ ३५ ॥
सव्यसाची तु तं दृष्ट्वा पलायन्तं जयद्रथम् ।
वारयामास निघ्नन्तं भीमं सैन्धवसैनिकान् ॥ ३६ ॥

॥ अर्जुन उवाच ॥

यस्यापचारात्प्राप्तो ऽयमस्मान्क्लेशो दुरासदः ।
तमस्मिन्समरोद्देशे न पश्यामि जयद्रथम् ॥ ३७ ॥
तमेवान्विष भद्रं ते किं ते योधैर्निपातितैः ।
अनामिषमिदं कर्म कथं वा मन्यते भवान् ॥ ३८ ॥

॥ वैशंपायन उवाच ॥

इत्युक्तो भीमसेनस्तु गुडाकेशेन धीमता ।
युधिष्ठिरमभिप्रेक्ष्य वाग्मी वचनमब्रवीत् ॥ ३९ ॥
हतप्रवीरा रिपवो भूयिष्ठं विद्रुता दिशः ।
गृहीत्वा द्रौपदीं राजन्निवर्ततु भवानितः ॥ ४० ॥
यमाभ्यां सह राजेन्द्र धौम्येन च महात्मना ।
प्राप्याश्रमपदं राजन्द्रौपदीं परिसान्त्वय ॥ ४१ ॥

271. 32. Contraction après l'application d'une première règle d'euphonie, cf. 265, 6.

34. Instrumental de l'agent intermédiaire avec le causal.

35. Répétition d'un mot marquant la répétition de l'action, cf. st. 79.

न हि मे मोच्यते जीवन्मूढः सैन्धवको नृपः ।
पातालतलसंस्थो ऽपि यदि शक्रो ऽस्य सारथिः ॥ ४२ ॥

॥ युधिष्ठिर उवाच ॥

न हन्तव्यो महाबाहो दुरात्मापि स सैन्धवः ।
दुःशलामभिसंस्मृत्य गान्धारीं च यशस्विनीम् ॥ ४३ ॥

॥ वैशंपायन उवाच ॥

तच्छ्रुत्वा द्रौपदी भीममुवाच व्याकुलेन्द्रिया ।
कुपिता ह्रीमती प्राज्ञा पती भीमार्जुनावुभौ ॥ ४४ ॥
कर्तव्यं चेत्प्रियं मह्यं वध्यः स पुरुषाधमः ।
सैन्धवापसदः पापो दुर्मतिः कुलपांसनः ॥ ४५ ॥
भार्याभिहर्ता वैरी यो यश्च राज्यहरो रिपुः ।
याचमानो ऽपि संग्रामे न मोक्तव्यः कथं च न ॥ ४६ ॥
इत्युक्तौ तौ नरव्याघ्रौ ययतुर्यत्र सैन्धवः ।
राजा निववृते कृष्णामादाय सपुरोहितः ॥ ४७ ॥
स प्रविश्याश्रमपदमपविद्धबृसीमठम् ।
मार्कण्डेयादिभिर्विप्रैरनुकीर्णं ददर्श ह ॥ ४८ ॥
द्रौपदीमनुशोचद्भिर्ब्राह्मणैस्तैः समाहितैः ।
समियाय महाप्राज्ञः सभार्यो भ्रातृमध्यगः ॥ ४९ ॥
ते स्म तं मुदिता दृष्ट्वा पुनः प्रत्यागतं नृपम् ।
जित्वा तान्सिन्धुसौवीरान्द्रौपदीं चाहृतां पुनः ॥ ५० ॥
स तैः परिवृतो राजा तत्रैवोपविवेश ह ।
प्रविवेशाश्रमं कृष्णा यमाभ्यां सह भाविनी ॥ ५१ ॥
भीमसेनार्जुनौ चापि श्रुत्वा क्रोशगतं रिपुम् ।
स्वयमश्वांस्तुदन्तौ तौ जवेनैवाभ्यधावताम् ॥ ५२ ॥
इदमत्यद्भुतं चात्र चकार पुरुषो ऽर्जुनः ।
क्रोशमात्रगतानश्वान्सैन्धवस्य जघान यत् ॥ ५३ ॥

44. Anacoluthe : Le régime est d'abord Bhīma seul, puis Bhīma et Arjuna.

46. Jayadratha est le beau-frère et l'allié des cousins des Pāṇḍavas, qui les ont dépossédés, cf. 269, 8.

50. Pour la construction du gérondif, remarquez que l'accusatif peut être considéré comme le sujet du participe *pratyāgatam*.

स हि दिव्यास्त्रसंपन्नः कृच्छ्रकाले ऽप्यसंभ्रमः ।
अकरोद्दुष्करं कर्म शरैरस्त्रानुमन्त्रितैः ॥ ५४ ॥

ततो ऽभ्यधावतां वीरावुभौ भीमधनंजयौ ।
हताश्वं सैन्धवं भीतमेकं व्याकुलचेतसम् ॥ ५५ ॥

सैन्धवस्तु हतान्दृष्ट्वा तथाश्वान्स्वान्सुदुःखितः ।
अतिविक्रमकर्माणि कुर्वाणं च धनंजयम् ।
पलायनकृतोत्साहः प्राद्रवद्येन वै वनम् ॥ ५६ ॥

सैन्धवं त्वभिसंप्रेक्ष्य पराक्रान्तं पलायने ।
अनुयाय महाबाहुः फाल्गुनो वाक्यमब्रवीत् ॥ ५७ ॥

अनेन वीर्येण कथं स्त्रियं प्रार्थयसे बलात् ।
राजपुत्र निवर्तस्व न ते युक्तं पलायनम् ॥ ५८ ॥

कथं ह्यनुचरान्हित्वा शत्रुमध्ये पलायसे ।
इत्युच्यमानः पार्थेन सैन्धवो न न्यवर्तत ॥ ५९ ॥

तिष्ठ तिष्ठेति तं भीमः सहसाभ्यद्रवद्बली ।
मा वधीरिति पार्थस्तं दयावान्प्रत्यभाषत ॥ ६० ॥

इति श्रीमहाभारते आरण्यके पर्वणि द्रौपदीहरणपर्वणि जयद्रथप-
लायने एकसप्तत्यधिकद्विशततमो ऽध्यायः ॥ २७१ ॥ समाप्तं च द्रौपदीह-
रणपर्व ॥

॥ अथ जयद्रथविमोक्षणपर्व ॥

॥ वैशंपायन उवाच ॥

जयद्रथस्तु संप्रेक्ष्य भ्रातरावुद्यतावुभौ ।
प्राधावत्तूर्णमव्यग्रो जीवितेप्सुः सुदुःखितः ॥ १ ॥

तं भीमसेनो धावन्तमवतीर्य रथाद्बली ।
अभिद्रुत्य निजग्राह केशपक्षे ह्यमर्षणः ॥ २ ॥

समुद्यम्य च तं भीमो निष्पिपेष महीतले ।
शिरो गृहीत्वा राजानं ताडयामास चैव ह ॥ ३ ॥

पुनः संजीवमानस्य तस्योत्पतितुमिच्छतः ।
पदा मूर्ध्नि महाबाहुः प्राहरद्विलपिष्यतः ॥ ४ ॥

56. Stance de six pādas. Cf. 265, 4.

तस्य जानु ददौ भीमो जघ्ने चैनमरत्निना ।
स मोहमगमद्राजा प्रहारवरपीडितः ॥ ५ ॥

सरोषं भीमसेनं तु वारयामास फाल्गुनः ।
दुःशलायाः कृते राजा यत्तदाहेति कौरव ॥ ६ ॥

॥ भीम उवाच ॥

नायं पापसमाचारो मत्तो जीवितुमर्हति ।
कृष्णायास्तदनर्हायाः परिक्लेष्टा नराधमः ॥ ७ ॥

किं नु शक्यं मया कर्तुं यद्राजा सततं घृणी ।
त्वं च बालिशया बुद्ध्या सदैवास्मान्प्रबाधसे ॥ ८ ॥

॥ वैशंपायन उवाच ॥

एवमुक्त्वा सटास्तस्य पञ्च चक्रे वृकोदरः ।
अर्धचन्द्रेण बाणेन किं चिदब्रुवतस्तदा ॥ ९ ॥

विकत्थयित्वा राजानं ततः प्राह वृकोदरः ।
जीवितुं चेच्छसे मूढ हेतुं मे गदतः शृणु ॥ १० ॥

दासो ऽस्मीति त्वया वाच्यं संसत्सु च सभासु च ।
एवं ते जीवितं दद्यामेष युद्धजितो विधिः ॥ ११ ॥

एवमस्त्विति तं राजा कृष्यमाणो जयद्रथः ।
प्रोवाच पुरुषव्याघ्रं भीममाहवशोभिनम् ॥ १२ ॥

तत एनं विचेष्टन्तं बद्ध्वा पार्थो वृकोदरः ।
रथमारोपयामास विसंज्ञं पांसुगुण्ठितम् ॥ १३ ॥

ततस्तं रथमास्थाय भीमः पार्थानुगस्तदा ।
अभ्येत्याश्रममध्यस्थमभ्यगच्छद्युधिष्ठिरम् ॥ १४ ॥

दर्शयामास भीमस्तु तदवस्थं जयद्रथम् ।
तं राजा प्राहसद्दृष्ट्वा मुच्यतामिति चाब्रवीत् ॥ १५ ॥

राजानं चाब्रवीद्भीमो द्रौपद्याः कथ्यतामिति ।
दासभावं गतो ह्येष पाण्डूनां पापचेतनः ॥ १६ ॥

तमुवाच ततो ज्येष्ठो भ्राता सप्रणयं वचः ।
मुञ्चेममधमाचारं प्रमाणा यदि ते वयम् ॥ १७ ॥

272. 9. L'*a* privatif devant *bruvatas* équivaut, avec *kiṃ cid,* à la négation *na.*

द्रौपदी चाब्रवीद्भीममभिप्रेक्ष्य युधिष्ठिरम् ।
दासो ऽयं मुच्यतां राजंस्त्वया पञ्चसटः कृतः ॥ १८ ॥

स मुक्तो ऽभ्येत्य राजानमभिवाद्य युधिष्ठिरम् ।
ववन्दे विह्वलो राजंस्तांश्च दृष्ट्वा मुनींस्तदा ॥ १९ ॥

तमुवाच घृणी राजा धर्मपुत्रो युधिष्ठिरः ॥ २० ॥

अदासो गच्छ मुक्तो ऽसि मैवं कार्षीः पुनः क्व चित् ।
धर्मे ते वर्धतां बुद्धिर्मा चाधर्मे मनः कृथाः ॥ २१ ॥

21. Nous avons abrégé cette conclusion dans l'intérêt de la clarté.

STANCES

EXTRAITES

DES TROIS CENTURIES DE BHARTṚHARI.

शंभुस्वयंभुहरयो हरिणेक्षणानां येनाक्रियन्त सततं गृहकर्मदासाः ।
वाचामगोचरचरित्रविचित्रिताय तस्मै नमो भगवते कुसुमायुधाय ॥ १ ॥

भ्रूचातुर्यं कुञ्चिताक्षाः कटाक्षाः स्निग्धा वाचो लज्जिताश्चैव हासाः ।
लीलामन्दं प्रस्थितं च स्थितं च स्त्रीणामेतद्भूषणं चायुधं च ॥ २ ॥

वक्त्रं चन्द्रविडम्बि पङ्कजपरीहासक्षमे लोचने
वर्णः स्वर्णमपाकरिष्णुरलिनीं जिष्णुः कचानां चयः ।
वक्षोजाविभकुम्भविभ्रमहरौ गुर्वी नितम्बस्थली
वाचां मार्दवमुज्ज्वलं युवतिषु स्वाभाविकं मण्डनम् ॥ ३ ॥

1. Les trois centuries de Bhartṛhari sont intitulées : L'Amour, la Sagesse ou la Politique; le Renoncement au monde. Les stances sont de mètres divers. A part quelques çlokas épiques que l'étudiant reconnaîtra maintenant aisément, et des stances *āryā* (v. 9), toutes se composent de quatre pādas égaux par le nombre et la quantité des syllabes. Nous n'en donnerons pas les noms.

3. Comparaisons dont plusieurs sembleront étranges, mais qui sont toutes classiques dans l'Inde.

द्रष्टव्येषु किमुत्तमं मृगदृशां प्रेमप्रसन्नं मुखं
घ्रातव्येष्वपि किं तदास्यपवनः श्रव्येषु किं तद्वचः ।
किं स्वाद्येषु तदोष्ठपल्लवरसः स्पृश्येषु किं तत्तनु-
र्ध्येयं किं नवयौवनं सहृदयैः सर्वत्र तद्विभ्रमः ॥ ४ ॥

कुङ्कुमपङ्ककलङ्कितदेहा गौरपयोधरकम्पितहारा ।
नूपुरहंसरणत्पदपद्मा कं न वशीकुरुते भुवि रामा ॥ ५ ॥

केशाः संयमिनः श्रुतेरपि परं पारं गते लोचने
अन्तर्वक्त्रमपि स्वभावशुचिभिः कीर्णं द्विजानां गणैः ।
मुक्तानां सतताधिवासरुचिरं वक्षोजकुम्भद्वय-
मित्थं तन्वि वपुः प्रशान्तमपि ते क्षोभं करोत्येव नः ॥ ६ ॥

संमोहयन्ति मदयन्ति विडम्बयन्ति
निर्भर्त्सयन्ति रमयन्ति विषादयन्ति ।
एताः प्रविश्य सदयं हृदयं नराणां
किं नाम वामनयना न समाचरन्ति ॥ ७ ॥

एतत्कामफलं लोके यद्द्वयोरेकचित्तता ।
अन्यचित्तकृते कामे शवयोरिव संगमः ॥ ८ ॥

प्रियपुरतो युवतीनां तावत्पदमातनोतु हृदि मानः ।
भवति न यावच्चन्दनसुरभिर्मधुनिर्मलः पवनः ॥ ९ ॥

4. Loc. pl., v. st. 34.

5. Les anneaux des pieds sont comparés au flamant à cause du bruit qu'ils font pendant la marche.

6. *e*, désinence du duel, subsiste devant une voyelle. — Régime du premier terme d'un composé, v. 267, 10. — Série de jeux de mots. C'est seulement dans l'un des deux sens à donner à chaque détail de la description que l'épithète *praçānta* convient (artificiellement) au corps de la femme.

9. Stance *āryā*. Ce mètre se compose de dactyles, de spondées, d'anapestes et de procéleusmatiques. Le 1er et le 3e pāda comprennent trois de ces pieds, le 2e et le 4e quatre, plus une syllabe finale brève ou longue à volonté. Le 2e pied du 1er et du 3e pāda, le 1er du 2e et du 4e, peuvent être aussi des

सहकारकुसुमकेसरनिकरभरामोदमूर्च्छितदिगन्ते ।
मधुरमधुविधुरमधुपे मधौ भवेत्कस्य नोत्कण्ठा ॥ १० ॥

अच्छाच्छचन्दनरसार्द्रकरा मृगाक्ष्यो
धारागृहाणि कुसुमानि च कौमुदी च ।
मन्दो मरुत्सुमनसः शुचि हर्म्यपृष्ठं
ग्रीष्मे मदं च मदनं च विवर्धयन्ति ॥ ११ ॥

उपरि घनं घनपटलं तिर्यग्गिरयो ऽपि नर्तितमयूराः ।
वसुधा कन्दलधवला दृष्टिं पथिकः क्व पातयतु ॥ १२ ॥

किमिह बहुभिरुक्तैर्युक्तिशून्यैः प्रलापै-
र्द्वयमिह पुरुषाणां सर्वदा सेवनीयम् ।
अभिनवमदलीलालालसं सुन्दरीणां
स्तनभरपरिखिन्नं यौवनं वा वनं वा ॥ १३ ॥

सत्यं जना वच्मि न पक्षपाताल्लोकेषु सर्वेषु च तथ्यमेतत् ।
नान्यन्मनोहारि नितम्बिनीभ्यो दुःखस्य हेतुर्न च कश्चिदन्यः ॥ १४ ॥

स्वपरप्रतारको ऽसौ निन्दति यो ऽलीकपण्डितो युवतीः ।
यस्मात्तपसो ऽपि फलं स्वर्गः स्वर्गे ऽपि च स्त्रियो ऽप्सरसः ॥ १५ ॥

मत्तेभकुम्भदलने भुवि सन्ति शूराः
केचित्प्रचण्डमृगराजवधे ऽपि दक्षाः ।
किं तु ब्रवीमि बलिनां पुरतः प्रसह्य
कन्दर्पदर्पदलने विरला मनुष्याः ॥ १६ ॥

amphibraques. Le 3e du 2e et du 4e doivent être des amphibraques ou des procéleusmatiques (le second de ces pieds exigeant une césure après sa première syllabe) : mais dans l'*āryā* proprement dite (par opposition à la *gīti*) le 3e pied du 4e pāda est remplacé par une simple syllabe brève. — On remarquera qu'un pāda impair peut finir avec un terme de composé. Il en est de même dans tous les mètres. — Impératif de concession.

10. Nouvelle stance *āryā*. Cette indication ne sera plus donnée dans la suite.

12. Le printemps est une torture pour l'amant séparé de l'objet de son amour. — Impératif avec un interrogatif : « Où faut-il que . . . ? ». Cf. 265, 5.

सन्मार्गे तावदास्ते प्रभवति च नरस्तावदेवेन्द्रियाणां
लज्जां तावद्विधत्ते विनयमपि समालम्बते तावदेव ।
भ्रूचापाकृष्टमुक्ताः श्रवणपथगता नीलपक्ष्माण एते
यावल्लीलावतीनां न हृदि धृतिमुषो दृष्टिबाणाः पतन्ति ॥ १७ ॥

उन्मत्तप्रेमसंरम्भादारभन्ते यदङ्गनाः ।
तत्र प्रत्यूहमाधातुं ब्रह्मापि खलु कातरः ॥ १८ ॥

स्त्रीमुद्रां झषकेतनस्य विवृतां सर्वार्थसंपत्करीं
ये मूढाः प्रविहाय यान्ति कुधियो मिथ्याफलान्वेषिणः ।
ते तेनैव निहत्य निर्दयतरं नग्नीकृता मुण्डिताः
केचित्पञ्चशिखीकृताश्च जटिलाः कापालिकाश्चापरे ॥ १९ ॥

सिद्धाध्यासितकन्दरे हरवृषस्कन्धावगाढद्रुमे
गङ्गाधौतशिलातले हिमवतः स्थाने स्थिते श्रेयसि ।
कः कुर्वीत शिरःप्रणाममलिनं मानं मनस्वी जनो
यद्यत्रस्तकुरङ्गशावनयना न स्युः स्मरास्त्रं स्त्रियः ॥ २० ॥

राजंस्तृष्णाम्बुराशेर्न हि जगति गतः कश्चिदेवावसानं
को वार्थोऽर्थैः प्रभूतैः स्ववपुषि गलिते यौवने सानुरागे ।
गच्छामः सद्म यावद्विकसितनयनेन्दीवरालोकिनीना-
माक्रम्याक्रम्य रूपं झटिति न जरया लुप्यते प्रेयसीनाम् ॥ २१ ॥

अग्राह्यं हृदयं तथैव वदनं यद्दर्पणान्तर्गतं
भावः पर्वतसूक्ष्ममार्गविषमः स्त्रीणां न विज्ञायते ।
चित्तं पुष्करपत्रतोयतरलं विद्वद्भिराशंसितं
नारी नाम विषाङ्कुरैरिव लता दोषैः समं वर्धिता ॥ २२ ॥

कान्तेत्युत्पललोचनेति विपुलश्रोणीभरेत्युत्सुकः
पीनोत्तुङ्गपयोधरेति सुमुखाम्भोजेति सुभ्रूरिति ।
दृष्ट्वा माद्यति मोदतेऽभिरमते प्रस्तौति विद्वानपि
प्रत्यक्षाशुचिपुत्रिकां स्त्रियमहो मोहस्य दुश्चेष्टितम् ॥ २३ ॥

स्मृता भवति तापाय दृष्टा चोन्मादकारिणी ।
स्पृष्टा भवति मोहाय सा नाम दयिता कथम् ॥ २४ ॥

आवर्तः संशयानामविनयभवनं पत्तनं साहसानां
दोषाणां संनिधानं कपटशतमयं क्षेत्रमप्रत्ययानाम् ।
स्वर्गद्वारस्य विघ्नो नरकपुरमुखं सर्वमायाकरण्डं
स्त्रीयन्त्रं केन सृष्टं विषममृतमयं प्राणिलोकस्य पाशः ॥ २५ ॥

नो सत्येन मृगाङ्क एष वदनीभूतो न चेन्दीवर-
द्वंद्वं लोचनतां गतं न कनकैरप्यङ्गयष्टिः कृता ।
किं त्वेवं कविभिः प्रतारितमनास्तत्त्वं विजानन्नपि
त्वङ्मांसास्थिमयं वपुर्मृगदृशां मन्दो जनः सेवते ॥ २६ ॥

जल्पन्ति सार्धमन्येन पश्यन्त्यन्यं सविभ्रमाः ।
हृद्गतं चिन्तयन्त्यन्यं प्रियः को नाम योषिताम् ॥ २७ ॥

आदीर्घेण चलेन वक्रगतिना तेजस्विना भोगिना
नीलाब्जद्युतिनाहिना वरमहं दष्टो न तच्चक्षुषा ।
दष्टे सन्ति चिकित्सका दिशि दिशि प्रायेण धर्मार्थिनो
मुग्धाक्षीक्षणवीक्षितस्य न हि मे वैद्यो न चाप्यौषधम् ॥ २८ ॥

विस्तारितं मकरकेतनधीवरेण स्त्रीसंज्ञितं बडिशमत्र भवाम्बुराशौ ।
येनाचिरात्तदधरामिषलोलमर्त्यमत्स्यान्विकृष्य स पचत्यनुरागवह्नौ ॥ २९ ॥

वेश्यासौ मदनज्वाला रूपेन्धनसमेधिता ।
कामिभिर्यत्र हूयन्ते यौवनानि धनानि च ॥ ३० ॥

बाले लीलामुकुलितममी सुन्दरा दृष्टिपाताः
किं क्षिप्यन्ते विरम विरम व्यर्थ एष श्रमस्ते ।
संप्रत्यन्ये वयमुपरतं बाल्यमास्था वनान्ते
क्षीणो मोहस्तृणमिव जगज्जालमालोकयामः ॥ ३१ ॥

26. Instrumental de la matière.
28. Les épithètes conviennent à la fois au serpent et à l'œil.

शुभ्रं सद्म सविभ्रमा युवतयः श्वेतातपत्रोज्ज्वला
लक्ष्मीरित्यनुभूयते स्थिरमिव स्फीते शुभे कर्मणि ।
विच्छिन्ने नितरामनङ्गकलहक्रीडात्रुटत्तन्तुकं
मुक्ताजालमिव प्रयाति झटिति भ्रश्यद्दिशो दृश्यताम् ॥ ३२ ॥

यदासीदज्ञानं स्मरतिमिरसंचारजनितं
तदा दृष्टं नारीमयमिदमशेषं जगदपि ।
इदानीमस्माकं पटुतरविवेकाञ्जनजुषां
समीभूता दृष्टिस्त्रिभुवनमपि ब्रह्म मनुते ॥ ३३ ॥

यां चिन्तयामि सततं मयि सा विरक्ता
सा चान्यमिच्छति जनं स जनो ऽन्यसक्तः ।
अस्मत्कृते च परितुष्यति काचिदन्या
धिक्तां च तं च मदनं च इमां च मां च ॥ ३४ ॥

अज्ञः सुखमाराध्यः सुखतरमाराध्यते विशेषज्ञः ।
ज्ञानलवदुर्विदग्धं ब्रह्मापि नरं न रञ्जयति ॥ ३५ ॥

स्वायत्तमेकान्तहितं विधात्रा विनिर्मितं छादनमज्ञतायाः ।
विशेषतः सर्वविदां समाजे विभूषणं मौनमपण्डितानाम् ॥ ३६ ॥

यदाकिंचिज्ज्ञो ऽहं द्विप इव मदान्धः समभवं
तदा सर्वज्ञो ऽस्मीत्यभवदवलिप्तं मम मनः ।
यदा किंचित्किंचिद्बुधजनसकाशादधिगतं
तदा मूर्खो ऽस्मीति ज्वर इव मदो मे व्यपगतः ॥ ३७ ॥

वरं पर्वतदुर्गेषु भ्रान्तं वनचरैः सह ।
न मूर्खजनसंपर्कः सुरेन्द्रभवनेष्वपि ॥ ३८ ॥

32. Les bonnes œuvres d'une vie antérieure sont récompensées dans celle-ci : mais c'est une provision qui finit par s'épuiser. — Le parasol est l'insigne du pouvoir, particulièrement de l'autorité royale.

34. Ici commencent les stances extraites de la centurie de la Sagesse.

हर्तुर्याति न गोचरं किमपि शं पुष्णाति यत्सर्वदा-
प्यर्थिभ्यः प्रतिपाद्यमानमनिशं प्राप्नोति वृद्धिं पराम् ।
कल्पान्तेष्वपि न प्रयाति निधनं विद्याख्यमन्तर्धनं
येषां तान्प्रति मानमुज्झत नृपाः कस्तैः सह स्पर्धते ॥ ३९ ॥

क्षान्तिश्चेत्कवचेन किं किमरिभिः क्रोधो ऽस्ति चेद्देहिनां
ज्ञातिश्चेदनलेन किं यदि सुहृद्दिव्यौषधैः किं फलम् ।
किं सर्पैर्यदि दुर्जनाः किमु धनैर्विद्यानवद्या यदि
व्रीडा चेत्किमु भूषणैः सुकविता यद्यस्ति राज्येन किम् ॥ ४० ॥

स्वल्पं स्नायुवसावशेषमलिनं निर्मांसमप्यस्थि गोः
श्वा लब्ध्वा परितोषमेति न च तत्तस्य क्षुधाशान्तये ।
सिंहो जम्बुकमङ्कमागतमपि त्यक्त्वा निहन्ति द्विपं
सर्वः कृच्छ्रगतो ऽपि वाञ्छति जनः सत्त्वानुरूपं फलम् ॥ ४१ ॥

स जातो येन जातेन याति वंशः समुन्नतिम् ।
परिवर्तिनि संसारे मृतः को वा न जायते ॥ ४२ ॥

कुसुमस्तबकस्येव द्वयी वृत्तिर्मनस्विनः ।
मूर्ध्नि वा सर्वलोकस्य विशीर्यति वने ऽथ वा ॥ ४३ ॥

लाङ्गूलचालनमधश्चरणावपातं
भूमौ निपत्य वदनोदरदर्शनं च ।
श्वा पिण्डदस्य कुरुते गजपुंगवस्तु
धीरं विलोकयति चाटुशतैश्च भुङ्क्ते ॥ ४४ ॥

सन्त्यन्ये ऽपि बृहस्पतिप्रभृतयः संभाविताः पञ्चषा-
स्तान्प्रत्येष विशेषविक्रमरुची राहुर्न वैरायते ।
द्वावेव ग्रसते दिनेश्वरनिशाप्राणेश्वरौ भास्वरौ
भ्रान्तः पर्वणि पश्य दानवपतिः शीर्षावशेषीकृतः ॥ ४५ ॥

42. Allusion à la doctrine de la transmigration.

45. C'est la tête coupée du démon Rāhu qui cause les éclipses de soleil et de lune.

5

सिंहः शिशुरपि निपतति मदमलिनकपोलभित्तिषु गजेषु ।
प्रकृतिरियं सत्त्ववतां न खलु वयस्तेजसो हेतुः ॥ ४६ ॥

यस्यास्ति वित्तं स नरः कुलीनः स पण्डितः स श्रुतवान्गुणज्ञः ।
स एव वक्ता स च दर्शनीयः सर्वे गुणाः काञ्चनमाश्रयन्ति ॥ ४७ ॥

दानं भोगो नाशस्तिस्रो गतयो भवन्ति वित्तस्य ।
यो न ददाति न भुङ्क्ते तस्य तृतीया गतिर्भवति ॥ ४८ ॥

सत्यानृता च परुषा प्रियवादिनी च
हिंस्रा दयालुरपि चार्थपरा वदान्या ।
नित्यव्यया प्रचुरनित्यधनागमा च
वेश्याङ्गनेव नृपनीतिरनेकरूपा ॥ ४९ ॥

यद्धात्रा निजभालपट्टलिखितं स्तोकं महद्वा धनं
तत्प्राप्नोति मरुस्थले ऽपि नितरां मेरौ च नातो ऽधिकम् ।
तद्धीरो भव वित्तवत्सु कृपणां वृत्तिं वृथा मा कृथाः
कूपे पश्य पयोनिधावपि घटो गृह्णाति तुल्यं जलम् ॥ ५० ॥

जाड्यं ह्रीमति गण्यते व्रतरुचौ दम्भः शुचौ कैतवं
शूरे निर्घृणता मुनौ विमतिता दैन्यं प्रियालापिनि ।
तेजस्विन्यवलिप्तता मुखरता वक्तर्यशक्तिः स्थिरे
तत्को नाम गुणो भवेत्सुगुणिनां यो दुर्जनैर्नाङ्कितः ॥ ५१ ॥

लोभश्चेदगुणेन किं पिशुनता यद्यस्ति किं पातकैः
सत्यं चेत्तपसा च किं शुचि मनो यद्यस्ति तीर्थेन किम् ।
सौजन्यं यदि किं गुणैः स्वमहिमा यद्यस्ति किं मण्डनैः
सद्विद्या यदि किं धनैरपयशो यद्यस्ति किं मृत्युना ॥ ५२ ॥

शशी दिवसधूसरो गलितयौवना कामिनी
सरो विगतवारिजं मुखमनक्षरं स्वाकृतेः ।
प्रभुर्धनपरायणः सततदुर्गतः सज्जनो
नृपाङ्गणगतः खलो मनसि सप्त शल्यानि मे ॥ ५३ ॥

46. Sur le locatif *gajeṣu*, v. st. 15.

मौनान्मूकः प्रवचनपटुर्वातुलो जल्पको वा
धृष्टः पार्श्वे भवति च तथा दूरतश्चाप्रगल्भः ।
चान्त्या भीरुर्यदि न सहते प्रायशो नाभिजातः
सेवाधर्मः परमगहनो योगिनामप्यगम्यः ॥ ५४ ॥

आरम्भगुर्वी चयिणी क्रमेण लघ्वी पुरा वृद्धिमती च पश्चात् ।
दिनस्य पूर्वार्धपरार्धभिन्ना छायेव मैत्री खलसज्जनानाम् ॥ ५५ ॥

मृगमीनसज्जनानां तृणजलसंतोषविहितवृत्तीनाम् ।
लुब्धकधीवरपिशुना निष्कारणवैरिणो जगति ॥ ५६ ॥

प्रदानं प्रच्छन्नं गृहमुपगते संभ्रमविधिः
प्रियं कृत्वा मौनं सदसि कथनं चाप्युपकृतेः ।
अनुत्सेको लक्ष्म्यां निरभिभवसाराः परकथाः
सतां केनोद्दिष्टं विषममसिधाराव्रतमिदम् ॥ ५७ ॥

करे श्लाघ्यस्त्यागः शिरसि गुरुपादप्रणमनं
मुखे सत्या वाणी विजयिभुजयोर्वीर्यमतुलम् ।
हृदि स्वच्छा वृत्तिः श्रुतमधिगतं च श्रवणयो-
र्विनाप्यैश्वर्येण प्रकृतिमहतां मण्डनमिदम् ॥ ५८ ॥

संतप्तायसि संस्थितस्य पयसो नामापि न ज्ञायते
मुक्ताकारतया तदेव नलिनीपत्त्रे स्थितं राजते ।
स्वात्यां सागरशुक्तिमध्यपतितं तन्मौक्तिकं जायते
प्रायेणाधममध्यमोत्तमगुणः संसर्गतो जायते ॥ ५९ ॥

प्रीणाति यः सुचरितैः पितरं स पुत्त्रो
यद्भर्तुरेव हितमिच्छति तत्कलत्रम् ।
तन्मित्त्रमापदि सुखे च समक्रियं य-
देतत्त्रयं जगति पुण्यकृतो लभन्ते ॥ ६० ॥

प्राणाघातान्निवृत्तिः परधनहरणे संयमः सत्यवाक्यं
काले शक्त्या प्रदानं युवतिजनकथामूकभावः परेषाम् ।
तृष्णास्रोतोविभङ्गो गुरुषु च विनयः सर्वभूतानुकम्पा
सामान्यः सर्वशास्त्रेष्वनुपहतविधिः श्रेयसामेष पन्थाः ॥ ६१ ॥

श्रोत्रं श्रुतेनैव न कुण्डलेन दानेन पाणिर्न तु कङ्कणेन ।
विभाति कायः करुणापराणां परोपकारैर्न तु चन्दनेन ॥ ६२ ॥

एते सत्पुरुषाः परार्थघटकाः स्वार्थं परित्यज्य ये
सामान्यास्तु परार्थमुद्यमभृतः स्वार्थाविरोधेन ये ।
ते ऽमी मानुषराक्षसाः परहितं स्वार्थाय विघ्नन्ति ये
ये तु घ्नन्ति निरर्थकं परहितं ते के न जानीमहे ॥ ६३ ॥

प्रारभ्यते न खलु विघ्नभयेन नीचैः
प्रारभ्य विघ्नविहता विरमन्ति मध्याः ।
विघ्नैः पुनः पुनरपि प्रतिहन्यमानाः
प्रारब्धमुत्तमजना न परित्यजन्ति ॥ ६४ ॥

कदर्थितस्यापि हि धैर्यवृत्तेर्न शक्यते धैर्यगुणः प्रमार्ष्टुम् ।
अधःकृतस्यापि तनूनपातो नाधः शिखा याति कदा चिदेव ॥ ६५ ॥

वह्निस्तस्य जलायते जलनिधिः कूपायते तत्क्षणा-
न्मेरुः स्वल्पशिलायते मृगपतिः सद्यः कुरङ्गायते ।
व्यालो माल्यगुणायते विषरसः पीयूषवर्षायते
यस्याङ्गे ऽखिललोकवल्लभतमं शीलं समुन्मीलति ॥ ६६ ॥

क्व चिद्भूमीशय्यः क्व चिदपि च पर्यङ्कशयनः
क्व चिच्छाकाहारः क्व चिदपि च शाल्योदनरुचिः ।
क्व चित्कन्थाधारी क्व चिदपि च दिव्याम्बरधरो
मनस्वी कार्यार्थी गणयति न दुःखं न च सुखम् ॥ ६७ ॥

निन्दन्तु नीतिनिपुणा यदि वा स्तुवन्तु
लक्ष्मीः समाविशतु गच्छतु वा यथेष्टम् ।
अद्यैव वा मरणमस्तु युगान्तरे वा
न्याय्यात्पथः प्रविचलन्ति पदं न धीराः ॥ ६८ ॥

भग्नाशस्य करण्डपीडिततनोर्म्लानेन्द्रियस्य क्षुधा
कृत्वाखुर्विवरं स्वयं निपतितो नक्तं मुखे भोगिनः ।
तृप्तस्तत्पिशितेन सत्वरमसौ तेनैव यातः पथा
स्वस्थास्तिष्ठत दैवमेव हि नृणां वृद्धौ क्षये कारणम् ॥ ६९ ॥

पतितो ऽपि कराघातैरुत्पतत्येव कन्दुकः ।
प्रायेण साधुवृत्तानामस्थायिन्यो विपत्तयः ॥ ७० ॥

खल्वाटो दिवसेश्वरस्य किरणैः संतापितो मस्तके
वाञ्छन्देशमनातपं विधिवशाद्बिल्वस्य मूलं गतः ।
तत्राप्यस्य महाफलेन पतता भग्नं सशब्दं शिरः
प्रायो गच्छति यत्र भाग्यरहितस्तत्रैव यान्त्यापदः ॥ ७१ ॥

नमस्यामो देवान्न नु हतविधेस्ते ऽपि वशगा
विधिर्वन्द्यः सो ऽपि प्रतिनियतकर्मैकफलदः ।
फलं कर्मायत्तं यदि किममरैः किं च विधिना
नमस्तत्कर्मभ्यो विधिरपि न येभ्यः प्रभवति ॥ ७२ ॥

ब्रह्मा येन कुलालवन्नियमितो ब्रह्माण्डभाण्डोदरे
विष्णुर्येन दशावतारगहने क्षिप्तो महासंकटे ।
रुद्रो येन कपालपाणिपुटके भिक्षाटनं कारितः
सूर्यो भ्राम्यति नित्यमेव गगने तस्मै नमः कर्मणे ॥ ७३ ॥

69. Instrumental du lieu par où l'on passe.

70. Jeu de mots sur *vṛtta*.

72. La destinée, dans chacune des existences successives d'un même être, est le résultat de ses œuvres dans l'existence précédente.

73. L'agent intermédiaire de l'action, avec le causal, peut être exprimé par l'accusatif, aussi bien que par l'instrumental, cf. 271, 34. Cet accusatif devient sujet au passif du causal qui continue à régir à l'accusatif l'objet de l'action, cf. 267, 22.

वने रणे शत्रुजलाग्निमध्ये महार्णवे पर्वतमस्तके वा ।
सुप्तं प्रमत्तं विषमस्थितं वा रक्षन्ति पुण्यानि पुराकृतानि ॥ ७४ ॥

बोद्धारो मत्सरग्रस्ताः प्रभवः स्मयदूषिताः ।
अबोधोपहताश्चान्ये जीर्णमङ्गे सुभाषितम् ॥ ७५ ॥

भ्रान्त्वा देशमनेकदुर्गविषमं प्राप्तं न किं चित्फलं
त्यक्त्वा जातिकुलाभिमानमुचितं सेवा कृता निष्फला ।
भुक्तं मानविवर्जितं परगृहेष्वाशङ्कया काकव-
त्तृष्णे जृम्भसि पापकर्मनिरते नाद्यापि संतुष्यसि ॥ ७६ ॥

अमीषां प्राणानां तुलितबिसिनीपत्त्रपयसां
कृते किं नास्माभिर्विगलितविवेकैर्व्यवसितम् ।
यदाढ्यानामग्रे द्रविणमदनिःसंज्ञमनसां
कृतं वीतव्रीडैर्निजगुणकथापातकमपि ॥ ७७ ॥

भोगा न भुक्ता वयमेव भुक्तास्तपो न तप्तं वयमेव तप्ताः ।
कालो न यातो वयमेव यातास्तृष्णा न जीर्णा वयमेव जीर्णाः ॥ ७८ ॥

वलिभिर्मुखमाक्रान्तं पलितैरङ्कितं शिरः ।
गात्राणि शिथिलायन्ते तृष्णैका तरुणायते ॥ ७९ ॥

निवृत्ता भोगेच्छा पुरुषबहुमानो विगलितः
समानाः स्वर्याताः सपदि सुहृदो जीवितसमाः ।
शनैर्यष्ट्युत्थानं घनतिमिररुद्धे च नयने
अहो भ्रष्टः कायस्तदपि मरणापातचकितः ॥ ८० ॥

आशा नाम नदी मनोरथजला तृष्णातरंगाकुला
रागग्राहवती वितर्कविहगा धैर्यद्रुमध्वंसिनी ।
मोहावर्तसुदुस्तरातिगहना प्रोत्तुङ्गचिन्तातटी
तस्याः पारगता विशुद्धमनसो नन्दन्तु योगीश्वराः ॥ ८१ ॥

75. Ici commencent les stances extraites de la centurie du Renoncement.

अवश्यं यातारश्चिरतरमुषित्वापि विषया
वियोगे को भेदस्त्यजति न जनो यत्स्वयममून् ।
व्रजन्तः स्वातन्त्र्यादतुलपरितापाय मनसः
स्वयं त्यक्तास्त्वेते शमसुखमनन्तं विदधति ॥ ८२ ॥

भिक्षाशनं तदपि नीरसमेकवारं
शय्या च भूः परिजनो निजदेहमात्रम् ।
वस्त्रं सुजीर्णशतखण्डमयी च कन्था
हा हा तथापि विषयान्न परित्यजन्ति ॥ ८३ ॥

अजानन्दाहार्तिं पतति शलभो दीपदहने
स मीनो ऽप्यज्ञानाद्बडिशयुतमश्नाति पिशितम् ।
विजानन्तो ऽप्येते वयमिह विपज्जालजटिला-
न्न मुञ्चामः कामानहह गहनो मोहमहिमा ॥ ८४ ॥

अभिमतमहामानग्रन्थिप्रभेदपटीयसी
गुरुतरगुणग्रामाम्भोजस्फुटोज्ज्वलचन्द्रिका ।
विपुलविलसल्लज्जावल्लीविदारकुठारिका
जठरपिठरी दुष्पूरेयं करोति विडम्बनाम् ॥ ८५ ॥

गङ्गातरंगहिमशीकरशीतलानि
विद्याधराध्युषितचारुशिलातलानि ।
स्थानानि किं हिमवतः प्रलयं गतानि
यत्सावमानपरपिण्डरता मनुष्याः ॥ ८६ ॥

आक्रान्तं मरणेन जन्म जरसा यात्युत्तमं यौवनं
संतोषो धनलिप्सया शमसुखं प्रौढाङ्गनाविभ्रमैः ।
लोकैर्मत्सरिभिर्गुणा वनभुवो व्यालैर्नृपा दुर्जनै-
रस्थैर्येण विभूतयो ऽप्युपहता ग्रस्तं न किं केन वा ॥ ८७ ॥

85. La lune ferme le lotus de jour.

व्याघ्रीव तिष्ठति जरा परितर्जयन्ती
रोगाश्च शत्रव इव प्रहरन्ति देहे ।
आयुः परिस्रवति भिन्नघटादिवाम्भो
लोकस्तथाप्यहितमाचरतीति चित्रम् ॥ ८८ ॥

ब्रह्मेन्द्रादिमरुद्गणांस्तृणगणान्यत्र स्थितो मन्यते
यत्स्वादाद्विरसा भवन्ति विभवास्त्रैलोक्यराज्यादयः ।
बोधः को ऽपि स एक एव परमो नित्योदितो जृम्भते
भोः साधो क्षणभङ्गुरे तदितरे भोगे रतिं मा कृथाः ॥ ८९ ॥

यत्रानेकः क्व चिदपि गृहे तत्र तिष्ठत्यथैको
यत्राप्येकस्तदनु बहवस्तत्र नैको ऽपि चान्ते ।
इत्थं चेमौ रजनिदिवसौ दोलयन्द्वाविवाक्षौ
कालः काल्या भुवनफलके क्रीडति प्राणिशारैः ॥ ९० ॥

आदित्यस्य गतागतैरहरहः संक्षीयते जीवितं
व्यापारैर्बहुकार्यभारगुरुभिः कालो न विज्ञायते ।
दृष्ट्वा जन्मजराविपत्तिमरणं त्रासश्च नोत्पद्यते
पीत्वा मोहमयीं प्रमादमदिरामुन्मत्तभूतं जगत् ॥ ९१ ॥

वयं येभ्यो जाताश्चिरतरगता एव खलु ते
समं यैः संवृद्धाः स्मरणपदवीं ते ऽपि गमिताः ।
इदानीमेते स्मः प्रतिदिवसमासन्नपतना-
द्गतास्तुल्यावस्थां सिकतिलनदीतीरतरुभिः ॥ ९२ ॥

आयुर्वर्षशतं नृणां परिमितं रात्रौ तदर्धं गतं
तस्यार्धस्य परस्य चार्धमपरं बालत्ववृद्धत्वयोः ।
शेषं व्याधिवियोगदुःखसहितं सेवादिभिर्नीयते
जीवे वारितरंगबुद्बुदसमे सौख्यं कुतः प्राणिनाम् ॥ ९३ ॥

क्षणं बालो भूत्वा क्षणमपि युवा कामरसिकः
क्षणं वित्तैर्हीनः क्षणमपि च संपूर्णविभवः ।
जराजीर्णैरङ्गैर्नट इव वलीमण्डिततनु-
र्नरः संसारान्ते विशति यमधानीयवनिकाम् ॥ ९४ ॥

वयमिह परितुष्टा वल्कलैस्त्वं दुकूलैः
सम इह परितोषो निर्विशेषो विशेषः ।
स तु भवतु दरिद्रो यस्य तृष्णा विशाला
मनसि च परितुष्टे को ऽर्थवान्को दरिद्रः ॥ ९५ ॥

अभुक्तायां यस्यां क्षणमपि न यातं नृपशतै-
र्भुवस्तस्या लाभे क इव बहुमानः क्षितिभुजाम् ।
तदंशस्याप्यंशे तदवयवलेशे ऽपि पतयो
विषादे कर्तव्ये विदधति जडाः प्रत्युत मुदम् ॥ ९६ ॥

प्राप्ताः श्रियः सकलकामदुघास्ततः किं
दत्तं पदं शिरसि विद्विषतां ततः किम् ।
संमानिताः प्रणयिनो विभवैस्ततः किं
कल्पं स्थितं तनुभृतां तनुभिस्ततः किम् ॥ ९७ ॥

भक्तिर्भवे मरणजन्मभयं हृदिस्थं
स्नेहो न बन्धुषु न मन्मथजा विकाराः ।
संसर्गदोषरहिता विजना वनान्ता
वैराग्यमस्ति किमतः परमर्थनीयम् ॥ ९८ ॥

यावत्स्वस्थमिदं शरीरमरुजं यावज्जरा दूरतो
यावच्चेन्द्रियशक्तिरप्रतिहता यावत्क्षयो नायुषः ।
आत्मश्रेयसि तावदेव विदुषा कार्यः प्रयत्नो महा-
न्संदीप्ते भवने तु कूपखननं प्रत्युद्यमः कीदृशः ॥ ९९ ॥

क्षान्तं न क्षमया गृहोचितसुखं त्यक्तं न संतोषतः
सोढा दुःसहशीतवाततपनक्लेशा न तप्तं तपः ।
ध्यातं वित्तमहर्निशं नियमितप्राणैर्न शंभोः पदं
तत्तत्कर्म कृतं यदेव मुनिभिस्तैस्तैः फलैर्वञ्चिताः ॥ १०० ॥

100. Répétition distributive.

ÇAKUNTALĀ

DRAME EN SEPT ACTES DE KĀLIDĀSA.

ACTE V[1].

॥ ततः प्रविशति कञ्चुकी ॥

कञ्चुकी । ॥ निःश्वस्य ॥ अहो बत कीदृशीं वयोऽवस्थामापन्नोऽस्मि ।

आचार इत्यधिकृतेन मया गृहीता
या वेत्रयष्टिरवरोधगृहेषु राज्ञः ।
काले गते बहुतिथे मम सैव जाता
प्रस्थानविक्लवगतेरवलम्बनाय ॥

1. Les pièces du théâtre hindou sont un mélange de prose et de vers. La métrique des stances qui suivent ne donne lieu à aucune observation nouvelle. On remarquera que quelquefois il faut construire avec la stance les derniers mots de prose qui la précèdent. On retrouvera à la p. 79, ligne 1, le locatif de la partie, v. 268, 4, et on remarquera, quelques lignes avant l'avant-dernière stance, un pluriel de politesse, dans cette stance elle-même la construction parallèle d'un nom abstrait et d'un infinitif. Aucune autre observation de syntaxe ne paraît nécessaire. — Pour l'intelligence de la situation, il suffira de savoir que le roi a épousé secrètement Çakuntalā selon le mode des Gandharvas, c'est-à-dire par consentement mutuel et sans rites. Ce mariage est légal, mais par suite d'une malédiction prononcée contre Çakuntalā, le roi l'a entièrement oublié. La malédiction, qui n'est connue d'aucun des personnages en scène, ne doit prendre fin que lorsque le roi verra un anneau qu'il a donné à Çakuntalā. — Les notes désormais seront réservées aux passages *prācrits* : on désigne sous le nom commun de prācrit divers dialectes dérivés du sanscrit, parlés dans le drame par les femmes et par les personnages de condition ou d'éducation inférieure. Les passages prācrits

यावदभ्यन्तरगताय देवाय स्वमनुष्ठेयमकालक्षेपार्हं निवेदयामि । ॥ स्तोकमन्तरं गत्वा ॥ किं पुनस्तत् । ॥ विचिन्त्य ॥ आं ज्ञातम् । कण्वशिष्यास्तपस्विनो देवं द्रष्टुमिच्छन्ति । भोश्चित्रमेतत् ।

क्षणात्प्रबोधमायाति लङ्घ्यते तमसा पुनः ।
निर्वास्यतः प्रदीपस्य शिखेव जरतो मतिः ॥

॥ परिक्रम्य दृष्ट्वा ॥ एष देवः ।

प्रजाः प्रजाः स्वा इव तन्त्रयित्वा निषेवते शान्तमना विविक्तम् ।
यूथानि संचार्य रविप्रतप्तः शीतं दिवा स्थानमिव द्विपेन्द्रः ॥

यत्सत्यं शङ्कित इवास्मीदानीमेव धर्मासनादुत्थिताय देवाय कण्वशिष्यागमनं निवेदयितुम् । अथ वा कुतो वा विश्रामो लोकपालानाम् । तथा हि ।

भानुः सकृद्युक्ततुरंग एव रात्रिंदिवं गन्धवहः प्रयाति ।
शेषः सदैवाहितभूमिभारः षष्ठांशवृत्तेरपि धर्म एषः ॥

॥ इति परिक्रामति ॥

॥ ततः प्रविशति राजा विदूषको विभवतश्च परीवारः ॥

राजा । ॥ अधिकारखेदं निरूप्य ॥ सर्वः प्रार्थितमधिगम्य सुखी संपद्यते । राज्ञा तु चरितार्थतापि दुःखोत्तरैव । कुतः ।

औत्सुक्यमात्रमवसादयति प्रतिष्ठा
क्लिश्नाति लब्धपरिपालनवृत्तिरेव ।
नातिश्रमापनयनाय यथा श्रमाय
राज्यं स्वहस्तधृतदण्डमिवातपत्रम् ॥

॥ नेपथ्ये ॥ वैतालिकौ । जयति जयति देवः ।

एकः । स्वसुखनिरभिलाषः खिद्यसे लोकहेतोः
प्रतिदिनमथ वा ते सृष्टिरेवंविधैव ।
अनुभवति हि मूर्ध्ना पादपस्तीव्रमुष्णं
शमयति परितापं छायया संश्रितानाम् ॥

seront reproduits en sanscrit au bas des pages, et cette traduction, empruntée aux commentateurs, sera accompagnée de notes grammaticales. — Les indications scéniques sont dans le texte, entre deux doubles traits verticaux.

द्वितीयः । नियमयसि विमार्गप्रस्थितानात्तदण्डः
प्रशमयसि विवादं कल्पसे रक्षणाय ।
अतनुषु विभवेषु ज्ञातयः सन्तु नाम
त्वयि तु परिसमाप्तं बन्धुकृत्यं जनानाम् ॥

राजा । ॥ आकर्ण्य ॥ आश्चर्यम् । एतेन कार्यानुशासनपरिश्रान्ताः पुनर्नवीकृताः स्मः ।

विदूषकः । भो गोविन्दारओ त्ति भणिदस्स रिसभस्स परिस्समो णस्सदि[1] ।

राजा । ॥ सस्मितम् ॥ ननु क्रियतामासनपरिग्रहः ।

॥ उभावुपविष्टौ परिजनश्च यथास्थानं स्थितः । नेपथ्ये वीणाशब्दः ॥

विदूषकः । ॥ कर्णं दत्त्वा ॥ भो वअस्स संगीदसालन्तरे कण्णं देहि । लअसुद्धाए वीणाए सरसंजोओ सुणीअदि । जाणे तत्थ भोदी हंसवदी वण्णपरिचअं करेदि त्ति[2] ।

1. भो गोवृन्दारक इति भणितस्य ऋषभस्य परिश्रमो नश्यति । Il faut distinguer, dans la comparaison du sanscrit et du prâcrit, les phénomènes de phonétique des faits de morphologie : en effet, la forme phonétiquement correspondante en sanscrit à la forme prâcrite, serait souvent un barbarisme, explicable d'ailleurs la plupart du temps par l'action de l'analogie, ou un solécisme. Les barbarismes et les solécismes de ce genre, évités dans la traduction sanscrite, seront donnés dans les notes et marqués d'un astérisque. Nous n'insisterons pas sur certaines altérations spéciales aux pronoms et aux particules. Pour les autres formes, les modifications phonétiques *les plus ordinaires* seront indiquées successivement. — La voyelle *ṛ* est inconnue au prâcrit qui la remplace par une autre voyelle, précédée ou non de *r*, ici par exemple par *i* (*vi* pour *vṛ*, *ri* pour *ṛ*), ailleurs par *u* ou même par *a*. *n* se change en *ṇ*, à moins qu'il ne soit suivi d'une dentale. La sifflante cérébrale manque, ainsi que la palatale; toutes les deux sont remplacées par la sifflante dentale. Deux consonnes formant un groupe s'assimilent généralement : *ss* pour *sy*, *çr* et *çy*. Une muette sourde (non aspirée) entre deux voyelles devient sonore : *bhaṇidassa*, ou disparaît complètement : *govindārao*. La finale *as*, par exemple au nom. s. des noms en *a*, devient et reste *o* quelle que soit la lettre qui suit : les règles d'euphonie sont inconnues au prâcrit.

2. भो वयस्य संगीतशालान्तरे कर्णं देहि । लयशुद्धाया वीणायाः स्वरसंयोगः श्रूयते । जाने तत्र भवती हंसवती वर्णपरिचयं करोतीति । Les muettes sonores (non aspirées), le *y* (et le *v*) tombent entre deux voyelles. Au commencement d'un mot, un groupe se réduit à une seule consonne, *sara* pour *svara*. *y*, dans un certain nombre de cas, particulièrement au commen-

राजा । तूष्णीं भव यावदाकर्णयामि ।

कञ्चुकी । ॥ विलोक्य ॥ अये अन्यासक्तचित्तो देवः । तदवसरं प्रतिपालयामि । ॥ इत्येकान्ते स्थितः ॥

॥ नेपथ्ये गीयते ॥

अहिणवमहुलोहभाविओ तह परिचुम्बिअ चूअमञ्जरिं ।
कमलवसइमेत्तणिव्वुओ महुअर वीसरिओ सि णं कहं[1] ॥

राजा । अहो रागपरिवाहिनी गीतिः ।

विदूषकः । भो वअस्स । किं दाव से गीदिआए गहिदो भवदा अक्खरत्थो[2] ।

राजा । ॥ सस्मितम् ॥ सकृत्कृतप्रणयो ऽयं जनः । तदहं देवीं हंसवतीमन्तरेणोपालम्भमागतो ऽस्मि । सखे माधव्य मद्वचनादुच्यतां देवी हंसवती सम्यगुपालब्धो ऽस्मीति ।

विदूषकः । जं भवं आणवेदि । ॥ उत्थाय ॥ भो वअस्स । गहिदो तए

cement des mots, se change en *j*. Un suffixe *ya* peut se décomposer en *ia* ou *īa*. Une voyelle longue devant deux consonnes s'abrège. *ava* se contracte en *o*, *aya* en *e*. Au lieu de la diphthongue *ai* (et de la diphthongue *au*) le prâcrit a *e* (ou *o*). — **viṇāyai* serait un datif en sanscrit, mais le prâcrit confond dans cette déclinaison le datif (perdu dans les autres), l'instrumental, le génitif et le locatif. — **çṛṇ-ya-ti* présenterait abusivement le suffixe du présent actif et moyen (*nu* réduite à *n*) devant celui du passif, et la désinence de l'actif au lieu de celle du moyen (les désinences du moyen sont à peu près inusitées en prâcrit). **kar-aya-ti* serait pour la forme un causal, d'ailleurs irrégulier (*kar* pour *kār*). Des faits analogues se retrouvent souvent.

1. अभिनवमधुलोभभावितस्तथा परिचुम्ब्य चूतमञ्जरीम् । कमलवसतिमात्रनिर्वृतो मधुकर विस्मृतो ऽस्येनां कथम् ॥ Une aspirée entre deux voyelles se réduit généralement à *h*. Une voyelle longue, suivie d'un anusvāra final, s'abrège comme la longue placée devant deux consonnes. Quand un groupe se réduit à une seule consonne à l'intérieur d'un mot, la voyelle précédente s'allonge. Les formes fortes du verbe *as-ti* perdent l'*a*. Le changement de *ā* en *e* dans *metta* est propre à ce mot. — **vismaritas,* participe d'un causal irrégulier.

2. भो वयस्य । किं तावदस्या गीतिकाया गृहीतो भवताक्षरार्थः । Une consonne finale tombe. Quand l'une des deux consonnes du groupe sanscrit est une aspirée, la première des deux consonnes semblables du prâcrit est naturellement non aspirée. La sifflante (dentale ou cérébrale) aspire la muette non aspirée à laquelle elle est jointe, et le résultat de l'assimilation est le même que dans le cas précédent.

परकेरएहिं हत्थेहिं सिहण्डके अच्छभल्लो । ता अवीदराअस्स विअ समणस्स ण त्थि दाणिं मे मोक्खो[1] ।

राजा । गच्छ । नागरकवृत्त्या शान्त्वयैनाम् ।

विदूषकः । का गदी[2] । ॥ इति निष्क्रान्तः ॥

राजा । ॥ स्वगतम् ॥ किं नु खलु गीतमेवंविधमाकर्ण्येष्टजनविरहादृते ऽपि बलवदुत्कण्ठितो ऽस्मि । अथ वा ।

रम्याणि वीक्ष्य मधुरांश्च निशम्य शब्दा-
न्पर्युत्सुको भवति यत्सुखितो ऽपि जन्तुः ।
तच्चेतसा स्मरति नूनमबोधपूर्वं
भावस्थिराणि जननान्तरसौहृदानि ॥

॥ अस्मृतिनिमित्तमुन्मनस्कत्वं रूपयति ॥

कञ्चुकी । ॥ उपसृत्य ॥ जयति जयति देवः । एते खलु हिमगिरेरुपत्यकारण्यवासिनः कण्वसंदेशमादाय सस्त्रीकास्तपस्विनः प्राप्ताः । इति श्रुत्वा देवः प्रमाणम् ।

राजा । ॥ सविस्मयम् ॥ किं कण्वसंदेशहारिणः सस्त्रीकास्तपस्विनः ।

कञ्चुकी । अथ किम् ।

राजा । तेन हि विज्ञाप्यतां मद्वचनादुपाध्यायः सोमरातः । अमूनाश्रमवासिनः श्रौतेन विधिना सत्कृत्य स्वयमेव प्रवेशयितुमर्हसीति । अहमप्येतांस्तपस्विदर्शनोचिते देशे प्रतिपालयामि ।

कञ्चुकी । यथाज्ञापयसि । ॥ इति निष्क्रान्तः ॥

राजा । ॥ उत्थाय ॥ वेत्रवति अग्निशरणमार्गमादेशय ।

प्रतीहारी । इदो इदो एदु देवो । ॥ परिक्रम्य ॥ भट्टा एसो अहि-

1. यज्ञवानाज्ञापयति । भो वयस्य । गृहीतस्त्वया परकीयैर्हस्तैः शिखण्डके ऽच्छभल्लो । तदवीतरागस्येव श्रमणस्य नास्तीदानीं मे मोक्षः । *n* final est remplacé par l'anusvāra. Un groupe se réduit à une seule consonne après une voyelle longue quand celle-ci ne s'abrége pas. *p* entre deux voyelles se change en *v*, le *b* n'étant pas distingué du *v* en prācrit. La désinence *ehim* pour *ais* à l'instr. pl. m. et n. des noms en *a* correspond à une désinence fréquente dans les textes védiques, *ebhis;* *s* a disparu et a été remplacé par l'anusvāra. — **yam* pour *yad* à l'acc. neutre.

2. का गतिः । Tous les noms, m. et f., en *i* (et en *u*) ont le nom. s. en *ī* (ou *ū*), par analogie avec les noms en *ī*.

णवसंमज्जणरमणीओ संणिहिदहोमधेणू अग्गिसरणआलिन्दओ । ता आरोहदु देवो[1] ।

राजा । ॥ साभिनयमारुह्य परिजनांसावलम्बी तिष्ठन् ॥ वेत्रवति किमुद्दिश्य तत्र भवता कण्वेन मत्सकाशमृषयः प्रेषिताः ।

किं तावद्व्रतिनामुपोढतपसां विघ्नैस्तपो दूषितं
धर्मारण्यचरेषु केन चिदुत प्राणिष्वसच्चेष्टितम् ।
आहो स्वित्प्रसवो ममापचरितैर्विष्टम्भितो वीरुधा-
मित्यारूढबहुप्रतर्कमपरिच्छेदाकुलं मे मनः ॥

प्रतीहारी । देवस्स भुअसद्दणिव्वुदे अस्समे कुदो एदं । किं तु सुचरिदाहिणन्दिणो इसीओ देवं सभाजइदुं आगद त्ति तक्केमि[2] ।

॥ ततः प्रविशतो गौतमीसहितौ शकुन्तलामादाय कण्वशिष्यौ पुरतश्चैषां पुरोहितकञ्चुकिनौ ॥

कञ्चुकी । इत इतो भवन्तः ।

शार्ङ्गरवः । सखे शारद्वत ।

महाभागः कामं नरपतिरभिन्नस्थितिरसौ
न कश्चिद्वर्णानामपथमपकृष्टो ऽपि भजते ।
तथापीदं शश्वत्परिचितविविक्तेन मनसा
जनाकीर्णं मन्ये हुतवहपरीतं गृहमिव ॥

शारद्वतः । शार्ङ्गरव । स्थाने खलु पुरप्रवेशात्तवेदृशः संवेगः । अहमपि

अभ्यक्तमिव स्नातः शुचिरशुचिमिव प्रबुद्ध इव सुप्तम् ।
बद्धमिव स्वैरगतिर्जनमवशः सङ्गिनमवैमि ॥

1. इत इत एतु देवः । भर्तरेषो ऽभिनवसंमार्जनरमणीयः संनिहितहोमधेनुरग्निशरणालिन्दकः । तदारोहतु देवः । *t* changé en *ṭ* sous l'influence de *r* et application de la règle d'assimilation. L'euphonie sanscrite n'est observée en principe dans les composés que lorsqu'ils peuvent être considérés comme un mot simple. — **bhartā*, nominatif servant de vocatif.

2. देवस्य भुजशब्दनिर्वृत आश्रमे कुत इदम् । किं तु सुचरिताभिनन्दिन ऋषयो देवं सभाजयितुमागता इति तर्कयामि । Le nom. pl. des noms en *a* perd le *s* final en vertu de la règle générale. Devant une double consonne initiale une longue finale s'abrège. — **ṛṣyas*, d'après l'analogie des noms en *ī*.

पुरोधाः । अत एव भवद्विधा महान्तः ।

शकुन्तला । ॥ दुर्निमित्तमभिनीय ॥ अम्मो किं ति वामेदरं णअणं मे विप्फुरदि[1] ।

गौतमी । जाद पडिहदं अमङ्गलं । सुहाइं दे होन्तु[2] । ॥ इति परिक्रामन्ति ॥

पुरोधाः । ॥ राजानं निर्दिश्य ॥ भोस्तपस्विनः । असावत्र वर्णाश्रमाणां रक्षिता प्रागेव मुक्तासनः प्रतिपालयति वः । पश्यतैनम् ।

शार्ङ्गरवः । काममेतदभिनन्दनीयम् । तथापि वयमत्र मध्यस्थाः । कुतः ।

भवन्ति नम्रास्तरवः फलोद्गमैर्नवाम्बुभिर्दूरविलम्बिनो घनाः ।
अनुद्धताः सत्पुरुषाः समृद्धिभिः स्वभाव एवैष परोपकारिणाम् ॥

प्रतीहारी । देव पसण्णमुहा सुत्थकप्पा विअ इसीओ दीसन्ति[3] ॥

राजा । ॥ शकुन्तलां निर्वर्ण्य ॥ अये ।

केयमवगुण्ठनवती नातिपरिस्फुटशरीरलावण्या ।
मध्ये तपोधनानां किसलयमिव पाण्डुपत्त्राणाम् ॥

प्रतीहारी । भट्टा दंसणीआकिदि क्खु लक्खीअदि[4] ।

राजा । भवतु । अनिर्वर्ण्यं खलु परकलत्रम् ।

शकुन्तला । ॥ उरसि हस्तं दत्त्वा । आत्मगतम् ॥ हिअअ किं एवं वेवसि । अज्जउत्तस्स भावाणुबन्धं सुमरिअ धीरत्तणं दाव अवलम्बस्स[5] ।

1. अहो किमिति वामेतरं नयनं मे विस्फुरति ।

2. जात प्रतिहतममङ्गलम् । शुभानि ते भवन्तु । L'anusvāra s'ajoute assez souvent à une voyelle brève finale (cf. plus haut *ehiṃ* pour *ehi* après la chute de *s* de *ebhis*).

3. देव प्रसन्नमुखाः सुस्थकल्पा इव ऋषयो दृश्यन्ते ।

4. भर्तर्दर्शनीयाकृतिः खलु लक्ष्यते । La forme *darç* devient *daṃç* en prâcrit. Il y a quelques exemples de cette substitution bizarre de l'anusvāra au *ṛ*.

5. हृदय किमेवं वेपसे । आर्यपुत्रस्य भावानुबन्धं स्मृत्वा धीरत्वं तावदवलम्बस्व । Les deux consonnes d'un groupe peuvent se conserver grâce à l'intercalation d'une voyelle. Le suffixe double *tvana* pour *tva* est assez fréquent dans les textes védiques. — * *smarya*, forme forte et suffixe réservé aux verbes composés.

पुरोधाः । ॥ पुरो गत्वा ॥ स्वस्ति देवाय । देव एते खलु विधिवदर्चितास्तपस्विनः । कश्चिदेतेषूपाध्यायसंदेशस्तं देवः श्रोतुमर्हति ।

राजा । ॥ सादरम् ॥ अवहितो ऽस्मि ।

शिष्यौ । ॥ हस्तमुद्यम्य ॥ भो राजन्विजयतां भवान् ।

राजा । ॥ सप्रणामम् ॥ सर्वानभिवादये वः ।

शिष्यौ । स्वस्ति भवते ।

राजा । अपि निर्विघ्नं तपः ।

शिष्यौ । कुतो धर्मक्रियाविघ्नः सतां रक्षितरि त्वयि ।
तमस्तपति घर्मांशौ कथमाविर्भविष्यति ॥

राजा । ॥ आत्मगतम् ॥ सर्वथार्थवान्खलु मे राजशब्दः । ॥ प्रकाशम् ॥ अथ भगवान्कुशली कण्वः ।

शार्ङ्गरवः । राजन्स्वाधीनकुशलाः खलु सिद्धिमन्तः । स भवन्तमनामयप्रश्नपूर्वकमिदमाह ।

राजा । किमाज्ञापयति ।

शार्ङ्गरवः । यन्मिथःसमवायादिमां मदीयां दुहितरं भवानुपयेमे तन्मया प्रीतिमता युवयोरनुज्ञातम् । कुतः ।

त्वमर्हतां प्राग्रहरः स्मृतो ऽसि नः शकुन्तला मूर्तिमतीव सत्क्रिया ।
समानयंस्तुल्यगुणं वधूवरं चिरस्य वाच्यं न गतः प्रजापतिः ॥

तदिदानीमापन्नसत्त्वेयं गृह्यतां सहधर्मचरणायेति ।

गौतमी । भद्दमुह वत्तुकाम म्हि । ण मे वअणावकासो त्थि कधिदुं ति[1] ।

राजा । आर्ये कथ्यताम् ।

गौतमी । णावेक्खिओ गुरुअणो इमीअ तुमे वि ण पुच्छिआ बन्धू ।
एक्कक्कमेण वरिए किं भणउ एक्कमेक्कस्स[2] ॥

1. भद्रमुख वक्तुकामास्मि । न मे वचनावकाशो ऽस्ति कथयितुमिति । Métathèse et changement de *s* en *h* quand la consonne suivante ne peut s'aspirer. *th* entre deux voyelles se change souvent en *dh*. — **kathitum*, d'après l'analogie des infinitifs tirés directement d'une racine.

2. नापेक्षितो गुरुजनो ऽनया त्वयापि न पृष्टा बन्धवः । एकक्रमेण वृते किं भणत्वेकैकस्य ॥ — **prcchita* de la fausse racine *pracch*. — **varite*, participe du causal.

शकुन्तला । किं णु क्खु अज्जउत्तो भणिस्सदि[1] ।

राजा । ॥ साशङ्कमाकुलमाकर्ण्य ॥ अये । किमिदमुपन्यस्तम् ।

शकुन्तला । ॥ स्वगतम् ॥ ऊं सावलेवो से वअणावक्खेवो[2] ।

शार्ङ्गरवः । किं नाम किमिदमुपन्यस्तमिति । न नु भवानेव सुतरां लोकवृत्तान्तनिष्णातः ।

सतीमपि ज्ञातिकुलैकसंश्रयां जनो ऽन्यथा भर्तृमतीं विशङ्कते ।
अतः समीपे परिणेतुरिष्यते प्रियाप्रिया वा प्रमदा स्वबन्धुभिः ॥

राजा । किमत्र भवती मया परिणीतपूर्वा ।

शकुन्तला । ॥ आत्मगतं सविषादम् ॥ हिअअ संवुत्ता दे आसङ्का[3] ।

शार्ङ्गरवः । राजन्किं कृतकार्यद्वेषाद्धर्मं प्रति विमुखतोचिता राज्ञः ।

राजा । कुतो ऽयमसत्कल्पनाप्रसङ्गः ।

शार्ङ्गरवः । ॥ सक्रोधम् ॥ मूर्छन्त्यमी विकाराः प्रायेणैश्वर्यमत्तानाम् ।

राजा । विशेषेणाधिक्षिप्तो ऽस्मि ।

गौतमी । ॥ शकुन्तलां प्रति ॥ जाद मा लज्ज । अवणइस्सं दाव दे अवगुण्ठणं । तदो भट्टा तुमं अहिजाणिस्सदि त्ति[4] । ॥ इति तथा करोति ॥

राजा । ॥ शकुन्तलां निर्वर्ण्य । आत्मगतम् ॥

इदमुपनतमेवं रूपमाक्लिष्टकान्ति
प्रथमपरिगृहीतं स्यान्न वेत्यध्यवस्यन् ।
भ्रमर इव निशान्ते कुन्दमन्तस्तुषारं
न खलु सपदि भोक्तुं नापि शक्नोमि मोक्तुम् ॥

प्रतीहारी । ॥ स्वगतम् ॥ अहो धम्मावेक्खिदा भट्टिणो । ईदिसं णाम सुहोवणदं इत्थीरदणं पेक्खिअ को अण्णो विआरेदि[5] ।

1. किं नु खल्वार्यपुत्रो भणिष्यति ।
2. ऊं सावलेपो ऽस्य वचनावक्षेपः ।
3. हृदय संवृत्ता त आशङ्का ।
4. जात मा लज्जस्व । अपनेष्यामि तावत्ते ऽवगुण्ठनम् । ततो भर्ता त्वामभिज्ञास्यतीति । — **apanayiṣyam*, avec *i* devant le suffixe du futur et la désinence secondaire au lieu de la désinence primaire. — **abhijāniṣyati*, tiré, non de la racine, mais du thème du présent.
5. अहो धर्मापेक्षिता भर्तुः । ईदृशं नाम सुखोपनतं स्त्रीरत्नं प्रेक्ष्य को ऽन्यो विचारयति । Groupe initial de deux lettres (après la chute de *r*)

शार्ङ्गरवः । भो राजन्किमिदं जोषमास्यते ।

राजा । भोस्तपस्विन् । चिन्तयन्नपि न खलु स्वीकरणमत्र भवत्याः स्मरामि । तत्कथमिमामभिव्यक्तसत्त्वलक्षणामात्मानं क्षेत्रियमिव मन्यमानः प्रतिपत्स्ये ।

शकुन्तला । ॥ स्वगतम् ॥ हद्धी हद्धी । कधं परिणए ज्जेव संदेहो । भग्गा दाणिं मे दूरारोहिणी आसालदा[1] ।

शार्ङ्गरवः । मा तावत् ।

कृतावमर्शामनुमन्यमानः सुतां त्वया नाम मुनिर्विमान्यः ।
दुष्टं प्रतिग्राहयता स्वमर्थं पात्रीकृतो दस्युरिवासि येन ॥

शारद्वतः । शार्ङ्गरव विरम त्वमिदानीम् । शकुन्तले वक्तव्यमुक्तमस्माभिः । सो ऽयमत्र भवानेवमाह । दीयतामस्मै प्रतिवचनम् ।

शकुन्तला । ॥ स्वगतम् ॥ इमं अवत्थन्तरं गदे तादिसे अणुराए किं वा सुमराविदेण । अध वा अत्ता दाणिं मे सोधणीओ । भोदु । ववसिस्सं । ॥ प्रकाशं ॥ अज्जउत्त । ॥ इत्यर्धोक्ते ॥ अध वा संसइदो दाणिं एसो समुदाआरो । पोरव जुत्तं णाम तुह पुरा अस्समपदे सब्भावुत्ताणहिअअं इमं जणं तधा समअपुव्वं संभाविअ संपदं ईदिसेहिं अक्खरेहिं पच्चाचक्खिदुं[2] ।

राजा । ॥ कर्णौ पिधाय ॥ शान्तं शान्तम् ।

व्यपदेशमाविलयितुं समीहसे मां च नाम पातयितुम् ।
कूलंकषेव सिन्धुः प्रसन्नमोघं तटतरुं च ॥

conservé, avec assimilation, grâce à une voyelle prothétique. — **bhartṛṇas*, avec addition de *n* entre le thème et la désinence ordinaire des thèmes consonantiques.

1. हा धिक् । हा धिक् । कथं परिणय एव संदेहः । भग्नेदानीं मे दूरारोहिण्याशालता ।

2. इदमवस्थान्तरं गते तादृशे ऽनुरागे किं वा स्मारितेन । अथ वात्मेदानीं मे शोधनीयः । भवतु । व्यवस्यामि । आर्यपुत्र । अथ वा संशयित इदानीमेष समुदाचारः । पौरव युक्तं नाम तव पुराश्रमपदे सद्भावोत्तानहृदयमिमं जनं तथा समयपूर्वं संभाव्य सांप्रतमीदृशैरक्षरैः प्रत्याचष्टुम् । Elision de *a* final devant *u* en composition. Après un *t*, *y* se change, non en *j*, mais en *c*, et s'assimile le *t*. — **smarāpita* causal formé avec addition d'un *p* à un thème en *ā*, sur le modèle des racines en *ā*. — **vyavasiṣyam*. Pas de futur usité en sanscrit. — **pratyācakṣitum*, avec l'*i* dit de liaison.

शकुन्तला। भोदु। परमत्थदो जइ परपरिग्गहसङ्किणा तए एदं पउत्तं ता अहिसाणेण केण वि तव संदेहं अवणइस्सं[1]।

राजा। प्रथमः कल्पः।

शकुन्तला। ॥ मुद्रास्थानं परामृश्य ॥ हद्धी हद्धी अङ्गुलीअअसुणा मे अङ्गुली[2]। ॥ इति सविषादं गौतमीमीक्षते ॥

गौतमी। जाद णं दे सक्कावदारे सचीतित्थे उदअं वन्दमाणाए पब्भट्ठं अङ्गुलीअं[3]।

राजा। इदं तत्प्रत्युत्पन्नमतित्वं स्त्रीणाम्।

शकुन्तला। एत्थ दाव विहिणा दंसिदं पहुत्तणं। अवरं दे कधइस्सं[4]।

राजा। श्रोतव्यमिदानीं संवृत्तम्।

शकुन्तला। णं एक्कदिअसं वेदसलदामण्डवए णलिणीवत्तभाअणगदं उदअं तव हत्थे संणिहिदं आसि[5]।

राजा। शृणुमस्तावत्।

शकुन्तला। तक्खणं सो मम पुत्तकिदओ मअसावओ उवत्थिदो। तदो तए अअं दाव पढमं पिवदु त्ति अणुकम्पिणा उवच्छन्दिदो। ण उण दे अवरिचिदस्स हत्थादो उदअं उवगदो पादुं। पच्छा तस्सिं ज्जेव उदए मए गहिदे कदो तेण पणओ। एत्थन्तरे विहसिअ भणिदं तए। सव्वं सव्वो सगन्धे वीससदि। जदो दुवे वि तुम्हे आरस्सकाओ त्ति[6]।

1. भवतु। परमार्थतो यदि परपरिग्रहशङ्किना त्वयेदं प्रयुक्तं तदभिज्ञानेन केनापि तव संदेहमपनेष्यामि।

2. हा धिक्। हा धिक्। अङ्गुलीयकशून्या मे अङ्गुली।

3. जात न नु ते शक्रावतारे सचीतीर्थे उदकं वन्दमानायाः प्रभ्रष्टमङ्गुलीयकम्।

4. अत्र तावद्विधिना दर्शितं प्रभुत्वम्। अपरं ते कथयिष्यामि।

5. न न्वेकदिवसे वेतसलतामण्डपे नलिनीपत्त्रभाजनगतमुदकं तव हस्ते संनिहितमासीत्। **ekadivasam* acc. du moment où une chose se fait, au lieu du loc. — **maṇḍapaka* avec l'addition (fréquente en prâcrit) d'un suffixe *ka*.

6. तत्क्षणं स मम पुत्रकृतको मृगशावक उपस्थितः। ततस्त्वयायं तावत्प्रथमं पिबत्वित्यनुकम्पिनोपच्छन्दितः। न पुनस्ते ऽपरिचितस्य हस्तादुदकमुपगतः पातुम्। पश्चात्तस्मिन्नेवोदके मया गृहीते कृतस्तेन प्रणयः। अत्रान्तरे विहस्य भणितं त्वया। सर्वः सर्वः सगन्धे विश्वसिति। यतो द्वावपि युवामारण्यकाविति। Les noms, m. et n., en *a* ont régulièrement l'ab-

राजा । आभिस्ताभिरात्मकार्यनिर्वर्तिनीभिर्मधुराभिरनृतवाग्भिराकृष्यन्ते विषयिणः ।

गौतमी । महाभाअ ण अरिहसि एवं मन्तिदुं । तवोवणसंवड्ढिदो क्खु अअं जणो अणहिण्णो केदवस्स[1] ।

राजा । तापसवृद्धे ।

स्त्रीणामशिक्षितपटुत्वममानुषीषु
संदृश्यते किमुत याः प्रतिबोधवत्यः ।
प्रागन्तरीक्षगमनात्स्वमपत्यजात-
मन्यद्विजैः परभृताः किल पोषयन्ति ॥

शकुन्तला । ॥ सरोषम् ॥ अणज्ज अत्तणो हिअआणुमाणेण किल सव्वं एदं पेक्खसि । को णाम अण्णो धम्मकञ्चुअववदेसिणो तणच्छण्णकूवोवमस्स तव अणुकारी भविस्सदि[2] ।

राजा । ॥ स्वगतम् ॥ वनवासाद्विभ्रमः पुनरत्र भवत्याः कोपो लक्ष्यते । तथा हि ।

न तिर्यगवलोकितं भवति चक्षुरालोहितं
वचो ऽपि परुषाक्षरं न च पदेषु संसज्जते ।
हिमार्त इव वेपते सकल एष बिम्बाधरः
स्वभाववनते भ्रुवौ युगपदेव भेदं गते ॥

अथ वा संदिग्धबुद्धिं मामधिगत्य कैतवच्छायया कोपो ऽस्याः । तथा ह्यनया ।

मय्येव विस्मरणदारुणचित्तवृत्तौ
वृत्तं रहः प्रणयमप्रतिपद्यमाने ।

latif en *ādo* (*ād* + *as* ou *ā* + *tas*?). Le prâcrit n'a pas le duel; il y substitue régulièrement le pluriel. — **gṛhite*, avec *i* bref au lieu de *ī* long. — **viçvasati*, inusité. — **tuṣme*, thème formé de *tu* comme *yuṣma* l'est de *yu*, et désinence (pour tous les genres, le pronom personnel ne les distinguant pas) des pronoms démonstratifs masculins. — Nom. pl. en *āo*.

1. महाभाग नार्हस्येवं मन्त्रयितुम् । तपोवनसंवर्धितः खल्वयं जनो ऽनभिज्ञः कैतवस्य ।

2. अनार्य आत्मनो हृदयानुमानेन किल सर्वमेतत्प्रेक्षसे । को नामान्यो धर्मकञ्चुकव्यपदेशिनस्तृणच्छन्नकूपोपमस्य तवानुकारी भविष्यति ।

भेदाद् भ्रुवोः कुटिलयोरतिलोहिताक्ष्या
भग्नं शरासनमिवातिरुषा स्मरस्य ॥

॥ प्रकाशम् ॥ भद्रे प्रथितं दुःषन्तचरितं प्रजासु । नापीदं दृश्यते ।

शकुन्तला । सुट्ठु । दाणिं अत्तच्छन्दाणुआरिणी संवुत्त म्हि जा इमस्स पुरुवंसस्स पच्चएण मुहमऊणो हिअअपत्थरस्स हत्थब्भासं उवगदा[1] । ॥ इति पटान्तेन मुखमावृत्य रोदिति ॥

शार्ङ्गरवः । इत्थमप्रतिहतं चापलं दहति ।

अतः समीक्ष्य कर्तव्यं विशेषात्संगतं रहः ।
अज्ञातहृदयेष्वेवं वैरीभवति सौहृदम् ॥

राजा । अयि भोः किमत्रभवतीवचनसंप्रत्ययादेवास्मान्संभृतदोषैरधिक्षिपथ ।

शार्ङ्गरवः । ॥ सासूयम् ॥ श्रुतं भवद्भिरधरोत्तरम् ।

आ जन्मनः शाठ्यमशिक्षितो यस्तस्याप्रमाणं वचनं जनस्य ।
पराभिसंधानमधीयते यैर्विद्येति ते सन्ति किलाप्तवाचः ॥

राजा । हंहो सत्यवादिन्नभ्युपगतं तावदस्माभिरेवंविधा एव वयम् । किं पुनरिमामभिसंधाय लभ्यते ।

शार्ङ्गरवः । विनिपातः ।

राजा । विनिपातः पौरवैर्लभ्यत इत्यश्रद्धेयमेतत् ।

शार्ङ्गरवः । भो राजन्किमत्रोत्तरैः । अनुष्ठितो गुरुनियोगः । संप्रति निवर्तामहे वयम् ।

तदेषा भवतः पत्नी त्यज वैनां गृहाण वा ।
उपपन्ना हि दारेषु प्रभुता सर्वतोमुखी ॥

गौतमि गच्छाग्रतः । ॥ इति प्रस्थिताः ॥

शकुन्तला । अहं इमिणा दाव किदवेण विप्पलद्धा । तुम्हे वि मं परिच्चअध[2] । ॥ इत्यनुप्रतिष्ठते ॥

1. सुष्ठु । इदानीमात्मच्छन्दानुचारिणी संवृत्तास्मि यैतस्य पुरुवंशस्य प्रत्ययेन मुखमधोर्हृदयप्रस्तरस्य हस्ताभ्यासमुपगता । *imasya génitif régulier, mais inusité en sanscrit, du thème *ima*. **mukhamadhunas*, avec addition de *n* comme au neutre.

2. अहमेतेन तावत्कितवेन विप्रलब्धा । यूयमपि मां परित्यजथ । **iminā* formé comme d'un thème *imi*, remplaçant *ima* qui est d'ailleurs inusité en sanscrit à l'instr.

गौतमी । ॥ परिवृत्यावलोक्य च ॥ वच्छ सङ्गरव अणुगच्छदि णो करुणपरिदेविणी सउन्तला । पच्चादेसपिसुणे भत्तरि किं करेदु तवस्सिणी[1] ।

शार्ङ्गरवः । ॥ सरोषं निवृत्य ॥ आः पुरोभागिनि । किमिदं स्वातन्त्र्यमवलम्बसे । ॥ शकुन्तला भीता वेपते ॥

शार्ङ्गरवः । शृणोतु भवती ।

यदि यथा वदति क्षितिपस्तथा त्वमसि किं पितुरुत्कुलया त्वया ।
अथ तु वेत्सि शुचि व्रतमात्मनः पतिगृहे तव दास्यमपि क्षमम् ॥

तिष्ठ । साधयामो वयम् ।

राजा । भोस्तपस्विन् । किमत्र भवती विप्रलभ्यते । पश्य ।

कुमुदान्येव शशाङ्कः सविता बोधयति पङ्कजान्येव ।
वशिनां हि परपरिग्रहसंश्लेषपराङ्मुखी वृत्तिः ॥

शार्ङ्गरवः । राजन्नथ पुनः पूर्ववृत्तं व्यासङ्गाद्विस्मृतं भवेत्तदा कथमधर्मभीरोर्दारपरित्यागः ।

राजा । भवन्तमेव गुरुलाघवं पृच्छामि ।

मूढः स्यामहमेषा वा वदेन्मिथ्येति संशये ।
दारत्यागी भवाम्याहो परस्त्रीस्पर्शपांसुलः ॥

पुरोधाः । ॥ विचार्य ॥ यदि तावदेवं क्रियते ।

राजा । अनुशास्तु गुरुः ।

पुरोधाः । अत्र भवती तावदा प्रसवादस्मद्गृहे तिष्ठतु ।

राजा । कुत इदम् ।

पुरोधाः । त्वं साधुनैमित्तिकैरादिष्टपूर्वः प्रथममेवोभयचक्रवर्तिनं पुत्रं जनयिष्यसीति । स चेन्मुनिदौहित्रस्तल्लक्षणोपपन्नो भवति ततः प्रतिनन्द्य शुद्धान्तमेनां प्रवेशयिष्यसि । विपर्यये त्वस्याः पितुः समीपगमनं स्थितमेव ।

राजा । यथा गुरुभ्यो रोचते ।

पुरोधाः । ॥ उत्थाय ॥ वत्से इत इतोऽनुगच्छ माम् ।

शकुन्तला । भअवदि वसुंधरे देहि मे अन्तरं[2] ।

1. वत्स शार्ङ्गरव अनुगच्छति नः करुणपरिदेविनी शकुन्तला । प्रत्यादेशपिशुने भर्तरि किं करोतु तपस्विनी ॥

2. भगवति वसुंधरे देहि मे ऽन्तरम् ।

॥ इति सह पुरोधसा तपस्विभिर्गौतम्या च रुदती प्रस्थिता । राजा शापव्यवहितस्मृतिः शकुन्तलामेव चिन्तयति ॥

नेपथ्ये । आश्चर्यमाश्चर्यम् ।

राजा । ॥ कर्णं दत्त्वा ॥ किं नु खलु स्यात् ।

॥ प्रविश्य ॥ पुरोधाः । ॥ सविस्मयम् ॥ देव अद्भुतं खलु वृत्तम् ।

राजा । किमिव ।

पुरोधाः । परावृत्तेषु कण्वशिष्येषु ।

सा निन्दन्ती स्वानि भाग्यानि बाला बाहूत्क्षेपं रोदितुं च प्रवृत्ता ।

राजा । किं तदानीम् ।

पुरोधाः ।

स्त्रीसंस्थानं चाप्सरस्तीर्थमारात्त्क्षिप्त्वैवाशु ज्योतिरेनां तिरोऽभूत् ॥

॥ सर्वे विस्मयं रूपयन्ति ॥

राजा । गुरो प्रथममेवास्माभिरेषोऽर्थः प्रत्यादिष्टः । किं मृषा तर्केणान्विष्यते । विश्राम्यताम् ।

पुरोधाः । विजयस्व । ॥ इति निष्क्रान्तः ॥

राजा । ॥ वेत्रवति पर्याकुल इवास्मि । शयनीयगृहमादेशय ।

प्रतीहारी । इदो इदो एदु देवो[1] ।

राजा । ॥ परिक्रामन्स्वगतम् ॥

कामं प्रत्यादिष्टां स्मरामि न परिग्रहं मुनेस्तनयाम् ।
बलवत्तु दूयमानं प्रत्याययतीव मां हृदयम् ॥

॥ इति निष्क्रान्ताः सर्वे ॥

॥ इति शकुन्तलाप्रत्याख्यानं नाम पञ्चमोऽङ्कः ॥

1. इत इत एतु देवः ।

LEXIQUE

LEXIQUE.

अ *a.*

1 अ *a,* f. *ā.* Thème pronominal, 176. Ce, cette; celui-ci, celle-ci, ceci; il, elle. Se joint au pronom *sa, ta,* v. *ta.* — *a-tas* d'ici; pour cela, c'est pourquoi, donc; équivaut souvent à l'ablatif de *a.* — *a-tra* ici, ici-bas; à ce propos; équivaut souvent au locatif de *a.* Suivi de *bhavant* v. *bhavant.*

2 अ *a* devant les consonnes, *an* devant les voyelles (formes faibles de la négation *na,* ἀ-, ἀν-, lat. in-, angl. et allem. un-). Particule privative en composition, 135 et 136.

* अंश् *aṃç,* v. *aç* 1.

अंशु *aṃçu.* M. Rayon. *gharmāṃçu* (v. *gharma* sous *ghar),* m. soleil. *çītāṃçu* (qui a des rayons froids), m. lune.

अंस *aṃsa* (ὦμο-ς pour ὀμσο-ς, lat. umeru-s pour omesu-s). M. Épaule.

अकिंचन *akiṃcana* (de *a* privatif et *kiṃ ca na* quelque chose). Qui n'a rien.

1 अक्ष *akṣa.* M. Dé à jouer.

2 °अक्ष *-akṣa,* à la fin d'un composé, dans un composé dérivé, f. *ī,* (cf. *īkṣ* et lat. oc-ulus). Œil. *kaṭākṣa,* m. regard de côté. *parokṣa* (l'apostrophe ne se marque pas dans ce composé très usité) qui est hors de la portée de la vue; loc. adv. en arrière, derrière le dos. *praty-akṣa* qui est devant les yeux, manifeste;

loc. adv. en présence. *mugdhākṣī* (qui a des yeux charmants), *mṛgākṣī* (qui a des yeux de gazelle), f., jolie femme. *sākṣ-in* (qui a des yeux) témoin oculaire; témoin.

अगार *agāra* (cf. *āgāra*). N. Habitation, maison.

अग्नि *agni* (lat. igni-s). M. Feu.

अग्र *agra* (cf. *aj*. 1). N. Pointe, extrémité, sommet. Loc. adv. et *agra-tas*, devant (gén.), en avant, d'avance. — *prāgra*, le meilleur, dans *prāgra-hara* v. *har*. — *vy-agra* qui ne dirige son attention sur aucun point particulier, distrait. *a-vyagra* occupé d'une seule chose. — *sam-agra* complet, entier; (au pluriel) tous. — *agr-ya* qui est à la tête, le meilleur.

अङ्कुर *aṅkura* (ἀγκύλο-ς? v. *ac.*). M. Jeune pousse, rejeton.

अङ्ग *aṅga*. N. Membre; partie (d'un char, etc.); corps, personne. *an-aṅga* (qui n'a pas de corps), m. nom du dieu de l'Amour, amour. *apāṅga*, m. (partie à l'écart), le coin extérieur de l'œil.

अङ्गण *aṅgaṇa*. N. Cour (d'un prince).

अङ्गना *aṅganā*. F. Femme.

अङ्गार *aṅgāra*. M. Charbon. — *aṅgāra-ka*, m. id. et n. pr. d'homme.

अङ्गुली *aṅgulī* (cf. *aṅga*). F. Doigt. — *aṅgulī-ya-ka*, n. bague.

* **अच्** *ac*, *īc* et *añc* (ἀγκ-ύλο-ς, lat. ancus). *añc-a-te* courber, ployer.

aṅk-a (= ὄγκο-ς, uncu-s). M. Sein, giron; voisinage; signe, marque; acte (d'une pièce de théâtre). *mṛgāṅka*, *çaçāṅka* (qui a pour signe.... où on voit une gazelle, un lièvre), m. lune. — *aṅk-i-ta* marqué, flétri.

-añc, *-ac*, *-īc*, en composition avec divers préfixes : tourné vers.

अव *ava*. Abaisser.

avāñc, *avāc*. Tourné vers le bas.

उद् *ud*. Lever, élever.

ud-añc, *ud-ac*, *ud-īc*. Tourné vers le haut, vers le nord. *ud-īc-ī*, f. le nord.

Cf. **तिरस्** *tiras*.

tiryañc, *tiryac*, (formé d'après l'analogie de *praty-añc*). Qui est de travers. Acc. n. adv. *tiryak*, obliquement, de côté, à côté.

परा *parā.* (Détourner.)

parāñc, parāc. Détourné.

परि *pari.* Entourer.

pary-aṅka. M. Lit.

प्र *pra.* (Tourner en avant.)

prāñc, prāc. Tourné en avant, à l'orient. Acc. n. adv. *prāk,* avant, auparavant; avant (abl.). *prāc-ī,* f. l'orient.

प्रति *prati.* Tourner vers ou contre.

praty-añc, praty-ac, pratīc. Tourné à l'opposé (de l'orient), à l'occident. *pratīc-ī,* f. l'occident.

सम् *sam.* Rapprocher.

samyañc, samyac (formé d'après l'analogie de *praty-añc*), *sam-īc.* Conforme. Acc. n. adv. *samyak,* bien, justement.

अच्छ *accha.* Brillant, clair, pur.

अच्छभल्ल *acchabhalla.* M. Ours.

* 1 अज् *aj, āj* (ἄγω, lat. ago). *aj-a-ti.* Pousser, conduire.

सम् *sam.* Réunir.

sam-āj-a. M. Assemblée.

* 2 अज् *aj,* v. *añj.*

* अञ्च् *añc,* v. *ac.*

* अञ्ज् *añj, aj* (lat. ungo). *a-na-k-ti.* Oindre. *ak-ta.*

añj-ana. N. Collyre.

अभि *abhi.* Oindre, parer. *abhy-ak-ta,* oint, souillé.

आ *ā.* Oindre. *āj-ya,* n. beurre du sacrifice.

वि *vi.* Manifester. *vy-ak-ta,* manifeste; acc. n. adv. manifestement.

अभिवि *abhi-vi.* Id. *abhi-vy-ak-ta,* manifeste, évident.

अञ्जलि *añjali.* M. s. Les deux mains ouvertes en creux et rapprochées. On les porte ainsi au front pour saluer respectueusement. *prāñjali,* faisant l'*añjali.*

* अट् *aṭ. aṭ-a-te.* Aller çà et là, errer.

aṭ-ana. N. Action d'errer.

अट्ट *aṭṭa.* Haut, éclatant (du rire).

अण्ड *aṇḍa.* N. Oeuf. *brahmāṇḍa,* n. (œuf de Brahmā), le monde.

अति *ati* (ἔτι, lat. et). Préfixe verbal (sur, au-delà) et particule en composition marquant le haut degré et l'excès. Suivi de *iva* v. ce mot.

अतिथि *atithi*. M. Hôte. — *atithi-tva* et *ātith-ya*, n., hospitalité.

अथ *atha*. Ensuite, et, mais. Annonce le commencement d'un chapitre, etc. Suivi de diverses particules, v. *kim, tu, punar, vā*.

अद् *ad*. v. *āp* 2.

अदिति *aditi* (probablement *a-di-ti*, absence de lien, v. *dā* 2). F. Nom d'une déesse. — *ādit-ya*, m. (fils d'Aditi), soleil.

अद्भुत *adbhuta*. Merveilleux. N. Prodige.

अद्य *adya* (cf. *div*). Maintenant, aujourd'hui.

अद्रि *adri*. M. Montagne.

अध *adha* (cf. *adhas*). (En bas.) — *adha-ma* (lat. infimu-s), le plus bas, très vil. — *adha-ra* (lat. inferu-s, angl. under, allem. unter), inférieur. M. Lèvre inférieure, lèvre; *bimbādhara*, m. lèvre pareille au fruit nommé *bimba*. N. (dans le composé *adharottara*), paroles auxquelles on répond.

अधस् *adhas* (cf. *adha*). En bas. Avec **kar*, faire descendre, engloutir, mettre la tête en bas. *adho'dhaḥ*, de plus en plus bas. — *adhas-tāt*, en dessous.

अधि *adhi*. Préfixe verbal (sur) et particule en composition marquant supériorité. — *adhi-ka*, supérieur, supérieur à (abl.), dépassant la mesure, augmenté de, extrême. *abhy-adhika*, supérieur. *ādhik-ya*, n., supériorité. — *adhīna*, dépendant de. *parādhīna-tā*, f., le fait d'être dépendant d'autrui.

अध्वन् *adhvan*. M. Chemin.

अध्वर *adhvara* (cf. *adhvan*). M. Sacrifice.

1 **अन्** *an*. Particule privative, v. *a* 2.

* 2 **अन्** *an(i), ān* (lat. ani-mu-s, ἄνε-μο-ς). *ani-ti*. Souffler.

ani-la. M. Vent.

प्र *pra*. Respirer.

prāṇ-a. M. Respiration; souffle vital (il y en a cinq). Au pluriel, vie. — *prāṇ-in*, m. être vivant.

अन *ana*, f. *ā*. Thème pronominal, 176. Ce, cette; celui-ci, celle-ci, ceci; il, elle.

अनल *anala* (cf. *an* 2). M. Feu.

अनीक *anīka*. N. Armée.

अनु *anu* (cf. ἀνά). Préfixe verbal (à la suite), particule en composition marquant conformité, et préposition: à la suite de, conformément à, à l'imitation de (acc.).

अन्त *anta* (angl. end, allem. Ende). M. N. Bord, lisière, fin, bout. Quelquefois équivalant à «le dernier». *aty-anta,* extrême. *an-anta,* infini. *ekānta* (qui n'a qu'un bout) exclusif, absolu; m. lieu solitaire, écarté; loc. adv. à l'écart. *dig-anta,* m. (extrémité des régions cardinales), le lointain. *pary-anta,* m. limite. *vanānta,* m. (intérieur, cf. *antara,* de bois), bois. *vṛttānta,* m. (ce dont la fin a eu lieu?), ce qui s'est passé. *çuddhānta,* m. (intérieur, cf. *antara,* pur), appartement des femmes, harem. *sam-anta-tas,* de toutes parts, en tous sens.

अन्तर् *antar* (lat. inter). Préfixe verbal et particule en composition: à l'intérieur, à l'intérieur de.

अन्तर *antara* (ἔντερο-ν, lat. comparatif interior, cf. *antar*). Intérieur; autre. N. Intérieur, place; intervalle, différence, passage. *atrāntare,* dans cet intervalle, alors. A la fin d'un composé, différence, ex. : *avasthāntara,* n., différence d'état, état différent, autre état. Acc., instr. et loc. adv. *antaram, antareṇa, antare,* à l'intérieur de, entre, à cause de, en ce qui concerne, (gén. ou acc.). *abhy-antara,* n. intérieur.

अन्ति *anti* (ἀντί, lat. ante). Près. *anti-tara,* très voisin.

अन्ध *andha*. Aveugle, aveuglé par.

अन्धक *andhaka*. Nom d'une race de guerriers.

अन्य *anya,* (l'allem. an-der est à *an-ya* comme le lat. al-ter à al-iu-s, cf. *ana*). Thème pronominal, 170. Autre, autre que (abl.). Après *eka* (l'un), l'autre. Répété, l'un . . . l'autre. — *anya-tas,* ailleurs. — *anya-thā,* autrement.

अप् *ap,* v. *āp* 2.

अप *apa* (ἀπό, lat. et allem. ab). Préfixe verbal exprimant le point de départ, l'éloignement, et particule privative ou marquant

l'éloignement en composition. — *apa-tya*, n. progéniture. *apara*, autre (nom. m. pl. pronominal *apare*).

अपि *api* (ἐπί). Préfixe verbal et particule construite le plus souvent après un autre mot. Aussi, et; même, quoique (avec un adjectif, etc.), malgré cela. *dvāv api*, tous les deux; *sarve 'pi*, tous absolument. Précédé du pronom interrogatif, lui donne le sens indéfini : *ko 'pi*, un certain; je ne sais quel, indescriptible. Précédé de diverses particules : *cāpi*, et; *tathāpi*, *tadapi*, cependant; *nāpi*, ni, et ne pas, mais ne pas, non plus; *vāpi*, ou bien. Suivi de *vā*, v. ce mot. Au commencement d'une proposition, rarement dans le sens de «même», ordinairement : est-ce que? Id. avec un optatif : plût au ciel que! peut-être. Id., suivi de *nāma*, v. *nāman*.

अप्सरस् *apsaras*. F. Nymphe du ciel, Apsaras.

अभि *abhi* (ἀμφί, lat. ambi-, amb-, allem. *um*). Préfixe verbal (vers) et particule en composition. — *abhi-tas*, tout à fait.

अभ्र *abhra* (ἀφρό-ς, cf. *ambhas*). N. Nuage.

* **अम्** *am*, *ām*. *ām-aya-ti*. Être malade. *āmaya*, m. maladie. *anāmaya* bien portant; n. santé.

अमा *amā*. Adv. A la maison. — *amā-tya*, m. (qui est de la maison), ministre.

अमी *amī*. Nom. m. pl. et thème d'un pronom, 177. Ces, ceux-là. Se joint au pronom *ta*.

अमीषाम् *amīṣām*. Gén. pl. du même pronom.

अमु *amu*, f. *ū*. Thème pronominal, 177. Ce, cette; celui-là, celle-là, cela. — *amu-tra*, là-haut, dans l'autre monde.

अम्बर *ambara*. N. Vêtement.

अम्बु *ambu* (cf. ὄμβρο-ς). N. Eau.

अम्भस् *ambhas* (cf. *abhra*). N. Eau.

अयम् *ayam*. Nom. m. s. d'un pronom, 176. Ce, celui-ci. Précédé du pronom *sa*, même sens. *ayaṃ janaḥ*, cette personne-ci; équivaut souvent à «moi», mais peut aussi désigner une autre personne présente.

अयस् *ayas* (lat. æs). Métal, fer. — *āyas-a*, f. *ī*, de fer.

अयि *ayi*. Hé! Holà!

अये *aye*. Oh! Ah! Holà!

* **अर्** *ar*, *ār*, *ṛ* (ἀρ-αρ-ί-σκω, lat. ar-tus, et ὄρ-νυμι, lat. or-ior). *ṛ-ṇo-ti*. Adapter; exciter. *ṛta*, vrai (*ṛte* loc. adv. v. à part). *an-ṛta* faux; n. mensonge. Causal *ar-p-aya-ti* ficher dans; fut. périphr. *ar-payi-tā*.

ar-a. M. Rayon de roue.

ar-tha. V. à part.

ṛ-tu. V. à part.

आ *ā*. *ā-rta* (contre 31). Atteint de, opprimé par, souffrant.

ā-rti (contre 31). F. Souffrance.

उद् *ud*. Élever.

ud-ār-a. Noble.

सम् *sam*. Rencontrer.

sam-ar-a. M. Combat.

अरण *araṇa*, étranger, éloigné. — *araṇ-ya*, n. bois, forêt; *dharmā-raṇya* n. (bois du devoir) ermitage. *āranya-ka*, relatif au bois, habitant des bois; *āraṇyakaṃ parva*, le livre du bois, troisième du Mahābhārata.

अरत्नि *aratni* (cf. *ar*). M. Coude.

अरि *ari*. M. Ennemi. *ariṃ-dama* v. *dam*.

अरु *aru* (pour *arus*). Blessure (dans *aruṃ-tuda*, v. *tud*).

* **अर्च्** *arc*, *arc-a-ti*. Briller; honorer. Causal *arc-aya-ti*, honorer.

ark-a. M. Soleil.

* 1 **अर्ज्** *arj*. *arj-a-ti*. Se procurer, acquérir.

arj-ana. N. Acquisition.

* 2 **अर्ज्** *arj* (ou *raj*? cf. ὀρέγω, lat. rego). *ṛñj-a-te*, s'étendre.

ṛj-u (cf. lat. rec-tus, allem. recht). Droit. — *ārjav-a*. N. Droiture.

अर्जुन *arjuna* (cf. ἀργός blanc, ἄργυρος, etc.). Brillant. M. Nom du 3e des Pāṇḍavas.

अर्णव *arṇava*. M. Mer.

अर्थ *artha* (cf. *ar*). M. But; objet, affaire; utilité, intérêt, l'utile; bien, possession, richesse; sens, signification. *ko'rtho* (instr.) à quoi bon? *artham* acc., *arthāya* dat., *arthe* loc. adv. et *-artha* en composition : à cause de, en vue de, pour, en guise de, comme, (gén.). *kad-artha* m. chose inutile ou funeste; *kadartha-ya-ti* tourmenter, traiter durement. *kim-artham* adv. pourquoi? *caritārtha* qui a atteint son but; *caritārtha-tā*, f. le fait d'avoir atteint son but. *nir-artha-ka* inutile; acc. adv. inutilement. *paramārtha*, m. réalité suprême, réalité; *paramārtha-tas* réellement. *vy-artha* inutile. *sārtha* m. caravane. — *artha-ya-te* demander, implorer; part. fut. passif *arth-anīya*; avec *pra*, désirer, demander, prétendre à; *prārth-i-ta* n. objet du désir. — *artha-vant* riche; ayant tout son sens. — *arth-in* qui demande, désire, se propose; besoigneux.

* अर्द् *ard*. *ard-a-ti*. Tourmenter.

-ard-ana qui tourmente. *janārdana* qui tourmente les hommes (surnom de Kṛṣṇa, ami des Pāṇḍavas et compagnon d'Arjuna).

* अर्ध् *ardh ṛdh* (ἄλθ-ομαι). *ṛdh-ya-ti*. Réussir. Part. passé *ṛddha*.

सम् *sam*. Réussir. *sam-ṛddha* accompli, abondant.

sam-ṛddhi. F. Prospérité, succès.

अर्ध *ardha*. Demi. N. moitié. Ex. *ardhokta* à moitié dit. — *sārdham* acc. n. adv. avec (instr.).

अर्पय *arpaya* thème de causal, v. *ar*.

* अर्ष् *arṣ*, *ṛṣ* (ἄρσ-ην, mâle, proprement « qui féconde »). *arṣ-a-ti*. Couler, répandre.

ṛṣ-abha. M. Taureau (cf. ἄρσην).

ṛṣ-i. M. (Qui répand ses chants, poète), sage (des temps anciens).

* अर्ह् *arh*. *arh-a-ti*. Devoir; mériter de. *arh-a-si* « tu dois » signifie souvent « je te prie de . . . . ». *arh-ant* digne, bon, honorable. *an-arhant* indigne.

arh-a. Digne, susceptible de; qui doit. *an-arha*, f. *ā*, qui ne mérite pas. *mahārha* très digne, très précieux.

अलम् *alam*. Assez. Avec l'infinitif « c'est assez . . . » pour engager à renoncer. Avec l'instrumental « assez de . . . »

अलि *ali*. M. Abeille. — *al-in-ī*, f. essaim d'abeilles.

अलिन्दक *alindaka*. M. Terrasse.

अलीक *alīka*. Faux.

अल्प *alpa*. Petit. *an-alpa* grand. *sv-alpa* très petit. — *alpa-ka* tout petit. — *alp-īyaṃs* (comparatif).

अव *ava*. Préfixe verbal marquant mouvement vers le bas. — *ava-ma* infime; *an-avama* noble.

* 1 अश् *aç*, *āç*, et *aṃç*. *aç-no-ti*, *aç-nu-te*. Atteindre, obtenir.

aṃça. M. Part, partie. *ṣaṣṭhāṃça*, m. la sixième partie, l'impôt du sixième.

अभि *abhi*. Atteindre.

abhy-āç-a. M. Voisinage.

समुप *sam-upa*. Obtenir, recevoir.

* 2 अश् *aç(i)*, *āç*, *aç-nā-ti*. Manger, dévorer; (au figuré) détruire, perdre.

aç-ana. N. Nourriture. *hutāçana* (qui a pour nourriture l'offrande) m. feu.

āç-a. M. Repas. *prātar-āça* m. (repas du matin), déjeuner.

अश्रु *açru*. N. Larme.

अश्व *açva* (lat. equu-s, ἵππο-ς et dial. ἴκκος). M. Cheval.

अष्टन् *aṣṭan* (ὀκτώ, lat. octo). Huit.

* 1 अस् *as*, *s* (3e s. ἐστί, lat. est, angl. is, allem. ist). *as-ti* (2e s. *asi*. Imparfait 3e s. *āsīt*). Être. Le parfait *ās-a* sert à former le parfait périphrastique. *s-ant* (part. présent) bon, honnête, vrai; m. homme de bien; *sat-ī* f. honnête femme. *a-sant* mauvais, méchant, faux; *asat* n. mal. — Superlatif *sat-tama* le meilleur. *ratha-sattama* excellent sur un char, le premier de ceux qui combattent sur un char. — *sat-tva* n. être, créature; fœtus dans le sein de la mère; existence, essence, nature, cœur; énergie, courage. *abhivyakta-sattva-lakṣaṇā* f. (qui a les signes d'un fœtus manifestes) manifestement enceinte. *āpanna-sattvā* f. (qui a un fœtus obtenu) enceinte. *sattva-vant* qui a du courage. — *sat-ya* vrai, véridique; n. vérité, véracité; acc. et instr. adv. *satyam*, *satyena*, vraiment, réellement, véridiquement, en vérité, il est vrai que . . .; *tena satyena* aussi vrai (que . . ., exprimé précédemment par *yathā*).

as-ti dans *sv-asti,* f. bien-être; le thème s'emploie sans désinence dans le sens de «salut à . . .».

* 2 अस् *as, ās. as-ya-ti.* Jeter, lancer.

-as-ana. Qui lance. *çarāsana* (qui lance des flèches) n. arc.

as-tra. N. Arme de jet; formule sacrée. *kṛtāstra,* exercé à l'usage des armes.

-ās-a. Qui lance. *iṣv-āsa* (qui lance des flèches) m. archer.

अभि *abhi.* S'appliquer à.

abhy-ās-a. M. Exercice, usage, habitude. *hastābhyāsam upagatā* «tombée entre les mains de».

नि *ni.* Poser sur, déposer; abandonner; confier, laisser.

उपनि *upa-ni.* Mettre en avant, vouloir dire.

प्र *pra.* Lancer.

prās-a. M. Javelot.

वि *vi.* Séparer, disperser.

vy-as-ana. N. Malheur, mauvais destin.

सम *sam.* Réunir. *sam-as-ta* tout.

1 असि *asi* (lat. ensi-s). M. Epée.

2 असि *asi.* 2ᵉ s. prés. *as* 1.

असु *asu.* M. Souffle, vie. — *asūyā.* F. (le fait d'en vouloir à la vie) envie, mécontentement, indignation.

असूया *asūyā.* V. *asu.*

असौ *asau.* Nom. s. m. f. thème pronominal, 177. Ce, cette; celui-là, celle-là.

अस्त *asta* (cf. *ās* 2). N. Patrie, demeure. L'accusatif s'emploie avec un verbe signifiant «aller» dans le sens de «se coucher, disparaître» (des astres et du jour).

अस्थि *asthi* (lat. os, ossi-s pour osti-s, cf. ὀστέον). N. (défectif). Os.

अस्म *asma* (ἡμεῖς, éol. ἄμμε-ς). Thème du pronom de la 1ère personne au pluriel, 178. — *asmad,* abl. de ce thème, remplace le thème lui-même en composition, 134. (Ne pas confondre les formes tirées de ce thème avec les formes régulières de la déclinaison du pronom *a,* 176, par ex. *a-smāt.*)

अस्माकम् *asmākam.* V. *asma,* 178.

अस्माभिस् *asmābhis*. Id.

* अह् *ah* (lat. aio pour ag-io et ad-ag-ium, cf. ἠ-μί). N'a que quelques personnes du parfait, par ex. : 3e s. *āh-a*, 3e pl. *āh-ur*. Dire.

प्र *pra*. Dire.

अहन् *ahan, ahān, ahn*. N. (défectif). Jour. Loc. *ahani*.

अहम् *aham* (ἐγώ, lat. ego, allem. ich). Nom. s. pronom 1ère pers., 178.

अहर् *ahar*. N. (défectif, v. *ahan*). *ahar ahaḥ* « de jour en jour ».

अहस् *ahas*. N. (défectif, v. *ahan* et *ahar*). Jour.

अहह *ahaha*. Interjection : malheur!

अहि *ahi* (cf. ἔχι-ς et lat. angui-s). M. Serpent.

अहो *aho*. Oh! Ah! Suivi de *bata*, v. ce mot.

आ *ā*.

आ *ā*. Préfixe verbal exprimant la direction vers celui qui parle. Préposition : depuis, jusqu'à (abl.). Particule en composition : un peu.

आखु *ākhu*. M. Souris.

आगार *āgāra* (cf. *agāra*). N. Habitation, maison.

आटोप *āṭopa*. M. Gonflement, orgueil, suffisance (s'emploie au pluriel).

आढ्य *āḍhya*. Riche.

आतुर *ātura* (cf. *tar*). Malade.

आत्त *ā-tta*, v. *dā* avec *ā*.

आत्मन् *ātman* (et par aphérèse *tman*), *ātmān*, *ātma* (cf. ἀτμό-ς, allem. Odem). M. Ame; essence, caractère, nature; la personne elle-même, le moi. Tient lieu de pronom réfléchi pour les trois personnes. *dur-ātman* méchant, criminel. *nayātma-ka* (qui a pour caractère l'habileté), habile, sage. *mahātman* magnanime. *svātman* la propre personne.

आदि *ādi*. M. Commencement. Equivaut parfois à « premier ». A la fin d'un composé, v. 140. *ādi-rāja*, v. *rāja* sous *rāj*. *ity-ādi* commençant ainsi, tel que. — *ād-ya* premier; subst[t] à la fin d'un composé, v. 140.

* 1 आप् *āp* (lat. ap-iscor, ad-ip-iscor). *āp-no-ti.* Atteindre, obtenir, subir. *āp-ta* (lat. aptu-s) approprié, vraisemblable. Désidératif *īp-s-a-ti, -te,* désirer obtenir, désirer; *īps-u* désirant.

अव *ava.* Obtenir, atteindre.

परि *pari.* Désidér. moy. Chercher à atteindre.

प्र *pra.* Atteindre, obtenir, arriver dans; arriver, avoir lieu. Fut. moyen *prāp-sya-te. preps-u* désirant acquérir, désirant.

सम् *sam.* Accomplir, terminer.

परिसम् *pari-sam.* Mêmes sens.

2 आप् *āp, ap* et *ad* (cf. lat. aqu-a). F. pl. Nom. *āp-as,* instr. *ad-bhis.* Eau. *ab-ja, ab-da* v. *jan, dā* 1.

आम् *ām.* Ah! oui!

आम *āma* (ὠμό-ς). Cru.

आमय *āmaya,* v. *am.*

आमिष *āmiṣa* (cf. *āma*). N. Chair; proie d'un oiseau; butin désiré. *an-āmiṣa* (sans butin) sans fruit.

आयुस् *āyus* (cf. αἰών, lat. ævum). N. Vie, force vitale. *an-āyuṣ-ya* qui n'est pas bon pour la vie, qui abrège la vie.

आराद् *ārād.* De loin.

आर्त *ārta* et *ārti,* v. *ar* avec *ā.*

आर्द्र *ārdra* (cf. ἄρδω). Humide.

आर्य *ārya,* f. *ā.* Nom de la race conquérante dans l'Inde. Honorable, respectable. *an-ārya* déloyal, perfide.

आविल *āvila.* Trouble (d'un liquide). — *āvila-ya-ti* troubler, souiller.

आविस् *āvis.* Manifestement. Avec un verbe signifiant « être » : se manifester.

आशा *āçā.* F. Espérance, désir. *nir-āça* qui est sans espérance; *nairāç-ya* n. absence d'espérances, de désirs.

आशीस् *āçīs* nom. s. de *ā-çis,* v. *çās.*

आशु *āçu* (ὠκύ-ς, lat. ōcior). Rapide. Acc. n. adv. vite.

आश्चर्य *āçcarya*. Merveilleux. N. Merveille. S'emploie exclamativement : *āçcaryam* « ô merveille! »

1 **आस्** *ās*. Holà!

* 2 **आस्** *ās*. *ās-te* (ἧσ-ται), pl. *ās-ate*. Etre assis, rester, être. Part. passé *ās-ī-na* et *ās-i-ta*.

ās-ana. N. Siège; tribunal. *dharmāsana* n. (siège de la loi) tribunal.

अधि *adhi*. Habiter (acc.)

उप *upa*. Se soumettre à, endurer.

3 **आस्** *ās* (lat. os). N. Bouche, visage. — *ās-ya* n. mêmes sens. *koṭikāsya* (qui a une bouche de grenouille?) nom propre d'un prince.

आसीत् *āsīt*, v. *as* 1.

आस्पद *āspada* (cf. *pada*). N. Lieu, objet soumis à....

आहो *āho*. Ou (dans une phrase interrogative). Suivi de *svid*, v. ce mot.

इ *i*.

1 **इ** *i* (lat. i-s, ea, i-d). Thème pronominal, 176. Ce, cette; celui-ci, celle-ci, ceci; il, elle. Equivaut souvent à « voici, voilà ». — *i-tara* (lat. iteru-m) autre, autre que; *vāmetara* (autre que le gauche) droit. — *i-tas* d'ici, par ici. — *i-dānīm* maintenant, en cet instant. — *i-ha* ici (sans mouvement et avec mouvement), ici-bas; peut remplacer le locatif du pronom.

* 2 **इ** *i, y, iy, e, ay, āy* (εἶ-μι, ἴ-μεν, lat. eo, imus). *e-ti*, pl. *i-mas*. Parf. *iy-āy-a*. Aller. Avec l'acc. d'un nom abstrait : aller, tomber dans tel ou tel état. Avec *punar* « de nouveau » : revenir. Autre conjugaison sous *parā*.

ay-ana. N. Chemin. *parāyaṇa* n. (refuge suprême), le principal; à la fin d'un composé dérivé, qui a pour chose principale, qui pense surtout à... *maitrāyaṇa* n. (chemin de l'amitié) bon traitement, bienveillance.

अधि *adhi*. (S'emparer de), apprendre, lire. Passif *adhīya-te*.

adhy-āy-a. M. Lecture, chapitre.

उपाधि *upādhi.* (Mêmes sens.)

upādhy-āy-a. M. Maître, précepteur spirituel.

समनु *sam-anu. sam-anv-i-ta* accompagné, doué de.

अभि *abhi.* Aller vers.

अव *ava.* Considérer comme.

समव *sam-ava.* Se réunir.

sam-avāy-a. M. Union.

आ *ā.* Venir.

अभ्या *abhy-ā.* Aller vers, s'approcher de, arriver.

उपा *upā* (*upa* et *ā*). Atteindre, avoir en partage.

समा *sam-ā.* S'unir à, se réunir, arriver.

उद् *ud.* Se lever, s'élever, naître.

उप *upa.* S'approcher, aller vers. Moy. atteindre, avoir en partage.

upāy-a. M. Moyen, ruse.

अभ्युप *abhy-upa.* Aller dans ou vers.

नि *ni.* Entrer dans.

ny-āy-a. M. Règle, loi. — *nyāy-ya* conforme à la loi.

परा *parā.* S'en aller vers. — *palāya-ti* et *-te (palā* pour *parā)* fuir. *palāy-ana* n. fuite.

परि *pari.* Entourer.

विपरि *vi-pari.* Se retourner, se renverser.

vi-pary-aya. M. Contraire. Loc. adv. dans le cas contraire.

प्र *pra.* Mourir. *pre-ta* mort.

prāy-a. M. Règle. *prāyeṇa* instr. adv. ordinairement. — *prāya-ças* ordinairement.

prāy-as. Acc. n. adv. ordinairement.

प्रति *prati.* Avoir confiance. *pratī-ta* confiant. *praty-āy-aya-ti* (causal) faire croire.

praty-ay-a. M. Confiance dans (gén.). *a-pratyaya* m. défiance.

संप्रति *saṃ-prati. saṃ-pratī-ta* confiant, résolu.

saṃ-praty-ay-a. M. Confiance, le fait de croire à.

वि *vi.* Se séparer, se dissiper. *vī-ta* parti, disparu, détruit.

vy-ay-a. M. Dépense.

सम् *sam*. Se réunir à, atteindre, rejoindre (instr.).
sam-ay-a. M. Convention, accord; occasion, temps.

इक्ष्वाकु *ikṣvāku*. M. Nom d'une race de guerriers.

इङ्ग् *iṅg*. *iṅg-a-ti* se mouvoir. *iṅg-i-ta* n. mine, air.

इच्छ् *icch*, fausse racine, v. *iṣ*.

इति *iti* (cf. *i* 1). Ainsi, en ces termes, à savoir. Indique que le mot ou les mots qui précèdent appartiennent au discours direct (le sanscrit ne connaît pas le discours indirect) et équivaut à «fermez les guillemets» (le contexte seul indiquant où il faut les ouvrir). Il termine ainsi, non seulement la reproduction des paroles, mais l'énonciation de la pensée d'une personne autre que celle qui parle. Il peut dépendre, non seulement d'un verbe signifiant «dire», mais d'un verbe quelconque exprimant l'acte qui accompagne ou suit les paroles rapportées dans le discours qui précède : il signifie en ce cas «en disant, en parlant, en appelant, ainsi». Quelquefois les mots précédents expriment le motif, et *iti* peut se traduire «en se disant». Le verbe «être» peut se sous-entendre dans la proposition suivante, à laquelle la phrase terminée par *iti* tient lieu, tantôt de sujet, tantôt d'attribut. *iti* clôt quelquefois une énumération, après laquelle il peut tenir lieu d'un pronom neutre «cela», ou suit un nom propre ou une appellation quelconque, auquel cas il peut se traduire «sous le nom de», ou résume un chapitre, un acte, devant le titre placé à la fin. St. 48, il suit le mot *tathāvidham* qu'il devrait précéder. *iti* se place aussi après une autre particule : *kim iti* «pourquoi donc?»

इत्थम् *ittham*. Ainsi, tellement. S'emploie emphatiquement.

इद् *id*. Particule. Précédé de *ca (ced)*, si.

इदम् *idam*. Nom. acc. neutre d'un thème pronominal, 176. Pour le sens, v. *i*. Subst[t] ce monde. Adv[t] ainsi.

इदानीम् *idānīm*, v. *i* 1.

* इध् *idh* et (avec une nasale empruntée au thème du présent) *indh* (cf. αἴθ-ω, lat. æs-tus pour ædtus). *ind-dhe*. Allumer.

indh-ana. N. Bois à brûler.

सम् *sam*. Allumer.

sam-idh. F. Bois à brûler.

इन्दीवर *indīvara*. N. Lotus bleu.

इन्दु *indu*. M. Lune.

इन्द्र *indra*. M. Nom d'un dieu, roi du ciel appelé *svarga*, roi des dieux. Au figuré, chef, roi. *gajendra, dvipendra*, m. chef d'un troupeau d'éléphants, éléphant roi. *narendra* (chef des hommes) roi. *nāgendra*, m. roi des serpents (mythiques, à face humaine). *mahendra* le grand Indra; ce terme est devenu un autre nom d'Indra. *rājendra* (chef des rois) roi des rois. *surendra* chef des dieux, roi des dieux, Indra lui-même. — *indr-iya* n. (force d'Indra, force) sens, organe de perception ou d'action.

इन्ध् *indh*, v. *idh*.

इभ *ibha*. M. Eléphant.

इम *ima, imā*. Thème pronominal, 176. Pour le sens, v. *i*.

इयम् *iyam*. Nom. f. s., 176, v. *i*.

इव *iva*. Particule enclitique. Comme, pour ainsi dire, en quelque sorte. Après une autre particule : *atīva* au delà de la mesure, extrêmement. Après un interrogatif : donc. *kim iva* comment donc, quoi donc?

* इष् *iṣ, eṣ* (cf. ἰότης pour ἰσ-οτης) et (fausse racine tirée du thème du présent) *icch. icchati, -te*. Désirer, vouloir. Passif *iṣ-ya-te*. *iṣ-ṭa*, désiré, aimé. *yatheṣṭam* (selon le désir) où bon semble. Autres conjugaisons et autres sens, v. sous les préfixes.

icch-ā. F. Désir.

iṣ-u (cf. ἰός pour ἰσ-ος). M. Flèche.

eṣ-in. Désirant.

अनु *anu*. *anv-iṣ-a-ti*. Chercher après, rechercher.

anv-eṣ-in. Qui recherche.

अभि *abhi*. *abhīṣ-ṭa* désiré, aimé, cher.

प्र *pra*. causal *preṣ-aya-ti*, envoyer. *preṣ-ya* (devant ou pouvant être envoyé), f. *ā*. Serviteur, servante.

इष्वास *iṣv-āsa*, v. *as* 2.

इह *iha*. v. *i* 1.

ई *ī*.

ई *ī*. Thème pronominal *i* allongé, dans *ī-dṛça*, sous *darç*.

* ईक्ष् *īkṣ* (racine anomale, cf. *akṣa* 2, lat. oc-ulus). *īkṣ-a-te*. Regarder.

īkṣ-aṇa. N. Œil. *hariṇekṣaṇā* (qui a des yeux de gazelle) f. jolie femme.

īkṣ-i-tar. Qui voit.

अन्तर् *antar*.

antar-īkṣ-a. N. Atmosphère.

अप *apa*. Avoir égard à, considérer.

apekṣ-in. Qui a égard à. — *apekṣi-tā*. Qualité de celui qui a égard à, le fait d'avoir égard à; attente.

अव *ava*. Regarder, considérer, avoir égard à.

निस् *nis*. Regarder.

परि *pari*. Examiner, éprouver.

प्र *pra*. Voir, regarder, considérer.

अनुप्र *anu-pra*. Regarder, voir.

अभिप्र *abhi-pra*. Regarder.

संप्र *saṃ-pra*. Voir.

अभिसंप्र *abhi-saṃ-pra*. Voir.

वि *vi*. Voir, regarder.

अभिवि *abhi-vi*. Voir.

सम् *sam*. Considérer, réfléchir.

* ईच् *īc* v. *ac*.

* ईड् *īḍ*. *īṭ-ṭe*. Louer. *īḍ-ya* digne d'être loué.

ईप्स् *īps*, v. *āp* 1 (désidératif).

* ईर् *īr* (cf. *ar*). *īr-te*. Se mouvoir.

svaira (prob[t] dérivé d'un mot *svera* qui aurait été composé de *sva*, propre, et d'un mot *īr-a*, mouvement). Qui se meut par un mouvement qui lui est propre. Acc. n. adv. de son propre mouvement, librement, sans obstacle.

* ईश् *īç* (cf. allem. eigen). *īṣ-ṭe*. Etre maître, commander.

īç-a. M. Maître.

īç-vara. M. Maître, seigneur; le premier; un riche. *dineçvara, divaseçvara*, m. (maître du jour) soleil. *dhaneçvara* m. (maître des richesses) autre nom du dieu Kuvera. *prāṇeçvara*, m. (maître de la vie) époux; *niçā-prāṇeçvara* m. (époux de la nuit) lune. — *aiçvar-ya* n. souveraineté.

ईह् *īh*. *īh-a-te*. Désirer, s'efforcer de.

सम् *sam*. Mêmes sens.

उ *u*.

उ *u*. Particule, dans *no*, même sens que *na*. Après *kim*, donc.

उग्र *ugra*, v. *vaj*.

* 1 उच् *uc*. *uc-ya-ti* être habitué. *uc-i-ta* habituel, approprié à, convenable.

* 2 उच् *uc*, v. *vac*.

उज्झ् *ujjh*. *ujjh-a-ti*. Abandonner, renoncer à.

उत *uta*. Ou (dans une phrase interrogative). Précédé d'une autre particule : *kim uta* à plus forte raison; *praty uta* au contraire.

उत्कट *utkaṭa* (v. *kaṭa*?). Abondamment doué de.

उत्पल *utpala*. N. Sorte de Nymphéa.

उत्सुक *utsuka*. Mélancolique, éprouvant un désir. *praty-utsuka*, désirant. — *autsuk-ya* n. désir.

1 उद् *ud* (angl. out, allem. aus). Préfixe verbal marquant mouvement de bas en haut (et quelquefois sortie), et particule en composition.

ut-tama. Suprême, extrême, supérieur, le plus grand, le plus beau, très beau. *an-uttama* (qui n'a pas de supérieur), mêmes sens, très haut, très précieux.

ut-tara (ὕσ-τερος). Supérieur, de dessus; qui vient après; en plus. N. Réponse (dans le composé *adharottara*, cf. *adhara*). Subst[t] à la fin d'un composé : ce qui vient après. Ex. : *duḥkhottara* (ayant, comme venant après, la peine, v. 140) suivi de peine. — *uttar-īya* n. vêtement de dessus, voile.

* 2 उद् *ud*, *od* (cf. ὕδ-ωρ, lat. und-a, angl. water, allem. Wasser). *u-na-t-ti*, pl. *u-n-d-anti*. Arroser, mouiller.

ud-aka. N. Eau.

od-ana. M. N. Bouillie.

सम् *sam*.

sam-ud-ra. M. Mer.

* 3 उद् *ud*, v. *vad*.

उदर *udara* (cf. *ud* 1 et ὑσ-τέρα, lat. uterus pour ud-terus?). N. Ventre, intérieur. *vṛkodara* (qui a un ventre de loup) m. surnom de Bhīmasena.

* उप् *up*, v. *vap*.

उप *upa* (ὑπό). Préfixe verbal signifiant vers et particule en composition : sous, auprès. — *upa-tya-kā*, f. région située au pied d'une montagne.

उपरि *upari* (ὑπέρ, angl. over, allem. über). Au-dessus.

उभ *ubha* (cf. ἄμφω, lat. ambo). Tous les deux. Se décline au duel. — *ubha-ya* (se décline au sing. et au pl.) les deux; *ubhaya-tas*, des deux côtés.

उर *ura* pour *uras* dans *ura-ga*, v. *gam*.

उरस् *uras*. N. Poitrine.

* उश् *uç*, v. *vaç*.

* 1 उष् *uṣ*, *oṣ* (εὕω, aor. passif εὕσ-θην, lat. ūr-o, part. us-tus). *oṣ-a-ti*. Brûler.

uṣ-ṇa. Chaud. N. Chaleur.

uṣ-man. M. Chaleur, ardeur.

* 2 उष् *uṣ*, v. *vas* 3.

* उह् *uh*, v. *vah*.

ऊ *ū*.

ऊढ *ūḍha*, v. *vah*.

ऊधर् *ūdhar* (οὖθαρ, lat. über, allem. Euter). N. Mamelle, pis.

ऊन *ūna* (cf. εὔνις). En composition : diminué, diminué d'une unité. Ex. : *ūna-saptati* soixante-neuf.

ऊर्ध्व *ūrdhva* (ὀρθός, lat. arduus). Dressé.

* 1 ऊह् *ūh. ūh-a-ti.* Pousser.

प्रति *prati.* Repousser.

praty-ūh-a. M. Empêchement.

वि *vi.* Séparer, mettre en ordre de bataille.

vy-ūh-a. M. Ordre de bataille, armée rangée en bataille.

सम् *sam.* Réunir.

sam-ūh-a. M. Troupe.

* 2 ऊह् *ūh. ūh-a-ti, -te.* Comprendre.

ūh-a. M. Intelligence. *ūha-vant* intelligent.

ऋ *ṛ.*

ऋक्ष *ṛkṣa* (ἄρκτο-ς, lat. ursus pour urcsu-s). M. Ours.

ऋतु *ṛtu* (v. *ar* et cf. ἀρτύω). M. Saison.

ऋते *ṛte* (cf. *ṛ-ta* de *ar*). Sans (abl.).

ऋषभ *ṛṣabha, ṛṣi,* v. *arṣ.*

ए *e.*

एक *eka.* Un, unique; seul, solitaire; seul et même. L'un (opposé à « l'autre, le second »). *an-eka* plus d'un, (au pl.) plusieurs. *ekaika* un à la fois, un à un; l'un et l'autre.

एण *eṇa.* M. Antilope noire. — *aiṇ-eya* id.

एत *eta,* f. *ā.* Thème pronominal, 173. Ce, cette; celui-ci, celle-ci, ceci; il, elle. — S'emploie après le relatif *ya,* et même après le démonstratif *ta,* par une sorte de pléonasme, ou pour exprimer l'idée de voisinage. Equivaut parfois à « voici ». S'ajoute au pronom de la 1ère ou de la 2e personne, ou même le remplace avec un verbe à la 1ère ou à la 2e personne. — *etā-vant* aussi grand que, tel; peut remplacer *eta.*

एता *etā* pour *eta* dans *etā-dṛça,* v. *darç* (et dans *etāvant*).

* **एध्** *edh. edh-a-te.* Réussir, être heureux.

सम् *sam. sam-edh-i-ta* nourri.

एन *ena,* f. *ā.* Thème pronominal, 171 (n'a que quelques cas). Il, elle.

एभिस् *ebhis.* Instr. pl. du pronom *a,* 176.

एव *eva.* Particule enclitique. Insiste fortement sur le mot précédent : précisément, justement, uniquement, tout-à-fait, même, cependant. Ex. *sa eva* « le même, lui-même, c'est lui qui... »; *jīva eva* « tout vivant » ; *sarva eva* « tous absolument » ; *tathaiva* « de même ». Après un verbe « ne fait que... ». Après un participe ou un gérondif « au moment même où..., immédiatement après avoir... ». Rarement, séparé du mot sur lequel il porte. Après une négation, la renforce. Après *ca* et d'autres particules, à peu près explétif.

एवम् *evam.* Ainsi. (Ne pas le confondre avec le précédent.)

एष *eṣa,* f. *ā.* Thème pronominal, 173. Mêmes sens que *eta.*

एषाम् *eṣām,* v. *a* 1.

ओ *o.*

ओघ *ogha.* M. Multitude, flot.

ओजस् *ojas* (cf. *vaj*). N. Force.

ओषधि *oṣadhi.* F. Plante, simple. *auṣadh-a* n. médicament, remède.

ओष्ठ *oṣṭha.* M. Lèvre supérieure, lèvre.

क् *k.*

क *ka,* f. *ā* (cf. lat. quis, τίς, angl. who, allem. wer). Thème pronominal interrogatif, 175. Qui? Lequel? Suivi de *cid, api,* v. ces mots; de *ca na,* v. *na.* N. *kim* v. à part. *kad,* v. à part; dans *kac cid* v. *cid.* ·*kasmād* abl. adv. pourquoi? comment? — *katham* comment? — *ka-dā* quand?

कक्ष *kakṣa*. M. Broussailles.

कङ्क *kaṅka*. M. Héron.

कङ्कण *kaṅkaṇa*. N. Bracelet.

कच *kaca*. M. Cheveu.

कञ्चुक *kañcuka*. M. Cuirasse, justaucorps, vêtement (au figuré). — — *kañcuk-in* (qui a un justaucorps) m. chambellan.

कट *kaṭa*, côté dans *kaṭākṣa* v. *akṣa*. Cf. aussi *utkaṭa*, *saṃkaṭa*.

कटु *kaṭu*. Acre, amer. — *kaṭu-ka* id. N. Acreté, amertume.

कठिन *kaṭhina*. Dur.

कण *kaṇa*. M. Grain, goutte.

कण्टक *kaṇṭaka*. M. Épine. — *kaṇṭak-i-ta* plein d'épines.

कण्ठ *kaṇṭha*. M. Cou, gorge. *ut-kaṇṭha* (qui lève le cou) mélancolique; *utkaṇṭha-ya-ti* rendre mélancolique, part. passé *utkaṇṭh-i-ta*; *utkaṇṭh-ā* f. mélancolie, désir.

कण्व *kaṇva*. Nom d'un sage ermite, père adoptif de Çakuntalā.

* कत्थ् *katth* (cf. κωτ-ίλος). *katth-a-te* (faire bruit de) se vanter.

वि *vi*. Causal, humilier.

कथम् *katham*, v. *ka*.

कथा *kathā* (primitivᵗ sans doute adv. comment?). F. Discours, récit (le comment d'un évènement), le fait de parler de. — *kathaya-ti* raconter, exposer, dire, parler, appeler. Passif *kath-ya-te*. Part. passé passif *kath-i-ta*. *kath-ana*. N. Récit.

कद् *kad* (v. *ka*) particule péjorative en composition. — Avec *cid*, v. *cid*.

कदम्ब *kadamba*. M. Nom d'arbre.

कदर्य *kadarya*. Avare.

कदली *kadalī*. F. Espèce de bananier.

कनक *kanaka*. N. Or.

कनिष्ठ *kaniṣṭha* (cf. *kanyā*) superlatif : le plus jeune. *a-kaniṣṭha-tā* f. le fait d'être le plus vieux.

कन्था *kanthā* (κέντ-ρων, lat. cent-o, allem. Hader-lumpen). F. Guenille.

कन्दर *kandara*. N. Caverne, ravin.

कन्दर्प *kandarpa*. M. Nom du dieu de l'amour.

कन्दल *kandala*. N. Nom de la fleur de la plante *kandalī*.

कन्दुक *kanduka*. M. Balle à jouer.

कन्या *kanyā*. F. Jeune fille. *deva-kanyā* jeune déesse. *rāja-kanyā* princesse.

कपट *kapaṭa*. M. N. Tromperie.

कपाल *kapāla* (cf. lat. cap-ut). N. Écuelle, crâne, tête. — *kāpāl-ika* m. (qui a pour ornements des crânes) secte particulière de Çivaïtes.

कपोल *kapola*. M. Joue.

* कम् *kam(i)*, *kām* (très fort et faible). Sans présent. Désirer, aimer. — *kān-ta* aimé. F. *ā*. Bien-aimée. *kām-ya* aimable, charmant; *kāmya-ka* m. nom propre d'une forêt.

kān-ti. F. Charme, beauté.

kām-a. M. Désir et chose désirée; amour; l'agréable. Acc. adv. quoique (littéralement « à votre volonté », cf. lat. licet).

kām-in f. *-in-ī*. Amant, amante.

kām-uka. Amoureux.

कमल *kamala*. N. Lotus.

* कम्प् *kamp*. *kamp-a-te*. Trembler. *kamp-i-ta* tremblant.— *kamp-ana*. Qui fait trembler.

अनु *anu* (trembler à la suite) éprouver de la compassion.

anu-kamp-ā. F. Compassion.

anu-kamp-in. Compatissant.

अभि *abhi*. Trembler.

* कर् *kar*, *kār*, *kṛ* ou *kr*, et *skar*, *skṛ* (cf. κρ-αίνω, lat. cr-eo). *karo-ti*, *kuru-te*, 1re pl. act. *kur-mas*, moy. *kur-mahe*. Opt. act. *kur-yā-t*. Parfait *ca-kār-a*, *ca-kr-e*. Aor. 1er 3e s. act. *a-kār-ṣīt*, 2e s. moy. *a-kṛ-thās*. Passif *kr-iya-te*. Faire (dans le sens le plus général). Ex. : *kṛtāstra* (qui a les armes faites) « exercé au maniement des armes »; *padaṃ kurute* (il fait le pied) « il pose le pied ». Avec deux accusatifs : rendre tel. *kṛ-ta* fait; *kṛte* loc. adv. à cause de (gén.); *duṣ-kṛta* n. mauvaise action, péché; *su-kṛta* n. bonne action, bienfait; *kṛta-ka* artificiel, adoptif. *kār-ya* et *kṛ-tya*, devant être fait; n. affaire, dessein, intérêt, ouvrage,

action, devoir, le bien; *a-kṛtya* n. le mal; *kṛtya-vant* qui a une affaire, occupé. En composition avec un thème nominal, 144 : rendre tel. Ex. *navī-kṛta* (rendu nouveau) rajeuni, rafraîchi. Avec *adhas*, mettre en bas, renverser. En composition avec *sat* (v. *as* 1), bien traiter, remplir les devoirs de l'hospitalité envers (acc.); avec *puras, puras-kṛta* (*s* contre 49) «mis en avant», à la fin d'un composé possessif (ayant comme mis en avant, 140) précédé de. Causal : faire faire.

1 *-kar-a*, f. *ī*. Qui fait, qui donne. *kṣemam-kara* (qui fait, qui donne la paix) nom d'un roi. *niçā-kara* (qui fait la nuit) m. lune. *priyam-kara* qui fait ce qui est cher ou agréable. *bhayam-kara* (qui fait peur) m. nom d'homme. *madhu-kara* (qui fait le miel) m. abeille.

2 *-kar-a* en composition avec certaines particules : *duṣ-kara* difficile à faire, difficile.

3 *kar-a*. M. Main, trompe de l'éléphant. Ne pas confondre avec un autre *kara*, v. *kar* 3.

kar-aṇa. N. Action de faire. *svī-karaṇa* action de rendre sien ou sienne, de prendre (pour femme).

kar-tar. Qui fait.

kar-man. N. Œuvre, (particulièrement) sacrifice; action, fait.

1 *-kār-a*. Qui fait; *andha-kāra* (qui rend aveugle). N. Obscurité.

2 *-kār-a* (?) dans *sahakāra*, v. ce mot.

kār-aṇa. N. Cause. *niṣ-kāraṇa* sans cause.

-kār-in, f. *iṇ-ī*. Faisant, produisant. *yuddha-kāri-tva* n. (action de faire le combat) engagement, combat.

1 *-kṛ-t*. Qui fait.

2 *-kṛ-t* en composition avec *sa* : *sa-kṛt* une fois, une seule fois, une fois pour toutes, autrefois.

-kṛ-ti. Dans *aham-kṛti* : égoïsme, sentiment du moi.

kṛ-trima. Artificiel.

kr-iyā. F. Action, œuvre. *dharma-kriyā* (œuvre de devoir) pratique pieuse. *sat-kriyā* (bonne œuvre) vertu.

अधि *adhi*. Préposer, investir d'une charge.

adhi-kāra. M. Charge (s'applique à la royauté).

अनु *anu*. Imiter.

anu-kār-in. Imitateur.

अप *apa*. Offenser (gén.).

apa-kār-a. M. Offense, dommage.

आ *ā*.

ā-kār-a. M. Forme, extérieur. *muktākāra-tā* f. le fait d'avoir la forme d'une perle.

ā-kṛ-ti. F. Forme, extérieur.

अपा *apā* (*apa* et *ā*). Éloigner.

apā-kar-iṣṇu. (Qui éloigne de soi) qui surpasse.

उप *upa*. Servir, obliger.

upa-kār-a. M. Service, action d'obliger.

upa-kār-in. Qui rend service à.

upa-kṛ-ti. F. Action de secourir (gén.); service rendu ou reçu.

upa-skar-a (avec la forme *skar* de la racine). M. Ustensile.

प्र *pra*. Faire, mettre au jour.

pra-kṛ-ti. F. Nature.

प्रति *prati*. Rendre la pareille.

prati-kr-iyā. F. Récompense.

वि *vi*. Changer.

vi-kār-a. M. Changement, jeu de physionomie, maladie.

सम् *sam* (avec la forme *skar* de la racine). Préparer, parer. *saṃ-skṛ-ta* paré, propre.

* 2 कर् *kar(i), kīr, kir* (cf. καλέω). Mentionner, célébrer.

kīr-ti. F. Renommée, gloire. — *kīrt-aya-ti* célébrer, raconter. *anu-kīrt-ana*. N. Publication, récit.

* 3 कर् *kar(i), kīr, kir, kul. kir-a-ti*. Arroser, couvrir, remplir. Passif *kīr-ya-te*. Part. passé passif *kīr-ṇa*.

kar-a. M. Impôt, tribut. Ne pas confondre avec *kara* de *kar* 1.

kir-aṇa. M. Rayon.

अनु *anu*. *anu-kīr-ṇa* rempli de.

आ *ā*. *ā-kīr-ṇa* rempli de.

ā-kar-a. M. Mine.

ā-kul-a. Troublé. Acc. n. adv. avec trouble.

पर्या *pary-ā*.

pary-ā-kul-a. Troublé.

व्या *vy-ā*.

vy-ā-kul-a. Excité, agité, troublé.

नि *ni*.

ni-kar-a. M. Grande quantité, multitude.

सम् *sam*. Mêler.

saṃ-kul-a. Troublé, en déroute.

करण्ड *karaṇḍa*. N. Panier, corbeille.

करुण *karuṇa*. Lamentable. *karuṇā* f. compassion.

कर्कटक *karkaṭaka*, f. *ī* (cf. καρκ-ίνος). Écrevisse, mâle et femelle.

कर्ण *karṇa*. M. Oreille; gouvernail. — *ā-karṇa-ya-ti* écouter (gén.).

* कर्त् *kart*, *kṛt*. *kṛnt-a-ti*. Couper.

नि *ni*. Id.

निस् *nis*. Id.

वि *vi*. Id.

* कर्ष् *karṣ*, *kṛṣ*. *karṣ-a-ti*. Entraîner. Causal, tourmenter.

अप *apa*. *apa-kṛṣ-ṭa* vil.

आ *ā*. Attirer, séduire; amener à soi (la flèche posée sur la corde de l'arc).

परि *pari*. Entraîner.

वि *vi*. Id.

कलङ्क *kalaṅka* (cf. κελαινός). M. Tache. *kalaṅka-ya-ti* tacher.

कलत्र *kalatra*. N. Épouse.

कलह *kalaha*. M. Querelle.

कला *kalā*. F. Petite partie d'un tout. *sa-kala* (qui a toutes les parties) entier.

* कल्प् *kalp*, *kḷp*. *kalp-a-te*. Aider à, procurer, être bon pour (dat.).

kalp-a. M. Règle, procédé, moyen; la durée d'une existence du monde dans le système cosmologique des Hindous, ex. : *kalpānta* la fin du monde actuellement existant. A la fin d'un composé possessif, (suivant la règle de) semblable à.

kalp-anā. Supposition, invention.

कल्याण *kalyāṇa*, f. *ī* (cf. καλός). Beau, excellent, heureux. Terme de politesse pour désigner, soit (au vocatif) la personne à qui on s'adresse, soit une personne absente dont on parle. N. Le bien, le bonheur.

कवच *kavaca.* M. N. Cuirasse.

कवल *kavala.* M. Bouchée. *kavala-ya-ti* avaler.

कवि *kavi.* M. Poète. *su-kavi-tā* f. talent poétique.

* कष् *kaṣ. kaṣ-a-ti.* Frotter, gratter.

-kaṣ-a. Qui gratte. *kūlaṃ-kaṣa,* f. *ā,* qui entraîne (littéralement : qui gratte) sa rive (épithète d'un torrent).

कष्ट *kaṣṭa.* Mauvais. N. Mal, misère.

* कस् *kas. kas-a-ti.* (Simple inusité.)

वि *vi.* S'ouvrir. *vi-kas-i-ta* épanoui.

का *kā* (cf. *ka*). Particule péjorative en composition.

काक *kāka.* M. Corneille.

काकोल *kākola.* M. Corbeau.

* काङ्क्ष् *kāṅkṣ. kāṅkṣ-a-te.* Désirer.

काच *kāca.* M. Verre.

काञ्चन *kāñcana.* N. Or. Adjectif : d'or.

कातर *kātara.* Timide, qui n'ose pas (infinitif).

कान्तार *kāntāra.* M. N. Forêt épaisse.

काय *kāya.* M. Corps.

1 काल *kāla* (cf. *kalaṅka,* κελαινός). Noir. *kālī* f. autre nom de Durgā, épouse de Çiva, déesse de la destruction.

2 काल *kāla.* M. Temps, occasion; destin, mort; le destin ou la mort personnifiée. *kāle* loc. adv. à propos.

* काश् *kāç. kāç-a-te.* Briller, paraître.

-kāç-a. Dans *sa-kāç-a,* acc. et loc. adv. *sakāçam, sakāçe,* en présence de (avec et sans mouv[t]); abl. *sakāçād* de la part de, de.

अव *ava.*

ava-kāç-a. M. Occasion.

आ *ā.*

ā-kāç-a. N. Espace libre, air, éther.

प्र *pra.* Causal : dévoiler, faire connaître.

pra-kāç-a. Acc. adv. *prakāçam* ouvertement, haut (indication scénique).

काष्ठ *kāṣṭha*. N. Morceau de bois.

किङ्किणि *kiṅkiṇi*. F. Clochette.

कितव *kitava*. M. Joueur, trompeur. — *kaitav-a* n. tromperie.

किम् *kim*. Nom. acc. n. s. et forme usitée en composition du thème pronominal interrogatif, 175, v. *ka*. Adv[t] comment, pourquoi, est-ce que? eh quoi! Avec l'instrumental ou le gérondif, à quoi bon? Précédé de *atha :* certainement, oui. Suivi de *tu, punar,* v. ces mots.

किरीट *kirīṭa*. N. Diadème. — *kirīṭ-in,* portant un diadème; m. surnom d'Arjuna.

किल *kila*. Certes, comme on dit, comme on sait, apparemment.

किल्बिष *kilbiṣa*. N. Faute, péché, offense.

किसलय *kisalaya*. N. Jeune pousse.

की *kī*. Forme du thème du pronom interrogatif (cf. *kim*) en composition avec *-dṛça,* v. *darç.*

कीर्तय *kīrtaya*. Thème d'un verbe dénominatif, v. *kīrti* sous *kar* 2.

कु *ku*. Forme du thème du pronom interrogatif (cf. *ka*), employée comme particule péjorative en composition, et servant de base aux dérivés suivants. — *ku-tas,* d'où, comment, pourquoi? Sert à introduire un exemple comme confirmation de ce qui précède. — *ku-tra,* où?

कुक्कुर *kukkura*. M. Chien.

कुङ्कुम *kuṅkuma*. N. Safran, poudre de safran.

* कुच् *kuc, koc, kuñc-a-te*. Se contracter, se resserrer. *kuñc-i-ta* (de la fausse racine *kuñc*), contracté, resserré.

सम् *sam*. Se resserrer.

saṃ-koc-a. M. Action de se resserrer.

कुञ्च् *kuñc,* fausse racine, v. *kuc*.

कुञ्जर *kuñjara*. M. Eléphant; nom d'homme.

* कुट् *kuṭ, kuṭ-a-ti*. Se courber.

kuṭ-ila. Arqué, tortueux.

-kuṭ-ī. Dans le composé *bhru-kuṭī* (*bhru* pour *bhrū*), f. froncement des sourcils.

कुटुम्ब *kuṭumba*. N. Famille. — *kuṭumbaka,* id.

कुठार *kuṭhāra*. M. Hache. — *kuṭhāra-ka*, f. *ikā*, petite hache.

कुण्डल *kuṇḍala*. N. Anneau, (particulièrement) boucle d'oreille. — *kuṇḍal-in* qui a des boucles d'oreille.

कुन्ती *kuntī*. F. Nom de la mère des trois premiers Pāṇḍavas, appelée aussi Pṛthā.

कुन्द *kunda*. M. Jasmin.

* कुप् *kup*, *kup-ya-ti* (lat. cupio). S'irriter, être irrité.

kop-a. M. Colère.

kop-in. Qui s'irrite, irascible.

प्र *pra*. Causal : irriter.

कुमुद *kumuda*. N. Nénufar fleurissant la nuit. — *kaumud-ī*, f. clair de lune.

कुम्भ *kumbha* (κύμβο-ς). M. Pot, urne, cruche; bosse (du front de l'éléphant).

कुरङ्ग *kuraṅga*. M. Antilope. *kuraṅgāya-te* devenir une antilope.

1 कुरु *kuru*. Nom d'homme. Au pl. les membres de la famille de Kuru. — *kaurav-a* et *kaurav-ya*, descendant de Kuru.

2 कुरु *kuru*, thème faible du présent de *kar* 1.

* कुल् *kul*, v. *kar* 3.

कुल *kula* (cf. *kul*). N. Famille, race; noblesse. *ut-kula*, rejeté de sa famille, qui la déshonore, dégénéré. — *kul-īna*, noble.

कुलाल *kulāla*. M. Potier.

कुलिन्द *kulinda*. M. Nom de peuple.

कुशल *kuçala*. Prospère, en bonne santé; convenable pour (gén.). N. Prospérité, bonne santé. Ex. : *kuçalaṃ te* « comment te portes-tu? » — *kuçal-in* qui a la prospérité, la bonne santé.

कुसुम *kusuma*. N. Fleur.

1 कूट *kūṭa*. M. N. Pointe, sommet.

2 कूट *kūṭa*. Trompeur.

कूप *kūpa* (cf. κύπη). M. Puits. *kūpāya-te* devenir un puits.

कूर्म *kūrma*. M. Tortue. — *kaurm-a*, de tortue.

कूल *kūla*. N. (Penchant) rive. *anu-kūla*, conforme, agréable. *prati-kūla*, contraire, désagréable.

कृच्छ्र *kṛcchra*. Difficile, fâcheux. N. Difficulté, besoin, danger.

कृत्स्न *kṛtsna*. Tout, entier.

* कृप् *kṛp*, v. *krap*.

कृष्ण *kṛṣṇa*. Noir. M. Nom d'un héros, compagnon d'Arjuna, et identifié au dieu Viṣṇu. Le duel *kṛṣṇau* désigne Kṛṣṇa et Arjuna. *kṛṣṇā*, f. autre nom de Draupadī.

केकय *kekaya*. M. Nom d'une race de guerriers.

केतन *ketana* (cf. *cit*). N. Enseigne, étendard. *jhaṣa-ketana, makara-ketana*, (qui a pour étendard un poisson, un monstre marin), m. nom du dieu de l'amour.

केवल *kevala*. Seul. Acc. n. adv. Seulement, uniquement, entièrement.

केश *keça* (cf. *kesara*). M. Cheveu. *guḍā-keça* (qui a les cheveux en balle?), surnom d'Arjuna. *su-keça*, f. *ī*, qui a de beaux cheveux.

केसर *kesara* (cf. lat. cæsaries). N. Crinière; poil (?); étamine.

कोटिक *koṭika*. M. Grenouille; nom d'homme, le même que *koṭikāsya*, v. *āsya* sous *ās* 2.

कोश *koça*. M. Trésor; cocon. — *kauç-ika*, fait de soie.

क्रतु *kratu*. M. Sacrifice. *çata-kratu* (aux cent sacrifices), m. nom du dieu Indra.

* क्रप् *krap*, *kṛp* (cf. lat. crepo). *kṛp-a-te*. Se lamenter.

kṛp-aṇa, f. *ā*. (Qui se plaint.) Malheureux, misérable. Acc. n. adv. d'une façon lamentable. M. Avare.

kṛp-ā. F. Compassion.

क्रम् *kram(i)*, *krām*. *krām-a-ti*. Marcher sur (acc.). Part. pas. *krān-ta*.

kram-a. M. Marche, ordre. Instr. adv. *krameṇa*, successivement. *eka-krameṇa*, solitairement, entre soi.

अप *apa*. S'écarter de.

आ *ā*. S'approcher; fouler aux pieds, peser sur (acc.). *ā-krān-ta*, atteint, marqué de, opprimé par.

निस् *nis*. Sortir.

परा *parā*. Déployer toute son activité dans (loc.).

parā-kram-a. M. Héroïsme.

परि *pari.* Se promener (sur la scène; convention pour donner l'idée d'un changement de lieu).

प्रति *prati.* S'en retourner.

वि *vi.* Montrer du courage.

vi-kram-a. M. Héroïsme.

* क्री *krī. krī-ṇā-ti.* Acheter.

वि *vi.* Vendre.

* क्रीड् *krīḍ. krīḍ-a-ti.* Jouer.

krīḍ-ā. F. Jeu.

* क्रुध् *krudh, krodh. krudh-ya-ti.* S'irriter, être irrité. *krud-dha.*

krudh. F. Colère.

krodh-a. M. Colère.

सम् *sam.* Être irrité.

* क्रुश् *kruç, kroç. kroç-a-ti.* Crier.

kroç-a. M. Cri; portée de la voix (mesure de distance).

kroṣ-ṭar. Crieur. M. Chacal.

प्र *pra.* Appeler en criant.

वि *vi.* Crier, appeler en criant.

क्रूर *krūra* (cf. κρυερός, lat. crū-delis). Cruel, effrayant. Acc. n. adv. d'une façon effrayante.

* क्लिश् *kliç, kleç. kliç-nā-ti.* Tourmenter. Passif *kliç-ya-te,* souffrir, éprouver du dommage. Part. passé *kliṣ-ṭa. ā-kliṣ-ṭa,* qui a souffert une légère atteinte.

kleç-a. M. Tourment, difficulté.

परि *pari.* Tourmenter.

pari-kleṣ-ṭar. Qui tourmente (gén.).

क्व *kva* (cf. *kù*). Où? (avec ou sans mouvement). Équivaut au locatif du pronom interrogatif. *kva cid :* quelque part, quelquefois; (répété) tantôt, tantôt. *na kva cid,* nulle part, jamais.

क्षण *kṣaṇa.* M. Instant. *kṣaṇam,* un instant; *kṣaṇena, kṣaṇāt,* en un instant. *tat-kṣaṇam, tat-kṣaṇāt,* en cet instant, à l'instant. *kṣāṇa-dā,* v. *dā.* — *kṣaṇ-ika,* qui ne dure qu'un instant.

क्षत्र *kṣatra* (cf. κτάομαι et v. *kṣi* 1). N. Domination; caste des guerriers; un membre de cette caste. *vṛddha-kṣatra* (dont la domination est grande ou prospère). M. Nom d'homme; *vārd-dhakṣatr-i,* m., nom (patronymique) de Jayadratha. — *kṣatr-iya,* membre de la caste guerrière, guerrier.

* क्षम् *kṣam(i), kṣām. kṣam-a-te.* Être patient, supporter. Part. passé *kṣān-ta.*

kṣam-a. Capable d'endurer, capable de; supportable.

kṣam-ā. F. Indulgence, patience.

kṣāṇ-ti. F. Id.

* क्षर् *kṣar* (cf. φθείρω). *kṣar-a-ti.* Couler, s'écouler, se perdre.

-kṣar-a. Dans *a-kṣara* (qui ne s'écoule pas, éternel), n. son, syllabe; parole. *an-akṣara,* muet; qui ne sait pas parler.

* 1 क्षि *kṣi, kṣe, kṣay* (cf. κτί-ζω). *kṣe-ti.* Habiter.

kṣay-a. M. Séjour. Ne pas confondre avec *kṣaya* de *kṣi* 2.

kṣi-ti (κτί-σι-ς). F. Terre. *kṣiti-pa,* v. *pā.*

kṣe-tra. N. Sol, champ; épouse. — *kṣetr-iya,* m. (homme) adultère.

kṣe-ma. M. N. Paix.

* 2 क्षि *kṣi, kṣī, kṣay* (cf. φθίω, φθίνω). *kṣi-ṇā-ti.* Détruire, diminuer. Passif *kṣī-ya-te.* Part. passé passif *kṣī-ṇa.*

kṣay-a. M. Diminution, ruine, perte. Ne pas confondre avec *kṣaya* de *kṣi* 1. — *kṣay-in,* f. *iṇ-ī,* périssable, diminuant.

समू *sam.* Passif : diminuer, périr.

saṃ-kṣay-a. M. Destruction, ruine.

* क्षिप् *kṣip, kṣep. kṣip-a-ti.* Jeter, précipiter dans (deux acc.), atteindre (avec un trait).

kṣip-ra. Rapide. Acc. n. adv. rapidement.

kṣep-a. M. Jet. *kāla-kṣepa* (perte de temps) m. retard.

अधि *adhi.* Insulter.

अव *ava.* Rejeter, mépriser.

ava-kṣep-a. M. Mépris.

समव *sam-ava.* Repousser avec force.

आ *ā.* Rejeter, mépriser. Causal : faire verser, renverser.

समा *sam-ā.* Repousser avec force.

उद् *ud.* Jeter en l'air.

ut-kṣep-a. M. Action de jeter en l'air, de lever.

नि *ni.* Déposer dans, donner.

वि *vi.* Tendre (la corde de l'arc).

सम् *sam.* Resserrer.

saṃ-kṣep-a. M. Résumé. Abl. adv. *saṃkṣepād,* en résumé.

क्षी *kṣī,* v. *kṣi* 2.

क्षीर *kṣīra* (cf. *kṣar*). N. Lait.

क्षुद्र *kṣudra.* Petit, bas, vil, mauvais. N. Quelque chose de petit, etc.

* क्षुध् *kṣudh, kṣodh. kṣudh-ya-ti.* Avoir faim. *kṣudh-i-ta,* affamé.

kṣudh. F. Faim.

kṣudh-ā. F. Id.

* क्षुभ् *kṣubh, kṣobh* (cf. allem. schieben). *kṣubh-ya-ti,* être agité, trembler.

kṣobh-a. M. Trouble.

वि *vi.* Causal : troubler, mettre en déroute.

क्षुर *kṣura* (ξυρό-ς). M. Cimeterre.

क्ष्मा *kṣmā* (cf. χθών). F. Terre.

ख् *kh.*

ख *kha.* N. Moyeu d'une roue. *duḥ-kha* (dont l'essieu tourne difficilement dans le moyeu), difficile; n. malheur, mal, souffrance, peine, douleur; *duḥkh-i-ta,* affligé, abattu. *su-kha,* facile, agréable; acc. adv. à l'aise, tranquillement, facilement; n. bonheur, plaisir; *a-sukha,* n. chagrin; *sukha-tara-m* comparatif acc. n. adv. plus facilement; *sukh-i-ta, sukh-in,* heureux; *saukh-ya,* n. bonheur.

खड्ग *khaḍga.* M. Épée, glaive.

खण्ड *khaṇḍa.* M. N. Lacune, brisure, morceau. *khaṇḍa-ya-ti,* briser, mettre en morceaux; avec *pari,* même sens; *pari-khaṇḍ-ana,* n. destruction, perte.

खन् *khan(i), khā* (cf. lat. can-alis). *khan-a-ti.* Creuser. Part. passé *khā-ta.*

khan-ana. N. Action de creuser.

नि *ni.* Enfouir, enfoncer.

खल *khala.* Méchant.

खलु *khalu*. Certes, en vérité, voilà que... Renforce la négation *na*.

खल्वाट *khalvāṭa* (cf. lat. calv-us). Chauve.

खाण्डव *khāṇḍava,* dans le composé *khāṇḍava-prastha,* v. *sthā*.

* **खाद्** *khād* (cf. χήδω). *khād-a-ti*. Manger, dévorer.

khād-i-tar. Qui dévore.

* **खिद्** *khid, khed. khid-ya-ti, -te*. Se fatiguer. Part. passé *khin-na*.

khed-a. M. Fatigue.

परि *pari*. Se sentir fatigué. *pari-khinna*. fatigué.

खिल *khila*. M. Lacune. — *a-khila* (sans lacune), pl. tous.

खुर *khura*. M. Sabot (d'un cheval).

* **ख्या** *khyā. khyā-ti*. Regarder, voir. Causal *khyā-p-aya-ti,* faire connaître, dire.

आ *ā*. Dire, faire connaître.

ā-khyā. F. Nom.

प्रत्या *praty-ā*. Repousser.

praty-ā-khyāna. N. Action de repousser, répudiation.

सम् *sam*.

saṃ-khya. N. Combat.

ग् *g*.

गगन *gagána*. N. Ciel.

गङ्गा *gaṅgā*. F. Gange (rivière).

गज *gaja*. M. Éléphant.

गण *gaṇa*. M. Troupe, multitude. — *gaṇa-ya-ti,* compter, imputer quelque chose (acc.) à quelqu'un (loc.); *gaṇ-anā,* f. calcul.

* **गद्** *gad. gad-a-ti*. Parler, dire.

गदा *gadā*. F. Massue.

गन्ध *gandha*. M. Odeur, parfum. *sa-gandha* (qui a la même odeur), semblable, parent.

गन्धार *gandhāra*. M. Nom de peuple. *gāndhāra,* individu de ce peuple; f. *gāndhārī,* nom de l'épouse de Dhṛtarāṣṭra, tante des Pāṇḍavas.

* **गम्** *gam, gām, gm* et *ga* (cf. *gā,* allem. kommen, lat. venio, βαίνω).

ga-ccha-ti (βά-σκω). Aller, aller dans; s'en aller, partir; passer (du temps); encourir; atteindre. Avec un acc. abstrait « tomber dans, en venir à tel ou tel état », par ex. avec *moham* « s'évanouir ». Fut. *gam-i-ṣya-ti;* aor. 2 *a-gam-a-t. ga-ta,* qui est allé, qui est dans, qui va jusqu'à (acc.), parti; perdu; passé, ou qui passe (du temps); n. action d'aller, de partir. *ātma-gatam* et *sva-gatam* acc. adv. à part soi, à part; *dur-gata,* qui est dans le besoin, pauvre. *gam-ya,* dans *a-gamya,* impénétrable, inaccessible. Inf. *gan-tum.* Causal *gam-aya-ti,* faire aller.

1 *-ga.* Qui va, qui est dans. *adhvara-ga,* destiné au sacrifice. *ura-ga* (qui va sur la poitrine), m. serpent; serpent mythique (race de demi-dieux). *taraṃ-ga* (qui va en flottant), m. vague. *turaṃ-ga* (qui va rapidement), m. cheval. *pataṃ-ga* (qui vole), m. oiseau. *vaça-ga,* soumis à la volonté de, dépendant de. *viha-ga* (qui va dans l'air), m. oiseau.

2 *-ga* dans certains composés. *uṣṇa-ga,* m. pl. la saison chaude. *dur-ga,* n. chemin difficile, lieu difficile à aborder, forteresse. *svar-ga,* m. ciel (d'Indra).

ga-ti. F. Marche; démarche, allure; refuge, moyen; situation (dans une vie future), destinée.

-gam-a. Qui va. *puro-gama,* qui va devant, premier; à la fin d'un composé dérivé (140), ayant pour premier, précédé de.

gam-ana. N. Action d'aller, de partir.

-gām-in. Qui va.

ja-ga-t (mobile). (Le monde mobile), le monde.

अधि *adhi.* Atteindre, comprendre. *adhi-ga-ta,* n. action de comprendre. Gérondif *adhi-ga-tya* et *adhi-gam-ya.*

अनु *anu.* Suivre.

anu-ga. Qui suit.

अन्तर् *antar. antar-ga-ta,* qui est à l'intérieur, intime.

व्यप *vy-apa.* S'éloigner, se dissiper.

अभि *abhi.* Aller vers, s'approcher de.

अव *ava.* Comprendre, apprendre.

आ *ā*. Venir, arriver à ou dans; avoir recours à; tomber dans, encourir. *ā-ga-ta,* part. passé; n. action d'arriver.

ā-gam-a. M. Arrivée, acquisition. *dhanāgama* (arrivée de richesse), revenu.

ā-gam-ana. N. Arrivée.

प्रत्या *praty-ā*. Revenir.

समा *sam-ā*. Se réunir, être réuni à (instr.).

उद् *ud*. S'élever, paraître.

ud-gam-a. M. Apparition, production.

उप *upa*. S'approcher, arriver dans, tomber dans.

अभ्युप *abhy-upa*. Accorder, admettre.

वि *vi*. *vi-ga-ta*. Parti, absent.

सम् *sam*. *saṃ-ga-ta*. N. Union.

saṃ-gam-a. M. Union.

* 1 गर् *gar(ī), gīr, gir* (cf. γῆρυς, lat. garrio). *gṛ-ṇā-ti, gṛ-ṇ-ī-te*. Appeler, célébrer.

gir. F. Parole.

सम् *sam*.

saṃ-gar-a. M. Combat.

* 2 गर् *gar(i), gīr, gir* (cf. βορά, lat. voro). *gir-a-ti*. Avaler.

* 3 गर् *gar, gr* (cf. ἔ-γρ-ετο). Intensif *jā-gar-ti,* veiller. Part. prés. *jā-gr-at*.

प्र *pra*. *pra-jāgar-a*. M. Veille, privation de sommeil.

* 4 गर् *gar(ī), gir, gur*. (Être lourd.)

garī-yaṃs, comparatif de *gur-u* (ci-après).

gir-i. M. Montagne. *hima-giri* (montagne de neige), m. un des noms de l'Himālaya.

gur-u, f. *gurv-ī* (βαρύ-ς, lat. grav-is). Lourd, respectable, important, grand; au comparatif, plus cher. M. Personne respectable telle que le père, la mère, le précepteur spirituel. Au pluriel, pour désigner une seule personne, par respect. *guru-lāghava,* v. *laghu*. — *guru-tva* et *gaurav-a*, n. respectabilité, dignité.

गर्त *garta*. M. N. Fosse. *tri-garta,* m. nom de peuple; homme ou prince de ce peuple.

* गर्ध् *gardh, gṛdh. gṛdh-ya-ti.* Désirer, être avide.

gṛdh-ra. Avide. M. Vautour.

गर्भ *garbha* (βρέφο-ς, cf. δελφύ-ς, et v. *grah*). M. Fœtus; matrice.

* गल् *gal* (allem. quellen, cf. βάλλω). *gal-a-ti.* Dégoutter, tomber, s'évanouir. Part. passé *gal-i-ta.*

वि *vi. vi-gal-i-ta.* Évanoui, perdu.

* गल्भ् *galbh. galbh-a-te.* (Être résolu.)

प्र *pra.* Id.

pra-galbh-a. Résolu. *a-pragalbha,* timide.

गव *gava,* v. *go.*

गवय *gavaya,* v. *go.*

* गह् *gah,* v. *gāh.*

* 1 गा *gā* (cf. *gam*). Aor. *a-gā-t* (ἔ-βη). Aller.

gā-tra. N. Membre. *su-gātra,* f. *ī,* qui a de beaux membres.

अति *ati.* Passer (du temps).

* 2 गा *gā, gī. gā-ya-ti.* Chanter. *gī-ta,* n. chant; *gīta-ka,* n. chant, chanson; *gītikā,* f. même sens.

gī-ti. F. Chant, chanson.

सम् *sam. saṃ-gī-ta,* n. concert, chant.

गाण्डीव *gāṇḍīva.* M. N. Nom de l'arc d'Arjuna.

गाध *gādha* (cf. lat. vadum). Où on a pied; n. gué. *a-gādha* où on n'a pas pied, profond; *agādha-tā,* f. profondeur.

गावस् *gāvas,* nom. pl. *go,* v. ce mot.

* गाह् *gāh, gah. gāh-a-te.* Se plonger dans. Part. passé *gāḍha.*

gah-ana. Profond, difficile, dont on ne peut se tirer.

अव *ava.* Se plonger dans, traverser.

वि *vi.* Se plonger dans.

गुड *guḍa.* Balle. Avec allongement dans *guḍā-keça.*

गुण *guṇa.* M. Qualité; corde. *a-guṇa,* m. mauvaise qualité. *mālya-guṇa,* m. corde, lien d'une couronne; *mālyaguṇāya-te,* devenir un lien de couronne. *su-guṇ-in,* qui a de belles qualités. — *guṇa-vant, guṇ-in,* qui a des qualités, du mérite.

* गुण्ठ् *gunṭh. gunṭh-aya-ti.* Envelopper, couvrir.

अव *ava.* Id.

ava-gunṭh-ana. N. Voile. — *avagunṭhana-vant,* f. *-vat-ī,* voilé.

* गुप् *gup,* fausse racine, v. *gopa,* sous *pā.*

गो *go* (βοῦς, lat. bos, allem. Kuh, angl. cow). Nom. s. *gaus,* gén. *gos,* nom. pl. *gāvas.* Vache, bœuf. *go-cara, go-tra, go-pa, go-ṣṭha,* v. *car, trā, pā, sthā.* — *gav-a* dans *puṃ-gava,* taureau, plus généralement mâle, au figuré héros.— *gav-aya,* m. bœuf gavæus.

गोतम *gotama* (cf. *go*). Nom d'un ancien sage. — *gautam-a,* descendant de *gotama; gautam-ī,* f. nom de l'épouse de Kaṇva, mère adoptive de Çakuntalā.

गौर *gaura.* Jaune, brillant.

* ग्रन्थ् *granth, grath(ī). grath-nā-ti, grath-n-ī-te.* Attacher, lier.

granth-a. M. Composition, ouvrage littéraire.

granth-i. M. Nœud.

* ग्रस् *gras* (cf. *gar* 2). *gras-a-te.* Dévorer, engloutir.

* ग्रह् *grah(ī), grāh, gṛh(ī). gṛh-ṇā-ti, gṛh-ṇ-ī-te.* Impér. 2e s. *gṛhāṇa.* Prendre, recevoir, saisir, comprendre. *grāh-ya,* qui doit être reçu; qui peut être saisi. Désidératif *ji-ghṛk-ṣ-a-ti, -te.*

1 *-grāh-a.* Qui prend. *pāṇi-grāha* (qui prend la main, l'un des rites du mariage), m. époux.

2 *grāh-a.* M. Crocodile.

gṛh-a. M. (N. st. 91, 171). Maison, demeure, appartement, chambre. *dhārā-gṛha,* n. (maison à gouttes) maison de douches, de bains.

अनु *anu.* Favoriser.

anu-grah-a. M. Faveur.

नि *ni.* Refréner, retenir.

ni-grah-a. M. Action de refréner; punition.

संनि *saṃ-ni.* Dompter; arrêter.

परि *pari.* Prendre; prendre pour femme.

pari-graha. M. Action de prendre, d'accepter; mariage; épouse.

प्र *pra.* Saisir.

प्रति *prati.* Recevoir, accepter. Causal : faire prendre, donner, rendre.

वि *vi*. Saisir.

सम् *sam*. Prendre ensemble, ramener (un voile).

saṃ-grāh-in. Qui rassemble, qui possède à la fois.

ग्राम *grāma* (cf. ἀ-γορ-ά). M. Lieu habité, village, foule. *indriya-grāma*, m. l'ensemble des sens. *saṃ-grāma*, m. combat.

ग्रीष्म *grīṣma*. M. Saison chaude, été.

घ् *gh*.

* घ *gha*, v. *han*.

* घट् *ghaṭ*, *ghāṭ*. *ghaṭ-a-te*. S'occuper, travailler.

ghaṭ-aka. Qui travaille, qui se donne de la peine.

उद् *ud*. S'ouvrir. Causal : ouvrir.

ud-ghāṭ-a. M. Action d'ouvrir, de montrer.

घट *ghaṭa*. M. Cruche, urne.

घण्टा *ghaṇṭā*. F. Grelot.

घन *ghana* (cf. *han*). Épais. M. Nuage.

* घर् *ghar*. *ji-ghar-ti*. (Brûler.)

ghar-ma (θερμό-ς, lat. formu-s, allem. warm). M. Chaleur brûlante.

ghṛ-ṇā. F. (Proprement chaleur.) Compassion. *nir-ghṛṇa*, qui est sans pitié, cruel; *nirghṛṇa-tā*, f. cruauté. — *ghṛṇ-in*, compatissant.

* घा *ghā* (cf. *han*). (Frapper.) *ghā-ta*, m. coup, action de tuer; *ghāt-in*, tuant, meurtrier de.

आ *ā* (Frapper.) *ā-ghā-ta*, m. coup, action de tuer, de détruire.

* घान् *ghān*, v. *han*.

* घुष् *ghuṣ*. *ghoṣ-a-ti*. Retentir.

ghoṣ-a. M. Bruit.

उप *upa*. *upa-ghuṣ-ṭa*, retentissant.

घोणा *ghoṇā*. F. Nez.

घोर *ghora*. Terrible.

* घ्न् *ghn*, v. *han*.

* घ्रा *ghrā*. *ghrā-ti*, etc. Sentir par l'odorat.

च् c.

च *ca*, (τε, lat. que). Et (enclitique, d'ordinaire immédiatement après le second des deux termes, ou après le premier mot de la seconde des propositions qu'il unit, quelquefois plus loin; rarement, entre les deux mots qu'il unit). Se répète dans plusieurs propositions ou avec plusieurs termes successifs. Tout à fait exceptionnellement « si » ou « précisément, uniquement » (remplaçant *eva*). *api ca* même. *tathā ca* et. *na ca* (lat. neque) et ne . . . pas. Suivi de *na*, v. *na*.

चकित *cakita*. Tremblant, craignant.

चक्र *cakra* (κύκλο-ς). N. Roue; la roue du souverain, symbole de la souveraineté; armée. *cakra-vartin*, v. *-vartin*, sous *vart*.

* चक्ष् *cakṣ*. *caṣ-ṭe*. Impér. 2e s. *cakṣva*. Voir, dire, parler de (acc.). Part. passé *caṣ-ṭa*. Infinitif *caṣ-ṭum*.

cakṣ-us. N. Œil.

आ *ā*. Dire. प्रत्या *praty-ā*. Repousser. समा *sam-ā*. Dire.

प्र *pra*. Dire, déclarer.

वि *vi*. Voir clairement.

vi-cakṣ-aṇa, f. *ā*. Intelligent, prudent, avisé.

चण्ड *caṇḍa*. Violent. *pra-caṇḍa*. Très violent, très irrité.

चण्डाल *caṇḍāla*. M. Nom de la plus vile des castes, *caṇḍāla*. — *cāṇḍāl-a*, même sens.

चतसृ् *catasṛ*. Thème féminin du nom de nombre quatre. Nom. et acc. pl. *catasr-as*.

चतुर् *catur*, v. *catvār*.

चतुर *catura*. Habile. — *cātur-ya*, n. habileté, coquetterie.

चत्वार् *catvār* (lat. quatuor, τέτταρες), thème fort, *catur*, thème faible, m. et n., du nom de nombre quatre. Nom. m. pl. *catvāras*, acc. *caturas*.

* चन्द् *cand*. (lat. cand-eo). *cand-a-ti*. (Briller.)

cand-ra. (Brillant) m. lune. *ardha-candra*, m. (demi-lune) flèche dont la pointe est en forme de demi-lune. — *candr-ikā*, f. clair de lune.

चन्दन *candana*. M. N. Arbre de santal, bois de santal.

चपल *capala* (cf. *kamp*). Mobile, instable. — *cāpal-a*, n. légèreté.

* **चर्** *car* (cf. -κόλος, -πόλος dans βου-κόλος, αἰ-πόλος). *car-a-ti, -te.* Aller, parcourir, suivre (un chemin); se mettre à, se livrer à, faire, accomplir, agir. *car-i-ta* n. (s. et pl.) conduite, l'ensemble des actes; *su-carita,* n. bonne œuvre, bonne conduite. *car-ya,* dans *brahma-carya,* exercice dans la science sacrée, chasteté.

1 *-car-a,* f. *ī.* Qui va dans, qui habite. *kṣaṇadā-cara* (qui erre dans la nuit), sorte de démon nommé Rākṣasa. *bahiç-cara,* extérieur, externe. *vana-cara* et *vane-cara* (*vane* au locatif), f. *ī*, habitant des bois, particulièrement bête fauve ou celui qui a renoncé à la vie du monde.

2 *-car-a.* dans le composé *go-cara,* (où vont les vaches) m. pâturage, domaine, portée. *a-gocara,* qui n'est pas à la portée, qui est au-dessus de.

car-aṇa. M. N. Pied. N. Accomplissement.

car-i-tra. N. Conduite, manière d'agir, action, œuvre.

-cār-in. Qui fait. *svecchā-cāriṇ-ī,* f. (qui fait son caprice) femme de mœurs libres.

अति *ati.* Transgresser, offenser.

अनु *anu.* Suivre.

anu-car-a. M. Serviteur, au pl. suite.

anu-cār-in. Qui suit. *ātmacchandānucāriṇ-ī,* f. (qui suit son caprice) femme de mœurs libres.

अप *apa.* (S'écarter.) *apa-car-i-ta,* n. faute, péché.

apa-cār-a. M. Péché, crime.

आ *ā.* Faire, accomplir.

ā-cār-a. M. Conduite, usage.

समुदा *sam-ud-ā.*

sam-ud-ā-cār-a. M. Apostrophe, manière d'adresser la parole.

समा *sam-ā.* Faire.

sam-ā-cār-a. M. Conduite.

वि *vi.* Causal : (retourner en tous sens) réfléchir, hésiter.

सम् *sam.* Causal : faire aller, par ex. faire paître.

saṃ-cār-a. M. Fréquentation, action de marcher dans,

चर्मन् *carman.* N. Peau; bouclier.

*. **चल्** *cal, cāl. cal-a-ti.* Être agité. Causal *cāl-aya-ti,* d'où *cāl-ana,* n. action de remuer, agitation.

cal-a, f. *ā.* Mobile, fragile, inconstant. *a-cala, niç-cala,* immobile, immuable, inébranlable, impérissable.

calācala (forme redoublée). Très mobile, très fragile, très inconstant.

प्रवि *pra-vi.* S'écarter de.

चलाचल *calācala,* v. *cal.*

* **चष्** *caṣ,* v. *cakṣ.*

चाटु *cāṭu.* M. N. Caresses.

चाप *cāpa.* M. N. Arc.

चारु *cāru* (cf. lat. carus). Beau, agréable, charmant.

* 1 **चि** *ci, cay. ci-no-ti.* Accumuler.

cay-a. M. Tas, masse.

cay-ana. N. Bûcher, autel.

* 2 **चि** *ci, cay. ci-no-ti.* Observer, chercher.

विनिस् *vi-nis.* Considérer, décider.

vi-niç-cay-a. M. Décision, détermination.

परि *pari.* S'habituer à. *pari-ci-ta,* connu, habituel. *a-paricita,* non connu, avec qui on n'est pas familier.

pari-cay-a. M. Le fait d'apprendre. *varṇa-paricaya,* le fait d'étudier de la musique, d'apprendre un air.

चिकित्स् *cikits,* v. *cit.*

* **चित्** *cit, cet,* et avec insertion nasale *cint. cint-aya-ti.* Réfléchir, penser, penser à, s'occuper de (acc.; primitiv[t] briller). *cit-ta,* n. pensée, esprit; *anya-citta,* ayant des pensées différentes; *eka-citta-tā,* f. le fait de n'avoir qu'une seule et même pensée; *pramoha-citta,* ayant dans l'esprit l'égarement. *cint-i-ta,* pensé, médité. *cint-ya,* dans *a-cintya,* qu'on ne peut s'imaginer. Désidératif, *ci-kit-s-a-ti,* soigner, d'où *cikits-aka,* m. médecin.

cit-ra. Brillant, bariolé de, étrange, merveilleux, varié. *vi-citra,* bariolé, etc.; *vicitr-i-ta,* orné, paré.

cint-ā, F. Pensée, souci. Avec *dhā,* mettre sa pensée à, penser à (loc.).

cet-ana. N. Intelligence, âme.

cet-as. N. Esprit, cœur, sagesse, pensée.

वि *vi*. Réfléchir.

सम् *sam*. Songer à. *saṃ-cint-ya*, gérondif.

चिद् *cid*, (cf. *ka*, lat. *quid*, τί). Particule enclitique, qui, jointe au pronom interrogatif *ka*, et aux différentes formations du même thème ou des thèmes de même famille (*ku* par ex.), leur donne le sens indéfini. *kaç cid*, quelqu'un, quelque; *na kaç cid*, personne, aucun. *kiṃ cid*, quelque chose; *yat kiṃ cid*, la chose quelconque que. *kathaṃ cid*, en quelque manière. *kac cid*, est-ce que? *kadā cid*, quelquefois. *kva cid*, quelque part, en quelque chose.

* चिन्त् *cint*, v. *cit*.

चिर *cira*. Long. Acc. n. adv. *ciram*, longtemps. Gén. adv. *cira-sya*, après un long temps. *a-cirād*, (abl. adv. avec *a* privatif) en peu de temps.

* चुद् *cud*, *cod*. *cod-aya-ti*. Exciter, pousser.

प्र *pra*. Lancer.

* चुम्ब् *cumb*. *cumb-a-ti*. Baiser.

परि *pari*. Baiser.

* चुर् *cur*, *cor*. *cor-aya-ti*. Voler, dérober.

cur-ā. F. (Vol.) — *caur-a*, m. voleur.

cor-a. M. Voleur. *cora-tas* (équivaut à un ablatif).

चूत *cūta*. M. Manguier (arbre).

चेद् *ced*, v. *id*.

* चेष्ट् *ceṣṭ*. *ceṣṭ-a-ti*. Remuer les membres; faire. *ceṣṭ-i-ta*, part. passé; n. manière d'agir.

ceṣṭ-ā. F. Geste.

वि *vi*. Remuer les membres, se débattre.

छ् *ch*.

* छद् *chad*, *chād*. Causal : *chād-aya-ti*. Couvrir, envelopper, cacher, d'où *chād-ana*, n. voile. Part. passé passif (simple, même sens) *chan-na*.

आ *ā*. Couvrir, voiler.

समा *sam-ā*. Id.

प्र *pra*. Couvrir, cacher.

* छन्द् *chand*. *chand-aya-ti*. Contenter.

chand-a. M. Plaisir, volonté, caprice.

उप *upa*. Chercher à séduire, flatter.

छाया *chāyā* (cf. *chad*, et σκιά). F. Ombre; apparence; couleur.

* छिद् *chid*, *ched* (σχίζω, lat. scindo). *chi-na-t-ti*, *chi-n-t-te*, couper. Part. passé *chin-na*. Infinitif *chet-tum*.

chid-ra. N. Trou, défaut. *niç-chidra*, sans trou; sans défaut.

chet-tar. Qui coupe, tranche, décide.

परि *pari*. Décider.

pari-cched-a. M. Décision. *a-pariccheda*, incertitude.

वि *vi*. Couper, détruire.

ज् *j*.

जगत् *jagat*, v. *gam*.

जघन *jaghana* (cf. κοχώνη). N. Derrière (de l'homme et des animaux). — *jaghan-ya*, dernier.

जटा *jaṭā*. F. Tresse (coiffure d'ascète). — *jaṭ-ila*, qui porte des tresses; impliqué, entortillé.

जठर *jaṭhara* (cf. γαστήρ, lat. venter). N. Ventre.

जड *jaḍa*. Immobile, simple d'esprit, sot. — *jāḍ-ya*, n. bêtise.

* जन् *jan(i)*, *jān*, *jā* (γί-γν-ο-μαι, lat. gi-gn-o). *jā-ya-te*. Naître, se produire, devenir. *jā-ta*, né, devenu; n. race; f. *jātā* (prâcrit *jāda*) fille. Causal : *jan-aya-ti*, engendrer.

-ja (à la fin d'un composé), né, né de. *ab-ja* (né de l'eau), n. lotus. *ambho-ja* (né de l'eau), n. lotus. *ātma-ja*, f. *ā*, né, née de la personne elle-même, propre fils ou fille. *jaghanya-ja*, dernier né. *dvi-ja* (deux fois né), m., dent, oiseau (comme œuf et comme être vivant), brâhmane (né selon la nature, et, par l'initiation à la caste, selon la loi). *paṅka-ja* (né de la boue), n. lotus (fleurissant le jour). *yama-ja*, né jumeau, jumeau. *vakṣo-ja* (né de la poitrine), m. sein. *vāri-ja* (né de l'eau), n. lotus.

jan-a. M. Homme, personne, être; (collectif sing. ou plur.), gens. A la fin d'un composé équivaut à la désinence du pluriel ou du duel. *ayaṃ janaḥ* « cette personne » désigne souvent la personne qui parle. *dur-jana,* m. le méchant. *nir-jana,* sans hommes, solitaire. *pari-jana,* m. entourage, suite. *vi-jana,* sans hommes, solitaire. *su-jana,* m. homme bienveillant; *sau-jan-ya,* n. bienveillance.

1 *jan-ana.* Qui engendre. *jananī,* f. mère.

2 *jan-ana.* N. Naissance, existence.

jan-tu. M. Être, créature, personne. *jala-jantu,* animal aquatique.

jan-man. N. Naissance, vie. *punar-janman,* renaissance, nouvelle naissance.

jā-ti. F. Espèce, race, noblesse, rang. *sva-jāti,* la propre espèce ou race; *svajātīya,* qui est de la propre espèce ou race, semblable. — *jāt-ya,* noble, authentique, vrai.

अनु *anu.* Naître après.

anu-ja. Puîné.

अभि *abhi. abhi-jā-ta,* bien né.

आ *ā.* Naître.

ā-jāna. N. Naissance. — *ājān-eya,* de noble naissance; m. cheval de race.

उप *upa.* Naître, se produire.

नि *ni.*

ni-ja. (Inné) propre, parent.

प्र *pra.* Naître.

pra-jā. F. Ordinairement au pl. sujets; enfants. Au sing. : sujet.

सम् *sam.* Causal : produire.

* जप् *jap. jap-a-ti.* Chuchotter, murmurer (des prières).

जम्बुक *jambuka.* M. Chacal.

जम्बू *jambū.* F. Nom d'un fleuve mythique.

* जर् *jar(i), jīr* (cf. γέρων). *jar-a-ti* et *jīr-ya-ti,* devenir ou être vieux; être digéré. *jara-nt,* vieux, vieillard, *jīr-ṇa,* usé, vieux, vieilli; digéré, avalé. Causal : *jar-aya-ti,* faire vieillir.

-jar-a. Dans *a-jara,* qui ne vieillit pas.

jar-as. F. Vieillesse.

jar-ā. F. Vieillesse.

जल *jala* (cf. *gal,* allem. Quelle). N. Eau. *jalāya-te,* devenir eau.

* जल्प् *jalp. jalp-a-ti, -te.* Parler, causer, babiller.

jalp-aka. Bavard.

* जा *jā,* v. *jan* et *jñā.*

जागर् *jāgar,* v. *gar* 3.

जातु *jātu.* Particule, avec *na :* aucunement, jamais.

जानु *jānu* (γόνυ, lat. genu, allem. Knie, angl. knee). N. Genou.

जाम्बूनद *jāmbūnada.* V. *nadī.*

जाल *jāla.* N. Filet, piège ; grande quantité, multitude.

* जि *ji, je, jay. jay-a-ti, -te.* Vaincre, conquérir. *jayati devaḥ,* « le roi est victorieux », peut se traduire « Gloire au roi ! » *jayatu* . . . Vive . . . ! Part. fut. passif *jay-ya.* Désidératif *ji-gīṣ-a-te.*

1 *-jay-a.* Qui vainc ou conquiert. *dhanaṃ-jaya* (qui conquiert la richesse), nom d'Arjuna. *çatruṃ-jaya* (qui vainc l'ennemi), nom d'homme.

2 *jay-a.* M. Nom d'Arjuna.

-ji-t. Qui vainc.

ji-ṣṇu. Vainqueur, qui surpasse ; m. surnom d'Arjuna.

अव *ava.* Vaincre, conquérir.

परा *parā.* Vaincre.

वि *vi.* Vaincre.

vi-jay-a. M. Victoire, victoire sur (gén.). — *vijay-in,* vainqueur.

सम् *sam.* Vaincre à la fois.

saṃ-jay-a. M. Nom d'homme.

जिगीष् *jigīṣ,* v. *ji.*

जिघृक्ष् *jighṛkṣ,* v. *grah.*

जिह्वा *jihvā.* F. Langue. *dvi-jihva,* qui a une langue double (se dit du serpent et du fourbe).

जीमूत *jīmūta.* M. Nuage.

* जीव् *jīv.* (cf. βίος, lat. vīvo). *jīv-a-ti, -te.* Vivre. *jīv-i-ta,* n. vie.

1 *jīv-a.* Vivant.

2 *jīv-a.* N. Vie.

jīv-ana. N. Vie.

jīv-in. Qui vit, qui vit de ou par.

सम् *sam.* Revenir à la vie.

* जुष् *juṣ, joṣ* (lat. gus-to, γεύ-ω, allem. kos-ten) *juṣ-a-te.* Goûter.

-juṣ. Qui goûte, qui trouve son plaisir à.

joṣ-a. M. Contentement. Acc. adv. *joṣam,* (tranquillement) en silence.

* जू *jū, jav(i), jav-a-ti, -te.* Être rapide.

jav-a. M. Hâte, rapidité, vitesse. *mano-java,* qui a la rapidité de la pensée.

* जृम्भ् *jṛmbh,* v. *jrambh.*

* ज्ञा *jñā, jā* (γι-γνώ-σκω, lat. (g)no-sco, angl. to know). *jā-nā-ti, jā-n-ī-te.* Savoir, connaître, apprendre; connaître comme (deux acc.) Passif *jñā-ya-te.* 3e aor. passif *a-jnā-y-i. jñā-ta,* connu. *jñātam* (cela est connu) « je sais ». Causal : *jñā-p-aya-ti.*

-jña. Qui sait, qui connaît. *a-jña,* ignorant; *ajña-tā,* f. ignorance. *akiṃcij-jña,* qui ne sait rien. *kṛta-jña* (qui sait ce qui a été fait), reconnaissant. *daiva-jña* (qui connaît le destin) m. devin. *viçeṣa-jña* (qui connaît les différences) instruit.

jñā-ti. M. Parent.

jñāna. N. Science. *a-jñāna.* n. ignorance.

अनु *anu.* Approuver.

anu-jñā. F. Permission, congé. Instr. *anujñayā,* après avoir pris congé de . . .

अभि *abhi.* Savoir, reconnaître.

abhi-jña. Expérimenté, qui connaît.

abhi-jñāna. N. Signe de reconnaissance (par ex. l'anneau que le roi a donné à Çakuntalā).

आ *ā.* Causal : ordonner.

ā-jñā. F. Ordre, autorité.

प्र *pra.* Reconnaître, distinguer.

pra-jñā. F. Intelligence, sagesse. — *prājñ-a,* f. *ā,* sage.

वि *vi.* Savoir, connaître, discerner, s'apercevoir de (acc.), être intelligent, sage. Causal : ordonner (deux acc.).

vi-jñāna. N. Science.

सम् *sam.* (Avoir conscience.)

saṃ-jñā. F. Conscience; nom. — *niḥ-saṃjña, vi-saṃjña,* inconscient, hors de soi. — *saṃjñ-i-ta,* nommé.

* 1 ज्या *jyā* (cf. βία, βιάω). *ji-nā-ti.* Dompter.

jyeṣṭha. (Le plus fort) l'aîné.

2 ज्या *jyā* (cf. βιός «arc»). F. Corde d'arc.

ज्योतिस् *jyotis*, (cf. *dyut*). N. Clarté, lueur.

* जृम्भ् *jrambh. jṛmbh-a-ti, -te.* Ouvrir la bouche, la gueule; se déployer, se développer.

* ज्वर् *jvar. jvar-a-ti.* (Avoir la fièvre.)

jvar-a. M. Fièvre; douleur.

* ज्वल् *jval, jvāl* (cf. *jvar*). *jval-a-ti.* Brûler, briller. *jval-i-ta,* brillant.

jvāl-ā. F. Flamme.

उद् *ud. uj-jval-a,* brillant.

प्र *pra.* S'enflammer.

संप्र *saṃ-pra.* Id.

झ् *jh.*

झटिति *jhaṭiti.* Immédiatement, tout d'un coup.

झष *jhaṣa.* M. Poisson.

ट् *ṭ.*

* टुप् *ṭup(?)*, v. *āṭopa.*

ड् *ḍ.*

* डम्ब् *ḍamb. ḍamb-aya-ti.*

वि *vi.* Imiter, railler.

vi-ḍamb-ana. N. Imitation. F. *ā,* id.

vi-ḍamb-in. Qui imite.

ण् *ṇ.*

(Chercher par *n* les racines qui présentent un *ṇ* initial par suite d'une modification euphonique.)

त् *t.*

त *ta,* f. *tā* (τό, lat. (is)-tu-d). Thème pronominal défectif dont la déclinaison se complète au moyen du thème *sa,* 172. Ce, cette; celui-ci, celle-ci; celui là, celle-là; il, elle. Très fréquent comme corrélatif du relatif *ya.* Équivaut souvent à une sorte d'article, par exemple avec les noms propres. Souvent aussi plus ou moins éloigné du nom auquel il se rapporte. Se redouble dans le sens de « tel et tel », ou comme corrélatif de *ya* redoublé, v. *ya*. Se joint aux pronoms de la 1ère et de la 2e personne, et quelquefois remplace le second. Se joint également au pronom *i, a, ayam, idam* etc. qui le détermine dans le sens du voisinage. — *tad,* remplaçant le thème en composition et acc. adv. : donc, pour cette raison; alors, en cela, c'est que; corrélatif de *yad* et de *yadi*; suivi de *api,* v. ce mot. *tena,* instr. adv. donc. *tasmād* abl. adv. donc. — *ta-tas,* de là, ensuite, alors; corrélatif de *yadi;* peut remplacer l'ablatif du pronom. Répété, de côté et d'autre. *itas tataḥ,* id., çà et là, en telle ou telle circonstance. — *tat-tva* (dérivé de *tad*) n. réalité, vérité. Instr. adv. selon la vérité. — *ta-tra,* là, en cela, à cela; peut remplacer le locatif du pronom; suivi de *bhavant,* v. *bhavant.* — *ta-thā,* ainsi, de même, et, (ordinairement enclitique dans ce dernier sens). Suivi de *eva,* de *ca* (dont il peut être séparé), mêmes sens; de même, aussi. Suivi de *api, hi,* v. ces mots. *tath-ya* (qui est ainsi), vrai. — *ta-dā,* alors.— *ta-dānīm,* alors. — *tā-vant,* aussi grand, aussi nombreux (corrélatif *yā-vant,* que). Acc. adv. *tāvat,* autant, tant, aussi longtemps (que s'exprime par *yāvat,* ou est remplacé par un gérondif négatif); d'abord; seulement; soit! déjà; après un interrogatif, un impératif, ou dans une locution équivalente, donc; avec un futur ou un présent, indique que l'action va avoir lieu.

तट *taṭa.* M. Rive. A la fin d'un composé dérivé, f. *ī.*

* **तड्** *taḍ, tāḍ. tāḍ-aya-ti.* Frapper.

तत्त्व *tattva,* v. *ta.*

तदानीम् *tadānīm,* v. *ta.*

* **तन्** *tan, tān, tn* et *ta* (cf. τείνω, lat. teneo et tendo). *ta-no-ti, ta-nu-te* (τάνυται). Étendre. Part. passé *ta-ta* étendu; *sa-tata,* (perpétuel,) acc. adv. toujours.

tan-aya, f. *ā* (étendant la race) fils, fille.

1 *tan-u* (τανυ- dans τανύ-πλεκτος, lat. tenu-is. cf. allem. dünn, angl. thin). Mince, élancé, faible, peu important. *tanv-ī,* f. (élancée) jeune femme. *a-tanu,* important.

2 *tan-u* et *tan-ū*. F. Corps. Parfois équivalant à « vie ». *tanū-napāt*, v. *napāt*.

tan-tu. M. Fil.

tan-tra. N. Chaîne d'un tissu; règle. *svá-tantra* (qui n'est soumis qu'à sa propre règle) libre, indépendant; *svatantra-tā*, f. *svātantr-ya*, n. liberté, indépendance; *svātantryād*, abl. adv., de soi-même. — *tantra-ya-ti*, maintenir dans l'ordre.

आ *ā*. Étendre.

उद् *ud*.

ut-tān-a. (Tendu) prêt à, porté à.

* तप् *tap*, *tāp* (lat. tep-eo). *tap-a-ti*. Brûler (actif et neutre), tourmenter; pratiquer l'ascétisme (acc. du mot signifiant ascétisme). Passif *tap-ya-te*, et par exception *tap-ya-ti*, éprouver du tourment, de la douleur.

-*tap-a*. Qui tourmente. *paraṃ-tapa*, qui tourmente son ennemi.

tap-ana. M. Soleil.

tap-as, N. Chaleur; tourment; ascétisme, austérités. — *tapas-vin*, f. *in-ī*, malheureux; ascète. — *tāpas-a*, ascète.

tāp-a. M. Tourment.

आ *ā*. Embraser.

ā-tap-a. M. Chaleur du soleil, *ātapa-tra*, v. *trā*.

उप *upa*. Échauffer, brûler.

upa-tāp-in. Qui brûle, qui fait du mal. *paropatāpi-tva*, n. l'action de faire du mal aux autres.

परि *pari*. Tourmenter.

pari-tāpa. M. Chaleur, tourment.

प्र *pra*. Brûler.

pra-tāp-a. M. Majesté (comparée à un soleil brûlant); nom d'homme. — *pratāpa-vant*, majestueux.

सम् *sam*. Simple et causal : échauffer, brûler, tourmenter.

तमस् *tamas* (cf. lat. temere « à l'aveuglette » allem. Dämmerung, angl. dim). N. Obscurité, ténèbres.

* तर् *tar(i)*, *tār*, *tīr*, *tir* et *tur* (cf. τέρ-μα, τέρ-μων, lat. ter-minus). *tir-a-ti* et *tar-a-ti*. Traverser.

1 *-tar-a.* Dans *dus-tara,* difficile à traverser.

2 *tar-a. taraṃ-ga,* v. *gam.*

tir-as. Adv., se compose à la manière d'un préfixe avec *bhū,* dans le sens de « disparaître ». Cf. *tiry-añc* sous *añc.*

tīr-a. N. Rive.

tīr-tha. N. Bain sacré.

tur-a. Rapide, acc. n. adv. rapidement, dans *turaṃ-ga,* v. *gam.*

अव *ava.* Descendre. Causal : faire descendre.

ava-tār-a. M. Descente. Particulièrement descente sur la terre, incarnation d'un dieu, avatar. *çakrāvatāra* (avatar d'Indra) nom de lieu.

आ *ā.* Dompter.

ā-tur-a (?), v. à part.

प्र *pra.* Causal : tromper.

pra-tār-aka. Qui trompe.

सम् *sam.* Traverser.

तरल *tarala.* Tremblant, mobile.

तरु *taru.* M. Arbre.

तरुण *taruṇa* (cf. τέρην). Jeune, tendre. — *taruṇāya-te.* Être, rester jeune.

* तर्क् *tark* (cf. lat. torqueo, τρέπω). *tark-aya-ti.* (tourner dans son esprit) conjecturer.

tark-a. M. Examen, conjecture.

प्र *pra.* Regarder comme.

pra-tark-a. M. Conjecture.

वि *vi.* Réfléchir.

vi-tark-a. M. Réflexion, doute.

* तर्ज् *tarj* (cf. ταρβ-έω). *tarj-a-ti.* Menacer. Causal : même sens.

परि *pari.* Menacer.

* तर्प् *tarp, tṛp* (τέρπ-ω). *tṛp-ya-ti.* Se rassasier. *tṛp-ta,* rassasié, bien nourri.

tṛp-ti. F. Contentement, satiété.

* तर्ष् *tarṣ, tṛṣ* (τέρσ-ο-μαι, lat. torr-eo, tos-tus pour tors-tus, allem. dürsten, angl. to thirst). *tṛṣ-ya-ti.* Avoir soif. *tṛṣ-i-ta,* altéré.

tṛṣ-ṇā. F. Soif; concupiscence.

तल *tala*. M. N. Surface, sol; paume de la main; poignée. *rasā-tala*, n. (sol de l'enfer) enfer. *tala-tra*, v. *trā*.

तव *tava*. Forme pronominale, 178.

तस्कर *taskara*. M. Voleur.

ता *tā* pour *ta* dans *tā-dṛça*, v. *darç* (et dans *tāvant*).

ताल, *tāla* (cf. *tala*). M. Mesure (battue avec la main, en musique). *vi-tāla* (inusité) d'où *vaitāl-ika*, m. poète de cour, chargé de chanter les louanges du roi.

* तिज् *tij*, *tej* (cf. στίγ-μα, lat. in-stinc-tus, di-sting-uo, allem. stechen). *tej-a-te*. Être aigu.

tej-as. N. (Pointe de la flamme), éclat; énergie. *tejas-vin*, brillant, énergique.

तिमिर *timira* (cf. *tamas*). N. Obscurité, ténèbres.

तिर्यञ्च् *tiryañc*, *tiryac*, v. *añc*.

तिसृ *tisṛ* (cf. *tri*). Féminin du nom de nombre trois. Nom pl. *tisr-as*.

तीक्ष्ण *tīkṣṇa* (cf. *tij*). Aigu, piquant, perçant, brûlant.

तीव्र *tīvra* (cf. lat. torv-us, pro-terv-us). Fort, violent.

तु *tu*. Particule enclitique. Or, mais, cependant. *atha tu*, mais. *kiṃ tu* mais, néanmoins (*kim* perd son sens interrogatif). Avec un impératif ou un tour équivalent, donc. Quelquefois explétif.

तुङ्ग *tuṅga*. Haut. *ut-tuṅga*, haut, dressé. *prot-tuṅga*, mêmes sens. — *tuṅga-tva*, n. hauteur, élévation.

* तुद् *tud*, *tod* (cf. lat. tundo, allem. stossen). *tud-a-ti*. Frapper.

-tud-a. Qui frappe. *aruṃ-tuda*, qui blesse.

तुभ्यम् *tubhyam*. Forme pronominale, 178.

* तुल् *tul*, *tol* (cf. τλῆναι, lat. tuli). *tol-aya-ti* et *tul-aya-ti*. Soulever; peser. *tul-i-ta*, égalé, égal.

tul-ā. F. Balance. *a-tula*, incomparable, sans égal.

tul-ya, f. *ā*. Égal, semblable à, aussi cher que (instr.), en même quantité.

* तुष् *tuṣ*, *toṣ*. *tuṣ-ya-ti*. Être satisfait. *tuṣ-ṭa*, satisfait.

परि *pari*. Être content, être satisfait de ou avec (instr.)

pari-toṣ-a. M. Contentement.

सम् *sam.* Être satisfait. *saṃ-tuṣ-ṭa,* content (de peu), content de (instr.).

saṃ-toṣ-a. M. Contentement (de peu). *saṃtoṣa-tas,* équivaut à un ablatif.

तुष *tuṣa.* M. Glume, balle, enveloppe du grain.

तुषार *tuṣāra.* M. Rosée, goutte de rosée.

* तूर् *tūr, tur,* v. *tar* et *tvar.*

तूष्णीम् *tūṣṇīm* (cf. *tuṣ*). Tranquillement, en silence. Avec *bhū,* se taire.

तृण *tṛṇa* (cf. *taruṇa*). N. Herbe, brin d'herbe. *tṛṇa-bindu,* v. *bindu.*

तृतीय *tṛtīya,* f. *ā* (cf. *tri,* lat. tertiu-s). Troisième.

ते *te.* Forme du pronom de la seconde personne, 178. Ne pas confondre avec le nom. m. pl. du demonstratif *ta.*

तोमर *tomara.* M. N. Javelot.

तोय *toya.* N. Eau.

त्मन् *tman* pour *ātman,* v. ce mot.

* त्यज् *tyaj, tyāj. tyaj-a-ti.* Abandonner, lâcher, renoncer à (acc.). Part. passé *tyak-ta.*

tyāg-a. M. Action de quitter, de renoncer à; libéralité.

tyāg-in. Qui abandonne; libéral; infidèle.

परि *pari.* Abandonner, renoncer à (acc.).

pari-tyāg-a. M. Abandon, renonciation à, sacrifice.

सम् *sam.* Abandonner.

त्रय *traya* (cf. *tri*). N. Ensemble de trois, triade.

* त्रस् *tras, trās* (τρέω, ἄ-τρεσ-τος, lat. terr-eo). *tras-ya-ti.* Trembler devant (abl.), s'effrayer. *tras-ta,* effrayé; *a-trasta,* non effrayé, apprivoisé. Causal : effrayer.

trās-a. M. Tremblement, crainte.

सम् *sam.* Trembler, s'effrayer.

* त्रा *trā. trā-ya-te.* Protéger.

-tra. Qui protège. *ātapa-tra* (qui protège de la chaleur) n. parasol. *go-tra,* n. (qui protège les vaches, étable) famille. *tala-tra* (qui

protège le paume de la main) n. sorte de gant porté par les archers.

त्रि *tri, tray* (cf. τρεῖς, lat. tres, angl. three, allem. drei). Trois. Se décline au pluriel.

* त्रुट् *truṭ. truṭ-a-ti.* Se briser, se casser.

त्वच् *tvac.* F. Peau.

त्वद् *tvad,* abl. sing., 178, et thème en composition du pronom de la deuxième personne.

त्वम् *tvam.* Forme pronominale, 178.

त्वया *tvayā.* Id.

त्वयि *tvayi.* Id.

* त्वर् *tvar, tūr* (cf. lat. tur-ba, tur-bare, τύρ-βη). *tvar-a-te.* Se hâter. Part. passé *tvar-i-ta* et *tūr-ṇa. tūrṇam,* acc. adv. rapidement.

tvar-ā. F. Hâte. *sa-tvara,* qui se hâte, acc. n. adv. en hâte.

त्वाम् *tvām.* Forme pronominale, 178.

द् *d.*

* दंश् *daṃç, daç* (δάκ-νω). *daç-a-ti.* Mordre. Part. passé *daṣ-ṭa.*

daṃç-ana. N. Harnais, équipement.

सम् *sam. saṃ-daṣ-ṭa,* serré.

* दक्ष् *dakṣ* (cf. δεξιός, lat. dexter). *dakṣ-a-te.* Être utile, bon à.

dakṣ-a. Habile dans ou pour (loc.), habile, zélé. — *dākṣ-ya,* n. habileté.

dakṣ-iṇa, f. *ā.* Droit. *dakṣiṇā* (sous-entendu *diç,* la région de droite quand on se tourne vers l'est), le sud.

दण्ड *daṇḍa.* M. Bâton, manche; sceptre; violence. — *daṇḍ-in,* armé d'un bâton; m. homme armé d'un bâton.

* दद् *dad,* fausse racine, v. *dā* 1.

दन्त् *dant,* thème faible *dat* (lat. dens, dent-is, ὀ-δούς, ὀ-δόντ-ος, angl. tooth, allem. zahn). M. Dent. *su-dant,* f. *sudat-ī,* qui a de belles dents.

दन्त *danta* (cf. *dant*). M. Dent.

* दम् *dam(i), dām* (δάμ-νημι, lat. dom-o, angl. to tame, allem. zähmen).

dām-ya-ti. Dompter. *dān-ta,* dompté, dressé; qui a dompté ses passions.

1 *-dam-a*. Qui dompte. *ariṃ-dama,* qui dompte son ennemi.

2 *dam-a*. M. L'empire sur soi-même.

* दम्भ् *dambh, dabh. dabh-a-ti*. Tromper.

dambh-a. M. Hypocrisie.

* दय् *day* (δαίομαι). *day-a-te*. Partager; éprouver de la sympathie, de la compassion. *day-i-ta,* f. *ā,* aimé, bien-aimé.

day-ā. F. Compassion. *nir-daya,* qui est sans pitié, cruel. *nirdaya-taram,* acc. n. adv. très cruellement. *sa-dayam,* acc. adv. doucement. — *dayā-vant,* compatissant, miséricordieux.

day-ālu. Compatissant.

* 1 दर् *dar(ī), dār, dīr* (δέρ-ω, angl. to tear, allem. ver-zehr-en). *dṛ-ṇā-ti,* pl. *dṛ-ṇ-ī-mas*. Fendre.

वि *vi*. Fendre.

vi-dār-a. M. Action de fendre.

vi-dār-aṇa. Fendant, brisant. *anīka-vidāraṇa,* m. (brisant une armée) nom d'un prince.

* 2 दर् *dar, dr, dṛ. dr-iya-te*. Toujours avec le préfixe suivant.

आ *ā*. Avoir égard à.

ā-dar-a. M. Considération, respect.

दरिद्रा *daridrā,* v. *drā*.

* दर्प् *darp. dṛp-ya-ti*. Être fou, être orgueilleux.

darp-a. M. Orgueil.

darp-aṇa. M. (Qui rend orgueilleux?) miroir.

* दर्श् *darç, dṛç* (δέρκ-ομαι). Pas de présent. Voir, regarder, rendre visite à (acc.) Fut. *drak-ṣya-ti,-te,* fut. auxil. *draṣ-ṭā*. Part. passé passif *dṛṣ-ṭa*; inf. *draṣ-ṭum*. *darçanīya,* digne d'être vu, beau. *dṛç-ya, draṣ-ṭavya,* visible. Passif : paraître. Causal : montrer.

darç-ana. N. Vue; visite; action de montrer.

dṛç. F. Œil. *mṛga-dṛç,* f. qui a des yeux de gazelle, jolie femme.

-dṛç-a, f. *ī*. (En composition avec un thème pronominal,) qui a l'apparence de. *ī-dṛça, etā-dṛça,* tel. *kī-dṛça,* quel, de quelle nature, de quelle utilité? *tā-dṛça,* tel. *mā-dṛça,* tel que moi.

dṛṣ-ṭi. F. Vue, regard, œil.

आ *ā.*

ā-darç-a. M. Miroir.

प्रति *prati.* Passif : apparaître.

सम् *sam.* Passif : Se montrer.

* दर्ह् *darh, dṛh. dṛ-ṃ-h-a-ti.* Consolider. *dṛḍha* (sans allongement, contre 80) ferme, constant.

* दल् *dal* (cf. *dar*). *dal-a-ti.* Crever, s'ouvrir.

dal-ana. N. Action de crever, de fendre, de détruire.

दशन् *daçan* (δέκα, lat. decem, angl. ten, allem. zehn). Dix. Se décline au sing. au nom. acc. *daça,* au pl. aux autres cas. *catur-daçan,* quatorze. *dvā-daçan,* douze, g. pl. *dvādaçānām.* — *sapta-daça* (loc. pl. *saptadaçeṣu*), composé de dix-sept, dix-sept.

दस्यु *dasyu.* M. Voleur.

* दह् *dah, dāh* (cf. angl. day, allem. Tag). *dah-a-ti.* Brûler. Part. passé passif *dagdha.*

1 *dah-ana.* M. Feu.

2 *dah-ana.* N. Action de brûler.

dāh-a. M. Incendie, brûlure.

निस् *nis.* Consumer.

वि *vi. vi-dagdha,* instruit, habile. *dur-vidagdha,* faux savant.

*1 दा *dā, dī, d* (δίδωμι, lat. do). *da-dā-ti, da-t-te.* Impér. 2e s. act. *dehi.* Donner (dans un sens très général, par ex. : donner une parole, parler; donner [prêter] l'oreille); poser. *tasya jānu dadau,* « il lui donna son genou, il lui mit un genou sur le corps ». Part. passé passif *dat-ta* (de la fausse racine *dad,* thème faible du présent), n. don. Part. fut. passif *deya.* Gérondif *dat-tvā.* Passif *dī-ya-te.* Désidératif *di-t-s-a-ti.*

-da, f. *ā.* Qui donne. *ab-da,* m. (qui donne de l'eau, saison des pluies) année. *kṣaṇa-dā,* f. (qui donne le loisir?) nuit. *piṇḍa-da* (qui donne la bouchée), m. celui qui nourrit.

dā-tar. Qui donne, libéral.

dāna. N. Don, libéralité.

आ *ā*. (Au moyen) prendre, recevoir, prendre avec soi. Part. passé passif *ā-t-ta,* pris. Gérondif *ā-dā-ya,* ayant pris, reçu.

उपा *upā* (*upa* et *ā*). (Au moyen) recevoir.

प्र *pra*. Donner, offrir.

pra-dā-tar. Qui donne.

pra-dāna. N. Don, libéralité.

*2 दा *dā, di* (cf. δί-δη-μι, δέω). *dyati.* Lier.

diti. Dans *a-diti,* v. ce mot.

दानव *dānava,* f. ī. Nom d'une classe de démons.

दार *dāra*. Masculin pluriel. Épouse.

दारु *dāru* (δόρυ, cf. *dru, druma*). N. Morceau de bois. — *dāru-ṇa,* dur.

दास *dāsa* (cf. *dasyu*). M. Esclave. — *dās-ya,* n. esclavage.

दिति *diti* (nom probablement forgé en vue d'une opposition avec *aditi*). Nom de la mère des Daityas. — *dait-ya,* m. nom d'une classe de démons.

दित्स् *dits,* v. désidératif de *dā* 1.

दिन *dina* (cf. lat. dies). N. Jour. *dine dine,* de jour en jour, toujours. *prati-dinam,* chaque jour.

*1 दिव् *div, dev.* (Briller.)

div (Ζεύς, Διός pour διϝ-ός). M. F. Ciel, jour. *rātriṃ divaṃ,* jour et nuit. *div-ā,* instr. adv. pendant le jour.

div-asa. M. Jour. *prati-divasam,* chaque jour.

div-ya. Divin.

dev-a, f. ī (lat. dīv-us). Dieu; roi. Déesse, divine; reine. *nara-deva* (dieu parmi les hommes), roi. *saha-deva* (qui a les dieux avec lui), m. nom d'un des cinq Pāṇḍavas. — *daiv-a,* n. destin.

*2 दिव् *div, dev. dev-a-ti.* Se lamenter.

परि *pari*. Id.

pari-dev-in, f. *in-ī*. Se lamentant.

* दिश् *diç, deç* (δείκ-νυμι, lat. dīco pour deic-o, allem. zeihen et zeig-en). *diç-a-ti.* Montrer. Part. passé passif *diṣ-ṭa*.

diç. F. (nom. *dik*). Lieu, point cardinal. Au pl. les points cardinaux, l'horizon, le lointain, l'espace. Acc. pl. *diças* avec *pra-yā,* se répandre en tous sens. — *catur-diça-m,* acc. adv., dans les quatre directions, vers les quatre points cardinaux.

deç-a. M. Lieu, place, région, pays. *vi-deça,* m. pays étranger.

व्यप *vy-apa.* Nommer; prétexter.

vy-apa-deç-a. M. Nom, race; prétexte. *dharma-kañcuka-vyapadeç-in,* littéralement, qui prend pour prétexte le vêtement du devoir, hypocrite.

आ *ā.* Viser, indiquer. *ā-diṣ-ṭa,* instruit par, qui a reçu une indication, un avis. Causal : indiquer.

प्रत्या *praty-ā.* Repousser, écarter.

praty-ā-deç-a. M. Répudiation.

उद् *ud.* Désigner, enseigner. *ud-diç-ya,* gérondif employé comme préposition avec l'accusatif : en vue de, à cause de.

ud-deç-a. M. Lieu, région, emplacement.

उप *upa.* Enseigner.

upa-deç-a. M. Enseignement.

निस् *nis.* Indiquer, désigner.

सम् *sam.* Expliquer, donner un message.

saṃ-deç-a. M. Message.

* दिह् *dih, deh* (cf. θιγγάνω, ἔ-θιγ-ον, lat. fingo, allem. Teig). *deg-dhi.* Oindre, enduire. Part. passé passif *dig-dha.*

deh-a. M. N. Corps; (parfois équivalent à) vie. *vi-deha,* sans corps. — *deh-in* (qui a un corps) être vivant, (particulièrement) homme.

सम् *sam.* (Confondre.) *saṃ-dig-dha,* qui doute, incertain.

saṃ-deh-a. M. Doute.

दीन *dīna.* Abattu, misérable, triste. *a-dīna,* non abattu, vaillant. *pari-dīna,* très affligé, très troublé. — *dain-ya,* n. faiblesse, lâcheté.

* दीप् *dīp. dīp-ya-te.* Brûler, briller. *dīp-ta,* brûlant, brillant, éclairé par. Intensif : *de-dīp-ya-te,* resplendir.

dīp-a. M. Lampe.

प्र *pra. pra-dīp-ta,* allumé, brûlant.

pra-dīp-a. M. Lampe.

सम् *sam. saṃ-dīp-ta,* allumé, embrasé.

दीर्घ *dīrgha* (δολιχός). Long; adverbialement, longtemps. *ā-dīrgha,* un peu long, long.

दुकूल *dukūla.* N. Vêtement d'étoffe fine.

* दुल् *dul, dol. dol-aya-ti.* Élever, lancer, jeter.

* दुष् *duṣ, doṣ* (cf. *dus, dviṣ* et ὁ-δυσσάμενος). *duṣ-ya-ti.* Se gâter, pécher. *duṣ-ṭa,* gâté, souillé; vicieux, méchant.

doṣ-a. M. Faute, défaut, mal.

दुःषन्त *duḥṣanta.* M. Nom d'un roi, époux de Çakuntalā.

दुस् *dus* (cf. *duṣ* et δυς-μενής, allem. zer). Particule en composition : mal, mauvais. Ex. : *dur-nimitta,* mauvais présage; *dur-bala,* (qui a une mauvaise force) faible.

* दुह् *duh, doh* (cf. angl. dug). *dog-dhi.* Traire; *dug-dhe,* donner du lait. *dug-dha,* n. lait.

-dugh-a. Qui donne (comme lait).

dog-dhar, f. *dogdhr-ī.* Qui donne comme lait (d'une mère, d'une vache, ou au figuré, de la terre). Construit avec l'acc.

दुहितर् *duhitar, duhitṛ, duhitr* (θυγάτηρ, angl. daughter, allem. Tochter). F. Fille. — *dauhitr-a,* fils de la fille, petit-fils.

* दू *dū. dū-ya-ti, -te.* Brûler, être dévoré de chagrin.

दूर. *dūra.* Éloigné. Acc. n. adv. loin (aussi très bas ou très haut), très. — *dūra-tas.* De loin, loin, très.

दूष *dūṣa* (cf. *duṣ*). Qui souille. — *dūṣ-aya-ti,* souiller, gâter, troubler.

दृषद् *dṛṣad.* F. Pierre.

देहि *dehi,* v. *dā* 1.

* द्युत् *dyut, dyot* (cf. *div*). *dyot-a-te.* Briller.

dyut-i. F. Éclat.

वि *vi.* Briller (de l'éclair).

vi-dyut. F. Éclair.

द्रविण *draviṇa* (cf. *dravya*). N. Possession, richesse.

द्रव्य *dravya* (cf. *draviṇa*). N. Objet, matière, richesse.

* द्रश् *draç,* v. *darç.*

* द्रा *drā* (δι-δρά-σκω). *drā-ti.* Courir. Intensif *dari-drā-ti,* id., d'où *daridr-a,* (qui erre) pauvre; *dāridr-ya,* n. pauvreté.

*1 द्रु *dru, drav* (cf. *drā*). *drav-a-ti.* Courir.

अभि *abhi.* Accourir, courir après.

प्र *pra.* S'enfuir.

वि *vi.* Courir çà et là, s'enfuir.

2 द्रु *dru* (cf. *dāru, druma* et δρῦς, angl. tree). Bois, dans le composé *dru-pada,* v. *pad.*

द्रुम *druma* (cf. *dru, dāru* et δρυμός). M. Arbre.

द्व *dva* (δύω, lat. duo, angl. two, allem. zwei). Deux. Se décline au duel.

द्वंद्व *dvaṃdva* (cf. *dva*). N. Paire, couple.

द्वय *dvaya* (cf. *dva* et *dvi*). Double, fém. *ī*. N. Paire, couple; deux choses.

द्वा *dvā* dans *dvā-daçan,* v. *daçan.*

द्वार् *dvār* (pour *dhvār,* cf. θύρα, lat. fores, angl. door, allem. Thor, Thür). F. Porte.

द्वार *dvār-a* (cf. *dvār*). N. Porte.

द्वि *dvi* (cf. *dva*). Deux (en composition, par ex. : *dvi-ja, dvi-pa,* v. *jan, pā*). — *dvi-tīya,* deuxième; à la fin d'un composé dérivé, ayant pour second, accompagné de.

* द्विष् *dviṣ, dveṣ* (cf. *duṣ*). *dveṣ-ṭi.* Haïr. *dviṣ-ant* (part. prés.), m. ennemi.

dveṣ-a. M. Haine, dégoût.

dveṣ-in. M. Ennemi.

वि *vi.* Haïr. *vi-dviṣ-ant* (part. prés.), m. ennemi.

vi-dviṣ. M. Ennemi.

ध् *dh.*

धत्ते *dhatte,* 3ᵉ s. prés. moy. v. *dhā* 1.

1 धन *dhana* (cf. *dhā*). N. Richesse. *a-dhana,* pauvre. *antar-dhana,* n. richesse intérieure. *tapo-dhana,* (qui a pour richesse ses austérités) ascète. *mahā-dhana,* (qui coûte beaucoup d'argent) précieux. — *dhan-ya,* riche, heureux.

2 धन *dhana* (?), dans *nidhana*, v. ce mot.

धनुस् *dhanus* (cf. *dhanvan*). N. Arc. *dhanuṣ-mant*, m. archer.

धन्वन् *dhanvan* (cf. *dhanus*). N. Arc. *gāṇḍīva-dhanvan*, m. qui a pour arc Gāṇḍīva, surnom d'Arjuna.

* धर् *dhar, dhār, dhṛ* (cf. θέλ-υμνον). Inusité au présent. Supporter, soutenir, tenir ferme, porter; posséder. Causal *dhār-aya-ti*, mêmes sens que le simple.

-dhar-a, f. *ā*. Qui porte. *dhanur-dhara*, (qui porte l'arc) m. archer. *payo-dhara*, (qui porte le lait) m. sein. *vasuṃ-dharā*, f. (qui porte des trésors) terre. *vidyā-dhara*, (qui possède la science) m. nom d'une classe de génies aériens, faisant partie de la suite du dieu Çiva, et possédant un pouvoir magique.

dhar-aṇa. Qui porte. F. *dharaṇ-ī*, terre.

dhar-ma (lat. firmu-s). M. Loi, devoir, vertu; l'honnête; acte conforme au devoir, mérite; autre nom de Yama, dieu des morts. *a-dharma*, m. (ce qui est contraire à la loi) mal, faute. *saha-dharma*, m. devoir commun. — *dharm-in*, fidèle au devoir, vertueux. — *dharm-iṣṭha*, sert de superlatif au précédent. — *dhārm-ika*, vertueux.

-dhār-a. Qui porte. *karṇa-dhāra*, (tenant le gouvernail) m. timonnier, pilote.

-dhār-aka. Qui porte.

-dhār-in. Id.

-dhṛ-t. Id.

dhṛ-ti. F. Fermeté. — *dhṛti-mant*, ferme, résolu.

अव *ava*. Causal : réfléchir.

सम *sam*. Causal : porter, supporter, soutenir, retenir.

* धर्ष् *dharṣ, dhṛṣ* (cf. θαρσ-έω, allem. Trost). *dharṣ-a-ti*. Oser. *dhṛṣ-ṭa*, hardi, effronté.

dharṣ-aṇa. N. Outrage.

धवल *dhavala*. Blanc.

धस् *dhas* (cf. *dhā* 1). Dans *puro-dhas*, m. chapelain, prêtre domestique (cf. *puro-hita* sous *dhā* 1).

* 1 धा *dhā, dhī, dhi, hi* et *dh* (τί-θη-μι, lat. con-do etc., angl. to do, allem. thun). *da-dhā-ti*, pl. *da-dh-mas*. Impér. *dhehi*. Poser, mettre. Moy. *dha-t-te*, avoir. Passif *dhī-ya-te*. Désidératif

dhi-t-s-a-ti. hi-ta (part. passé passif) posé; utile, salutaire, bienveillant; n. l'intérêt, le bien (d'une personne); *a-hita*, n. le mal; *puro-hita* (préposé), m. chapelain, prêtre domestique. Part. fut. passif *dhe-ya*. En composition avec *çrad* (lat. credo), croire; *çrad-dheya*, croyable.

-dhā. Dans *vasu-dhā*, f. (séjour des trésors) terre, sol.

dhā-tar. M. Créateur.

dhā-nī. Dans *yama-dhānī*, f. séjour de Yama (dieu des morts).

-dhi. Dans *jala-dhi*, m. (réceptacle des eaux) océan.

dhī-ra. Ferme, sage, tranquille; m. homme d'un caractère ferme. Acc. n. adv. tranquillement. — *dhīra-tva*, *dhair-ya*, n. fermeté, dignité.

अव *ava. ava-hi-ta*, attentif.

व्यव *vy-ava. vy-ava-hi-ta*, interrompu, entravé.

आ *ā*. Mettre. Moy. recevoir, garder.

व्या *vy-ā*.

vy-ā-dhi. M. Maladie, tourment.

समा *sam-ā*. Réunir. *sam-ā-hi-ta*, attentif, absorbé dans une seule pensée.

sam-ā-dhi. M. Méditation.

नि *ni*. Cacher. Gérondif *ni-dhā-ya*.

ni-dhāna. N. Réceptacle.

ni-dhi. M. Id. *jala-nidhi*, *payo-nidhi*, m. (réceptacle des eaux) mer.

संनि *saṃ-ni*. Placer dans ou sur. *saṃ-ni-hi-ta*, voisin.

saṃ-ni-dhāna. N. Réceptacle; voisinage, présence.

परि *pari*. Entourer, revêtir.

pari-dhāna. N. Vêtement.

पि *pi* (pour *api*). Fermer, boucher. Gér. *pi-dhā-ya*.

वि *vi*. Disposer, déterminer, assigner; faire, produire; montrer (en soi). Désidératif : chercher à se procurer.

vi-dhā. F. Espèce. *evaṃ-vidha*, *tathā-vidha* (dont l'espèce est ainsi), tel. *bahu-vidha*, de beaucoup d'espèces, divers. *bhavad-vidha*, pareil à vous. *yathā-vidha* (de laquelle espèce étant), corrélatif de « tel » : que.

vi-dhā-tar. M. Ordonnateur du monde.

vi-dhi. M. Règle, loi; destin, le destin personnifié; à la fin d'un composé (dans le sens de règle) souvent simple cheville. — *vidhivat,* selon la règle.

संवि *saṃ-vi*. Déterminer, fixer, résoudre.

सम् *sam*. Unir. (Absolument) mettre la flèche sur la corde de l'arc.

अभिसम् *abhi-sam*. Viser; tromper.

abhi-saṃ-dhāna. N. Action, art de tromper.

* 2 धा *dhā* (cf. θη-λή, lat. fe-mina). Téter.

dhātreyikā. F. Sœur de lait.

धाना *dhānā*. F. pl. Grains de blé. — *dhān-ya,* n. blé.

धारा *dhārā*. F. Goutte. — Tranchant.

* 1 धाव् *dhāv* (cf. θέω). *dhāv-a-ti*. Courir.

अभि *abhi*. Courir vers.

उप *upa*. Id.

विपरि *vi-pari*. Courir autour, entourer en courant.

प्र *pra*. Courir, s'enfuir.

* 2 धाव् *dhāv*. *dhāv-a-ti*. Laver, purifier. Part. passé passif *dhau-ta*.

* धि *dhi,* v. *dhā* 1.

धिक् *dhik*. Interjection. Malheur à moi! Malheur à, fi de (acc.)! Précédé de *hā,* mêmes sens.

धित्स् *dhits,* v. désidératif de *dhā* 1.

* 1 धी *dhī,* v. *dhā* 1.

* 2 धी *dhī,* v. *dhyā*.

धीवर *dhīvara* (cf. *dhyā, dhī*). M. Pêcheur.

धुर् *dhur,* et devant une consonne *dhūr*. F. Extrémité du timon, joug. Acc. *dhuram* avec *vah,* porter l'extrémité du timon, être le premier.

* धू *dhū* (cf. θύω). *dhū-no-ti*. Secouer, ébranler; allumer.

dhū-ma (lat. fūmu-s, θυμό-ς). M. Fumée; nom d'homme. — *dhaumya,* (fils ou descendant de Dhūma) m. nom du prêtre domestique des Pāṇḍavas.

व्या *vy-ā*. Agiter.

उद् *ud.* Agiter, exciter, soulever.

धूर् *dhūr,* v. *dhur.*

धूसर *dhūsara* (cf. angl. dust). Couleur de poussière, gris.

* धे *dhe,* v. *dhā* 1.

धेनु *dhenu* (cf. *dhā* 2). F. Vache. *homa-dhenu,* f. (vache de l'offrande), vache qui fournit le lait pour l'offrande.

धौत *dhauta,* v. *dhāv* 2.

* ध्या *dhyā, dhī. dhyā-ya-ti.* Réfléchir, penser à (acc.), méditer. Part. passé *dhyā-ta.* Part. fut. passif *dhye-ya.*

dhī. F. Intelligence, sagesse. *ku-dhī,* peu intelligent, sot, fou. — *dhī-mant,* intelligent, sage.

ध्रुव *dhruva.* Certain, sûr. Acc. n. adv. certainement.

* ध्वंस् *dhvaṃs, dhvas. dhvaṃs-a-ti.* Tomber. Causal : abattre.

dhvaṃs-in, f. *in-ī.* Détruisant.

ध्वज *dhvaja.* M. Étendard. — *dhvaj-in,* portant un étendard; f. *dhvajin-ī,* armée.

न् *n.*

न *na* (lat. *ne* dans nĕque, cf. *nē,* νη-κερδής, etc.). Ne pas, même dans le sens prohibitif (v. pourtant *mā* 1). Précédé de *ca,* donne à l'interrogatif le sens indéfini, ex. : *kathaṃ ca na,* en quelque façon, tant bien que mal, peu; *na kadā ca na,* jamais. Suivi de *nu,* v. ce mot.

नकुल *nakula.* M. Ichneumon; nom d'un des cinq Pāṇḍavas.

नक्तम् *naktam* (cf. νύξ, νυκτός, lat. nox, noctis, angl. night, allem. Nacht). Adv. la nuit.

नगर *nagara.* N. Ville. — *nāgara-ka* (cf. pour le sens ἀστεῖος, lat. urbanus), poli.

नग्न *nagna* (cf. angl. naked, allem. nackt). Nu.

नट *naṭa.* M. Acteur, comédien.

* नद् *nad, nād. nad-a-ti.* Résonner, rendre (un son, acc.).

nad-ī. F. (de *nad-a,* la retentissante?) rivière. *jambū-nadī,* nom d'une rivière mythique; *jāmbūnad-a* (provenant de la rivière Jambū), n. or.

nād-a. M. Bruit, cri.

वि *vi*. Résonner, rendre (un son, acc.).

नद्ध *naddha*, v. *nah*.

* नन्द् *nand*. *nand-a-ti*. Se réjouir.

nanḍ-a et *upa-nanda*. M. Noms des deux tambours de Yudhiṣṭhira.

nand-ana. (Réjouissant); m. fils.

अभि *abhi*. Trouver son plaisir à, louer.

abhi-nand-in. Qui trouve son plaisir à, qui reconnaît, qui se déclare satisfait de.

प्रति *prati*. Recevoir volontiers, accueillir bien.

नपात् *napāt* (lat. nepos, cf. νέπ-οδες, angl. nephew, allem. Neffe). Petit-fils, fils. *tanū-napāt*, littéralement fils du corps (de son père, v. Bergaigne, *Religion védique*, II, p. 100), nom du feu.

नभस् *nabhas* (νέφος, cf. lat. neb-ula, allem. Nebel). N. Ciel (primitivement nuage).

* नम् *nam*, *nām*, *na*. *nam-a-ti*, *-te*. S'incliner, se baisser.

na-ti. F. Le fait de se ployer; courbure.

nam-as. N. Hommage. Hommage à . . .! — *namas-ya-ti*, honorer, rendre hommage à (acc.)

nam-ra. Incliné, penché.

उद् *ud*. Se lever, se dresser.

समुद् *sam-ud*. Id.

sam-un-na-ti. F. Élévation.

उप *upa*. *upa-na-ta*, échu, présenté, présent.

परि *pari*. Changer.

pari-ṇām-a. M. Changement, fin, dénoûment.

प्र *pra*. S'incliner.

pra-ṇam-ana. N. Action de s'incliner, salut respectueux.

pra-ṇām-a. M. Id.

वि *vi*. *vi-na-ta*, courbé, arqué. Causal : faire ployer.

नर् *nar*, *nṛ* (ἀ-νήρ). M. Homme. Gén. pl. *nṛṇām* et *nṝṇām*.

नर *nara* (cf. *nar*). M. Homme. *viçvā-nara* (avec allongement de l'*a* du premier terme) commun à tous les hommes; *vaiçvānar-a* (même sens étymologique), nom d'Agni, dieu du feu. — *nārī* f. femme.

नरक *naraka*. M. Enfer.

* नर्त् *nart, nṛt. nṛt-ya-ti.* Danser. Causal : faire danser. *nart-i-ta,* qu'on fait danser, qui danse.

नल *nala.* M. Sorte de roseau.

नलिन *nalina.* N. Lotus. *nalin-ī* f. lotus, touffe de lotus; étang plein de lotus.

नव *nava* (νέος pour νέϝο-ς, cf. lat. novus, angl. new, allem. neu). neuf, nouveau. — *abhi-nava,* tout nouveau.

* नश् *naç* (cf. νεκ-ρό-ς, lat. nex, nec-is). *naç-ya-ti.* Être détruit, périr; disparaître, s'enfuir. Part. passé *naṣ-ṭa.*

nāç-a. M. Destruction, anéantissement, perte.

वि *vi.* Être perdu, ruiné.

vi-nāç-in. Périssable.

अनुवि *anu-vi.* Périr après ou avec (acc.).

नस् *nas.* Forme pronominale, 178.

नस *-nasa* (cf. lat. nāsus, angl. nose, allem. Nāse). A la fin d'un composé dérivé : nez.

* नह् *nah* (cf. lat. necto). *nah-ya-ti, -te.* S'équiper, se revêtir de (acc.). *nad-dha,* lié.

समुद् *sam-ud.* Élever. *sam-un-nad-dha,* orgueilleux.

सम् *sam.* S'équiper, se revêtir de (acc.).

नाग *nāga.* M. Éléphant; serpent; nom des serpents mythiques habitant l'enfer.

* नाथ् *nāth* (primitivement *nādh,* cf. allem. Noth). *nāth-a-te.* Implorer, chercher du secours.

nātha. M. (Refuge) protecteur, maître, (particulièrement) époux. — *nātha-vant,* f. *vat-ī,* qui a un ou des protecteurs.

नाभि *nābhi* (cf. angl. navel et nave, allem. Nabel et Nabe, ὀμφαλός, lat. umbilicus). M. F. Nombril; moyeu (d'une roue).

नामन् *nāman* (lat. nōmen, ὄ-νομα, angl. name, allem. Name). N. Nom. Acc. adv. *nāma,* de nom; s'emploie comme particule affirmative, certes, à la vérité (concession); après un impératif, exprime une concession; après un interrogatif, ou plus généralement dans une proposition interrogative, donc; après *api,* au commencement d'une proposition dont le verbe est à l'optatif, peut-être ou plût au ciel que.

नाराच *nārāca*. M. Sorte de flèche.

नाव् *nāv*, v. *nau*.

नि *ni*. Préfixe verbal signifiant « en bas » avec idée de dépôt dans un lieu, et particule. — *ni-tarām* acc. f. adv. compar. beaucoup, entièrement. — *ni-tya* perpétuel, éternel; à la fin d'un composé dérivé, cf. 140, ayant pour (habitude) perpétuelle...; acc. n. adv. *nityam*, toujours.

नितम्ब *nitamba*. M. s. Les hanches, le bassin (de la femme). — *nitamb-in-ī* f. (qui a de belles hanches) jolie femme.

निधन *nidhana* (*ni-dhana?* cf. θείνω, lat. of-fen-do). N. Fin, mort.

* **निन्द्** *nind*. *nind-a-ti*. Blâmer, accuser, maudire. Fut. aux. *nind-i-tā*. *nind-i-ta*, blâmé, blâmable, méprisable; *a-nindita* irréprochable.

nind-ā. F. Blâme.

प्रति *prati*. Blâmer.

निपुण *nipuṇa*. Habile, instruit.

निमित्त *nimitta*. N. Signe, présage; cause. — *naimitt-ika* (qui explique les présages), m. devin.

निश् *niç* (cf. *naktam*). F. Nuit. *ahar niçam*, jour et nuit.

निशा *niçā* (cf. *niç*). F. Nuit. *a-niça* (sans nuit) ininterrompu; acc. n. adv. toujours.

निस् *nis*. Préfixe verbal marquant sortie, extraction, et particule privative en composition (cf. l'usage du latin ex).

* **नी** *nī*, *ne*, *nay*. *nay-a-ti*. Conduire, emmener, passer (le temps). Avec l'acc. d'un nom abstrait (conduire dans tel ou tel état), équivaut au causal d'un verbe de même sens que l'abstrait.

nay-a. M. Habileté, politique, sagesse; dessein.

nay-ana. N. Œil.

nī-ti. F. Conduite, conduite sage et prudente, politique.

ne-tar. Qui conduit.

ne-tra. N. Œil.

अप *apa*. Écarter, lever.

apa-nay-ana. N. Le fait d'écarter.

अभि *abhi.* Exprimer par gestes.

abhi-nay-a. M. Pantomime. *sābhinayam* acc. n. adv. par gestes (indication scénique).

समा *sam-ā.* Unir.

परि *pari.* Épouser (se dit du mari, qui conduit la femme autour du feu sacré).

pari-ṇay-a. M. Mariage.
pari-ṇe-tar. M. Époux.

प्र *pra.* Manifester son affection.

pra-ṇay-a. M. Familiarité, confiance, affection, amour. — *praṇay-in* m. familier, ami, favori.

वि *vi.* Éduquer.

vi-nay-a. M. Éducation, bonne conduite, modestie.

नीच *nīca* (cf. *ni*). Bas, vil, méchant.

नील *nīla.* Bleu sombre (indigo), sombre, noir.

नु *nu* (νυ, cf. νῦν, lat. nunc, allem. nun, angl. now). Certainement. Après un interrogatif, donc. Interrogatif lui-même, et alternant dans une série d'interrogations avec *vā* ou *yadi vā.* Précédé de *na,* est-ce que ne pas? Cette locution *na nu* peut se traduire dans beaucoup de cas « certainement », avec un impératif « donc ».

* नुद् *nud, nod. nud-a-ti.* Pousser. Part. passé passif *nun-na.*

प्र *pra.* Pousser, chasser, mettre en mouvement.

नूनम् *nūnam* (cf. *nu*). Vraisemblablement, sûrement.

नूपुर *nūpura.* Anneau que les femmes portent aux pieds comme ornement. On le compare au flamant à cause du bruit qu'il fait.

नृप *nṛ-pa,* v. *pā* 1.

नेपथ्य *nepathya.* N. Espace situé derrière la scène. *nepathye* (loc.) est une indication scénique signifiant que les paroles qui suivent sont prononcées dans la coulisse.

नो *no,* v. *u.*

नौ *nau.* F. Navire. Acc. s. *nāvam.*

न्यङ्कु *nyaṅku.* M. Espèce de gazelle.

प् *p*.

पक्ष *pakṣa*. M. Aile, côté; parti. *keça-pakṣa,* un côté de la chevelure. — *pakṣ-in* (qui a des ailes) m. oiseau.

पक्ष्मन् *pakṣman* (cf. *pakṣa*). N. Cil; poil.

पङ्क *paṅka*. N. Boue, pâte. *paṅka-ja,* v. *jan.*

* पच् *pac* (cf. πέπ-τω, lat. coqu-o). *pac-a-ti*. Cuire.

-pac-a. Qui cuit. *mitaṃ-paca* (qui cuit quelque chose de modique) avare.

pāk-a. M. Maturité.

पञ्चन् *pañcan* (πέντε, lat. quinque, allem. fünf, angl. five). Cinq. Se décline au sing. au nom. acc. *pañca,* au pl. aux autres cas; g. pl. *pañcānām*. — *pañca-dhā,* cinq fois, de cinq manières. — *pañca-ma,* cinquième. — *pañcāçat* f. s. cinquantaine, cinquante (construit avec un nom au pluriel et au même cas).

पट *paṭa*. M. Étoffe, vêtement.

पटल *paṭala*. N. Toit; voile.

पटु *paṭu*. Habile, pénétrant. — *paṭ-īyaṃs,* f. *īyas-ī* (comparatif). — *paṭu-tva* n. habileté, ruse.

पट्ट *paṭṭa*. M. Table, tablette.

* पठ् *paṭh*. *paṭh-a-ti*. Lire, étudier.

पण्डित *paṇḍita*. Savant, sage, habile. *a-paṇḍita,* ignorant, sans instruction.

*1 पत् *pat, pāt* (πέτ-ο-μαι et πί-πτ-ω, lat. pet-o, pen-na, angl. feather, allem. Feder). *pat-a-ti*. Voler; tomber. Part. passé *pat-i-ta*. Causal *pāt-aya-ti,* faire tomber, abattre, jeter.

pat-a. Vol dans *pataṃ-ga,* v. *gam*.

pat-ana. N. Chute.

pat-tra. N. Aile, plume; feuille.

pāt-a. M. Chute, arrivée subite. *dṛṣṭi-pāta* m. (chute du regard), regard. *pakṣa-pāta,* m. (chute d'un côté) partialité.

pāt-aka. N. (Qui fait déchoir) péché, crime.

अव *ava*. Se précipiter.

ava-pāt-a. M. Action de se précipiter. *adhaç-caraṇāvapātam* (composé dérivé) acc. n. adv. en se précipitant sous les pieds.

आ *ā*. S'élancer.

ā-pāt-a. M. Attaque, approche.

उद् *ud*. Se relever.

नि *ni*. Tomber, se renverser, se jeter sur (loc.). Causal: abattre.

विनि *vi-ni*. S'écrouler.

vi-ni-pāt-a. M. Chute, ruine.

परि *pari*. Errer.

सम् *sam*. Voler, s'élancer vers.

* 2 पत् *pat* (cf. lat. pot-ior). *pat-ya-te*. Être maître de.

pat-i (cf. πόσι-ς, lat. potis sum, possum). M. Maître, seigneur, époux. *adhi-pati*, m. maître suprême, roi. *jagat-pati*, m. le maître du monde, surnom du dieu Viṣṇu. *nara-pati*, *nṛ-pati* (maître des hommes), *pṛthivī-pati* (maître de la terre), m. roi. *prajā-pati*, m. le maître des créatures, le créateur. *prāṇa-pati*, m. (maître des souffles vitaux) âme. *bṛhas-pati*, m. (*s* au lieu de *ḥ*, contre 49, maître de l'accroissement, de la prière qui accroît la puissance des dieux), nom d'un dieu; nom indien de la planète Jupiter. *mahī-pati*, m. (maître de la terre) roi. *mṛga-pati*, m. (roi des animaux) lion. *vanas-pati*, m. (contre 49, maître du bois) arbre. — *pati-tva*, n. qualité d'époux.

pat-nī (πότ-νια). Sert de féminin à *pati* : épouse.

पताका *patākā* (cf. *pat* 1). F. Bannière.

पत्तन *pattana*. N. Ville.

पथ् *path*, v. *panthān*.

पथ *-patha* (cf. *panthān*, πάτος, lat. pons, pontis). A la fin d'un composé, chemin. *a-patha*, n. absence de chemin, ce qui n'est pas le chemin. — *path-ya*, approprié, salutaire.

path-ika. M. Voyageur.

* पद् *pad*, *pād* (v. ci-après sous *pad* 2). *pad-ya-te*. Aller. Parf. *ped-e*. Fut. *pat-sya-te*. Part. passé *pan-na*.

pat-ti. M. Fantassin.

1 *pad*. Qui va. *yuga-pad*, (qui va en formant une paire) simultané; acc. n. adv. simultanément; *yaugapad-ya*, n. simultanéité;

instr. adv. simultanément. *sa-pad,* au locatif *sapadi,* aussitôt, immédiatement.

2 *pad, pād* (ποῦς, ποδ-ός, lat. pes, ped-is, angl. foot, allem. Fuss). M. Pied.

pad-a (πέδ-ον, lat. op-pidu-m). N. Trace (du pied), pas, pied; lieu, place, séjour; mot. *āçrama-pada,* n. même sens que *ā-çram-a,* v. ce mot. *jana-pada,* m. pays, peuple; *jānapad-a,* m. villageois. *dru-pada,* m. nom du père de Draupadī; *draupad-ī,* patronymique féminin, nom de l'épouse commune des cinq Pāṇḍavas. *pra-pada,* n. pointe du pied. *çvā-pada,* (qui a des pieds de chien, *çvā* pour *çva*) m. n. quadrupède carnassier. *ṣaṭ-pada,* (qui a six pieds) m. abeille. *pada-vī,* v. *vī.*

pād-a. M. Pied. On dit «les pieds» d'une personne pour désigner cette personne, par respect. — *pād-ya,* relatif aux pieds; n. eau pour laver les pieds.

आ *ā.* Arriver à, obtenir, tomber dans.

ā-pad. F. Accident, malheur.

उद् *ud.* Naître, se produire.

प्रत्युद् *praty-ud. praty-ut-pan-na,* présent.

समुद् *sam-ud.* Avoir lieu.

उप *upa.* Avoir lieu, arriver. *upa-pan-na,* doué de, muni de.

प्र *pra.* Venir de, aller à. *pra-pan-na,* avec l'acc. *çaraṇam,* qui s'est mis sous la protection (de quelqu'un).

प्रति *prati.* Se rendre dans ou sur, recourir à; recevoir, prendre; reconnaître. Causal : faire prendre, donner.

वि *vi.* Échouer, périr.

vi-pat-ti. F. Malheur.

vi-pad. F. Id.

सम् *sam.* Échoir en partage à (gén.); devenir. *saṃ-panna,* doué de.

saṃ-pad. F. Succès, bonheur; possession, richesse.

पदाति *padāti* (cf. *pad.*). M. Fantassin; qui est à pied.

पदातिन् *padātin* (cf. *padāti*). M. Fantassin.

पद्म *padma*. M. N. Lotus, fleur de lotus.

पन्थान् *panthān*, thème faible *path* (cf. *patha*). M. Chemin.

पन्थास् *panthās*, nom. s. du précédent.

पन्नग *pannaga*. M. Serpent.

* 1 पर् *par(ī)*, *pūr*, *pur* (cf. πίμ-πλη-μι, lat. im-ple-o, angl. full, allem. voll). *pṛ-ṇā-ti*, pl. *pṛ-ṇ-ī-mas*. Remplir. Passif *pūr-ya-te*. Part. passé passif *pūr-ṇa*.

-*pūr-a* (*pūr* devant une voyelle contre 93). Dans *duṣ-pūra*, f. *ā*, difficile à remplir.

अभि *abhi*. Remplir, donner en abondance.

संपरि *saṃ-pari*. Remplir. *saṃ-pari-pūrṇa*, complet.

सम् *sam*. *saṃ-pūr-ṇa*, rempli, complet, abondant.

* 2 पर् *par*, *pār* (cf. περ-άω, lat. ex-per-ior, allem. fahren). *pi-par-ti*. Traverser.

pār-a. N. Rive opposée, limite.

* 3 पर् *par*, *pār* (cf. πρίασθαι). *pr-iya-te*.

व्या *vy-ā*. Être occupé.

vy-ā-pār-a. M. Occupation.

पर *para* (cf. πέρα). Thème pronominal, 174. Qui vient après (abl.), second; supérieur (abl.), suprême; extrême; autre; m. étranger, ennemi. Acc. n. adv. au delà (abl.), outre, extrêmement. Répété, *paraṃ param* (à l'acc.), l'un après l'autre; *paras-param* (pour *paraḥ param*, l'un l'autre); devenu adverbe, réciproquement. A la fin d'un composé dérivé, cf. 140, qui a pour chose principale, ex. : *artha-para*, (qui a pour chose principale l'intérêt) intéressé. — *para-kīya*, d'autrui, étranger. — *para-tra*, ailleurs (dans l'autre monde). — *para-ma*, le plus grand, suprême, extrême.

परस् *paras* (cf. *para*). Au delà.

परस्परम् *parasparam*, v. *para*.

परा *parā* (παρά, cf. lat. per dans per-eo, angl. for, allem. ver). Préfixe verbal marquant l'éloignement dans telle ou telle direction.

परि *pari* (περί, cf. lat. per dans per-magnus). Préfixe verbal signifiant autour, et particule en composition marquant souvent l'excès; ex. : *pari-dīna,* très affligé. *pari-jana,* v. *jana.*

परी *parī* pour *pari* dans *parī-vāra,* etc., v. *var* 1, etc.

परुष *paruṣa.* Dur, rude, grossier. — *pāruṣ-ya,* n. dureté.

परोक्ष *parokṣa,* v. *akṣa.*

* पर्च् *parc, pṛc* (cf. πλέκ-ω, lat. plec-to, allem. flechten). *pṛ-ṇa-k-ti.* Mêler.

सम् *sam.* Mêler, unir.

saṃ-park-a. M. Contact, commerce avec.

पर्ण *parṇa.* N. Aile, plume, feuille. *su-parṇa,* m. (qui a de belles ailes) nom de Garuḍa, l'oiseau qui sert de monture au dieu Viṣṇu.

पर्वत *parvata* (cf. *parvan*). M. Montagne. — *pārvat-īya,* habitant des montagnes.

पर्वन् *parvan.* N. Nœud de la tige d'une plante, articulation; division d'un livre (ce nom est donné aux dix-huit chants du Mahābhārata et à certaines subdivisions de quelques-uns de ces chants); jour décisif, fatal.

पलाय *palāya,* et dérivés, v. *i,* avec *parā.*

पलित *palita* (cf. πολιός, lat. palleo). Gris, blanc; n. cheveux gris, blancs.

पल्लव *pallava.* M. N. Jeune pousse, jeune branche.

* पश् *paç* (cf. lat. con-spic-io, allem. spähen, angl. to spy, σκέπτομαι). *paç-ya-ti, -te.* Voir, visiter, regarder, regarder comme (deux accus.).

सम् *sam.* Voir.

पशु *paçu* (lat. pecu, angl. fee, allem. Vieh). M. Bétail, tête de bétail, animal (en général et particulièrement) quadrupède domestique.

पश्च *paçca* (d'un inusité *pas* et de *ca,* cf. *nīca,* lat. post). Qui est derrière; abl. adv. *paçcād,* après, ensuite.

* 1 पा *pā* (cf. lat. pa-sco, πῶ-υ). *pā-ti,* protéger, garder.

-pa. Qui protège. *kṣiti-pa,* (qui protège la terre) roi. *go-pa,* (qui garde les vaches) vacher, gardien (en général); *gopa-ya-ti,* garder, d'où la fausse racine *gup,* part. passé *gup-ta,* gardé,

caché, *gupta-ka*, m. nom d'homme, *gup-ti*, f. action de garder, de tenir secret, (avec *abhi*) *abhi-gup-ta*, gardé, caché. *nṛ-pa*, (qui protège les hommes), *rāṣṭra-pa*, (qui protège le royaume), m. roi. *viçaṃ-pa*, (qui protège le peuple, *viçam* à l'acc.), nom d'homme, d'où le patronymique *vaiçaṃpāyana*, m. nom d'un disciple de Vyāsa (l'auteur prétendu du Mahābhārata), récitant ce poème. — Ne pas confondre avec *-pa* de *pā* 2.

pā-la. M. Protecteur, gardien. *pṛthivī-pāla*, *bhū-pāla*, *loka-pāla*, (protecteur de la terre, du monde) m. roi. — *pāla-ya-ti*, protéger, d'où *pāl-ana*, n. protection, (avec *pari*) *pari-pāl-ana*, n. protection, conservation, (avec *prati*) *prati-pālaya-ti*, attendre.

अधि *adhi*.

adhi-pa. M. Maître, seigneur. *narādhipa*, m. roi.

* 2 पा *pā*, *pī* (cf. πίνω, πῶ-μα, lat. po-tus). *piba-ti* (irrégulier, cf. lat. bibo). Boire. Part. passé passif *pī-ta*. *pānīya*, devant ou pouvant être bu; n. breuvage, eau. Désidératif *pi-pā-s-a-ti*, d'où *pipās-ā*, f. soif; *kṣut-pipāsā*, faim et soif, d'où *kṣutpipās-i-ta*, qui a faim et soif.

-pa. Qui boit. *dvi-pa*, (qui boit en deux fois, avec la trompe et avec la bouche) m. éléphant. *pāda-pa*, (qui boit par le pied) m. arbre. *madhu-pa*, (qui boit le miel) m. abeille. — Ne pas confondre avec *-pa* de *pā* 1.

pā-tra. N. Vase; personne jugée digne de recevoir.

pāna. N. Boisson.

पांसन *-pāṃsana* (cf. *pāṃsu*). Qui souille.

पांसु *pāṃsu*. M. Poussière. — *pāṃsu-la*, couvert de poussière, souillé.

पाणि *pāṇi*. M. Main.

पाण्डु *pāṇḍu*. Jaune pâle, pâle. M. nom du père des cinq Pāṇḍavas. Au pl. nom de ses fils. — *pāṇḍav-a*, (patronymique) fils de Pāṇḍu, nom des cinq principaux héros du Mahābhārata.

पाताल *pātāla*. N. Enfer.

पाप *pāpa*. Mauvais, méchant. N. Péché. — *pāpa-ka*, n. péché. — *pāp-iṣṭha* (superlatif), le pire.

पार्थ *pārtha*, v. *pṛthā* sous *prath*.

पार्श्व *pārçva*. N. Côté.

पाल *pāla*, v. *pā* 1.

पाश *pāça* (cf. lat. pac-iscor). M. Corde, lien.

पि *pi* pour *api*, préfixe, v. *dhā* 1.

पिठरी *piṭharī*. F. Pot, vase.

पिण्ड *piṇḍa*. M. Morceau, bouchée, le pain quotidien.

पितर् *pitar* (πατήρ, lat. pater, angl. father, allem. Vater). M. Père. Duel *pitarau*, le père et la mère.

पिब *piba*, v. *pā* 2.

* पिश् *piç, peç* (cf. ποικίλος). *pi-ṃ-ç-a-ti*. Découper la chair des victimes, préparer, décorer. *piç-i-ta*, n. chair.

पिशुन *piçuna* (cf. πικ-ρός, allem. Feh-de). M. Traître, calomniateur, méchant. *piçuna-tā* f., *paiçun-ya* n., calomnie.

* पिष् *piṣ, peṣ* (lat. pinso). *pi-na-ṣ-ṭi*. Broyer.

निस् *nis*. Broyer, cogner.

* 1 पी *pī, pay* (cf. πί-ων). S'enfler, déborder. — *pī-na*, gonflé, gros.
pay-as. N. Eau; lait.

* 2 पी *pī*, v. *pā* 2.

* पीड् *pīḍ* (cf. πιέζω). *pīḍ-aya-ti*. Presser, broyer, écraser. Part. passé passif *pīḍ-i-ta*.
pīḍ-ana. N. Oppression.

पीयूष *pīyūṣa* (cf. *pī* 1). M. N. Breuvage d'inmortalité, nectar.

पुं *puṃ* pour *puṃs* dans *puṃ-gava* v. *go*.

पुंस् *puṃs*, v. *pumaṃs*.

पुच्छ *puccha*. M. N. Queue.

पुट *puṭa*. M. N. Pli, creux. — *puṭa-ka*, m. mêmes sens.

पुण्य *puṇya*. Beau, bon. N. Mérite, œuvre pie.

पुत्र *putra*, f. *putr-ī*. Fils, fille. *ārya-putra*, m. (fils d'Ārya) nom que donne une femme mariée à son époux. *dharma-putra*, m. fils de Yama, Yudhiṣṭhira considéré comme fils du dieu Yama. *rāja-putra*, m. (fils de roi) membre de la caste des guerriers ou kṣatriyas; *rāja-putrī*, (fille de roi) femme de la même caste,

— *putra-ka*, (cf. pour le sens lat. filiolus) enfant, f. *putr-ikā*, poupée. — *putr-in*, f. *iṇ-ī*, qui a un fils ou des fils.

* पुथ् *puth*, *poth*. Causal *poth-aya-ti*, écraser.

पुनर् *punar*. De nouveau; en réponse, en retour, en revanche; mais, néanmoins. Avec un verbe signifiant aller : revenir. Précédé de *kim*, à plus forte raison; mais quoi donc? de *atha*, mais. Répété, sans cesse.

पुना *punā*, *punī*, v. *pū*.

पुमंस् *pumaṃs*, thème faible *puṃs*. M. Homme (vir). Nom. s. *pumān*.

पुर् *pur* (cf. *par* 1, πόλις). F. Ville, forteresse.

पुर *pura* (cf. *pur*). N. Ville. — *paur-a*, m. bourgeois, citadin, citoyen.

पुरतस् *puratas* (cf. les suivants). Devant (gén.).

पुरस् *puras* (cf. *puratas* et *purā*, πάρος, angl. fore, allem. vor). Devant, par devant. S'emploie aussi en composition.

पुरा *purā* (cf. les précédents). D'abord; autrefois, naguère; bientôt. — *purā-ṇa* ancien; *paurāṇ-a*, même sens.

पुरु *puru*, v. *pūru*.

पुरुष *puruṣa* et *pūruṣa*. M. Homme (vir), mâle, héros; âme (universelle incarnée dans les différents individus). *kā-puruṣa*, lâche, poltron. — *pauruṣ-a*, n. acte viril, héroïque.

पुरोडाश *puroḍāça* (de *puras* et *ḍāça* pour *dāça* de *dāç*, offrir, cf. ἔ-δωκ-α). M. Gâteau (de sacrifice).

पुरोधस् *purodhas*, v. *dhas*.

* पुष् *puṣ*, *poṣ*. *puṣ-ya-ti*. Prospérer. *puṣ-ṇā-ti*, entretenir. Causal : nourrir et faire nourrir.

poṣ-aka. Qui nourrit, qui élève.

पुष्कर *puṣkara*. N. Lotus bleu. — *puṣkar-iṇ-ī*, f. étang plein de lotus bleus, étang.

पुष्प *puṣpa*. N. Fleur. — *puṣp-i-ta*, fleuri. Au figuré, Dr. 265, 8.

* पू *pū*, *pav(ī)*, *pāv* (lat. pū-rus). *pu-nā-ti*, *pu-n-ī-te*. Purifier. Part. passé passif *pū-ta*.

pav-ana. M. (Qui purifie) vent.

pāv-aka. M. (Qui purifie) feu.

* पूज् *pūj*. *pūj-aya-ti*. Honorer.

पूरु *pūru* et *puru*. M. Nom de l'ancêtre de Duḥṣanta. — *paurav-a*, descendant de Pūru.

पूरुष *pūruṣa*, v. *puruṣa*.

पूर्व *pūrva*. Premier, antérieur. Acc. n. adv. antérieurement. — *pūrva-ka*, mêmes sens. L'un et l'autre se construisent de plusieurs façons remarquables à la fin des composés dérivés : *pariṇīta-pūrvā*, f. épousée antérieurement; (adverbialement) en commençant par, après, ou avec effacement presque complet du sens propre, *abodha-pūrvam*, d'une manière inconsciente.

* पृच्छ् *pṛcch*, *pracch*, fausse racine, v. *praç*.

* पृथ् *pṛth*, v. *prath*.

पृथक् *pṛthak* (cf. *prath*). Séparément.

पृषत *pṛṣata* (cf. περκνός, προκάς, πρόξ). M. Gazelle tachetée.

पृष्ठ *pṛṣṭha*. N. Dos; plate-forme, terrasse. — *pṛṣṭha-tas*, par derrière; avec *kar* (faire, mettre par derrière) tourner le dos à (acc.).

प्र *pra* (πρό, cf. lat. prō). Préfixe verbal marquant mouvement en avant, et particule en composition signifiant quelquefois excès, ex. : *pra-caṇḍa*, très violent.

प्रचुर *pracura*. Nombreux; abondant.

* प्रच्छ् *pracch*, fausse racine, v. *praç*.

प्रति *prati* (προτί, ποτί, πρός). Préfixe verbal signifiant en face, contre, vers, et particule en composition signifiant contre, en face, ou marquant distribution, ex. : *prati-vātam*, contre le vent, *prati-dinam*, chaque jour. S'emploie aussi comme préposition (pouvant se placer après son régime) avec l'acc. : dans, sur, pour, en s'adressant à, au sujet de, à l'égard de. En composition avec *sam*, *saṃ-prati*, maintenant; *sāṃprat-a*, à l'acc. n. adv. *sāṃpratam*, même sens. Suivi de *uta*, v. ce mot.

प्रती *pratī* pour *prati* dans *pratī-hāra*, etc., v. *har*, etc.

प्रतीची *pratīcī*, fém. de *praty-añc*, v. *añc*.

* प्रथ् *prath(i)*, *pṛth(i)* (v. ci-dessous, *pṛthu*). *prath-a-te*. S'étendre. Causal : étendre; *prath-i-ta*, célèbre, connu.

pṛth-a. Large. *pṛthā*, f. nom de la mère des trois premiers Pāṇḍavas;

pārth-a, m. fils de Pṛthā, nom métronymique des trois premiers Pāṇḍavas (appliqué particulièrement à Arjuna), étendu aux deux autres.

pṛth-u (πλατύ-ς), f. *pṛthv-ī.* Large. Autre féminin, *pṛthiv-ī,* terre.

प्रथम *prathama* (cf. *pra*). Premier; le meilleur. Acc. n. adv. *prathamam,* précédemment, autrefois; d'abord, la première fois. — *prathama-tas* d'abord.

* **प्रश्** *praç* (lat. prec-or et posco pour porc-sco, allem. fragen et forschen). *pṛccha-ti.* Prier, faire une demande à, interroger (sur, deux acc.). Part. passé passif *pṛṣ-ṭa.* Part. fut. passif *praṣ-ṭavya.* De la fausse racine *pṛcch, pracch,* parf. *pa-pracch-a.*

praç-na. M. Question.

परि *pari.* S'informer de (acc.).

प्रा *prā* pour *pra* dans *prāvṛṣ,* v. *varṣ.*

प्राची *prācī,* fém. de *prāñc,* v. *añc.*

प्राण *prāṇa,* v. *an.*

प्रातर् *prātar* (cf. *pra*). Adv. Le matin.

* **प्री** *prī, pre* (cf. angl. friend, allem. Freund). *prī-ṇā-ti.* Réjouir, contenter. *prī-ta,* satisfait, content.

priy-a, f. *ā.* Cher, aimé; amical, agréable; qui aime. M. Bien-aimé. F. *priyā,* bien-aimée, épouse. N. *priya,* ce qui est cher, agréable; désir; service. *a-priya,* désagréable.

prī-ti. F. Satisfaction; affection; amabilité. — *prīti-mant,* satisfait, content.

pre-man. M. N. Affection, amour, faveur.

pre-yaṃs, f. *yas-ī.* (Comparatif) plus cher, très cher; bien-aimé, bien-aimée.

प्रौढ *prauḍha,* v. *vah* avec *pra.*

* **प्लु** *plu, plav* (πλέω, πλεύ-σομαι). *plav-a-te.* Nager; sauter.

अव *ava.* Sauter à bas de.

उद् *ud.* Sauter, bondir.

वि *vi.* Périr.

फ् *ph.*

* फल् *phal. phal-a-ti.* Porter des fruits.

phal-a. N. Fruit. *niṣ-phala,* sans fruit, sans profit. *sa-phala,* qui a un fruit; *sāphal-ya,* n. le fait d'avoir un fruit, utilité, profit.

फलक *phalaka.* N. Table, tablette, échiquier.

फल्गु *phalgu.* Faible, sans valeur.

फल्गुनी *phalgunī.* F. Nom d'un signe du zodiaque lunaire. — *phālgun-a,* surnom d'Arjuna.

ब् *b.*

* बंह् *baṃh, bah* (v. ci-dessous *bahu*). *baṃh-aya-ti, -te.* Consolider, renforcer. Part. passé passif *bāḍha;* acc. n. adv. assurément, certes.

bah-u (παχύ-ς, lat. pingu-is, angl. big). Nombreux, important, grand. Acc. adv. beaucoup, très. — *bahu-titha,* nombreux, long (du temps). — *bahu-tva,* n. qualité de ce qui est nombreux, grand nombre. — *bahu-dhā,* de beaucoup de manières, diversement. — *bahu-la* (παχυλό-ς), nombreux.

बडिश *baḍiça.* N. Hameçon.

बत *bata.* Interjection. Avec *aho* : hélas!

* बन्ध् *bandh, badh* (angl. to bind, allem. binden, cf. πενθ-ερός, v. ci-dessous *bandhu,* πεῖσ-μα). *badh-nā-ti.* Lier, enchaîner. Part. passé passif *bad-dha,* inf. *band-dhum.*

bandh-a. M. Lien.

bandh-u. M. Parent, ami.

अनु *anu.* Lier à la suite.

anu-bandh-a. M. Succession ininterrompue. *bhāvānubandha,* m. amour fidèle.

नि *ni.* Enchaîner, arrêter, prendre.

सम् *sam.* Attacher, unir.

saṃ-bandh-a. M. Lien, affection.

* 1 बर्ह् *barh* (cf. βραχ-ύς, lat. brev-is?). *bṛh-a-ti.* Arracher.

संनि *saṃ-ni.* Abattre.

saṃ-ni-barh-aṇa. N. Action d'abattre, de vaincre.

* ? बर्ह् *bàrh, bṛh, bṛh-a-ti.* Être grand, fort. *bṛh-ant* (part. prés.), grand, fort.

bṛh. F. Accroissement de force. Gén. *bṛhas* dans *bṛhas-pati*, v. *pat* 2.

परि *pari.* Fortifier, entourer.

pari-barh-a. M. Cortège, pompe.

बर्ह *barha.* M. N. Plume de queue, queue (particulièrement d'un paon). — *barh-in,* m. paon.

बल *bala.* N. Force; armée. *dur-bala,* faible. — *bala-vant,* fort; acc. n. adv. *balavat,* fortement, très. — *bal-in,* fort.

बलाहक *balāhaka.* M. Nuage pluvieux; nom d'un prince.

बलि *bali.* M. Tribut, présent, offrande, y compris les « charités » faites aux animaux.

बहिस् *bahis.* Dehors.

बाण *bāṇa.* M. Flèche.

* बाध् *bādh. bādh-a-te.* Opprimer, attaquer.

प्र *pra.* Écarter, empêcher.

बाल *bāla,* f. *ā.* Enfant, jeune garçon, jeune fille, jeune femme. — *bāla-ka,* petit enfant. — *bāla-tva, bāl-ya,* n. enfance; inexpérience, sottise.

बालिश *bāliça* (cf. *bāla*). Simple, naïf.

बाहु *bāhu* (πῆχυ-ς). M. Bras. *mahā-bāhu,* qui a de grands bras (épithète laudative d'un guerrier.)

बाह्य *bāhya* (cf. *bahis*). Extérieur, étranger à, contraire à.

बिन्दु *bindu.* M. Goutte; signe marqué sur un visage, mouche. *tṛṇa-bindu,* m. nom d'un sage.

बिम्ब *bimba.* M. N. Disque; image; nom d'un fruit rouge auquel on compare les lèvres.

बिल्व *bilva.* M. Nom d'arbre (sorte de citronnier).

बिस *bisa.* N. Racine de lotus. — *bis-in-ī,* f. lotus.

बीज *bīja.* N. Semence.

बुद्बुद *budbuda.* M. Bulle d'eau.

* बुध् *budh, bodh* (πυνθάνομαι, πεύθ-ομαι, angl. to bid, allem. bieten [primitivement faire savoir]). *bodh-a-ti* et *budh-ya-te.* S'éveiller; savoir, s'apercevoir. Part. passé *bud-dha.* Causal : éveiller.

bud-dhi. F. Intelligence, réflexion, esprit; pensée, idée, résolution. — *buddhi-mant,* intelligent, prudent.

budh-a. Sage.

bod-dhar. Qui connaît, savant.

bodh-a. M. Connaissance, conscience, science. *a-bodha,* m. inconscience; ignorance.

अव *ava.* S'apercevoir de (acc.)

नि *ni.* Faire attention à (acc.), apprendre de.

प्र *pra.* S'éveiller. *pra-bud-dha,* éveillé.

pra-bodh-a. M. Éveil, connaissance.

प्रति *prati.* S'éveiller, remarquer.

prati-bodh-a. M. Connaissance. — *pratibodha-vant,* doué de raison.

वि *vi.* S'éveiller.

बृसी *bṛsī.* F. Coussin fait de gazon.

ब्रह्मन् *brahman* (cf. *barh* 2). M. Prêtre, brāhmane; le dieu Brahmā. N. Science sacrée; Brahma (neutre, l'être unique du panthéisme indien). — *brāhmaṇ-a.* M. (Fils de prêtre) brāhmane.

* ब्रू *brū, brav(ī). bravī-ti, brū-te.* Parler, dire, dire à (acc.)

अति *ati.* Insulter.

भ् *bh.*

* भज् *bhaj, bhāj* (cf. ἔ-φαγ-ον, primitivement recevoir en partage). *bhaj-a-ti, -te.* Partager; aimer, observer. (Au moyen, et même à l'actif) recevoir pour sa part, avoir en partage; se rendre dans, sur; suivre (un chemin). *bhak-ta,* aimant, dévoué à (gén.).

bhak-ti. F. Amour, zèle, dévotion. *dṛḍha-bhakti-ka* dont l'affection est constante.

bhag-a. M. Part. *su-bhaga,* f. *ā,* (qui a une belle part) heureux, fortuné (formule polie d'apostrophe). — *bhaga-vant,* f. *vat-ī,* bienheureux, bienheureuse (titre honorifique pour un saint personnage ou un dieu).

bhāg-a. M. Part, lot. *puro-bhāga,* m. (proprement, préciput) d'où le dérivé *purobhāg-in,* f. *in-ī,* importun, effronté. *mahā-bhāga* (qui a un grand lot) fortuné, bienheureux (appellation honorifique). — *bhāg-ya,* n. destinée; heureux destin, bonheur.

1 *-bhāj*. Qui à en partage.

2 *-bhāj*. En composition avec *sa*, *sa-bhāj*, d'où le verbe dénominatif *sabhāj-aya-ti*, témoigner son respect à (acc.).

bhāj-ana. N. Vase, récipient; (au figuré) ce où quelquechose afflue.

वि *vi*. Partager, partager entre soi; séparer, discerner.

* भञ्ज् *bhañj*, *bhaj*. *bha-na-k-ti*. Briser. Part. passé passif *bhag-na*.

bhaṅg-a. M. Brisure, destruction.

bhaṅg-ura. Fragile, qui périt, qui finit.

वि *vi*. Briser.

vi-bhaṅg-a. M. Action de briser.

* भण् *bhaṇ* (cf. *bhā*) *bhaṇ-a-ti*. Dire, adresser la parole à (acc.). *bhaṇ-i-ta*, dit, et à qui on a adressé la parole.

* भन्द् *bhand*, *bhad* (cf. angl. better, allem. besser). *bhand-a-te*. Être propice.

bhad-ra, f. *ā*. Heureux, propice. (Au vocatif) formule de politesse. N. *bhadram*, dans l'expression *bhadraṃ te* «Bonheur, salut à toi!» (formule de politesse).

* भर् *bhar*, *bhār*, *bhr* et *bhṛ* (φέρ-ω, lat. fer-o, angl. to bear, allem. ge-bär-en). *bi-bhar-ti*. Porter; porter sur soi, avoir; entretenir. *bhṛ-ta* porté, etc.; *para-bhṛta*, f. *ā* (nourri par d'autres), coucou, (en sanscrit, kokila). *bhārya*, devant être entretenu, nourri; *bhāryā*, f. épouse. *bhṛ-tya*, devant être entretenu, serviteur.

bhar-a. M. Fardeau, poids; grande quantité.

bhar-ata. M. Nom d'un ancien roi, appliqué aussi aux descendants de ce roi. — *bhārat-a*, descendant de Bharata; concernant les Bharatas; *mahā-bhārata*, n. grand poème sur les Bharatas.

bhar-tar. M. (Qui entretient, nourrit) maître; époux. — *bhartṛ-mat-ī*, f. qui a un époux, mariée.

bhār-a (φόρο-ς). M. Fardeau.

bhṛ-t. Qui porte, qui a, qui fait. *udyama-bhṛt*, qui fait des efforts. *tanu-bhṛt* (qui a un corps), *prāṇa-bhṛt* (qui a les souffles), m. être vivant, (particulièrement) homme.

प्र *pra*. Présenter.

pra-bhṛ-ti. F. Commencement. A la fin d'un composé dérivé, v. 140.

सम् *sam*. *saṃ-bhṛ-ta*, (composé, préparé) imaginaire.

* भर्त्स् *bharts*. *bharts-aya-ti*. Menacer, injurier.

अव *ava*. Mêmes sens.

निस् *nis*. Menacer.

nir-bharts-ana. N. Menace.

भल्ल *bhalla*. M. Sorte de flèche.

भवन्त् *bhavant,* thème faible *bhavat,* f. *bhavat-ī* (ne pas confondre avec le part. prés. de *bhū)*. Nom. m. s. *bhavān*. Terme de politesse remplaçant le pronom de la 2e personne. S'emploie aux trois nombres et se construit avec la 3e personne. Peut être accompagné d'un, ou même de deux pronoms démonstratifs. Précédé de *atra,* désigne un tiers présent, de *tatra,* un tiers absent.

* भष् *bhaṣ*. *bhaṣ-a-ti*. Aboyer.

* भस् *bhas*. *ba-bhas-ti*. Dévorer.

bhas-man. N. (Ce qui a été dévoré par le feu) cendre.

* भा *bhā* (cf. pour la forme φη-μί, lat. fā-ri, et pour le sens φαίνω, φαν-ερός répondant pour la forme à *bhaṇ*, v. cette racine, cf. aussi *bhāṣ, bhās*). *bhā-ti*. Briller, paraître.

bhā-nu. M. Rayon; soleil. — *bhānu-mant,* f. *-mat-ī,* brillant.

प्र *pra*. Briller, éclater.

pra-bhā. F. Éclat.

प्रति *prati*. Paraître; être compris.

prati-bhāna. N. Sagacité. — *prati-bhāna-vant,* sagace.

वि *vi*. Briller.

भाण्ड *bhāṇḍa*. N. Vase.

भाल *bhāla*. N. Front.

* भाष् *bhāṣ* (cf. *bhā*). *bhāṣ-a-te*. Dire. *bhāṣ-i-ta,* n. parole, discours; *su-bhāṣita,* n. belle parole, éloge.

bhāṣ-aṇa. N. Action de dire.

bhāṣ-in. Qui parle.

अभि *abhi*. Parler à (acc.). Inf. *abhi-bhāṣ-ṭum*.

प्रति *prati*. Dire à (acc.).

* भास् *bhās* (cf. *bhā*). *bhās-a-te*. Briller.

bhās-vara. Brillant.

भास *bhāsa*. M. Espèce d'oiseau de proie.

* भिक्ष् *bhikṣ* (sorte de désideratif de *bhaj*). *bhikṣ-a-te*. Mendier.

bhikṣ-ā. F. Mendicité; aumône.

* भिद् *bhid, bhed* (lat. findo, angl. to bite, allem. beissen). *bhi-na-t-ti.* Fendre, percer, briser; violer. *bhin-na,* fendu; séparé, différent; *a-bhinna,* constant, ininterrompu. Gérondif *bhit-tvā.*

bhit-ti. F. (Séparation) mur (au propre et au figuré).

bhed-a. M. Fente, brisure, le fait de briser, l'état de ce qui est brisé (au figuré, pour froncé, des sourcils), séparation; violation; différence; intervalle.

प्र *pra. pra-bhinna* (fendu, se dit de l'éléphant dont les tempes sont fendues au moment du rut et laissent couler une liqueur appelée *mada),* en rut.

pra-bhed-a. M. Action de fendre, de couper.

प्रति *prati.* Fendre, percer.

भिषज् *bhiṣaj.* M. Médecin.

* भी *bhī, bhe, bhay* (cf. allem. beben). *bi-bhe-ti.* Craindre (abl.). *bhī-ta,* effrayé.

bhay-a. N. Crainte, danger.

bhī. F. Crainte. *apa-bhī,* qui est sans crainte.

bhī-ma. Terrible; m. autre nom de Bhīmasena, le second des Pāṇḍavas.

bhī-ru, f. *ū.* Craintif, craignant, timide, lâche.

* भीष् *bhīṣ* (cf. *bhī*). *bhīṣ-aya-te.* Effrayer.

वि *vi.* Id.

1. *vi-bhīṣ-aṇa.* Effrayant.

2. *vi-bhīṣ-aṇa.* N. Action d'effrayer.

* भु *bhu,* v. *bhū.*

* 1 भुज् *bhuj, bhoj* (allem. bieg-en, φεύγ-ω, lat. fug-io). *bhuj-a-ti.* Ployer, plier.

bhuj-a. M. Bras; trompe de l'éléphant.

bhog-a. M. Anneau (d'un serpent). Ne pas confondre avec *bhoga* de *bhuj* 2. — *bhog-in,* qui a des anneaux; m. serpent. Ne pas confondre avec *bhogin* de *bhuj* 2.

* 2 भुज् *bhuj, bhoj* (lat. fung-or). *bhu-na-k-ti, bhu-ṅ-k-te.* Jouir de (acc.), manger, goûter. Part. passé passif *bhuk-ta;* n. jouissance. Part. fut. passif *bhoj-ya;* n. nourriture. Inf. *bhok-tum.*

Désidératif *bu-bhuk-ṣ-a-ti,* d'où *bubhukṣ-ā,* faim, *bubhukṣ-i-ta,* affamé.

-bhuj. Qui jouit de. *kṣiti-bhuj, mahī-bhuj,* (qui jouit de la terre) m. roi.

bhog-a. M. Jouissance. Ne pas confondre avec *bhoga* de *bhuj* 1. — *bhog-in,* qui a des jouissances. Ne pas confondre avec *bhogin* de *bhuj* 1.

bhoj-ana. N. Nourriture.

उप *upa.* Manger, boire.

upa-bhog-a. M. Jouissance.

* भू *bhū, bhav(i), bhāv* (ἔ-φῦ-ν, lat. fu-i, angl. to be, allem. ich bin). *bhav-a-ti.* Être, devenir, naître. *bhav-a-tu* (3ᵉ s. impér.). Soit! Eh bien! (Marque une résolution prise). Parf. *ba-bhūv-a.* Aor. 2 *a-bhū-t* (= ἔ-φυ). Part. passé *bhū-ta;* n. être, créature. Part. fut. passif *bhāv-ya,* employé comme un verbe impersonnel au nom. n. *bhāvyam.* Causal *bhāv-aya-ti,* honorer; part. passé passif du causal *bhāv-i-ta,* honoré, rempli de, uniquement occupé de.

1 *bhav-a.* M. Le fait d'être; naissance, origine; monde, la vie en ce monde. *vinā-bhava,* m. le fait d'être sans, séparation de (instr.). *su-bhava,* (qui a une noble origine) m. nom d'un roi.

2 *bhav-a.* M. Autre nom du dieu Çiva.

bhav-ana. N. Maison, demeure.

bhāv-a. M. Existence, le fait d'être...; essence, nature, condition; caractère; cœur; amour. *a-bhāva,* m. non existence, mort. *mūka-bhāva,* m. le fait d'être muet. *sad-bhāva,* m. vérité; penchant, affection. *sva-bhāva,* m. nature propre, caractère; *svābhāv-ika,* naturel. — *bhāvin-ī,* f. belle femme.

-bhu. Qui est. *çaṃ-bhu,* (qui est le bonheur, ou qui est heureux ou propice) m. autre nom du dieu Çiva. *svayaṃ-bhu,* (qui existe par lui-même) m. autre nom du dieu Brahmā.

bhuv-ana. N. Monde. *tri-bhuvana,* n. l'ensemble des trois mondes.

bhū. F. Terre; région.

bhū-ti. F. Prospérité, salut.

bhū-mi et *bhū-mī.* F. Terre; terroir.

bhū-yaṃs. Sert de comparatif à *bhūri* (ci-après). Acc. n. adv. *bhūyas,* davantage.

bhū-y-iṣṭha. Sert de superlatif à *bhūri* (ci-après). Principal. Acc. n. adv. *bhūyiṣṭham,* pour la plupart.

bhū-ri. Nombreux, abondant.

अनु *anu.* Éprouver, supporter, jouir de (acc.).

अभि *abhi.* Dépasser, l'emporter sur.

abhi-bhav-a. M. Humiliation.

परा *parā.* Succomber.

parā-bhū-ti. F. Humiliation.

परि *pari.* Mépriser.

प्र *pra.* Être maître de (gén.), l'emporter sur (abl.). *pra-bhū-ta,* abondant, grand.

pra-bhav-a. M. Origine.

pra-bhāv-a. M. Force, puissance.

pra-bhu. M. Maître, roi. — *prabhu-tā* f., *prabhu-tva* n., souveraineté, puissance suprême.

वि *vi.* Se développer.

vi-bhav-a. M. Dignité, grandeur, richesse. — *vi-bhava-tas,* d'après le rang (chacun placé selon son rang).

vi-bhu. M. (Dr. 265, 4) le puissant (le dieu Viṣṇu, selon le commentateur).

vi-bhū-ti. F. Richesse.

सम् *sam.* Devenir, naître de, se produire, être. Causal: honorer, estimer.

* भूष् *bhūṣ. bhūṣ-aya-ti.* Orner.

bhūṣ-aṇa. N. Ornement.

वि *vi.* Orner.

vi-bhūṣ-aṇa. N. Ornement.

भृश *bhṛça.* Fort. Acc. n. adv. fortement, très.

भो *bho,* v. *bhos.*

भोस् *bhos* (probablement pour *bhavas,* vocatif [cf. *bhavant,* nom. *bhavān*]) et *bho.* S'emploie pour adresser la parole à quelqu'un, avec ou sans un vocatif. Avec un vocatif, ô.

* भ्रंश् *bhraṃç, bhraç. bhraṃç-a-te* et *bhraç-ya-ti.* Tomber. *bhraṣ-ṭa,* tombé, en ruines.

प्र *pra.* Tomber.

*भ्रम् *bhram(i), bhrām* (lat. frem-o, v. ci-dessous *bhramara*, cf. βρέμ-ω). *bhram-a-ti* et *bhrām-ya-ti*. Errer, parcourir en errant (acc.). Part. passé *bhrān-ta.*

bhram-ara. M. Abeille; nom d'homme.

उद् *ud. ud-bhrān-ta,* troublé, périlleux.

वि *vi.* Se remuer de côté et d'autre.

vi-bhram-a. M. Coquetterie, art de la courtisane; charme, beauté.

सम् *sam.* Se troubler.

saṃ-bhram-a. M. Excitation, empressement; vive émotion, trouble, effroi; ce qui effraie.

*भ्राज् *bhrāj* (lat. flagro, φλέγ-ω, angl. bright). *bhrāj-a-te.* Briller. Causal : faire briller.

वि *vi.* Briller.

भ्रातर् *bhrātar* (lat. frāter, φράτηρ et φράτωρ, angl. brother, allem. Bruder). M. Frère.

भ्रु *bhru* pour *bhrū* dans le composé *bhru-kuṭī,* v. *kuṭ.*

भ्रू *bhrū* (ὀ-φρύ-ς, angl. brow, allem. [Augen]-braue). F. Sourcil. *su-bhrū,* f. femme aux beaux sourcils.

म् *m.*

मकर् *makara.* M. Monstre marin.

मख *makha.* M. Sacrifice.

मङ्गल *maṅgala.* N. Bonheur. *a-maṅgala,* n. malheur.

मञ्जरी *mañjarī.* F. Bouquet, grappe de fleurs.

मठ *maṭha.* M. Hutte d'ascète; collège de prêtres.

मणि *maṇi.* M. Pierre précieuse, joyau. *muktā-maṇi,* m. (joyau qui est une perle) perle. *vajra-maṇi,* m. (joyau qui est un diamant) diamant.

मण्ड् *maṇḍ. maṇḍ-aya-ti.* Orner.

maṇḍ-ana. N. Ornement, parure.

मण्डप *maṇḍapa.* M. N. Pavillon, berceau de verdure. — *maṇḍapa-ka,* id.

मतङ्ग *mataṅga.* M. Éléphant. — *mātaṅg-a,* m. même sens.

मत्तस् *mat-tas,* équivalent à *mad,* forme pronominale, 178.

मत्सर *matsara.* M. Envie. *matsar-in,* envieux, envieux de (loc.).

मत्स्य *matsya.* M. Poisson.

* मथ् *math, māth* et *manth* (cf. μόθος, allem. Mangel[holz] pour Mandel[holz]). *manth-a-ti.* Faire tourner un morceau de bois dans un autre (pour allumer le feu sacré). Formation intensive tirée de *manth, man-math-a* (qui agite, tourmente) m. dieu de l'amour, amour.

प्र *pra.* User de violence. Participe passé passif du causal *pra-māth-i-ta,* qui a subi une violence.

pra-mātha. M. Violence exercée, enlèvement (d'une femme).

pra-māth-in. Qui emploie la violence, emporté.

* 1 मद् *mad.* Forme pronominale, 178. Thème du pronom sing. de la 1ère personne en composition. — Sert de base à : *mad-īya,* f. *ā,* mien.

* 2 मद् *mad, mād* et *mand* (μαδ-άω, lat. mad-eo). *mād-ya-ti* (irrég.). S'enivrer, être enivré. *mat-ta,* ivre, enivré de; se dit de l'éléphant en rut. *mad-ya,* n. liqueur forte. Causal. *mad-aya-ti,* enivrer.

mad-a. M. Ivresse (au propre et au figuré); orgueil; liqueur qui sort des tempes de l'éléphant au moment du rut.

mad-ana. M. Amour.

mad-irā. F. Breuvage enivrant.

mand-a. Lent, faible, petit; doux; sot. Acc. n. adv. lentement, faiblement; pudiquement.

उद् *ud. un-mat-ta,* enivré, affolé.

un-mād-a. M. Enivrement, affolement.

प्र *pra.* Être négligent.

pra-mad-ā. F. (Folâtre), jeune femme, femme.

pra-mād-a. M. Négligence.

मद्र *madra.* M. Nom de peuple. — *mādr-ī, mādra-vat-ī,* f. nom d'une princesse des Madras, mère des deux derniers Pāṇḍavas.

मधु *madhu* (μέθυ, angl. mead, allem. Meth). N. Breuvage enivrant; miel. M. Nom du premier mois du printemps, printemps. — *madhu-ra,* doux, charmant, harmonieux; *mādhur-ya,* n.

douceur. — *mādhav-ya,* m. nom d'un personnage du drame de Çakuntalā (le *vidūṣaka,* ou bouffon).

मध्य *madhya* (lat. mediu-s, μέσσο-ς, μέσος, cf. angl. middle, allem. Mitte). Qui est au milieu; ordinaire. N. milieu. Loc. adv. *madhye* au milieu de, parmi. — *madhya-ma,* qui est au milieu; ordinaire; n. milieu du corps, taille.

* **मन्** *man, mān, ma* (μέ-μον-α, lat. mon-eo, angl. to mean, allem. meinen). *man-ya-te* et *ma-nu-te.* Penser, juger; honorer, estimer, faire cas de; regarder comme, tenir pour (deux acc.). *manye,* «je pense» (comme entre parenthèses). Parf. moy. *men-e.* Part. passé passif *ma-ta; bahu-mata,* très estimé. Causal : honorer.

ma-ti (lat. mens, menti-s, angl. mind). F. Pensée, esprit. *dur-mati,* insensé. *pratyutpanna-mati-tva,* n. le fait d'avoir l'esprit présent. *vi-mati,* qui n'a pas d'esprit, borné; *vimati-tā,* f. le fait d'être borné. — *mati-mant,* intelligent, sage.

man-as (μένος). N. Esprit, pensée, cœur. Avec le verbe *kar,* diriger sa pensée sur, penser à (loc.). *un-manas-ka-tva,* n. trouble d'esprit. *palāyana-manas,* qui a l'esprit tourné à la fuite. *mahā-manas,* (qui a un grand cœur) fier. *su-manas* (εὐ-μενής), joyeux; f. pl. fleurs. — *manas-vin,* intelligent, sage. — *mānas-a,* n. esprit.

man-īṣā. F. Réflexion. — *manīṣ-in,* réfléchi, sage.

man-tra. N. Délibération, avis; formule, incantation. — *mantra-ya-ti,* parler, avec *anu, anu-mantr-i-ta,* consacré par des formules, consacré. — *mantr-in,* m. conseiller.

man-yu. M. Colère, douleur.

mān-a. M. Honneur rendu, estime; l'honneur; orgueil, fierté. *bahu-māna,* m. haute estime. *mahā-māna,* m. (grand) orgueil, fierté.

अनु *anu.* Accorder.

अभि *abhi. abhi-ma-ta,* estimé, précieux.

abhi-māna. M. Orgueil, fierté.

अव *ava.* Mépriser. Gérondif *ava-ma-tya* et *ava-man-ya.*

ava-māna. M. Mépris.

वि *vi.* Causal : déshonorer, manquer de respect à; part. fut. passif *vi-mān-ya.*

सम् *sam*. Honorer, estimer. Causal : honorer, bien traiter, gratifier de (instr.).

मनु *manu* (cf. *manus*, angl. man, allem. Mann, Mensch). M. Manu, ancêtre de la race humaine. — *mānav-a*, m. homme.

मनुस् *manus* (cf. *manu*). M. Autre forme du nom de Manu, ancêtre de la race humaine. — *manuṣ-ya*, m. homme. — *mānuṣ-a*, f. *ī*, homme, femme. *a-mānuṣa*, f. *ī*, (non humain) animal (mâle ou femelle). *ati-mānuṣa*, surhumain.

* मन्थ् *manth*, v. *math*.

* मन्द् *mand*, v. *mad*.

मन्दिर *mandira*. N. Maison. *deva-mandira*, n. temple.

मन्मथ *manmatha*, v. *math*.

मम *mama*. Forme pronominale, 178.

°मय *-maya*, f. *ī*. A la fin d'un composé, fait de, consistant en.

मया *mayā*. Forme pronominale, 178.

मयि *mayi*, id.

मयूर *mayūra*. M. Paon.

* मर् *mar*, *mār*, *mṛ*, *mṝ* (lat. mor-ior, ἄ-μ[β]ρο-τος, angl. murder, allem. Mord). *mr-iya-te*. Mourir. *mṛ-ta*, mort; *a-mṛta*, n. ambroisie, nectar. Causal *mār-aya-ti*, faire mourir. Désidératif *mu-mūr-ṣ-a-ti*, d'où *mumūrṣ-u*, qui désire mourir.

-mar-a. Dans *a-mara*, immortel; m. dieu.

mar-aṇa. N. Mort.

mar-tya. Mortel, homme.

mṛ-tyu. M. Mort.

मरु *maru*. M. Désert.

मरुत् *marut*. M. Nom d'une troupe de dieux compagnons d'Indra; vent.

* मर्ज् *marj*, *mṛj*, et forme anomale *mārj* (ἀ-μέργ-ω et ἀ-μέλγ-ω, lat. mulg-eo, angl. to milk, allem. melk-en). *mārj-a-ti* et *mārṣ-ṭi*. Frotter. Inf. *mārṣ-ṭum*.

अप *apa*. Effacer, nettoyer.

परि *pari*. Essuyer.

प्र *pra*. Effacer, détruire.

सम् *sam.* Nettoyer.

saṃ-mārj-ana. N. Nettoyage.

* मर्द् *mard, mṛd* (ἀ-μαλδ-ύνω d'une part, lat. mord-eo de l'autre). *mṛd-nā-ti.* Broyer, écraser.

mard-ana. Qui broie, détruit.

mṛd-u (βραδύ-ς). Doux, tendre. *mārdav-a,* n. douceur, tendresse.

अभि *abhi.* Traiter violemment.

abhi-mard-a. M. Violence, attentat.

मर्मन् *marman.* N. Partie vitale (du corps); endroit faible.

* मर्श् *març, mṛç* (mulc-eo). *mṛç-a-ti.* Passer la main sur, toucher.

अव *ava.* Toucher.

ava-març-a. M. Contact.

परा *parā.* Toucher, tâter.

वि *vi.* Passer la main sur (pour essuyer).

प्रवि *pra-vi.* Réfléchir à, considérer.

* मर्ष् *marṣ, mṛṣ. mṛṣ-ya-ti.* Oublier, supporter. Causal : supporter.

-marṣ-a. Dans *a-marṣ-a,* m. impatience, colère.

-marṣ-aṇa. Dans *a-marṣaṇa,* impatient, irrité.

marṣ-in. Patient. *a-marṣin,* impatient, irrité.

mṛṣ. Instr. adv. *mṛṣā,* inutilement; faussement.

मल *mala* (cf. μέλας). M. N. Tache, souillure. *nir-mala, vi-mala,* sans tache, pur, brillant. — *mal-ina,* souillé.

मस्तक *mastaka.* M. N. Tête, crâne; cime.

मह् *mah* (cf. μέγ-ας). Grand. *mah-ī,* f. terre.

महा *mahā* (cf. *mah*). (Comme premier terme d'un composé) grand.

महान्त् *mahānt,* thème faible *mahat* (cf. les précédents). Grand.

महिमन् *mahiman* (cf. les précédents). M. Grandeur.

महिष *mahiṣa.* M. Buffle. *mahiṣ-ī,* f. (buffle femelle) désignation honorifique de la première femme d'un roi.

महीय *mahīya* (cf. *mah*). *mahīya-te,* être honoré, heureux.

मह्यम् *mahyam.* Forme pronominale, 178.

1 मा *mā* (μή). Négation prohibitive. Se construit avec un aoriste sans augment qui prend alors le sens de l'impératif (avec augment par exception, Dr. 269, 24 et suiv.). Suivi de *evam,*

sous-entendu *vocas*, «ne parle pas ainsi!» Employé une fois (Çak., p. 84) avec un participe futur passif.

2 मा *mā*. Accusatif sing. enclitique, 178, et thème du pronom de la première personne dans *mā-dṛça*, v. *darç*.

* 3 मा *mā*. *mi-mā-ti*. Mugir.

mā-yu. M. Mugissement. *go-māyu* (qui a le mugissement d'un bœuf, qui crie fort) m. chacal.

* 4 मा *mā*, *mī* et *mi* (lat. mē-tor, mē-tior, μέ-τρον). *mi-mī-te*. Mesurer. *mi-ta*, mesuré, modique.

mā-trā. F. Mesure. A la fin d'un composé dérivé neutre, ce qui a pour mesure telle ou telle chose, qui consiste seulement en, seulement telle ou telle chose. Dans le sens propre, *kroça-mātra*, qui est à la distance d'un *kroça*, v. ce mot.

अनु *anu*. Conclure.

anu-māna. N. Conclusion. Instr. adv. en concluant d'après.

उप *upa*. Comparer.

upa-mā. F. Ressemblance, comparaison. A la fin d'un composé dérivé, qui a la ressemblance de, semblable à.

निस् *nis*. *nir-mi-ta*, fait, créé.

विनिस् *vi-nis*. *vi-nir-mi-ta*, id.

परि *pari*. Mesurer.

प्र *pra*. Se faire une idée exacte de.

pra-māṇa. N. Autorité, règle. *devaḥ pramāṇam*, « c'est au roi de décider ». Parfois construit à la façon d'un adjectif avec le genre du mot auquel il s'applique, Dr. 272, 17.

प्रति *prati*. Imiter.

prati-mā. F. Ressemblance. A la fin d'un composé dérivé, ayant la ressemblance de, semblable à.

मांस *māṃsa*. N. Chair.

मातर् *mātar* (μήτηρ, lat. māter, angl. mother, allem. Mutter). F. Mère.

माद्य *mādya*, v. *mad*.

माम् *mām*. Forme pronominale, 178.

माया *māyā*. F. Illusion, magie.

मार्ग *mārga*, v. *mṛga*.

* मार्ज् *mārj*, v. *marj*.

मार्जार *mārjāra* (cf. *marj*). M. Chat.

माला *mālā*. F. Couronne. — *māl-ya*, n. même sens.

मित्र *mitra* (cf. *mithas*). N. Ami. *maitr-a*, n. amitié; *maitrāyaṇa*, v. *ayana* sous *i* 2. *maitr-ī*, f. amitié.

मिथस् *mithas*. Réciproquement.

मिथ्या *mithyā* (cf. *mithas*, proprement avec échange, confusion). Faussement. En composition avec un substantif, faux.

* मिष् *miṣ*, *meṣ*. *miṣ-a-ti*. Ouvrir les yeux.

नि *ni*. Cligner de l'œil.

ni-meṣ-a. M. Clin d'œil, instant.

मीन *mīna*. M. Poisson.

* मील् *mīl*. *mīl-a-ti*. Fermer (les yeux).

समुद् *sam-ud*. Se manifester.

मुकुल *mukula*. M. N. Bourgeon, bouton. — *mukula-ya-ti*, fermer (à la façon d'un bouton); part. passé passif *mukul-i-ta*.

मुख *mukha*. N. Bouche, gueule, ouverture; visage, front (d'une armée). *abhi-mukha*, tourné vers, se dirigeant vers (dat. ou acc.). *parāṅ-mukha*, f. *ī*, qui détourne le visage de, qui se détourne de. *bhadra-mukha*, dont le visage porte bonheur, terme de politesse. *bhrukuṭī-mukha*, n. visage où les sourcils sont froncés; *sa-bhrukuṭīmukha*, f. *ī*, qui a les sourcils froncés. *mahā-mukha*, (qui a une grande bouche) nom d'un roi. *vi-mukha*, ayant le visage tourné, détourné; *vi-mukha-tā*, état de celui qui est détourné de. *sarvato-mukha*, f. *ī*, (qui fait face de tous côtés) complet, absolu. — *mukha-ra*, bavard; *mukhara-tā*, f. bavardage. — *mukh-ya*, f. *ā*, qui est en avant, le premier, le plus beau, etc.

* मुच् *muc*, *moc* (cf. lat. mūc-us, ἀπο-μύσσω, μυκ-τήρ?) *mu-ñ-c-a-ti*. Lâcher, délier, lancer, quitter, délivrer de (abl.). Avec l'acc. *prāṇān*, délier la vie, faire mourir. Fut. moyen et passif *mokṣya-te*. *muk-ta*, lancé, lâché; équivalent à prompt; délivré (qui est parvenu à la delivrance finale des liens de la transmigration); *muktā*, f. (détachée) perle, *maukt-ika*, n. perle.

Infinitif *mok-tum*. Désidératif *mu-muk-ṣ-a-ti*, d'où *mumukṣ-u*, qui désire la délivrance (finale).

muk-ti. F. Délivrance; délivrance finale, salut.

वि *vi*. Lâcher, dételer, délivrer, séparer, priver de (instr.).

vi-muk-ti. F. Délivrance, le fait de se tirer d'affaire.

प्रवि *pra-vi*. Lâcher.

मुण्ड *muṇḍa*. Qui a la tête rasée. — *muṇḍa-ya-ti*, raser (la tête); *muṇḍ-i-ta*, qui a la tête rasée.

* मुद् *mud*, *mod*. *mod-a-te*. Se réjouir. *mud-i-ta*, joyeux.

mud. F. Joie.

आ *ā*.

ā-mod-a. M. Joie; parfum.

मुद्रा *mudrā*. F. Anneau portant un cachet, sceau.

मुनि *muni*. M. Ascète, particulièrement celui qui observe le vœu du silence; au figuré, sage; désigne métaphoriquement la conscience. — *maun-a*, n. silence; *maun-in*, qui ne parle pas.

* मुष् *muṣ* (cf. ci-après sous *-muṣ*). *muṣ-ṇā-ti*. Voler, piller.

-muṣ (cf. en sanscrit *mūṣ*, souris, μῦς, lat. mūs, angl. mouse, allem. Maus). Qui vole, qui ravit.

* मुह् *muh*, *moh*. *muh-ya-ti*. S'égarer, se tromper, perdre la tête. Part. passé *mug-dha*, fou, simple, naïf, charmant, et *mūḍha*, fou, insensé. Causal : affoler, égarer.

moh-a. M. Égarement, folie; évanouissement.

प्र *pra*. *pra-mūḍha*, fou, insensé. *pra-moh-i-ta*, affolé, égaré.

pra-moh-a. M. Égarement.

सम् *sam*. Se troubler, se confondre. Causal : égarer.

मुहुस् *muhus*. A plusieurs reprises.

मूक *mūka* (cf. μύω, lat. mū-tus). Muet.

* मूर् *mūr*, v. *mar* et *mūrch*.

मूर्ख *mūrkha* (cf. *mūrch*). Sot. — *mūrkha-tva*, n. sottise.

* मूर्छ् *mūrch* (la vraie racine est peut-être *mar[i]*, *mūr*). *mūrch-a-ti*. Prendre de la force, de la violence. *mūrch-i-ta*. Rempli de.

mūr-ti. F. Forme. — *mūrti-mant*, ayant une forme, incarné.

मूर्धन् *mūrdhan*, thème faible *mūrdhn*, *mūrdha*. M. Tête; cime.

मूर्वा *mūrvā*. F. Espèce de chanvre. — *maurv-a*, fait de chanvre; *maurv-ī*, f. corde d'arc.

मूल *mūla*. N. Racine; pied (d'un arbre).

मृकण्ड *mṛkaṇḍa*. M. Nom du père de Mārkaṇḍeya. — *mārkaṇḍ-eya*, m. nom d'un ancien sage.

मृग *mṛga*. M. Animal sauvage; gibier; particulièrement gazelle, antilope. *çākhā-mṛga*, m. (animal de branche) singe. — *mārg-a*, m. (piste de gazelle) chemin; *diṅ-mārga*, m. pl. chemins dans toutes les directions; *vi-mārga*, m. chemin qui n'est pas le bon. — *mṛga-ya-ti*, *-te*, chasser; *mṛgay-ā*, f. chasse.

मृदङ्ग *mṛdaṅga*. M. Espèce de tambour.

मे *me*. Forme pronominale, 178.

मेध *medha*. M. Sacrifice. *gṛha-medha*, m. sacrifice de la maison; *gṛhamedh-in*, (qui accomplit le sacrifice domestique) m. chef de famille vivant dans le monde (par opposition à l'ascète retiré dans la forêt).

मेरु *meru*. M. Nom d'une montagne fabuleuse (en or).

* मोक्ष् *mokṣ* (sorte de désidératif de *muc*). *mokṣ-a-te*. Se délivrer de. *mokṣ-a*. M. Délivrance.

वि *vi*.

vi-mokṣ-aṇa. N. Délivrance.

मौलि *mauli*. M. Tête.

* म्ला *mlā* (cf. μαλακός et βλάξ?). *mlā-ti*. Se flétrir. *mlā-na*, alangui.

य् *y*.

य *ya*, f. *yā* (ὅς ἥ ὅ). Pronom relatif. Peut s'employer avec le verbe «être» sous-entendu. Répété : quelque . . . que (avec répétition correspondante du corrélatif *sa*, *ta*). Acc. n. adv. *yad*, si, lorsque, puisque, parceque, que; (après une proposition interrogative) que, pour que; à savoir que; *yat satyam*, « pour ce qui est vrai, à dire vrai ». Instr. adv. *yena*, où. Abl. adv. *yasmād*, puisque, parceque. — *ya-tas*, puisque. — *ya-tra*, où; remplace souvent le locatif du pronom. — *ya-thā*, comme, de même que; puisque. Après un verbe signifiant savoir, que (sans préjudice de l'emploi de *iti*, v. ce mot). *na . . . yathā*, « non pas tant . . . que ». Au commencement d'un composé adverbial, selon. — *ya-dā*, quand, alors que, puisque. — *ya-di*, si. *yadi tāvad evaṃ kriyate*, « Si on faisait ceci ? » Suivi de *vā*, v. *vā*. S'emploie aussi seul (ou suivi de *eva*) dans une série d'interrogations dans le sens de *yadi vā*. — *yā-vant*, que (comme corrélatif de *tāvant*, aussi grand, aussi nombreux). Acc. n. adv. *yāvat*, que (corrélatif de *tāvat*, tant). Seul : tant que. *yāvat . . . na*, tant que . . . ne pas, avant que. Se joint aussi à un verbe, sans fonction relative, pour indiquer que l'action va avoir lieu (cf. *tāvat*).

यक्ष *yakṣa*, f. ī. Nom d'une classe de génies, formant la suite de Kubera, dieu des richesses.

* यज् *yaj* (cf. ἅζομαι, ἅγ-ιος). *yaj-a-ti*. Sacrifier.

yaj-ña (cf. ἁγνό-ς). M. Sacrifice.

* यत् *yat* (cf. ζητέω?). *yat-a-te*. S'efforcer.

yat-na. M. Effort.

आ *ā*. *ā-yat-ta*, dépendant.

प्र *pra*. S'efforcer.

pra-yat-na. M. Effort. — *prayatna-tas*, avec effort.

यदि *yadi*, v. *ya*.

* यम् *yam*, *ya* (cf. ζημ-ία?). *ya-ccha-ti*. Tenir, retenir, refréner. Parf. moy. *yem-e*. Causal *yam-aya-ti*, mêmes sens.

yan-tra. N. Instrument, machine.

yam-a. M. Le fait de se dompter soi-même, austérité; pratique à observer toujours. V. en outre *yama* à part.

आ *ā*. *ā-ya-ta*, étendu, long, grand.

उद् *ud*. Lever. *ud-ya-ta*, levé, prêt à agir.

ud-yam-a. M. Effort.

समुद् *sam-ud*. Soulever.

उप *upa*. Épouser.

upa-yan-tar. Époux.

नि *ni*. Simple et causal : refréner, retenir.

ni-yam-a. M. Le fait de se dompter soi-même, austérité; pratique particulière qu'on s'impose par un vœu.

प्रतिनि *prati-ni. prati-ni-ya-ta,* déterminé, tel et tel.

संनि *saṃ-ni.* Refréner.

प्र *pra.* Donner.

सम् *sam.* Retenir, refréner.

saṃ-yam-a. M. Lien; action de se dompter soi-même, de s'abstenir de (loc. ou abl.). — *saṃyam-in,* qui a des liens; qui a dompté ses sens.

यम *yama* (cf. *yam*). Jumeau. M. Nom du dieu des morts. *yama-ja,* v. *jan.* Ne pas confondre avec *yama* sous *yam.*

यवनिका *yavanikā.* F. Rideau (de théâtre).

यशस् *yaças.* N. Gloire. *apa-yaças,* n. déshonneur. — *yaças-vin,* f. *vin-ī,* glorieux.

यष्टि *yaṣṭi.* F. Bâton; tige (métaphore désignant le corps humain).

* यस् *yas, yās* (ζέω, ζεσ-τός, allem. gähren). *yas-ya-ti.* Bouillir; s'efforcer, se fatiguer.

आ *ā.* S'efforcer.

ā-yās-a. M. Effort; fatigue.

* या *yā. yā-ti.* Aller, s'en aller, partir, atteindre, passer (le temps acc.), passer (du temps), s'écouler. Parf. *ya-yau, ya-y-ur,* fut. auxil. pl. *yā-tār-as. yā-ta,* qui est allé, qui est (à un endroit), qui est tombé (dans tel ou tel état).

yā-tar. Qui s'en va, qui part.

yāna. N. Le fait d'aller (sur telle ou telle monture).

अनु *anu.* Suivre, imiter.

अप *apa.* S'en aller, s'enfuir.

आ *ā.* Arriver; en venir à tel ou tel état.

उप *upa.* S'approcher, arriver; en venir à tel ou tel état. *upa-yā-ta,* n. arrivée.

प्र *pra.* Aller, courir; s'en aller vers (acc.), partir, être en route pour, s'avancer; tomber dans tel ou tel état.

सम् *sam.* Aller, s'avancer vers.

* याच् *yāc. yāc-a-te.* Demander, supplier.

yāc-aka. Celui qui demande.

याज्ञसेनी *yājñasenī,* v. *senā.*

* 1 **यु** *yu. yau-ti.* Joindre. *yu-ta,* attaché; accompagné de.

* 2 **यु** *yu, yav* (cf. lat. juvo, primitivement écarter le mal). *yu-yo-ti.* Écarter, séparer.

अव *ava.* Séparer.

ava-yav-a. M. Partie, membre.

* **युज्** *yuj, yoj* (ζεύγ-νυμι, lat. jungo). *yu-na-k-ti, yu-ṅ-k-te* et *yuñj-a-te.* Joindre (acc.) avec (instr.); atteler; employer quelqu'un, le traiter de telle ou telle manière. *yuñj-āna,* part. présent moy., avec le sens passif : convenable, approprié, Dr. 267, 19. *yuk-ta,* attelé, lancé par (proprement uni à la corde); con-venable, bon; doué de, muni de. Joue à peu près, comme second terme d'un composé, le rôle d'un suffixe marquant la possession.

yuk-ti. F. Justesse; convenance; preuve.

yug-a (ζυγό-ς, lat. jugu-m, angl. yoke, allem. Joch). N. Joug; paire; nom des quatre âges du monde.

yog-a. M. Convenance; union avec l'âme du monde. *yogena,* instr. adv. comme il convient. — *yog-in,* ascète qui pratique l'union mystique avec un dieu identifié à l'âme du monde. — *yog-ya,* convenant à, utile.

अनु *anu.* S'adresser à (acc.).

आ *ā. ā-yuk-ta,* employé. *āyukta-ka,* m. personnage exerçant une charge.

उप *upa.* Employer quelqu'un, en faire quelque chose.

नि *ni. ni-yuk-ta,* employé, préposé; m. fonctionnaire.

ni-yog-a. M. Ordre, mission.

प्र *pra.* Employer, accomplir, faire.

pra-yoj-ana. N. Motif, but.

संप्र *saṃ-pra.* Exciter. Passif : être uni à, avoir part à.

saṃ-pra-yog-a. M. Union avec (instr.).

वि *vi.* Séparer.

vi-yog-a. M. Séparation.

सम् *sam.* Unir.

sam̥-yog-a. M. Union, combinaison. *svara-saṃyoga,* (combinaison de notes) accord musical.

* युध् *yudh, yodh* (cf. ὑσ-μίνη). *yudh-ya-ti, -te.* Combattre. Fut. act. *yot-sya-ti. yud-dha,* n. combat. Désidératif *yu-yu-t-s-a-te.*

yudh. F. Combat. *yudhi-ṣṭhira* (*yudh* au loc.), v. *sthā.*

yodh-a. M. Combattant, guerrier, soldat.

yodh-in. Combattant.

आ *ā.* Combattre (acc.).

ā-yudh-a. N. Arme. *kusumāyudha,* (qui a pour armes des fleurs) m. l'un des noms du dieu de l'amour.

ā-yodh-ana. N. Champ de bataille.

प्र *pra.* Combattre (acc.).

युवति *yuvati* (cf. *yuvan*). F. Jeune fille, jeune femme.

युवन् *yuvan* (lat. juven-is). M. Jeune homme. — *yauvan-a,* n. jeunesse.

युवयोस् *yuvayos.* Forme pronominale, 178.

युवाम् *yuvām.* Id.

युष्मान् *yuṣmān.* Id.

यूथ *yūtha* (cf. *yu* 1). M. N. Troupeau.

यूयम् *yūyam.* Forme pronominale, 178.

योनि *yoni* (cf. *yu* 1). M. F. Matrice; origine. *vihīna-yoni,* dont l'origine est vile, vil.

योषित् *yoṣit* (cf. *yuvan*). F. Jeune femme; femme.

यौगपद्य *yaugapadya,* v. *pad* 1 sous *pad.*

र् *r.*

* रक्ष् *rakṣ* (cf. ἀλ[έ]ξ-ω). *rakṣ-a-ti.* Garder, protéger de (abl.), défendre.

-rakṣ-a. Qui protège. *pāda-rakṣa,* qui protège les pieds (de l'éléphant de combat).

rakṣ-aṇa. N. Protection.

rakṣ-ā. F. Garde, défense.

rakṣ-i-tar. Gardien, protecteur.

परि *pari.* Garder, protéger, défendre.

रक्षस् *rakṣas.* N. Sorte de démon qui trouble les sacrifices. — *rākṣas-a.* M. Même sens.

* रज् *raj, rāj* et *rañj* (ῥέζω, ῥέγος). *raj-ya-ti, -te.* Se colorer; s'émouvoir, trouver son plaisir à, aimer (loc.). Part. passé *rak-ta.* Causal *rañj-aya-ti,* se concilier, gagner (quelqu'un).

rāg-a. M. Coloration, rougeur; passion, amour. *nī-rāga,* qui est sans passion. *vi-rāga,* id., qui a renoncé au monde; *vairāg-ya,* n. renoncement au monde, absence de passion. — *rāg-in,* passionné pour, aimant, concupiscent.

अनु *anu. anu-rak-ta,* aimant, affectionné.

anu-rāg-a. M. Amour, passion.

वि *vi. vi-rak-ta,* qui n'éprouve pas d'amour pour.

रजनि *rajani* (cf. *raj* et ἔ-ρεβ-ος). F. Nuit.

* रञ्ज् *rañj,* v. *raj.*

रत्न *ratna* (cf. *rā*). N. Joyau, pierre précieuse, perle.

रथ *ratha* (cf. lat. rota, allem. Rad). M. Char. *ati-ratha,* m. grand guerrier. *jayad-ratha,* (dont le char est victorieux) m. nom d'un roi. *mano-ratha,* (qui a pour char l'esprit) m. désir. *mahā-ratha,* qui a un grand char, grand guerrier. *sa-ratha,* qui est sur le même char; *sārath-i,* m. cocher, *sārath-ya,* n. le fait de conduire comme un cocher. *su-ratha,* (qui a un beau char) m. nom d'un roi. — *rath-in,* m. guerrier combattant sur un char.

* 1 रन् *ran* (cf. *ram*). *raṇ-a-ti.* Trouver du plaisir à.

raṇ-a. M. N. Joie; combat.

* 2 रन् *ran. raṇ-a-ti.* Résonner.

* रभ् *rabh* (= *labh*) et *rambh. rabh-a-te.* Saisir. Part. passé passif *rab-dha.*

आ *ā.* Commencer, entreprendre.

ā-rambh-a. M. Commencement.

प्रा *prā* (*pra* et *ā*). Commencer, entreprendre.

सम् *sam. saṃ-rab-dha,* excité, irrité.

saṃ-rambh-a. M. Excitation intérieure, élan.

रभि *rabhi* (?) dans *surabhi,* v. ce mot.

* रम् *ram, rām, ra* (ἠ-ρέμ-α, ἔ-ρα-μαι). *ram-a-te.* Se plaire à (loc.). *ram-aṇīya, ram-ya,* aimable, charmant, agréable. Causal *ram-aya-ti,* charmer.

ra-ti. F. Plaisir. *a-rati,* f. déplaisir.

rām-a. Charmant. *rāmā,* f. femme charmante.

अभि *abhi.* Être enchanté.

उप *upa.* Cesser.

नि *ni.* Trouver son plaisir à, être attaché à.

वि *vi. vi-ram-a-ti.* cesser.

* रम्भ् *rambh,* v. *rabh.*

रवि *ravi.* M. Soleil; nom d'homme.

रश्मि *raçmi.* M. Rêne.

रस *rasa* (cf. lat. rōs, rōr-is). M. Suc, liquide. *nī-rasa, vi-rasa,* sans suc, insipide. — *rasa-vant,* (qui a du suc) agréable. — *ras-ika,* ayant le goût de, passionné pour.

रसा *rasā.* F. Enfer. *rasā-tala,* v. *tala.*

* रह् *rah. rah-a-ti.* Abandonner. *rah-i-ta,* privé ou exempt de.

rah-as. N. Secret. Acc. adv. en secret. — *rahas-ya,* n. secret.

वि *vi.* Abandonner.

vi-rah-a. M. Séparation.

* रा *rā. rā-ti.* Donner. Part. passé *rā-ta; soma-rāta,* (donné par le dieu Soma) m. nom du chapelain de Duḥṣanta.

* राज् *rāj* (cf. lat. rex, allem. Reich). *rāj-a-ti, -te.* Régner; briller. *rāj-ya,* n. royauté, royaume.

-rāj. M. Roi. (nom s. *rāṭ*).

-rāja. M. Roi. *a-rāja-ka,* sans roi. *ādi-rāja,* m. roi d'autrefois. *dharma-rāja,* m. roi de la loi, surnom de Yama dieu des morts et de Yudhiṣṭhira. *mṛga-rāja,* m. roi des animaux, lion. *sa-rāja-ka,* accompagné du roi, avec le roi.

rāj-an. M. Roi, prince. Instr. s. *rājñā. rāja-tas,* équivaut à un abl.

rāṣ-ṭra. N. Royaume.

राजि *rāji, rājī.* F. Ligne, rangée.

रात्रि *rātri.* F. Nuit. *rātriṃ divam,* v. *div.*

* राध् *rādh* (cf. allem. rath-en). *rādh-a-ti.* Réussir.

अप *apa*. Manquer. *apa-rād-dha*, qui a offensé.

आ *ā*. Causal : se concilier, gagner (quelqu'un). *ā-rādh-ya*, qui peut être gagné.

राशि *rāçi*. M. Amas. *ambu-rāçi*, m. (amas d'eau) mer.

राहु *rāhu*. M. Nom d'un démon qui cause les éclipses.

* रिच् *ric, rec* (λείπ-ω, lat. li-n-qu-o, cf. allem. leih-en). *ri-ṇa-k-ti*. Laisser, lâcher, vider. *rik-ta*, vide.

* रिप् *rip* (cf. λιπ-αρός et *lip*). Enduire ; engluer, tromper.

ripu. M. (Trompeur) ennemi.

* रिष् *riṣ*. *riṣ-ya-ti*. Souffrir un dommage. *riṣ-ṭa*.

* रु *ru, rav* (ὠ-ρύ-ομαι, lat. rū-mor). *rau-ti*. Crier, retentir.

rav-a. M. Cri, bruit. *çārṅga-rava*, (dont le cri est pareil à celui du *çārṅga*?) m. nom d'un disciple de Kaṇva.

वि *vi*. Crier.

* रुच् *ruc, roc* (λευκ-ός, lat. lūc-eo, angl. light, allem. Licht). *roc-a-te*. Briller ; sembler beau ou bon, plaire (dat.).

ruc-i. F. Plaisir trouvé à.

ruc-ira. Brillant (au propre et au figuré).

* रुज् *ruj, roj* (λυγ-ρός, lat. lūg-eo). *ruj-a-ti*. Briser, faire du mal.

-ruj-a. Dans *a-ruja*, non malade, sain.

rog-a. M. Maladie.

* रुद् *rud, rod(i)* (lat. rūd-o). *rodi-ti*. Part. prés. f. *rud-ant-ī* et *rud-at-ī*. Pleurer.

रुद्र *rudra*. M. Autre nom du dieu Çiva.

* रुध् *rudh, rodh*. *ru-ṇa-d-dhi*. Arrêter, entraver, retenir. Part. passé passif *rud-dha*. Inf. *rod-dhum*.

अनु *anu*. Être attaché, dévoué, fidèle à.

अव *ava*. Retenir.

ava-rodh-a. M. Gynécée, harem. Au pl. les femmes du harem.

वि *vi*. *vi-rudh-ya-te*, être en hostilité.

vi-rodh-a. M. Hostilité, contradiction, dommage.

रुरु *ruru*. M. Espèce de cerf.

* रुष् *ruṣ, roṣ* (s'écrit aussi *ruç*, cf. λύσσα). *ruṣ-ya-ti, -te*. Être irrité, s'irriter.

ruṣ. F. Colère.
-ruṣ-a. Qui s'irrite.
roṣ-a. M. Colère. *sa-roṣa,* irrité; acc. n. adv. avec colère.
roṣ-aṇa. Qui s'irrite.
* रुह् *ruh, roh. roh-a-ti*. Monter, croître. Part. passé *rūḍha*. Causal *roh-aya-ti* et irrég. *ropaya-ti*.

अव *ava*. Causal : faire descendre. Moy. descendre, Dr. 266, 8.

आ *ā*. Monter, monter sur (acc.); se placer sur (acc.); naître, se produire. Causal : faire monter sur.

1 *ā-roh-a*. M. Qui est monté sur.
2 *ā-roh-a*. M. s. Les hanches de la femme. *varārohā,* f. qui a de belles hanches.
ā-roh-in, f. *iṇ-ī*. Montant.

प्र *pra*. Pousser (d'une plante).

रूप *rūpa*. N. Forme, beauté, extérieur. *anu-rūpa,* conforme. — *rūpa-ya-ti,* exprimer par gestes; avec *ni,* même sens; examiner.
रेणु *reṇu*. M. Poussière.
रोपय *ropaya,* thème du causal de *ruh,* v. *ruh*.

ल् *l*.

* लक्ष् *lakṣ. lakṣ-aya-ti*. Indiquer, désigner. Passif : paraître, se montrer.
lakṣ-aṇa. N. Signe.
लक्ष्मी *lakṣmī* (cf. *lakṣ*). F. Prospérité, fortune, souvent équivalent à royauté.
लघु *laghu,* f. *laghv-ī* (ἐ-λαχύ-ς, lat. *lev-is,* angl. light, allem. leicht). Rapide, léger; petit, vil. — *lāghav-a,* dans *guru-lāghava,* n. (ce qui est lourd et la légèreté) les arguments pour et contre.
* लङ्घ् *laṅgh* (cf. *laghu*). *laṅgh-aya-ti*. Sauter sur; dépasser, vaincre. *a-laṅghanīya,* qui ne peut être dépassé (en rien); *alaṅghanīya-tā,* f. l'état de celui qui est tel.
* लज्ज् *lajj. lajj-a-te*. Avoir honte. *lajj-i-ta,* pudique.
lajj-ā. F. Honte, pudeur.

लता *latā*. F. Liane.

* लप् *lap*. *lap-a-ti*. Chuchotter, babiller.

आ *ā*. Parler à (acc.), dire.

ā-lāp-in. Disant. *priyālāpin,* disant des choses aimables.

प्र *pra*. Bavarder.

pra-lāp-a. M. Bavardage.

वि *vi*. Gémir, se plaindre.

* लभ् *labh (= rabh), lābh* et *lambh* (cf. λαμβάνω, ἔ-λαβ-ον et ἀλφ-άνω, lat. lab-or, lab-oro, allem. Arb-eit). *labh-a-ti,* (ordinairement) *-te*. Saisir, prendre; trouver, recevoir (en bonne et en mauvaise part); obtenir, acquérir. Parf. *lebh-e*. Part. passé passif *lab-dha;* n. ce qu'on a acquis. Désidératif *lip-s-a-te,* chercher à acquérir, d'où *lips-ā,* f. désir d'acquérir, poursuite.

-labh-a. Dans *dur-labha,* difficile à trouver, *su-labha,* facile à trouver.

lābh-a. M. Obtention, acquisition.

उपा *upā* (*upa* et *ā*). Réprimander.

upā-lambh-a. M. Reproche, blâme.

विप्र *vi-pra*. Tromper.

* लम्ब् *lamb* (cf. lat. labor, labi). *lamb-a-te*. Pendre à; pencher; s'appuyer sur.

अव *ava*. Pendre à, s'appuyer sur, recourir à, en venir à tel ou tel état, affecter. Avec un accusatif abstrait, remplace un verbe qui exprimerait le même acte ou le même état que le verbe, ex. : *yena nairāçyam avalambitam,* « celui qui n'a plus d'espérances ».

ava-lamb-ana. N. Appui, soutien.

ava-lamb-in. S'appuyant sur.

समा *sam-ā*. S'appuyer sur, garder (tel ou tel état).

वि *vi*. Pendre.

vi-lamb-in. Qui pend.

* लम्भ् *lambh,* v. *labh*.

* लल् *lal, lāl*. *lal-a-ti*. Jouer. *lal-i-ta,* charmant, aimé. Causal : choyer, aimer; *lāl-i-ta,* choyé, aimé.

लवण *lavaṇa*. N. Sel. — *lāvaṇ-ya*, n. charme, beauté.

* लष् *laṣ* (cf. *las*). *laṣ-a-ti*. Désirer.

अभि *abhi*. Désirer.

abhi-lāṣ-a. M. Désir. *nir-abhilāṣa*, ne désirant pas, ne recherchant pas.

* लस् *las* (cf. *laṣ* et lat. las-civus, angl. lus-t, allem. Lus-t, λιλαίομαι pour λι-λασ-ιο-μαι). *las-a-ti*. Jouer, s'agiter.

-las-a. Qui s'agite. *a-lasa*, paresseux, sans énergie; *ālas-ya*, n. paresse, manque d'énergie.

वि *vi*. S'agiter, jouer.

लाङ्गूल *lāṅgūla*. N. Queue.

लालस *lālasa* (cf. *laṣ*). Désirant ardemment.

* लिख् *likh*. *likh-a-ti*. Graver, écrire. Passif : être écrit, délimité, fixé par le destin.

* लिप् *lip*, *lep* (cf. *rip*). *li-m-p-a-ti*. Oindre.

अव *ava*. *ava-lip-ta*, orgueilleux; *avalipta-tā*, f. orgueil.

ava-lep-a. M. Orgueil.

लिप्स् *lips*, désidératif de *labh*, v. *labh*.

* लिश् *liç*, *leç*. *liç-a-ti*. Arracher.

leç-a. M. Particule, petit morceau.

* लिह् *lih*, *leh* (λείχ-ω, lat. li-n-g-o, cf. angl. to lick, allem. lecken). *leḍhi*. Lécher.

अव *ava*. Lécher, laper.

* ली *lī*, *lay*. *lī-ya-te*. Se coucher.

lay-a. M. Mort; mesure musicale.

आ *ā*. Se cacher.

ā-lay-a. M. Demeure. *himālaya*, m. (séjour de la neige) Himālaya (montagne).

नि *ni*. Se cacher.

ni-lay-a. M. Séjour. *adho-nilaya*, m. séjour en bas (enfer).

प्र *pra*. Se dissoudre, s'évanouir.

pra-lay-a. M. Dissolution, destruction.

वि *vi*. S'évanouir, se perdre, périr, échouer.

लीला *līlā*. F. Jeu, coquetterie. — *līlā-vat-ī*, f. coquette, jeune femme.

लुना *lunā*, *lunī*, v. *lū*.

* लुप् *lup*, *lop* (lat. ru-m-p-o, cf. allem. raufen et rauben). *lu-m-p-a-ti*. Briser, détruire.

अव *ava*. Détruire, éteindre.

वि *vi*. Arracher, déchirer, égratigner.

* लुभ् *lubh*, *lobh* (lat. lub-et, allem. lieb-en, angl. to love). *lubh-ya-ti*. Éprouver un désir violent. *lub-dha*, cupide, avide; *lubdha-ka*, m. chasseur.

lobh-a. M. Cupidité, avidité, désir.

वि *vi*. Causal : exciter le désir, remplir de désir.

* लुल् *lul*, *lol*. *lol-a-ti*. Vaciller.

lol-a. Mobile; désirant, avide de.

* लू *lū*, *lav* (λύ-ω, lat. so-lū-tus, allem. -los, lösen, angl. -less, to loose). *lu-nā-ti*. Couper, cueillir, arracher.

lav-a. M. Morceau, parcelle.

* लोक् *lok* (cf. *ruc*). *lok-aya-ti*. Regarder.

अव *ava*. Regarder. *ava-lok-i-ta*, n. action de regarder.

आ *ā*. Regarder.

ā-lok-a. M. Vue, lumière. *nir-āloka*, sombre.

ā-lok-in, f. *in-ī*. Qui regarde.

वि *vi*. Regarder.

लोक *loka*. M. Monde. S. et pl. les gens. *tri-loka*, les trois mondes; *trailok-ya*, n. l'ensemble des trois mondes.

* लोच् *loc* (cf. *lok* et *ruc*). *loc-a-te*. Voir.

loc-ana. N. Œil. — *locana-tā*, f. le fait d'être un œil ou des yeux.

लोहित *lohita* (cf. ἐ-ρυθ-ρός, rub-er, angl. red, allem. roth). Rouge. *ā-lohita*, un peu rouge, rougeâtre.

व् *v*.

वंश *vaṃça*. M. Roseau; arbre généalogique, race, famille; multitude.

वक्षस् *vakṣas*. N. Poitrine.

* वच् *vac, vāc, uc* (εἶπον pour ἔϝειπον, lat. voc-o, allem. er-wäh-nen). *vak-ti.* Parler, dire (acc. de la personne et de la chose), appeler. Parf. *u-vāc-a.* Aor. 2. *a-voc-a-t.* Fut. aux. *vak-tā.* Au passif, *uc-ya-te,* le sujet est tantôt le nom de la personne (celui de la chose restant à l'acc.), tantôt celui de la chose. *uk-ta,* « dit » et « à qui on a parlé ». Part. fut. passif *vak-tavya;* n. ce qui doit être dit, ce qu'on a à dire; *vāc-ya;* n. blâme, faute (ce qu'il y a à dire); *vāk-ya,* n. parole, discours. *vak-tu,* thème d'infinitif en composition : *vaktu-kāma,* (qui a le désir de dire) qui veut dire.

vak-tar. Qui parle, qui dit (gén.); éloquent.

vak-tra. N. Bouche, visage. *antar-vaktra,* n. (bouche intérieure) intérieur de la bouche.

vac-ana. N. Parole. *mad-vacanād,* en mon nom.

vac-as (ἔπος pour ϝεπ-ος). N. Parole.

vāg-min. V. ci-après *vāc.*

vāc (lat. vox, voc-is, ὄψ, ὀπ-ός). F. Voix, parole. — *vāg-min,* éloquent.

प्र *pra.* Dire. *prok-ta,* dit, appelé, déclaré.

pra-vac-ana. N. Élocution.

प्रति *prati.* Répondre.

'*prati-vac-ana.* N. Réponse.

* वज् *vaj, vāj, uj* (lat. veg-eo, vig-eo, ὑγ-ιής). Être fort.

ug-ra. Fort; terrible.

vāj-a. M. Force. — *vāj-in,* m. cheval.

वज्र *vajra* (cf. *vaj*). M. N. Foudre; diamant.

* वञ्च् *vañc* (cf. lat. vac-illo). *vañc-a-ti.* Aller de travers. Causal : tromper; *vañc-i-ta,* trompé, déçu, qui manque (le but, instr.).

vak-ra. Tortueux.

vañc-anā. F. Tromperie, déception.

वत्स *vatsa,* f. *ā.* Veau; terme d'amitié, au vocatif « mon fils, ma fille ».

* वद् *vad, vād, ud* (ὑδ-έω). *vad-a-ti.* Dire, parler, appeler. Aor. 1. *a-vad-ī-t. vad-ya,* (ce qui peut être dit) dans *a-vadya,* (cf. pour le sens lat. infandum) n. faute, défaut; *an-avadya,* sans défaut.

vad-ana. N. Bouche, visage; gueule.

vād-in, f. *-in-ī.* Qui dit.

अभि *abhi.* Dire à (acc.). Causal : saluer.

परि *pari* et *parī*. Parler de, blâmer, dire du mal de.

parī-vād-a. M. Blâme, médisance sur (gén.).

प्र *pra*. Dire quelque chose à quelqu'un (deux acc.).

वि *vi*. Se quereller.

vi-vād-a. M. Querelle.

सम् *sam*. S'entretenir avec.

saṃ-vād-a. M. Entretien, dialogue.

वदान्य *vadānya*, f. *ā*. Libéral.

* वध् *vadh*. Pas de présent. Frapper, tuer. aor. *a-vadh-ī-t*. Passif *vadh-ya-te*, être tué, abattu, vaincu. *vadh-ya*, part. fut. passif.

vadh-a. M. Meurtre.

वधू *vadhū*. F. Femme, femelle; épouse, fiancée. *preṣya-vadhū*, servante.

* वन् *van(i)*, *vā* (lat. Ven-us, vener-or, allem. Wa[h]n). *van-a-ti*. Aimer.

vā-ma. Charmant, beau. Ne pas confondre avec *vāma*, v. à part.

वन *vana*. N. Bois, forêt. *tapo-vana*, n. (bois d'austérités) ermitage.

वनस् *vanas* pour *vana* dans *vanas-pati*, v. *pati* s. *pat* 2.

वनस्पति *vanaspati*, v. *pati*.

* वन्द् *vand* (cf. *vad*). *vand-a-te*. Honorer, rendre hommage à, saluer.

* वप् *vap*, *up*. *vap-a-ti*. Semer, ensemencer.

प्र *pra*. Semer.

वपुस् *vapus*. N. Corps, beauté. — *vapuṣ-mant*, f. *-mat-ī*, beau.

* वम् *vam*, *vām* (lat. vom-o, ἐμ-έω). *vam-a-ti*. Vomir, expectorer.

उद् *ud*. Vomir.

वयम् *vayam*. Forme pronominale, 178.

वयस् *vayas*. N. Age. — *vayas-ya*, ami d'enfance, camarade.

* 1 वर् *var*, *vār*, *vṛ*. *vṛ-ṇo-ti*. Couvrir, envelopper. Causal : empêcher, arrêter.

आ *ā*. Couvrir.

नि *ni*. Causal : retenir, écarter.

निस् *nis*. *nir-vṛ-ta* (délivré), paisible, content, heureux.

nir-vṛ-ti. F. Plaisir, contentement, bonheur.

परि *pari* et *parī*. Simple et causal : entourer, envelopper.

parī-vār-a. M. Entourage, suite.

वि *vi. vi-vṛ-ta,* ouvert, découvert, manifeste.

vi-var-a. M. N. Trou.

सम् *sam.* Entourer.

* 2 वर् *var, vār, vṛ* (lat. vol-o, angl. to will, allem. wollen, cf. βούλομαι). *vṛ-ṇī-te.* Choisir. Part. passé passif *vṛ-ta;* loc. n. absolu *vṛte,* « le choix ayant été fait. »

1 *var-a.* M. Fiancé.

2 *var-a.* D'élite, de choix, le meilleur, le plus fort, excellent, très bon ou très beau. *varaṃ,* nom. n. suivi de *na* (meilleure chose est . . . et non) mieux vaut . . . que. *pra-vara,* le meilleur, le premier, excellent.

var-iṣṭha. Sert de superlatif à *vara.*

वराह *varāha.* M. Sanglier.

वरुण *varuṇa* (cf. *var* 1 et οὐρανός). M. Nom d'un dieu (qui porte le titre de roi).

* वर्ज् *varj, vṛj* (cf. εἴργω). *vṛ-ñ-k-te.* Écarter. Causal : éviter, abandonner, renoncer à.

परि *pari.* Causal : éviter.

वि *vi. vi-varj-i-ta,* privé de.

वर्ण *varṇa* (cf. *var* 1). M. Couleur, teint; caste, son (musical). *su-varṇa* et *svarṇa,* (qui a une belle couleur) n. or. — *varṇa-ya-ti,* avec *nis :* regarder.

* वर्त् *vart, vṛt* (lat. vert-o, allem. werd-en). *vart-a-te.* Tourner, rouler; avoir lieu, être. *vṛt-ta,* qui a eu lieu, qui a existé; (qui roule) rond; n. ce qui s'est passé; conduite; *dur-vṛtta,* méchant, vicieux; m. le méchant.

-vart-in. Dans *cakra-vartin,* (qui fait rouler la roue de la souveraineté) souverain; *ubhaya-cakravartin,* souverain des deux mondes.

vart-man. N. Trace de roue, chemin. *kṛṣṇa-vartman,* (dont le chemin est noir) m. feu.

vṛt-ti. F. Manière d'être ou d'agir, genre de vie, conduite; occupation; moyen d'existence, par ex. revenu; vie. *an-āyatta-vṛtti-tā,* f. le fait d'avoir une existence indépendante.

अनु *anu.* Suivre; imiter, ressembler à (acc.).

आ *ā.* Se retourner, revenir sur ses pas. Causal moy. : tourner (le char), changer de direction.

ā-vart-a. M. Tourbillon, gouffre.

समुप *sam-upa.* Se conduire (avec l'acc. de la « conduite »).

नि *ni* (aussi actif). Revenir sur ses pas, en arrière; s'en retourner; se retirer, cesser.

ni-vṛt-ti. F. Le fait de s'abstenir de (abl.).

प्रतिनि *prati-ni.* S'en retourner, revenir de.

विनि *vi-ni.* Revenir, cesser.

निस् *nis.* Causal : accomplir.

nir-vart-in, f. *in-ī.* Accomplissant, faisant.

परा *parā.* S'en retourner.

परि *pari.* Se retourner.

pari-vart-in. Tournant, courant autour; opérant sa révolution.

प्र *pra.* Rouler; avoir lieu; se mettre à (infinitif ou acc. d'un nom d'action), agir. *pra-vṛt-ta* (roulant) coulant, facile (de la parole).

सम् *sam. sam-vṛt-ta,* accompli, réalisé; qui a lieu, qui se produit; devenu.

* वर्ध् *vardh, vṛdh* (v. ci-après *vṛddha*). *vardh-a-te.* S'accroître. *vṛd-dha* (βλασ-τό-ς) f. *ā,* accru; vieux; vieillard, vieille femme; *vidyā-vṛddha,* supérieur par la science; *vṛddha-ka,* vieux, *vārddhak-ya,* n. vieillesse; *vṛddha-tva,* n. vieillesse. Causal : accroître; avec *mānam,* accroître l'honneur, honorer; *vardh-i-ta,* accru, grandi.

vṛd-dhi. F. Accroissement, prospérité. — *vṛddhi-mant,* f. *mat-ī,* s'accroissant.

अभि *abhi.* Croître.

प्र *pra. pra-vṛd-dha,* grand, fort. *su-pravṛddha,* (très fort) m. nom d'homme.

वि *vi.* S'accroître, prospérer. Causal ; Augmenter.

सम् *sam. saṃ-vṛd-dha,* qui a grandi. *saṃ-vardh-i-ta,* nourri, élevé.

* वर्ष् *varṣ, vṛṣ* (ἔρσ-η pour Ϝερσ-η). *varṣ-a-ti.* Pleuvoir, arroser.

varṣ-a. M. N. Pluie; année. *pīyūṣa-varṣa,* pluie de nectar; *pīyūṣa-varṣāya-te,* devenir une pluie de nectar. — *vārṣ-ika,* pluvieux.

vṛṣ-a. (Qui féconde, cf. lat. verres pour vers-es) m. taureau.

vṛṣ-ṇi. (Id.) m. bélier; nom d'une race à laquelle appartient Kṛṣṇa.

अभि *abhi.* Pleuvoir, arroser.

प्र *pra* et *prā.* Pleuvoir.

prā-vṛṣ. F. Saison des pluies (nom s. et thème en composition *prāvṛṭ).*

वलि *vali* et *valī.* F. Ride.

वल्कल *valkala.* N. Vêtement tissé de fils d'écorce (à l'usage des ascètes).

* वल्ग् *valg. valg-a-ti.* Remuer rapidement les membres.

valg-u. Joli, gracieux, beau, charmant.

वल्लभ *vallabha.* Cher; m. favori.

वल्ली *vallī.* F. Liane.

* वश् *vaç, vāç, uç* (ἑκών, ἀ-(Ϝ)έκ-ων) *vaṣ-ṭi.* Vouloir.

vaç-a. M. Volonté; autorité. *vaçād,* par la volonté, par l'effet de. *a-vaça,* qui ne dépend pas (d'un autre), qui ne dépend que de soi; *mantrauṣadhi-vaça,* dont on a raison au moyen de formules et de simples. *vi-vaça,* qui n'a pas de volonté, qui n'est pas maître de soi. En composition avec *kar (vaçī-karoti)* soumettre à sa volonté; *vaçī-kṛta,* soumis à la volonté, dépendant. — *vaç-in.* Maître de soi. — *vaç-ya,* qui se plie à la volonté; *a-vaçya,* acc. n. adv. *ava-çyam,* nécessairement.

* 1 वस् *vas.* Forme pronominale, 178.

* 2 वस् *vas* (lat. *ves-tis,* ἕννυμι pour Ϝεσ-νυμι, ἐσ-θής). *vas-te.* Se revêtir de.

vas-tra. N. Vêtement.

* 3 वस् *vas, vās, uṣ* (allem. Wesen, ich war, angl. I was). *vas-a-ti.*

Habiter, demeurer, séjourner, rester (par ex. rester fidèle). Part. passé *uṣ-i-ta*.

vas-ati. F. Habitation, séjour.

vās-a. M. Habitation, le fait d'habiter dans.

vās-in. Qui habite.

अधि *adhi*. Habiter (un lieu, acc.).

adhi-vās-a. M. Habitation, séjour.

नि *ni*. Habiter, vivre.

ni-vās-in. Qui habite.

प्र *pra*. Voyager, être absent.

वि *vi*. Habiter.

सम् *sam*.

saṃ-vās-a. M. Habitation avec; union avec.

वसा *vasā*. F. Graisse.

वसु *vasu*. Bon; n. richesse, trésor. *vasuṃ-dharā*, v. *dhar*.

* वह् *vah, vāh, uh* (lat. veh-o, ὄχος pour Ϝοχ-ος, allem. be-weg-en, Wag-en, angl. waggon). *vah-a-ti*. Porter, traîner (du cheval qui porte un cavalier ou traîne un char); amener; porter sur soi, avoir. Part. passé *ūḍha*.

-vah-a. Qui porte. *gandha-vaha*, (porteur des odeurs) m. vent. *huta-vaha*, (porteur des offrandes) m. feu.

vah-ni. (Porteur, sous-entendu des offrandes), m. feu.

1 *-vāh-a*. Qui porte. *havya-vāha*, (porteur des offrandes), m. feu.

2 *-vāh-a*. M. Bête de trait, particulièrement cheval.

उदा *ud-ā*. Traîner, porter.

उद् *ud*. Tirer (des flèches d'un carquois).

उप *upa*. *upoḍha*, proche, prochain (dans le temps), par ex. *upoḍha-tapas*, « qui est sur le point d'accomplir des austérités. »

परि *pari*. Déborder.

pari-vāh-in, f. *in-ī*. Débordant de.

प्र *pra*. *prauḍha* (pour *proḍha*) adulte, grand, hardi.

वि *vi*. Épouser (cf. pour le sens lat. uxorem ducere).

vi-vāh-a. M. Mariage.

1 वा *vā*. Particule enclitique. Ou. Se répète, soit seul, soit précédé de *api* ou *yadi* (dont il est quelquefois séparé par un autre mot). *yadi vā* s'emploie encore, après une interrogation, avec le verbe « être » sous-entendu, pour faire une hypothèse contraire : à moins que. *vā*, précédé de *atha* (dont il est quelquefois séparé par un autre mot) : ou bien; (pour se reprendre) mais. Après un interrogatif, *vā* signifie donc. Il est quelquefois équivalent à *iva*, comme.

* 2 वा *vā* (allem. we-[h]en, cf. ἄημι, lat. ventus, angl. wind, allem. Wind). *vā-ti*. Souffler; s'exhaler.

vā-ta. M. Vent. *prati-vātam*, adv. contre le vent.

vā-yu. M. Vent, air.

निस् *nis*. S'éteindre.

nir-vāṇa. N. (Extinction, anéantissement, bonheur suprême selon les Bouddhistes, et en général) félicité suprême, délices.

* वाञ्छ् *vāñch* (cf. *van* et allem. wünschen). *vāñch-a-ti*. Désirer.

वाणी *vāṇī*. F. Mot, parole.

वातुल *vātula*. Flatteur.

वाम *vāma*. Gauche. Ne pas confondre avec *vāma* de *van*.

वायस *vāyasa*. M. Corneille.

वार *vāra*. M. Fois, par ex. *eka-vāram*, acc. adv. une seule fois.

वारि *vāri* (cf. οὖρον, lat. ūrīna). N. Eau.

वार्द्धक्षत्रि *vārddhakṣatri*, v. *kṣatra*.

वि *vi*. Préfixe verbal marquant séparation, et particule de sens ordinairement privatif en composition.

विक्लव *viklava*. Troublé, qui n'est pas maître de soi, incertain.

विघ्न *vighna*, v. *han*.

* विच् *vic*, *vec*. *vi-na-k-ti*. Vanner, séparer.

वि *vi*. *vi-vik-ta*, n. solitude.

vi-vek-a. M. Discernement.

* विज् *vij*, *vej*. *vi-na-k-ti*. S'élancer.

veg-a. M. Rapidité, élan, essor. — *vega-vant*, rapide.

उद् *ud*.

ud-veg-a. M. Excitation, trouble.

सम् *sam.*

saṃ-veg-a. M. Trouble.

* 1 विद् *vid, ved* (lat. vid-eo, εἶδον, ἰδ-εῖν et οἶδ-α, angl. wit, wise, allem. wissen, weise). *vet-ti.* Savoir, connaître, avoir conscience de, connaître comme (deux acc.). Équivaut quelquefois à voir. Parf. (sans redoublement) *ved-a,* pl. *vid-ur;* part. *vid-vaṃs, vid-vāṃs, vid-vat, vid-uṣ,* savant, sage. Part. passé passif *vid-i-ta,* connu.

-vid. Qui sait, qui connaît.

vid-yā. F. Science.

ved-a. M. Science. — *vaid-ya,* m. médecin.

नि *ni.* Causal : faire savoir, annoncer.

प्रति *prati.* Causal : faire savoir, annoncer, rapporter.

* 2 विद् *vid. vi-n-d-a-ti.* Trouver, acquérir. Passif *vid-ya-te,* se trouver, exister, être. Part. passé passif *vit-ta;* n. richesse; *vitta-vant,* riche.

विदूषक *vidūṣaka.* M. Nom technique d'un personnage bouffon du théâtre indien, ami d'enfance du héros, du roi par ex. dans Çakuntalā.

* विध् *vidh.* v. *vyadh.*

विधुर *vidhura.* Séparé de l'objet aimé, (par suite) plein de désir pour.

विना *vinā* (cf. *vi*). Sans (instr. ou acc.).

* विप् *vip, vep. vep-a-te.* Trembler.

vip-ra. M. (Agité par l'enthousiasme) prêtre, brâhmane.

विपाठ *vipāṭha.* M. Espèce de flèche.

विपुल *vipula.* Grand.

विरल *virala.* Rare.

* विश् *viç, veç* (οἶκ-ος, lat. vīc-us). *viç-a-ti.* Entrer, entrer dans, pénétrer dans, passer derrière (acc.). Futur *vek-ṣya-ti.* Fut. auxil. *veṣ-ṭā.* Part. passé *viṣ-ṭa.*

viç. F. (Immigration) peuple. — *vaiç-ya,* (homme du peuple) m. désignation des hommes de la troisième caste (cultivateurs, marchands).

veç-a. M. Prostitution, maison de prostitution. — *veç-yā,* f. courtisane.

आ *ā.* Entrer dans, pénétrer. *ā-viṣ-ṭa,* pénétré, atteint de.

समा *sam-ā*. Entrer chez, visiter.

उप *upa*. S'asseoir.

नि *ni*. Causal : déposer, laisser en un lieu.

संनि *saṃ-ni*. Avoir commerce avec.

saṃ-ni-veç-a. M. Réunion, foule.

प्र *pra*. Entrer, entrer dans (acc.); paraître (indication scénique). Futur auxiliaire *pra-veṣ-ṭā*. Causal : introduire dans (deux acc.).

pra-veç-a. M. Le fait d'entrer.

विशाल *viçāla*, f. *ā*. Grand.

विश्व *viçva*. Tout. *viçvā* avec allongement de *a* dans *vaiçvānara*, v. *nara*.

विष *viṣa* (cf. lat. *vīrus*, ἰός). N. Poison, venin. — *viṣa-vat*, comme un poison.

विषय *viṣaya*. M. Objet qui tombe sous les sens; volupté. *nir-viṣaya*, détaché des voluptés. — *viṣay-in*, (attaché au plaisir) m. homme sensuel.

विषाण *viṣāṇa*. N. Corne; défense de l'éléphant.

विष्णु *viṣṇu*. M. Nom d'un dieu.

विह *viha-*. Comme premier terme d'un composé, air. v. *viha-ga* sous *gam*.

* वी *vī*. Dans le composé *pada-vī*, f. trace, chemin, nom. *padavī*.

वीणा *vīṇā*. F. Luth.

वीर *vīra* (cf. lat. vir). M. Homme, héros. *nṛ-vīra*, héros parmi les hommes. *pra-vīra*, grand héros. *su-vīra*, nom de peuple; homme, prince de ce peuple; *sauvīr-a* et *sauvīra-ka*, nom du même peuple; prince de ce peuple. — *vīr-ya*, n. héroïsme, force; *nir-vīrya-tā*, f. affaiblissement, épuisement. — *vair-a*, n. hostilité, inimitié; *vairāya-te*, faire un acte hostile, s'attaquer à (*prati* et l'acc.); *vair-in*, ennemi.

वीरुध् *vīrudh* (cf. *ruh*). F. Plante.

वृक *vṛka* (cf. λύκος, lat. lupus, angl. wolf, allem. Wolf). M. Loup. *çālā-vṛka*, chacal.

वृक्ष *vṛkṣa*. M. Arbre.

वृथा *vṛthā*. Inutilement.

वृन्दारक *vṛndāraka* (cf. *vṛnda,* troupe). Le meilleur, le plus beau d'une troupe. *go-vṛndāraka,* m. taureau de choix.

वेणु *veṇu* (cf. *vetra*). M. Roseau, bambou.

वेतस *vetasa* (cf. *vetra*). M. Sorte de roseau.

वेत्र *vetra* (cf. lat. vī-men). M. Bambou. *vetra-vat-ī,* f. nom propre d'une femme remplissant les fonctions d'huissier dans le palais de Duḥṣanta.

वै *vai*. Particule affirmative : certes. Souvent explétif.

वैशंपायन *vaiçampāyana,* v. *pā* 1.

वैश्वानर *vaiçvānara,* v. *nara.*

वोच *voca,* v. *vac.*

* व्यथ् *vyath* (cf. angl. to wither). *vyath-a-te.* Chanceler, tomber.
vyath-ā. F. Douleur, tourment.

* व्यध् *vyadh, vyādh, vidh. vidh-ya-ti.* Percer, atteindre. Parf. *vi-vyādh-a.* Part. passé passif *vid-dha.*

अप *apa.* Jeter, rejeter, abandonner.

वि *vi.* Frapper, atteindre, percer.

व्याघ्र *vyāghra,* f. *ī.* Tigre, tigresse. *puruṣa-vyāghra,* qui est parmi les hommes ce que le tigre est parmi les animaux, le premier des hommes.

व्याल *vyāla.* M. Animal féroce (opposé à *mṛga,* gibier); serpent. — *vyāla-vat,* comme des serpents.

* व्रज् *vraj. vraj-a-ti.* Marcher, aller, s'en aller.

व्रत *vrata.* N. Vœu; pratique pieuse; manière de vivre, conduite, vie. *anu-vrata,* fidèle à son vœu. *indu-vrata,* n. (vœu de la lune) jeune gradué d'après le cours de la lune. — *vrat-in,* qui observe des vœux.

* व्रीड् *vrīḍ. vrīḍ-a-te.* Avoir honte.
vrīḍ-ā. F. Pudeur.

श् *ç.*

* शंस् *çaṃs, ças* (lat. carmen pour cas-men). *çaṃs-a-ti.* Louer, célébrer.

çaṃs-a. M. Incantation. *nṛ-çaṃṣa,* qui fait du tort aux hommes, méchant, vil; n. action criminelle; *a-nṛçaṃsa,* doux, bon, *ānṛçaṃs-ya,* n. douceur, bonté.

आ *ā.* Espérer, implorer; déclarer. *ā-çaṃs-i-ta,* part. passé passif causal : déclaré.

प्र *pra. pra-ças-ta,* loué, célébré par, bon, pur.

* शक् *çak, çak-no-ti.* Pouvoir. Le passif *çak-ya-te,* construit avec un infinitif, se traduira par le verbe «pouvoir» avec l'infinitif passif. *çak-ta,* capable de, puissant, fort. *çak-ya,* avec un infinitif (v. ci-dessus); possible; (absolument) qui peut être soumis, écarté, etc.

çak-ti. F. Puissance, pouvoir. *a-çakti,* f. impuissance. — *çakti-mant,* pouvant, puissant, fort.

çak-ra. M. (Puissant) autre nom du dieu Indra.

शकुन्तला *çakuntalā.* F. Nom de la fille adoptive de Kaṇva.

शक्ति *çakti.* F. Lance.

* शङ्क् *çaṅk* (lat. cunc-tor). *çaṅk-a-te.* Conjecturer, craindre. *çaṅk-i-ta,* craignant.

çaṅk-ā. F. Crainte.

çaṅk-in. Supposant, craignant.

आ *ā.* Craindre.

ā-çaṅk-ā. F. Inquiétude, défiance.

वि *vi.* Soupçonner.

शङ्कु *çaṅku.* M. Pieu, cheville.

शङ्ख *çaṅkha* (κόγχο-ς, cf. κόγχη). M. Conque.

शची *çacī* (cf. *çak*). F. Nom de l'épouse du dieu Indra.

शठ *çaṭha.* Faux, trompeur. — *çāṭh-ya.* N. Tromperie.

शत *çata* (ἑ-κατό-ν, lat. centu-m). N. Cent, une centaine. S'emploie aussi comme adjectif en composition. *dvi-çata,* deux cents. *catuḥṣaṣṭyadhikadviçata-tama,* deux cent soixante quatrième. *pañca-çata,* n. s. ou adj. pl. cinq cents. — *çata-ças,* par centaines, cent fois.

शत्रु *çatru* (cf. κότος). M. Ennemi.

शनैस् *çanais.* Adv. Doucement, lentement, peu à peu.

* शप् *çap, çāp. çap-a-ti.* Maudire.

çāp-a. M. Malédiction.

शब्द *çabda.* M. Bruit, son, nom. *sa-çabda,* bruyant, acc. n. adv. avec fracas.

* 1 शम् *çam(i), çām* (angl. to hem, allem. hemmen). *çām-ya-ti,* s'apaiser. *çān-ta,* apaisé, calme; n. *çāntam,* se dit pour écarter un présage, plus généralement « tais-toi »; *çānta-ya-ti,* apaiser. Causal : *çam-aya-ti,* apaiser.

çam-a. M. Apaisement; paix du cœur.

çān-ti. F. Mêmes sens.

प्र *pra.* S'apaiser. *pra-çān-ta,* apaisé, vainqueur de ses passions. Causal : apaiser.

pra-çam-a. M. Apaisement.

* 2 शम् *çam, çām. çam-aya-ti,* avec le préfixe :

नि *ni.* Entendre. Gérondif *ni-çam-ya.*

3 शम् *çam.* Indéclinable : bonheur. *çam-bhu,* v. *bhū.*

शम्बर *çambara.* M. Espèce de cerf.

* 1 शर् *çar(i), çīr, çir. çr-ṇā-ti.* Briser.

वि *vi. vi-çīr-ya-ti,* (passif irrég.) se briser, se faner.

* 2 शर् *çar* (cf. *çri*). S'appuyer.

çar-aṇa. N. Protection, refuge. *agni-çaraṇa,* n. le lieu où l'on entretient le feu sacré.

çar-man. N. Protection, refuge.

शर *çara* (cf. κάλαμος, lat. calamus, angl. halm, allem. Halm). M. Roseau, flèche.

शरद् *çarad.* F. Automne, année. — *çarad-vant,* m. nom d'homme. *çāradvat-a* (descendant de *çaradvant*), m. nom d'un disciple de Kaṇva.

शरभ *çarabha.* M. Animal fabuleux, çarabha.

शरीर *çarīra.* N. Corps; parfois équivalent à « vie ». — *çarīra-ka.* N. « ce vil corps ».

शल *çala.* Dans le composé *duḥ-çalā* (?), f. nom de la fille de Dhṛtarāṣṭra, épouse de Jayadratha, et cousine des Pāṇḍavas.

शलभ *çalabha.* M. Papillon de nuit.

शल्य *çalya* (cf. κῆλον). M. N. Pointe de flèche.

शव *çava*. M. N. Cadavre.

शश *çaça*. M. Lièvre. *çaç-in*, (qui a un lièvre) m. lune.

शश्वत् *çaçvat*. Toujours. — *çāçvat-a*, f. *ī*, perpétuel, ininterrompu, tout. *çāçvatīḥ samāḥ*, « pendant une suite ininterrompue d'années, toujours ».

* शस् *ças*. *ças-a-ti*. Égorger.

ças-tra. N. Épée.

* शा *çā*, *çi* (cf. lat. catus, angl. hone). *çi-çā-ti*. Aiguiser. *çi-ta*, aiguisé, aigu.

नि *ni*. *ni-çi-ta*, aiguisé, aigu.

शाक *çāka*. N. Légume.

शाखा *çākhā*. F. Branche. — *çākh-in*, qui a des branches; m. arbre.

शार *çāra*. M. Pièce, pion (au jeu de dés).

शार्ङ्ग *çārṅga*. M. Sorte d'oiseau. *çārṅga-rava*, v. *rava* sous *ru*.

शाल *çāla*. M. Nom d'une espèce d'arbre.

1 शाला *çālā*. F. Hutte; salle. *parṇa-çālā*, hutte de feuillage. *saṃgīta-çālā*, salle du palais où on fait de la musique. — *çāl-in*, (qui possède une hutte, en général) qui possède, bien muni de; *bāhu-çālin*, qui a de grands bras.

2 शाला *çālā*, dans *çālā-vṛka*, v. *vṛka*.

शालि *çāli*. M. Riz.

शाल्वेय *çālveya*. M. Nom de peuple.

शाव *çāva*. M. Petit d'un animal. — *çāva-ka*, m. id.

* शास् *çās*, *çis* ou *çiṣ*. *çās-ti*. Commander, enseigner, punir. *çiṣ-ya*, m. disciple.

çās-tra. N. Précepte, livre de préceptes, science.

अनु *anu*. Enseigner, conseiller.

anu-çās-ana. N. Enseignement. *kāryānuçāsana*, enseignement de ce qui doit être fait, action de rendre la justice.

आ *ā*. Désirer, prier.

ā-çis. F. Prière (nom. s. *āçīs*).

* शिक्ष् *çikṣ* (sorte de désidératif de *çak*). *çikṣ-a-ti*, *-te*. Étudier, apprendre. *çikṣ-i-ta*, appris (d'une chose) et qui a appris (acc.).

शिखण्ड *çikhaṇḍa.* M. Touffe de poils. — *çikhaṇḍa-ka,* m. id., équivalent à « queue ».

शिखा *çikhā.* F. Toupet; flamme. — *pañca-çikha,* qui a cinq toupets (coiffure de religieux).

शिथिल *çithila.* Lâche, mou. — *çithilāya-te,* s'amollir, s'affaiblir.

शिबि *çibi.* M. Nom de peuple. — *çaib-ya,* m. homme, prince de ce peuple.

शिरस् *çiras* (cf. κάρα, lat. cere-brum). N. Tête. — *a-çiras-ka,* sans tête.

शिला *çilā.* F. Pierre; rocher. *svalpaçilāya-te,* devenir une toute petite pierre. — *çail-a,* pierreux; m. montagne.

शिशु *çiçu* (cf. *çvā*). M. Enfant; petit (d'un animal). — *çiçu-tva,* n. enfance.

* 1 **शिष्** *çiṣ,* v. *çās.*

* 2 **शिष्** *çiṣ, çeṣ. çi-na-ṣ-ṭi.* Laisser. Part. passé *çiṣ-ṭa.*

çeṣ-a. M. N. Reste; *na çeṣam āpnuvanti,* « ils n'obtiennent pas de reste, il n'en reste pas un. » Nom d'un serpent mythique qui porte la terre. *a-çeṣa,* sans reste, entier.

अव *ava.* Passif : rester.

ava-çeṣ-a. N. Reste. *çīrṣāvaçeṣa,* (qui a pour reste la tête) qui n'a plus que la tête.

उद् *ud. uc-chiṣ-ṭa,* abandonné, rejeté.

वि *vi. vi-çiṣ-ṭa.* Distingué, noble.

vi-çeṣ-a. M. Différence, particularité, distinction, avantage. Instr. et abl. adv. particulièrement, singulièrement, extrêmement. En composition avec un nom, équivaut à un adjectif : distingué, extraordinaire. *nir-viçeṣa,* qui n'a pas de différence, non différent; qui n'est pas une différence. — *viçeṣa-tas,* singulièrement, extrêmement, principalement, surtout.

* **शिस्** *çis,* v. *çās.*

* 1 **शी** *çī, çe, çay* (κεῖ-μαι, la forme faible *çī* est partout remplacée par la forte *çe* ou *çay*). *çe-te,* 3e pl. irrég. *çe-rate.* Être couché, reposer.

çay-ana. N. Lit, couche. — *çayan-īya,* servant à dormir.

çay-yā. F. Lit, couche.

सम् *sam.*

saṃ-çay-a. M. Doute; danger. *na saṃçayaḥ,* « il n'y a pas de doute, sans aucun doute. » — *saṃçay-i-ta,* mis en doute, contesté.

* 2 शी *çī,* v. *çyā.*

शीकर *çīkara.* M. Pluie fine.

शीघ्र *çīghra.* Rapide. Acc. n. adv. rapidement.

शीर्ष *çīrṣa* (cf. *çiras*). N. Tête.

शील *çīla.* N. Habitude, caractère.

शुक्ति *çukti.* F. Coquillage.

* शुच् *çuc, çoc. çoc-a-ti.* Brûler, briller; s'affliger. Aor. 2 *a-çuc-a-t.*

çuc-i. Brillant; pur. *a-çuci,* impur. — *çauc-a,* n. pureté, purification.

çok-a. M. Chagrin.

अनु *anu.* Pleurer (quelqu'un).

शुण्डा *çuṇḍā.* F. Rhum. — *çauṇḍ-a,* ivrogne.

* शुध् *çudh, çodh. çudh-ya-ti, -te.* Se purifier. *çud-dha,* pur, brillant, correct. *çodh-anīya,* qui doit être purifié, justifié.

1 *çodh-ana.* Purifiant.

2 *çodh-ana.* N. Moyen de purification.

वि *vi. vi-çud-dha,* purifié, pur.

vi-çodh-in. Qui nettoie. — *vi-çodhi-tva,* n. nettoyage.

शुन् *çun,* v. *çvan.*

* शुभ् *çubh, çobh. çobh-a-te.* Briller.

çubh-a. Beau, charmant; heureux, bon. N. Bonheur, bien. *a-çubha,* n. mal.

çubh-ra. Brillant, blanc.

çobh-in. Qui brille, qui se distingue dans.

* शुष् *çuṣ, çoṣ, çuṣ-ya-ti.* Se dessécher, se flétrir.

çuṣ-ka. Sec.

* 1 शू *çū* (cf. κῦρος, κύριος). Être puissant, vainqueur.

çū-ra. M. Héros; nom d'homme. — *çaur-ya,* n. héroïsme.

* 2 शू *çū,* v. *çvā.*

शूद्र *çūdra.* M. Nom des hommes de la quatrième caste (serviteurs).

शृगाल *çṛgāla.* M. Chacal.

शृणो *çṛṇo, çṛṇu,* v. *çru.*

शेरते *çerate*, v. *çī* 1.

शैक्य *çaikya*. Damasquiné? Dr. 271, 4.

शोण *çoṇa*. Rouge. — *çoṇ-i-ta*, n. sang.

श्मशान *çmaçāna*. N. Cimetière.

* श्या *çyā*, *çī*. *çyā-ya-ti*. Geler. *çī-ta*, froid, frais; n. le froid; *çīta-la*, froid.

श्याम *çyāma*. Noir, sombre. Se dit de la peau (c'est un éloge).

श्येन *çyena* (cf. ἰ-κτῖνο-ς?). M. Aigle ou faucon.

* श्रम् *çram(i)*, *çrām(i)*, *çrām*. *çrām-ya-ti*. Se fatiguer, être fatigué; pratiquer l'ascétisme. *çrān-ta*.

çram-a. M. Fatigue, peine. *ati-çrama*, fatigue extrême.

çram-aṇa. M. Religieux mendiant.

आ *ā*.

ā-çram-a. M. N. Ermitage.

परि *pari*. *pari-çrān-ta*, fatigué.

pari-çram-a. M. Fatigue.

वि *vi*. Se reposer. Passif impersonnel *vi-çrām-ya-te*, «l'action de se reposer est faite».

vi-çrām-a. M. Repos.

* श्रि *çri*, *çray* (κλί-νω, lat. in-cli-no, allem. le[h]nen pour hle-nen). *çray-a-ti*. S'appuyer sur.

आ *ā*. Avoir recours à, reposer sur (acc.)

समा *sam-ā*. S'appuyer sur, s'en tenir à (acc.).

उद् *ud*. *uc-chri-ta*, dressé.

सम् *sam*. Se réfugier auprès de.

saṃ-çray-a. M. Refuge, séjour.

श्री *çrī*. F. Prospérité, fortune; nom de la déesse de la fortune, épouse de Viṣṇu; titre honorifique placé devant un nom d'homme ou de livre, ex. : *çrī-mahābhārata*, «le vénérable Mahābhārata». *gata-çrī-ka*, qui a perdu sa prospérité, sa fortune. — *çrī-mant*, riche. — *çreyaṃs*, *çreṣṭha*, v. à part.

* श्रु *çru*, *çro* (κλύ-ω, lat. clu-eo, in-clu-tus, angl. loud pour hloud, allem. laut pour hlaut). *çṛ-ṇo-ti*. Écouter, entendre (gén. de la personne), apprendre (d'un maître). Passif *çrū-ya-te*. *çru-ta*,

entendu, dont on a entendu parler, connu, célèbre, connu comme étant...; n. action d'entendre; science; *a-çruta,* ignorant; *çruta-vant,* qui possède la science, savant. *çrav-ya,* part. fut. passif. *çro-tavya,* id.; n. obligation d'entendre. Désidératif *çu-çrū-ṣ-a-ti,* d'où *çu-çrū-ṣ-u,* qui désire s'instruire, qui aime l'étude.

çrav-aṇa. M. Oreille.

çru-ti. F. Audition; oreille; science révélée. — *çraut-a,* conforme à la science révélée.

çro-tar. Qui écoute (gén.).

çro-tra. N. Oreille.

श्रेयंस् *çreyaṃs* (cf. *çrī*). Comparatif : meilleur, excellent; n. (s. et pl.) salut.

श्रेष्ठ *çreṣṭha* (cf. *çrī*). Superlatif : le meilleur, excellent. *çreṣṭha-tama* (double superlatif) id.

श्रोणी *çroṇī* (cf. κλόνις, lat. clūnis). F. Hanche, fesse. *suçroṇī,* f. qui a de belles hanches, callipyge.

* **श्लाघ्** *çlāgh, çlāgh-a-te.* Louer.

* **श्लिष्** *çliṣ, çleṣ. çliṣ-ya-ti.* Embrasser.

वि *vi.* Causal : séparer de, priver de (instr.).

सम् *sam.* Embrasser.

saṃ-çleṣ-a. M. Embrassement.

श्लोक *çloka* (cf. *çru*). M. (Louange), vers.

श्वन् *çvan,* thème très fort *çvān,* faible *çun.* (κύων, cf. lat. canis, allem. Hund). M. Chien.

* **श्वस्** *çvas(i), çvās* (lat. quer-or?). *çvasi-ti.* Souffler, haleter.

आ *ā. ā-çvas-a-ti.* Avoir confiance, être tranquille.

उद् *ud.* Souffler, siffler, haleter.

निस् *nis.* Soupirer.

विनिस् *vi-nis.* Soupirer, haleter.

वि *vi.* Avoir confiance en.

vi-çvās-a. M. Confiance.

* **श्वा** *çvā, çū* (κυ-έω, lat. in-ci-ens). S'enfler. *çū-na,* enflé; *çūn-ya,* vide, vide de, manquant de; *çūnya-tā,* f. privation de.

श्वापद *çvāpada*, v. *pada*.

* श्वित् *çvit, çvet. çvet-a-te*. Être blanc.

çvet-a. Blanc.

ष् *ṣ*.

(Chercher par *s* les racines qui présentent un *ṣ* initial par suite d'une modification euphonique.)

ष *ṣa*, v. *ṣaṣ*.

षष् *ṣaṣ* (cf. ἕξ, lat. sex, angl. six, allem. sechs). Six. Nom. (s.) *ṣaṭ*. g. (pl.) *ṣaṇ-ṇ-ām*. *ṣa* pour *ṣaṣ* dans *pañca-ṣa*, nom. pl. *pañca-ṣās*, cinq ou six. — *ṣaṣ-ṭi*, soixante. — *ṣaṣ-ṭha*, sixième.

स् *s*.

1 स *sa*, f. *sā*. Thème pronominal qui sert à compléter la déclinaison du pronom *ta*, 172.

2 स *sa* (lat. sem, sim dans sem-per, sim-plex, ἁ, ἀ dans ἄ-λοχος, ἁ-πλόος). Forme faible de *sam* (v. *sam*), formant plusieurs particules. *sa* particule copulative (ou exprimant l'unité) en composition, ex. : *sendra*, accompagné d'Indra. Le composé peut naturellement se prendre adverbialement à l'accusatif : *sa-smitam*, avec un sourire. *sārdham*, v. *ardha*. — *sa-dā*, toujours. — *sa-ha*, avec (instr.); *saha-deva*, v. *div*; *sahāya*, compagnon; *sahāya-vant*, qui a un (vrai) compagnon; *sah-i-ta*, réuni, réuni à, accompagné de; pourvu, doué de.

सखि *sakhi* (cf. lat. socius). M. Ami.

संकट *saṃkaṭa* (cf. *kaṭa?*). Étroit; n. situation difficile, misère.

* सच् *sac, sāc* (lat. sequ-or, ἕπ-ομαι). *sac-a-te*. Suivre, atteindre.

sāc-in. Qui atteint. *savya-sācin* (qui atteint même de la main gauche) adroit, surnom d'Arjuna.

सज्ज *sajja*, v. *sañj*.

* सञ्ज् *sañj, saj* (cf. lat. seg-nis). Passif *sajja-te* pour *saj-ya-te*, être attaché. *sak-ta*, attaché à.

saṅg-a. M. Attachement. *niḥ-saṅga*, désintéressé. — *saṅg-in*, attaché au monde.

आ *ā*. *ā-sak-ta*, attaché, appliqué à.

व्या *vy-ā.*

vy-ā-saṅg-a. M. Distraction, égarement.

प्र *pra.*

pra-saṅg-a. M. Occasion.

सम् *sam. saṃ-sajja-te,* s'arrêter.

सटा *saṭā.* F. Tresse.

* सद् *sad, sād* (lat. sed-eo, ἕζομαι, ἕδ-ρα, angl. to sit, allem. sitz-en). *sīda-ti* pour *si-sd-a-ti.* S'asseoir. Causal : *sād-aya-ti,* abattre, détruire.

sad-ana. N. Séjour.
sad-as (ἕδ-ος). N. Assemblée, réunion.
sad-man. N. Demeure, palais.

अप *apa.*

apa-sad-a. M. Rebut (se dit d'un homme).

अव *ava.* Succomber, tomber dans le malheur. Causal : calmer.

आ *ā. ā-san-na,* voisin, voisin de, prochain. Causal : trouver, rencontrer. Le gérondif *ā-sād-ya,* ayant rencontré, équivaut souvent à une préposition, par ex. à cause de, pour.

ā-sad-a. Dans *dur-āsada,* (difficile à rencontrer) inouï.

प्र *pra. pra-san-na,* clair, brillant; serein, calme.

pra-sād-a. M. Clarté, sérénité; faveur, grâce.

वि *vi.* Causal : abattre, désespérer.

vi-ṣād-a. M. Abattement, désespoir, dégoût.

सम् *sam.* S'asseoir ensemble.

saṃ-sad. F. Assemblée, cour d'un prince.

सद्यस् *sadyas* (cf. *div*). Immédiatement.

सनातन *sanātana* (d'un mot *sana,* vieux, cf. lat. senex, ἕνη [καὶ νέα], franc sini-skalkus d'où sénéchal). Éternel.

सन्त् *sant, sat, sat-tva,* etc. v. *as* 1.

सप्तन् *saptan* (lat. septem, ἑπτά, angl. seven, allem. sieben). Sept; nom. *sapta.* — *sapta-ti,* soixante-dix. *sapta-ma,* (lat. septimu-s) septième.

सभा *sabhā* (cf. allem. Sippe). F. Assemblée, cour d'un prince.

सभाजय *sabhājaya*, v. *bhāj*.

सम् *sam* (cf. *sa*). Préfixe verbal signifiant avec, et particule en composition (assez rare dans ce second emploi).

सम *sama* (cf. ὁμός, lat. similis, angl. same, allem. zusammen). Semblable, égal; égal à, aussi cher que (instr.); médiocre, ni bon ni méchant; indifférent. Acc. n. adv. *samam* avec, en même temps que (instr.). *vi-ṣama*, inégal, difficile; n. situation difficile. — *sama-tā*, f. similitude.

समा *samā* (cf. angl. summer, allem. Sommer). F. Année.

समान *samāna* (cf. *sama*). Égal, pareil, du même âge. — *sāmān-ya*, commun, ordinaire.

समीच् *samīc*, v. *añc*.

समीप *samīpa* (cf. *sam*). Voisin; n. voisinage. Loc. adv. *samīpe*, près de.

संप्रति *saṃprati*, v. *prati*.

सम्यञ्च् *samyañc*, *samyac*, v. *añc*.

* **सर्** *sar*, *sār*, *sṛ* (cf. ὁρ-μή). *sar-a-ti*. Courir, couler.

sar-it. F. Rivière.

अनु *anu*. Suivre.

anu-sār-in. Qui suit.

अभि *abhi*. S'approcher.

अव *ava*.

ava-sar-a. M. Occasion, moment favorable.

उप *upa*. S'approcher.

प्र *pra*. Se mettre en mouvement, partir.

pra-sar-a. M. Libre expansion.

वि *vi*. S'étendre.

vi-sār-in, f. *iṇ-ī*. Qui s'étend, étendu, vaste.

सम् *sam*. Errer.

saṃ-sār-a. M. Le monde (où l'on transmigre par opposition à la béatitude suprême dans le sein de Brahma), quelquefois simplement la vie.

सरल *sarala*. Honnête.

सरस् *saras* (cf. *sar?*). N. Étang.

सरित् *sarit*, v. *sar*.

* **सर्ज्** *sarj, sṛj. sṛj-a-ti.* Lâcher, lancer, émettre; se dit du créateur, et équivaut à créer. Part. passé passif *sṛṣ-ṭa.*

sṛṣ-ṭi. F. Émission, création, nature.

उद् *ud.* Lancer, vomir, exhaler.

प्र *pra.* Lancer, lâcher.

वि *vi.* Id.

सम् *sam.* Unir.

saṃ-sarg-a. M. Contact; commerce avec le monde. *saṃsarga-tas*, équivaut à un ablatif.

* **सर्प्** *sarp, sṛp* (lat. serp-o, ἕρπ-ω). *sarp-a-ti.* Ramper.

sarp-a. M. Serpent. *kṛṣṇa-sarpa-vat*, « comme le serpent noir » (sorte de serpent très venimeux).

उप *upa.* S'approcher de (acc.).

सर्व *sarva* (οὖλο-ς, ὅλο-ς, cf. lat. sollus dans sollennis). Thème pronominal. Tout, dans le double sens de lat. omnis et totus. — *sarva-tas*, de toutes parts, de tous côtés. — *sarva-tra*, partout, en tout. — *sarva-thā*, tout à fait. — *sarva-dā*, toujours.

सलिल *salila* (cf. *saras* et *sar*). N. Eau.

सव्य *savya.* Gauche.

* **सह्** *sah, sāh* (ἔχω, ἔ-σχ-ον, allem. sieg-en). *sah-a-ti, -te.* Vaincre; supporter, soutenir. Part. passé passif *soḍha*, infinitif *soḍhum.*

1 *-sah-a.* Qui supporte, qui triomphe de. Ne pas confondre avec *saha* de *sa* 2.

2 *-sah-a.* Dans *duḥ-saha*, difficile à supporter. — Même observation.

sah-as. N. Force, victoire. *sahas-ā*, instr. adv. immédiatement, tout d'un coup. — *sāhas-a*, n. précipitation, témérité.

उद् *ud.*

ut-sāh-a. M. Résolution.

प्र *pra. pra-sah-ya*, gérondif employé adverbialement : en employant la violence.

सम् *sam.* Supporter.

सह *saha*, v. *sa* 2. Ne pas confondre avec *saha* de *sah.*

सहकार *sahakāra.* M. Nom d'une espèce de manguier très odorant.

सहस्र *sahasra* (*sa-hasra,* cf. χίλιοι, éol. χέλλιοι). M. Mille, millier. Construit comme adjectif, même précédé d'un nombre qui le multiplie, Dr. 265, 12.

* सा *sā, si. s-ya-ti.* Le simple est inusité.

अव *ava.* Cesser.

ava-sāna. N. Fin, terme, extrémité.

अध्यव *adhy-ava.* Décider, examiner.

व्यव *vy-ava.* Se décider, se résoudre à (acc.).

vy-ava-sā-y-a. M. Détermination, résolution.

vy-ava-sā-y-in. Résolu.

सागर *sāgara.* M. Mer.

* साध् *sādh, sidh. sidh-ya-ti.* Réussir. *sid-dha,* parfait; m. qui a atteint la perfection, saint. *sādh-ya,* pouvant être exécuté; *a-sādhya,* impossible, dont on ne peut venir à bout. Causal : *sādh-aya-ti,* partir (proprement faire ce qu'on a à faire).

sādh-u, f. *sādhv-ī.* Bon, honnête, vertueux, excellent, capable; m. homme de bien; n. le bien, l'honnêteté. Acc. n. adv. : bien. *a-sādhu,* n. le mal.

sid-dhi. F. Perfection; confection, préparation (des aliments). — *siddhi-mant,* qui a atteint la perfection.

सान्त्व *sāntva.* N. (s. et pl.). Bonnes paroles, paroles d'apaisement. — *sāntva-ya-ti,* apaiser, calmer. Gérondif irrég. *sāntv-ya.*

परि *pari.* Apaiser, calmer.

सांप्रत *sāṃprata,* v. *prati.*

साय *sāya.* N. Soir. Acc. adv. *sāyam,* le soir.

सार *sāra.* M. N. Partie solide d'un corps; le meilleur, la partie essentielle d'une chose; force. *antaḥ-sāra,* solide à l'intérieur; sain de cœur.

सारथि *sārathi,* v. *ratha.*

सिंह *siṃha.* M. Lion.

सिकता *sikatā* (cf. lat. siccus). F. Sable. — *sikat-ila,* sablonneux.

* सिच् *sic, sec* (ἰκ-μάς, allem. seih-en et seich-en). *si-ñ-c-a-ti.* Verser.

उद् *ud.* Monter (des liquides), déborder.

ut-sek-a. M. Orgueil.

* 1 सिध् *sidh, sedh. sedh-a-ti.* Pousser, chasser.

अप *apa.* Repousser, écarter.

समुद् *sam-ud.*

sam-ut-sedh-a. M. Hauteur.

* 2 सिध् *sidh,* v. *sādh.*

सिन्धु *sindhu.* F. Nom sanscrit de l'Indus et des pays qu'il baigne (masc. dans ce second sens); rivière. M. Mer. M. pl. Nom de peuple (les habitants du Sindhu). — *saindhav-a,* originaire du Sindhu; m. homme, prince du Sindhu; *saindhava-ka,* des habitants du Sindhu, qui leur est propre.

सीद *sīda,* v. *sad.*

सीमन्त *sīmanta.* M. Ligne qui partage les cheveux. — *sīmant-in-ī,* f. (qui a les cheveux partagés) femme.

1 सु *su* (cf. εὐ-?). Particule en composition. Bien, très; avec un substantif, bon, beau. — *su-tarām,* très bien.

* 2 सु *su, so* (cf. ὕει?). *su-no-ti.* Presser, faire couler par le pressurage.

so-ma. M. Soma, breuvage sacré; lune; nom d'un dieu représentant le breuvage sacré et la lune. — *saum-ya,* m. (au vocatif) mon cher.

* 3 सु *su* (cf. *sū*). Part. passé passif *su-ta,* f. *ā.* Fils, fille. *dharma-suta,* m. fils de Yama (désigne Yudhiṣṭhira).

सुक *suka* (?) dans *utsuka,* v. ce mot.

सुन्दर *sundara.* Beau. *sundar-ī,* f. belle, belle femme. *loka-sundarī,* connue comme belle dans le monde entier.

* सुप् *sup,* v. *svap.*

सुर *sura.* M. Dieu.

सुरभि *surabhi.* Odoriférant, parfumé.

सुष्ठु *suṣṭhu* (cf. *sthā*). Bien!

* सू *sū, suv, sav(i)* (cf. υἱός, angl. son, allem. So[h]n). *sū-te.* Enfanter.

savi-tar. M. Nom d'un dieu; soleil.

sū-ti. F. Enfantement, production. *punaḥ-sūti,* nouvelle production.

प्र *pra.* Enfanter.

pra-sav-a. M. Enfantement, délivrance; progéniture; fleur.

सूक्ष्म *sūkṣma.* Petit, étroit.

सूचय *sūcaya.* Verbe dénominatif dont la base nominale est incertaine. *sūcaya-ti.* Annoncer, faire connaître. *sūc-i-ta,* rendu manifeste.

सूत *sūta.* M. Conducteur de char, cocher.

सूर्य *sūrya* (cf. *svar* et Σείριο-ς, lat. sol). M. Soleil.

सेना *senā.* F. Trait; armée. *indra-sena,* m. nom du cocher de Yudhiṣṭhira. *bhīma-sena* (dont le trait est terrible), m. nom du second des Pāṇḍavas. *yajña-sena,* m. surnom de Drupada, d'où *yājñasen-ī,* f. patronymique, autre nom de Draupadī, fille de Drupada. — *sain-ika,* m. soldat; *sain-ya,* m. id.; n. armée.

* सेव् *sev. sev-a-te.* Habiter. honorer, cultiver, pratiquer.

sev-aka. M. Serviteur.

sev-ā. F. Hommage, service, cour qu'on fait à quelqu'un.

-sev-in. Honorant.

उप *upa.*

upa-sev-ā. F. Action d'honorer.

नि *ni. ni-ṣev-a-te.* Cultiver, rechercher, visiter, honorer.

* स्कन्द् *skand* (lat. scand-o). *skand-a-ti.* Sauter.

प्र *pra.* Sauter, descendre de.

स्कन्ध *skandha.* M. Épaule.

* स्कार् *skar, skṛ,* v, *kar* 1 avec *upa* et *sam.*

* स्तन् *stan* (cf. στένω, lat. tonat, angl. to thunder, allem. donnern). *stan-a-ti.* Tonner.

stan-ayitnu. Tonnant; m. tonnerre.

स्तन *stana.* M. Sein de la femme.

स्तबक *stabaka.* M. N. Touffe, bouquet.

* स्तम्भ् *stambh, stabh. stabh-nā-ti.* Étayer.

stambh-a. M. Pilier.

वि *vi.* Causal : arrêter. *vi-ṣṭambhita.*

* स्तर् *star(i), stār, stīr, stir* (στόρ-νυ-μι, lat. ster-no). *stṛ-ṇo-ti.* Étendre, épandre.

प्र *pra*. Étendre.

pra-star-a. M. Pierre.

वि *vi*. Tendre. Causal : étendre.

vi-star-a. M. Extension, développement.

vi-stār-in, f. *-iṇ-ī*. S'étendant, vaste.

* स्तु *stu, stuv, sto. stau-ti*, pl. *stuv-anti*. Louer.

प्र *pra*. Louer, célébrer.

स्तेन *stena*. M. Voleur.

स्तोक *stoka*. Petit. Acc. n. adv. un peu.

स्त्री *strī*. F. Femme, femelle (nom. s. *strī*). *sa-strī-ka*, accompagné de femmes.

स्थल *sthala*, n. et *sthalī*, f. (cf. lat. stlocus, locus, allem. Stelle et *sthā*). F. Plateau de montagne; lieu, place.

* स्था *sthā, sthi* (ἵ-στη-μι, ἔ-στη-ν, lat. sto, angl. to stand, allem. ste-[h]en). *ti-ṣṭha-ti, -te* (irrég.). Se tenir (debout), être (à un certain endroit); être; s'arrêter, rester, attendre; subsister, durer. Parfait *ta-sthau*. *sthi-ta*, part. passé; n. action de s'arrêter, de rester.

1 *-stha*. Qui se tient, qui est dans ou sur. *adhvara-stha*, qui est dans le sacrifice, destiné au sacrifice, cf. *adhvara-ga*. *madhya-stha*, (qui se tient au milieu) indifférent, qui ne s'étonne pas. *su-stha*, qui est à son aise, content. *sva-stha*, qui est dans son état naturel, sain, tranquille. *hṛdi-stha*, (*hṛdi* au loc.) qui est dans le cœur.

2 *-stha*. Dans *go-ṣṭha*, m. séjour des vaches, puis séjour d'un animal quelconque.

sthāna. N. Lieu, place, séjour. Loc. adv. *sthāne*, à propos, avec raison. *yathā-sthānam*, adv. chacun à sa place.

sthā-y-in, f. *in-ī*. Qui dure.

sthi-ti. F. Situation, séjour; le fait de rester dans les limites du devoir. *sthityāṃ sthitaḥ*, qui reste dans sa situation, constant.

sthi-ra. Ferme, fermement attaché à, patient; n. quelquechose de durable. *yudhi-ṣṭhira*, (ferme dans le combat, *yudhi* au loc.) nom du premier des Pāṇḍavas. — *sthair-ya*, n. qualité de ce qui dure.

अधि *adhi*. Se tenir, se placer sur.

adhi-ṣṭhāna. N. Ce sur quoi l'on se tient, siège; (au figuré) la personne ou la chose qui sert de soutien.

अनु *anu*. Exécuter, accomplir; s'occuper de, gouverner. *anu-ṣṭheya,* part. fut. passif; n. (ce qui doit être exécuté) commission.

anu-ṣṭhāna. N. Accomplissement. *svānuṣṭhāna,* n. l'action personnelle.

अव *ava*. Rester.

ava-sthā. F. Situation, état, degré.

आ *ā*. Monter sur, se tenir sur ou dans, entrer dans tel ou tel état (acc.).

ā-sthā. F. Préoccupation, désir.

समा *sam-ā*. Se tenir.

उद् *ud*. Se lever; naître, se produire. Part. passé *ut-thi-ta* (pour *ut-sthi-ta*). Gér. *ut-thā-ya*.

ut-thāna. N. Action de se lever.

समुद् *sam-ud*. Se lever.

उप *upa*. S'approcher.

प्र *pra*. Partir. *pra-sthi-ta,* part. passé; n. départ.

pra-stha. M. N. Plateau (de montagne). — *khāṇḍava-prastha,* nom d'une ville fondée par les Pāṇḍavas dans la forêt Khāṇḍava.

pra-sthāna. N. Départ, le fait de se mettre en marche.

अनुप्र *anu-pra*. Partir à la suite.

प्रति *prati*. Reposer sur.

prati-ṣṭha. F. Place, haute dignité.

सम् *sam*. S'arrêter. *saṃ-sthi-ta,* qui est là, qui est sur, qui est en question.

-saṃ-stha. Qui se tient dans ou sur.

saṃ-sthāna. N. Forme, apparence.

* **स्ना** *snā* (cf. νή-χομαι, lat. na-to). *snā-ti*. Se baigner, se purifier par des ablutions.

snāna. N. Action de se baigner, bain.

नि *ni*. *ni-ṣṇā-ta,* expérimenté, connaissant.

स्नायु *snāyu* (cf. engl. sinew, allem. Se[h]ne). F. N. Tendon.

* स्निह् *snih, sneh. sneh-a-ti.* Être onctueux, s'attacher; avoir du penchant pour. *snig-dha,* amoureux, aimable.

sneh-a. M. Penchant pour, amour.

* स्पर्ध् *spardh, spṛdh. spardh-a-te.* Rivaliser.

* स्पर्श् *sparç, spṛç. spṛç-a-ti, -te.* Toucher. Précatif *spṛç-yā-t.* Part. passé passif *spṛṣ-ṭa.* Part. fut. passif *spṛç-ya.*

sparç-a. M. Contact.

-spṛç. Qui touche.

सम् *sam.* Toucher.

saṃ-sparç-a. M. Contact.

* स्पर्ह् *sparh, spṛh* (σπέρχ-ομαι). *spṛh-aya-ti.* Désirer.

* स्फर् *sphar(i), sphūr, sphur* (σπαίρω). La forme forte est inusitée. *sphur-a-ti.* Trembler; papilloter (de l'œil); étinceler.

वि *vi.* Trembler; papilloter (de l'œil); étinceler. Gérondif *vi-sphūr-ya.*

* स्फा *sphā, sphī* (cf. lat. pro-spe-rus). *sphā-ya-te.* Engraisser, prospérer. *sphī-ta,* qui est en abondance.

* स्फुट् *sphuṭ, sphoṭ. sphuṭ-a-ti.* Se fendre, éclater, apparaître.

sphuṭ-a. Clair; évident. *pari-sphuṭa,* très évident, visible.

* स्फूर् *sphūr, sphur,* v. *sphar(i).*

स्म *sma.* Particule qui renforce légèrement, particulièrement après *iti, na, mā.* Souvent explétif.

* स्मर् *smar, smār, smṛ* (μέρ-μερ-ος, lat. me-mor). *smar-a-ti, -te.* Se rappeler, penser à (acc.). *smṛ-ta,* à qui l'on pense; qui est déclaré par la tradition être . . ., qui passe pour. Causal : rappeler; *smār-i-ta,* n. action de rappeler.

smar-a. M. Amour, dieu de l'amour.

smar-aṇa. N. Pensée, souvenir.

smṛ-ti. F. Souvenir. — *a-smṛti,* f. impossibilité de se souvenir.

वि *vi.* Oublier. *vi-smṛ-ta,* qui a oublié et oublié.

vi-smar-aṇa. N. Oubli.

अभिसम् *abhi-sam.* Se souvenir de, penser à.

* स्मि *smi, smay* (μει-δάω, φιλο-μμει-δής, lat. mī-ror, angl. to smile). *smay-a-te.* Sourire. *smi-ta,* n. sourire.
smay-a. M. Orgueil.

वि *vi.* S'étonner. *vi-smi-ta,* étonné.
vi-smay-a. M. Étonnement, stupeur.

स्य *sya,* v. *sā.*

स्रज् *sraj.* F. (nom. *srag*). Couronne, guirlande.

* स्रु *sru, sro, srav, srāv* (ῥέω, ῥεύ-σω, cf. angl. stream, allem. Strom). *srav-a-ti.* Couler, s'écouler.
sro-tas. N. Flot, courant.

परि *pari.* S'écouler.

स्रुच् *sruc.* F. Grande cuiller employée dans les sacrifices.

स्रोतस् *srotas,* v. *sru.*

स्व *sva,* f. *ā* (cf. ὅς, lat. suus, allem. sein). Thème pronominal. Son, sa, ses; propre (se dit des trois personnes). Pronom réfléchi en composition. *sarva-sva,* n. (tout le propre) l'ensemble, le tout. — *svā-min,* m. maître. — *sv-īya,* sien, propre.

* स्वद् *svad, svād* (lat. suad-eo, suāvis, ἁ-ν-δ-άνω, ἡδ-ύς, angl. sweet, allem. süss). *svad-a-ti, -te.* Goûter. Causal : *svād-aya-ti,* même sens.
svād-a. M. Goût.

आ *ā.* Causal : goûter, jouir de, manger.

* स्वप् *svap* (et *svapi*), *svāp, sup* (ὕπ-νος, lat. sop-or, som-nus). *svap-a-ti* et *svapi-ti.* Dormir. *sup-ta,* endormi.
svap-na. M. Sommeil.

प्र *pra. pra-sup-ta,* endormi.

स्वयम् *svayam* (cf. *sva*). Indéclinable. Soi-même, moi-même, etc., lui-même, eux-mêmes. De soi-même, par soi-même.

* 1 स्वर् *svar, svār* (cf. σῦρ-ιγξ, lat. su-sur-rus). *svar-a-ti.* Résonner.
svar-a. M. Son, note musicale.

* 2 स्वर् *svar* (v. *sūrya*). *svar-a-ti.* Briller.
svar. Indéclinable. Lumière, dans le composé *svar-ga,* v. *gam;* ciel.

स्वर्ग *svarga,* v. *gam.*

स्वर्ण *svarṇa* pour *su-varṇa,* v. *varṇa.*

स्वस्ति *svasti,* v. *as* 1.

स्वाति *svāti* et *svātī.* F. Nom d'un signe du zodiaque lunaire.

स्वामिन् *svāmin,* v. *sva.*

स्विद् *svid.* Avec *āho :* ou bien.

स्वीय *svīya,* v. *sva.*

स्वैर *svaira,* v. *īr.*

ह् *h.*

ह *ha* (γε). Particule affirmative; souvent explétif.

हंस *haṃsa* (cf. χήν, lat. anser, angl. goose, allem. Gans). M. Flamant. *haṃsa-vat-ī,* nom d'une épouse de Duḥṣanta.

हंहो *haṃho.* Hé!

* **हन्** *han, ghān, ghn, ha* et *gha. han-ti,* 2e s. *haṃ-si,* 3e pl. *ghn-anti.* Frapper, tuer, détruire. Parf. act. *ja-ghān-a,* moy. et passif *ja-ghn-e.* Passif *han-ya-te. ha-ta,* tué, abattu, perdu; quelquefois équivalent à maudit.

-ghn-a. Qui tue, abat. *kṛta-ghna,* (qui détruit ce qui a été fait, qui oublie le bienfait) ingrat.

-han-a. Dans *ku-hana,* (difficile à tuer) m. nom d'homme.

han-tar. Qui frappe, tue, nuit à (gén.).

> **आ** *ā.* Frapper, tuer.
>
> **व्या** *vy-ā.* Frapper, fouler.
>
> **समा** *sam-ā.* Frapper, effleurer. Gérondif *sam-ā-ha-tya.*
>
> **उद्** *ud. ud-dha-ta,* élevé, enorgueilli.
>
> **उप** *upa. upa-ha-ta,* atteint de, affecté de, gâté par; empêché, contesté, contredit.
>
> **नि** *ni.* Frapper, abattre, tuer. Gérondif *ni-ha-tya.*
>
> **प्रति** *prati.* Arrêter, retenir, écarter; empêcher, affaiblir. *pratihatam amaṅgalam,* « le malheur est écarté » (formule pour écarter un mauvais présage).
>
> **वि** *vi.* Empêcher, arrêter, détruire.

vi-ghn-a. M. Obstacle.

> **सम्** *sam.* Réunir.

saṃ-gha. M. Multitude.

* हर् *har, hār, hr, hṛ. har-a-ti, -te.* Prendre; enlever, supprimer; porter. Parf. *ja-hār-a, ja-hr-ur.* Passif *hr-iya-te.* Désidératif *jihīr-ṣ-a-ti,* vouloir enlever.

1 *har-a.* Qui enlève, ravit, ou qui a enlevé. *prāgra-hara,* (qui prend pour lui le meilleur) le premier, le meilleur.

2 *har-a.* Destructeur; m. autre nom du dieu Çiva.

har-aṇa. N. Action de prendre; enlèvement.

har-tar. Qui enlève; voleur.

-hār-in. Portant, ravissant. *mano-hārin,* (ravissant le cœur) charmant.

अप *apa.* Prendre, enlever, ravir (au propre et au figuré).

अभि *abhi.* Causal : apporter, produire. *tad-antaram abhyahārayat,* « il produisit un intervalle entre eux, il les sépara ».

abhi-har-tar. Ravisseur.

आ *ā.* Prendre. Avec *punar,* reprendre.

ā-hār-a. M. (Ce qu'on prend) nourriture.

व्या *vy-ā.* Prononcer, dire, parler.

प्रव्या *pra-vy-ā.* Id.

उद् *ud.* Sauver.

समुद् *sam-ud.* Prendre.

प्र *pra.* Frapper, attaquer. *pra-hara-nt,* combattant, guerrier.

pra-hār-a. M. Coup.

pra-hār-in. Qui frappe; m. guerrier, combattant.

प्रति *prati* et *pratī.* Retenir.

pratī-hār-a, f. *ī.* Gardien, gardienne de la porte.

वि *vi.* Se divertir.

संप्रवि *saṃ-pra-vi.* Passer à travers, parcourir.

उपसम् *upa-sam.* Au moy. : retirer, refuser.

प्रतिसम् *prati-sam.* Retenir.

हरि *hari.* Bai; m. lion; autre nom du dieu Viṣṇu.

हरिण *hariṇa,* f. *ī* (cf. *hari*). Bai; m. et f. gazelle.

हर्म्य *harmya.* N. Palais.

* हर्ष् *harṣ, hṛṣ* (lat. horr-eo pour hors-eo). *harṣ-a-ti.* (Éprouver une horripilation de joie) se réjouir.

harṣ-a. M. Joie.

प्र *pra. pra-hṛṣ-ṭa.* Gai, joyeux.

* हस् *has, hās. has-a-ti, -te.* Rire.

hās-a. M. Rire.

परि *pari* et *parī.* Se moquer.

parī-hās-a. M. Raillerie, le fait de se moquer de.

प्र *pra.* Éclater de rire.

वि *vi.* Rire.

हस्त *hasta.* M. Main; trompe de l'éléphant. — *hast-in* (qui a une trompe) m. éléphant.

1 हा *hā.* Interjection, v. *dhik.* Répété : malheur!

* 2 हा *hā, hī, hi* (cf. χῆ-ρος). *ja-hā-ti.* Abandonner, négliger. *hī-na,* privé de (instr.); *hīna-tva,* n. le fait d'être privé de. Gérondif *hi-tvā.*

वि *vi. vi-hī-na,* privé de (abl.); vil.

प्रवि *pra-vi.* Abandonner, négliger.

हार *hāra.* M. Collier de perles (descendant entre les seins).

1 हि *hi.* Particule affirmative : certes; (souvent) car. Quelquefois explétif. Après un interrogatif ou un impératif, donc. Renforce aussi la négation *na. tathā hi,* de même, par exemple, c'est ainsi que.

* 2 हि *hi, he, hay. hi-no-ti, hi-nu-te.* Mettre en mouvement. Au moy. s'élancer.

hay-a. M. Cheval.

he-tu. M. Cause, moyen, condition. Abl. adv. *hetos,* à cause de.

* 3 हि *hi,* v. *dhā.*

* हिंस् *hiṃs* (sorte de désidératif de *han*). *hiṃs-a-ti.* Faire du tort à (acc.). *hiṃs-i-ta,* à qui on a fait du tort. De la fausse racine *his, hi-na-s-ti,* faire du tort à.

hiṃs-ā. F. Action de causer du dommage; dommage causé. *a-hiṃsā,* f. le fait de ne causer de dommage à personne.

hiṃs-ra. Qui fait du mal, cruel.

हिम *hima* (cf. χιών, χειμών, lat. hiems). M. Froid. N. Neige. *hima-giri,* v. *giri* sous *gar* 4. — *hima-vant,* (neigeux) m. autre nom de l'Himālaya (v. *lī*); *haimavat-a,* f. *ī,* de l'Himālaya.

हिरण्य *hiraṇya* (cf. χρυσός? angl. gold, allem. Gold). N. Or.

* हिस् *his,* fausse racine, v. *hiṃs* (et cf. *han*).

* हीर् *hīr,* v. *har.*

* हु *hu, ho, hav* (χέω, χεύ-σω, lat. fu-ndo, allem. giessen). *ju-ho-ti.* Verser (l'offrande), sacrifier, arroser d'offrandes. Passif *hū-ya-te. hu-ta,* part. passé passif; n. offrande. *hav-ya,* part. fut. passif; n. offrande.

hav-is. N. Offrande.

ho-ma. M. Offrande.

* हू *hū, hav(ī). hav-a-te.* Appeler.

आ *ā.* Appeler, défier.

ā-hav-a. M. Combat.

हूम् *hūm.* Ah!

हृद् *hṛd.* N. Cœur. *su-hṛd* (qui a le cœur bien disposé) m. ami; *sauhṛd-a,* n. amitié, affection.

हृदय *hṛdaya* (cf. *hṛd*). N. Cœur; intelligence. *sa-hṛdaya,* sage.

हे *he.* O (avec un vocatif).

हेमन् *heman* (cf. *hiraṇya*). N. Or.

हैम *haima* (cf. *heman*). D'or, doré.

ह्रस्व *hrasva.* Court, petit.

ह्री *hrī.* F. Honte, pudeur. — *hrī-mant,* f. *mat-ī,* éprouvant un sentiment de honte, timide, modeste.

* ह्वल् *hval. hval-a-ti.* Aller de travers.

वि *vi.*

vi-hval-a. Troublé, qui n'est pas maître de soi.

PRINCIPES DE GRAMMAIRE.

PRINCIPES DE GRAMMAIRE.

CHAPITRE PREMIER.

ALPHABET ET ÉCRITURE.

1. — La langue sanscrite a 9 voyelles simples, 4 diphthongues, 33 consonnes proprement dites, 2 autres sons d'une nature particulière, en tout 48 sons représentés par autant de signes [1].

L'alphabet sanscrit comprend donc deux fois autant de signes que l'alphabet grec ou latin. Cette différence est due, en partie à l'existence dans la langue sanscrite de sons inconnus au grec et au latin, en partie à la perfection d'un alphabet qui exprime par des signes particuliers toutes les nuances de la prononciation.

L'ordre de cet alphabet est en outre parfaitement méthodique. Il commence par les voyelles et finit par les consonnes.

Voyelles.

2. — 5 voyelles brèves que nous transcrivons, dans l'ordre de l'alphabet :

a, i, u[2], *ṛ*[3], *ḷ*.

1. Sans compter les voyelles et semi-voyelles nasales. Voir 4.
2. Prononcez *ou*.
3. On prononce *approximativement* cette voyelle et la suivante comme les consonnes *r, l,* en faisant suivre ces consonnes d'un *i* très bref.

4 voyelles longues désignées chacune dans l'écriture indienne par un signe différent de celui qui désigne la brève correspondante :

ā, ī, ū, ṝ.

Dans l'ordre alphabétique, chaque longue suit immédiatement la brève correspondante.

4 diphthongues formées de *a* ou *ā* comme premier élément, de *i* ou *u* comme second élément :

Les deux diphthongues formées de *a* bref ont fondu les deux éléments en un son unique (comme *ai* et *au* en français dans *aimer* et *aurore*). Les deux autres, formées de *ā* long, ont gardé les deux éléments distincts, mais en abrégeant la prononciation de l'*ā*. En voici les transcriptions :

e = *a* + *i*   *o* = *a* + *u*
ai[1] = *ā* + *i*   *au*[2] = *ā* + *u*.

L'ordre alphabétique est *e, ai, o, au*. Les diphthongues viennent immédiatement après les voyelles.

3. — Il ne sera pas inutile aux commençants de connaître les rapports étymologiques les plus ordinaires des voyelles sanscrites avec les voyelles grecques.

A l'ε et à l'ο correspond *a*, ex. : φέροντι (forme dorienne de φέρουσι) = *bharanti*, à l'ο souvent aussi *ā*, ex. : φόρος, « tribut » = *bhāras*, « fardeau ». L'*ā* correspond en outre à ᾱ, η, ω. A l'α bref *organique* correspond souvent *i* ou *ī*, ex. : voc. πάτερ = *pitar*, premières personnes du pluriel en ναμεν comme κίρναμεν et en *nīmas* comme *badhnīmas*, « nous lions ».

A l'ι et à l'υ correspondent régulièrement *i* et *u*. Les voyelles *ṛ*, *ḷ*, sont représentées en grec par ρ et λ précédés ou suivis d'un α *inorganique*[3], ex. : ἔδρακον (aoriste sans ε de δέρκομαι, comme ἐπτόμην de πέτομαι) = *adṛçam*[4]; πλατύς = *pṛthus*.

La diphthongue *e* correspond à ει et οι, quelquefois à αι, ex. : εἶμι = *emi*, οἶδα pour Ϝοῖδα = *veda*, φέρεται = *bharate*. La diph-

1. Prononcez *aï*.
2. Prononcez *aou*.
3. Sur un autre α inorganique, correspondant à un *a* également inorganique du sanscrit, voir 86 et 89.
4. 1re s. supposée par la 3e pl. védique *adṛçran*.

thongue *o* correspond ordinairement à ευ, ex. : πεύθεται = *bodhate*. Les diphthongues *ai* et *au* sont purement sanscrites.

4. — Les voyelles sanscrites peuvent devenir *anunāsika*, c'est-à-dire « nasales ». Elles sont alors marquées d'un signe particulier qui sera indiqué plus loin. La même nasalisation, exprimée par le même signe, peut affecter les semi-voyelles [1] et particulièrement le *l*. Nous n'aurons à nous occuper que de celle-là.

5. — L'accentuation n'est pas marquée dans les textes sanscrits de l'époque dite classique, la seule à laquelle nous ayons emprunté des textes pour la Chrestomathie.

Nous négligerons donc l'accentuation, excepté dans les cas où elle paraît intimement liée à des phénomènes morphologiques importants, et le seul accent dont nous aurons à tenir compte pour cet objet est l'accent aigu ou « élevé » (en sanscrit *udātta*) correspondant en général à l'accent aigu du grec.

Consonnes.

6. — Les muettes sont divisées en cinq ordres, dont trois sont communs au sanscrit et au grec, les *gutturales*, les *dentales* et les *labiales*, et deux autres sont dans un rapport plus ou moins étroit [2], les *palatales* avec les gutturales, les *cérébrales* [3] avec les dentales. A chacun de ces ordres de muettes est ajoutée la nasale correspondante, l'alphabet sanscrit désignant par un signe particulier toutes les nuances de prononciation des consonnes nasales. On obtient ainsi le tableau suivant :

	Muettes				Nasales
Gutturales	*k*	*kh*	*g*	*gh*	*ṅ*
Palatales [4]	*c*	*ch*	*j*	*jh*	*ñ*
Cérébrales [5]	*ṭ*	*ṭh*	*ḍ*	*ḍh*	*ṇ*

1. Voir ci-après, 6.
2. Ces rapports seront précisés dans le chapitre de l'euphonie.
3. Ce mot absurde a passé dans l'usage. Nous l'emploierons sans chercher à le justifier.
4. Prononcez *tch* pour *c*, *dj* pour *j*, *gn* (dans *digne*) pour *ñ*.
5. Prononcez comme les dentales, mais en relevant la langue vers le haut du palais. Les cérébrales sont à peu près les dentales anglaises.

		Muettes			Nasales
Dentales	*t*	*th*	*d*	*dh*	*n*
Labiales	*p*	*ph*	*b*	*bh*	*m*

Cet ordre est l'ordre alphabétique, les palatales succédant aux gutturales, etc. Il répond aux situations respectives des organes en commençant par le plus intérieur, pour finir par le plus extérieur.

Comme on le voit, chaque ordre comprend 4 lettres outre la nasale. Les deux premières sont sourdes, c'est-à-dire sans résonnance de la glotte, les deux suivantes sont sonores, c'est-à-dire accompagnées d'une résonnance de la glotte.[1] Il y a une aspirée sourde et une aspirée sonore dont la prononciation est semblable à celle de la lettre non aspirée correspondante *suivie d'une aspiration*[2]. Les deux sourdes, la non-aspirée et l'aspirée, correspondent généralement à une sourde *(forte)* non aspirée du grec, ex. : στατός = *sthitas.* La sonore non aspirée correspond généralement à la *douce,* et la sonore aspirée à l'*aspirée,* plus exactement à la *spirante* du grec, ex. : οἶδα pour Ϝοῖδα = *veda,* μέθυ = *madhu.*

Après les muettes, accompagnées de leurs nasales, viennent les semi-voyelles. La voyelle *a,* seule, n'a pas de semi-voyelle correspondante. Il y a donc 4 semi-voyelles, rangées dans l'ordre suivant :

y, r, l, v.

Ensuite viennent trois sifflantes, correspondant aux trois ordres des palatales, des cérébrales et des dentales[3] :

ç, ṣ, s.

La dernière consonne est une aspiration que nous transcrivons :

h.

1. La même qui s'entend dans la prononciation de toutes les voyelles. Pour bien comprendre cette différence, prononcez successivement l'*s* sourd ou *dur* du français et l'*s* sonore ou *doux* (= *z*).

2. Donc, aucune ressemblance entre la prononciation du *kh* par exemple et celle du *ch* allemand ou du χ grec moderne. Évitez particulièrement de prononcer *ph* comme *f* : prononcez plutôt *p* tout simplement.

3. La prononciation de *s* est celle de l'*s* dur, c'est-à-dire sourd du français, et celle de *ṣ* est chuintante (= *ch* français). Quant au *ç,* il est aussi chuintant ; c'est à tort qu'on le prononce souvent comme un *s.* Pour les lettres correspondantes en grec et en latin, voir l'euphonie.

Sons spéciaux.

7. — Entre les voyelles et les diphthongues, l'alphabet comprend encore deux signes particuliers, celui du *visarga*, représentant une aspiration très faible, et celui de l'*anusvāra*, représentant une résonnance nasale. Nous les transcrivons :

ḥ, ṃ.

8. — Il importe pour l'application des règles d'euphonie de connaître la distinction des sourdes et des sonores.

Sont sourdes, par définition, les deux premières lettres de chaque ordre de muettes, et de plus les trois sifflantes. Le *visarga ḥ* est également sourd.

Sont sonores toutes les autres lettres (c'est-à-dire les voyelles, l'*anusvāra ṃ*, les deux dernières lettres de chaque ordre de muettes, les nasales, les semi-voyelles et l'aspiration *h*).

Écriture.

9. — Les textes sanscrits nous ont été conservés dans un assez grand nombre d'écritures différentes, quoique de même origine. La seule employée dans les textes publiés en Europe est celle qu'on appelle *devanāgarī*.

Principes.

10. — Les deux principes essentiels de cette écriture (comme de toutes les écritures indiennes) consistent :

1° A écrire la phrase comme un seul mot.

2° A découper cette phrase (sans tenir compte du commencement et de la fin des mots) en autant de tranches qu'il y a de voyelles, en s'arrêtant toujours à la voyelle qui forme, ou l'élément unique, ou le dernier élément de chaque tranche. Seuls, le *visarga* et l'*anusvāra* sont rattachés à la voyelle qui les précède et font partie de la même tranche que cette voyelle.

Ainsi la première stance de la Chrestomathie pourrait se transcrire ainsi :

kāntāre vanadurgeṣu kṛcchrāsv āpatsu saṃbhrame
udyateṣu ca çastreṣu nāsti sattvavatāṃ bhayam.

Dans cette transcription même tous les mots ne seraient pas séparés. Dans la seconde ligne, *nāsti* est une contraction pour *na asti*[1]. Mais en dehors de ces cas de contraction de voyelles qui peuvent réunir deux mots, même dans la transcription, (comme κἀκεῖνος pour καὶ ἐκεῖνος en grec,) il en est beaucoup d'autres où l'écriture indienne confond nécessairement deux ou plusieurs mots. En principe, elle devrait confondre tous ceux d'une même phrase, ou, quand il s'agit de vers, d'une même demi-stance, en partageant la phrase ou la demi-stance en tranches d'après les principes posés plus haut.

kā-ntā-re-va-na-du-rge-ṣu-kṛ-cchrā-svā-pa-tsu-saṃ-bhra-me
u-dya-te-ṣu-ca-ça-stre-ṣu-nā-sti-sa-ttva-va-tāṃ-bha-ya-m.

Mais, pour simplifier la lecture, les éditeurs européens ont introduit l'usage de laisser un blanc après tout mot qui se termine par une voyelle non contractée avec une voyelle initiale, et suivie ou non du *visarga* ou de l'*anusvāra*, c'est-à-dire en somme toutes les fois que la fin de la tranche coïncide avec la fin d'un mot :

kāntāre vanadurgeṣu kṛcchrāsvāpatsu saṃbhrame
udyateṣu ca çastreṣu nāsti sattvavatāṃ bhayam.

Cette nouvelle transcription, dont les blancs correspondent exactement à ceux de l'écriture indienne dans la Chrestomathie, ne diffère de la première qu'en un point : elle réunit à la première ligne les mots *kṛcchrāsv*[2] et *āpatsu*, les consonnes finales du premier mot *sv* devant faire partie de la même tranche que la voyelle initiale *ā* du second. Partout ailleurs la fin des tranches coïncide avec la fin des mots[3].

Mais souvent le nombre des mots distincts qui se trouvent réunis dans l'écriture indienne est plus considérable. Ainsi la stance 11 de la Chrestomathie,

antaḥsārair akuṭilair niçchidraiḥ suparīkṣitaiḥ
mantribhir dhāryate rājyaṃ sustambhair iva mandiram.

1. Voir l'euphonie des voyelles, 29.

2. *kṛcchrāsv* est d'ailleurs une modification euphonique de *kṛcchrāsu*, v. 30.

3. Pour *nāsti*, voir plus haut.

devient dans l'écriture indienne :

antaḥsārairakuṭilairniçchidraiḥ suparīkṣitaiḥ
mantribhirdhāryate rājyaṃ sustambhairiva mandiram.

11. — Il faut bien se garder de confondre les mots distincts réunis, soit par suite de contraction de voyelles *(nāsti)*, soit en vertu des principes de l'écriture indienne *(kṛcchrāsvāpatsu)*, avec les composés qui doivent être aussi dissous, pour l'intelligence du texte, en leurs éléments constituants. Ainsi la série de signes qui correspond à *antaḥsārairakuṭilairniçchidraiḥ* ne représente que trois mots distincts *antaḥsārair, akuṭilair, niçchidraiḥ,* bien que ces mots, en tant que composés, doivent être coupés à leur tour de la façon suivante : *antaḥ-sārair, a-kuṭilair, niç-chidraiḥ.*

Signes.

12. — Chaque tranche est représentée par un signe simple ou par un signe complexe, appelé groupe.

13. — Le signe est simple quand la tranche se compose uniquement d'une voyelle, ou d'une consonne suivie de *a* bref.

Tranches composées uniquement d'une voyelle :

अ *a* आ *ā* इ *i* ई *ī* उ *u* ऊ *ū*
ऋ *ṛ*[1] ए *e* ऐ *ai* ओ *o* औ *au.*

Tranches composées uniquement d'une consonne suivie de *a* :

क *ka*	ख *kha*	ग *ga*	घ *gha*	ङ *ṅa*
च *ca*	छ *cha*	ज *ja*	झ *jha*	(ञ) *ña*[2]
ट *ṭa*	ठ *ṭha*	ड *ḍa*	ढ *ḍha*	ण *ṇa*
त *ta*	थ *tha*	द *da*	ध *dha*	न *na*
प *pa*	फ *pha*	ब *ba*	भ *bha*	म *ma*
य *ya*	र *ra*	ल *la*	व *va*	
श *ça*	ष *ṣa*	स *sa*		
ह *ha*				

1. Les voyelles *ṝ, ḷ* ne forment pas une tranche à elles seules, non plus que le *visarga* et l'*anusvāra*.

2. La tranche ञ ne se rencontre pas en réalité. Mais il était utile de donner ici la forme du *ñ*.

Ces signes ne sont en réalité que les signes des différentes consonnes. L'*a* y est sous-entendu[1]. Mais il l'est toujours, sauf indication contraire (voir plus bas, 16).

14. — Le signe est complexe quand la tranche comprend deux ou plusieurs consonnes, ou même une seule consonne avec une voyelle autre que *a*.

Tranches composées de deux ou plusieurs consonnes suivies de *a*.

Les signes ख et य, par exemple, placés à la suite l'un de l'autre, खय, feraient deux tranches, *kha-ya*. Pour écrire *khya* il faut combiner les deux signes de façon à montrer qu'ils ne composent qu'une seule tranche, avec une seule voyelle. Pour cela on procède de la façon suivante.

Un grand nombre de signes comprennent un trait vertical à droite. Ceux-là se combinent d'ordinaire avec le signe qui doit les suivre en perdant leur trait vertical. Ex. :

ख *kha* : ख्य *khya*.

ग *ga* : ग्द *gda*, ग्ध *gdha*, ग्भ *gbha*, ग्य *gya*, ग्ल *gla*.

च *ca* : च्छ *ccha*, च्म *cma*, च्य *cya*.

ज *ja* : ज्ज *jja*, ज्झ *jjha*, ज्य *jya*, ज्व *jva*.

ण *ṇa* : ण्ट *ṇṭa*, ण्ठ *ṇṭha*, ण्ड *ṇḍa*, ण्य *ṇya*, ण्व *ṇva*.

त *ta* : त्क *tka*, त्थ *ttha*, त्प *tpa*, त्म *tma*, त्य *tya*, त्व *tva*, त्स *tsa*.

थ *tha* : थ्य *thya*.

ध *dha* : ध्म *dhma*, ध्य *dhya*, ध्व *dhva*.

न *na* : न्त *nta*, न्थ *ntha*, न्द *nda*, न्ध *ndha*, न्म *nma*, न्य *nya*, न्व *nva*, न्स *nsa*.

प *pa* : प्म *pma*, प्य *pya*, प्स *psa*.

ब *ba* : ब्ज *bja*, ब्द *bda*, ब्ध *bdha*, ब्य *bya*.

भ *bha* : भ्य *bhya*.

म *ma* : म्प *mpa*, म्ब *mba*, म्भ *mbha*, म्य *mya*.

य *ya* : य्य *yya*, य्व *yva*.

1. L'*a* est la voyelle qui sert à prononcer les consonnes dans la récitation de l'alphabet. Ainsi le nom de la lettre *k* est *ka*. Seule, la lettre *r* a un nom particulier : *repha*.

ल *la* : ल्क *lka*, ल्प *lpa*, ल्म *lma*, ल्य *lya*.

व *va* : व्य *vya*.

श *ça* : श्य *çya*.

ष *ṣa* : ष्क *ṣka*, ष्ण *ṣṇa*, ष्प *ṣpa*, ष्म *ṣma*, ष्य *ṣya*, ष्व *ṣva*.

स *sa* : स्क *ska*, स्ख *skha*, स्त *sta*, स्थ *stha*, स्प *spa*, स्फ *spha*, स्म *sma*, स्य *sya*, स्व *sva*.

Quelques-uns des mêmes signes, dans certaines combinaisons, et la plupart des signes qui n'ont pas de trait vertical à droite, prennent au dessous d'eux le signe qui doit les suivre. Le premier signe subit quelquefois de légères modifications. On remarquera celles du *k*, du *t*, et surtout du *ç*. Le second signe perd son trait horizontal supérieur, s'il en a un.

क *ka* : क्क *kka*, क्त *kta*, क्न *kna*, क्ल *kla*, क्व *kva*.

ग *ga* : ग्न *gna*.

ङ *ṅa* : ङ्क *ṅka*, ङ्ख *ṅkha*, ङ्ग *ṅga*, ङ्घ *ṅgha*, ङ्ङ *ṅṅa*.

च *ca* : च्च *cca*.

ञ *ña* : ञ्च *ñca*, ञ्ज *ñja*.

ट *ṭa* : ट्क *ṭka*, ट्ट *ṭṭa*.

ड *ḍa* : ड्ग *ḍga*, ड्ड *ḍḍa*.

त *ta* : त्त *tta*, त्न *tna*.

द *da* : द्ग *dga*, द्द *dda*, द्ध *ddha*, द्न *dna*, द्भ *dbha*, द्व *dva*.

ध *dha* : ध्न *dhna*.

न *na* : न्न *nna*.

प *pa* : प्त *pta*, प्न *pna*, प्ल *pla*.

म *ma* : म्न *mna*, म्ल *mla*.

ल *la* : ल्ल *lla*.

श *ça* : श्च *çca*, श्न *çna*, श्ल *çla*, श्व *çva*.

ष *ṣa* : ष्ट *ṣṭa*, ष्ठ *ṣṭha*.

स *sa* : स्न *sna*.

ह *ha* : ह्ण *hṇa*, ह्न *hna*, ह्ल *hla*, ह्व *hva*.

Les combinaisons de *m* ou de *y*, comme second élément d'un groupe, avec différentes consonnes comme premier élément, doivent être signalées à part :

क *ka* et ङ *ṅa* : क्म *kma*, क्य *kya*, ङ्म *ṅma*, ङ्य *ṅya*.

ट *ṭa*, ठ *ṭha*, ड *ḍ* et ढ *ḍh* : ट्य *ṭya*, ठ्य *ṭhya*, ड्य *ḍya*, ढ्य *ḍhya*.

द् *da* : द्म *dma*, द्य *dya*.

फ *pha* : फ्य *phya*.

ह *ha* : ह्म *hma*, ह्य *hya*.

Le *r* prend deux formes très différentes, selon qu'il est le premier ou le dernier élément d'un groupe :

र *ra* initial : र्क *rka*, र्ग *rga*, etc.

र *ra* final : क्र *kra*, ग्र *gra*, ज्र *jra*, त्र *tra*, द्र *dra*, ध्र *dhra*, न्र *nra*, प्र *pra*, ब्र *bra*, भ्र *bhra*, म्र *mra*, व्र *vra*, श्र *çra*, स्र *sra*, ह्र *hra*.

Le double *ṇ* s'exprime par un *ṇ* barré :

ण *ṇa* : ण्ण *ṇṇa*.

Les groupes *kṣ* et *jñ* s'expriment par de véritables lettres doubles :

क्ष *kṣa*, ज्ञ *jña*.

Les groupes de trois et même quatre consonnes se forment d'après les mêmes principes. La dernière consonne est ordinairement l'une des semi-voyelles *y*, *r*, *v*.

क्त्य *ktya*, क्ष्य *kṣya*, ग्र्य *grya*, ङ्ख्य *ṅkhya*, ङ्ग्य *ṅgya*, त्त्य *ttya*, त्म्य *tmya*, त्र्य *trya*, त्स्य *tsya*, द्द्य *ddya*, द्ध्य *ddhya*, द्भ्य *dbhya*, द्र्य *drya*, न्त्य *ntya*, न्ध्य *ndhya*, प्त्य *ptya*, श्च्य *çcya*, ष्ट्य *ṣṭya*, ष्ठ्य *ṣṭhya*, स्म्य *smya*.

क्त्र *ktra*, ङ्ग्र *ṅgra*, च्छ्र *cchra*, त्त्र *ttra*, द्ग्र *dgra*, द्द्र *ddra*, न्त्र *ntra*, न्द्र *ndra*, न्ध्र *ndhra*, म्प्र *mpra*, ष्क्र *ṣkra*, ष्ट्र *ṣṭra*, ष्प्र *ṣpra*, स्त्र *stra*.

क्त्व *ktva*, च्छ्व *cchva*, त्त्व *ttva*, द्द्व *ddva*, द्ध्व *ddhva*, ष्ट्व *ṣṭva*.

Ajoutez :

क्ष्म *kṣma*, ङ्क्ष *ṅkṣa*, ङ्क्ष्व *ṅkṣva*, त्स्न *tsna*.

Tranches composées d'une ou plusieurs consonnes et d'une voyelle autre que *a*.

Les voyelles, sous des formes très différentes de celles qu'elles affectent lorsqu'elles composent une tranche à elles seules, s'écrivent à droite, à gauche, au dessus ou au dessous du signe, simple ou complexe, représentant la consonne ou les consonnes du groupe.

ता *tā*, ति *ti*, ती *tī*, तु *tu*, तू *tū*, तृ *tṛ*, तॄ *tṝ*, क्लृ *kḷ* [1], ते *te*, तै *tai*, तो *to*, तौ *tau*.

Il faut remarquer :

La place qu'occupent les voyelles *u*, *ū* après *r*; *ṛ* après *k* et *h* :

रु *ru*, रू *rū*, कृ ou कृ *kṛ*, हृ *hṛ*.

Les modifications légères de *d* et *h* devant les voyelles *u*, *ū*, et de *d* devant *ṛ* :

दु *du*, दू *dū*, दृ *dṛ*, हु *hu*, हू *hū*.

La forme de *ç* devant *u*, *ū*, *ṛ* (cf. les groupes plus haut) :

शु *çu*, शू *çū*, शृ *çṛ*.

Enfin la place du *r* initial d'un groupe par rapport aux voyelles *ī*, *e*, *ai*, *o*, *au*, finales du même groupe :

र्ती *rtī*, र्ते *rte*, र्तै *rtai*, र्तो *rto*, र्तौ *rtau*.

Autre observation : quand la voyelle *ṛ* est précédée de la consonne *r*, on emploie le signe de la voyelle isolée, en le surmontant du signe de *r* initial :

र्ऋ *rṛ*.

15. — L'*anusvāra* et le *visarga*, qui occupent toujours la dernière place d'une tranche, s'expriment, le premier par un point au-dessus, le second par deux points à droite du groupe :

कं *kaṃ*, कः *kaḥ*.

16. — Quant une consonne forme une tranche à elle seule, ce qui ne peut arriver en principe qu'à la fin d'une phrase ou d'une demi-stance, on la marque d'un signe appelé *virāma* pour montrer que la tranche ne contient pas la voyelle *a* :

क् *k*.

On peut aussi employer le *virāma* pour simplifier un groupe :

ङ्क्ष्व *ṅkṣva*.

17. — La nasalisation d'une lettre, voyelle ou semi-voyelle, se marque par un point dans un petit croissant, placé au-dessus du

1. La voyelle *ḷ* ne se rencontre qu'après un *k*.

groupe contenant la voyelle nasalisée ou de celui qui précède la semi-voyelle nasalisée :

ताँल् *tā* plus un *l* nasalisé ou *anunāsika.*

18. — Un *a* élidé dans les conditions qui seront déterminées plus loin (34) se remplace par une apostrophe :

ऽ = '.

19. — Le seul signe de ponctuation en prose est ।. Dans les stances, । marque la fin de la demi-stance, et ॥ la fin de la stance entière. Les stances sont ordinairement numérotées, et leur chiffre est placé entre deux ॥.

20. — Pour indiquer qu'on supprime un ou plusieurs groupes avant ou après ceux qu'on écrit, par exemple pour indiquer qu'un mot est le second ou le premier terme d'un composé, on emploie le signe suivant : **°श्रुत** *-çruta,* ou **श्रुत°** *çruta-.*

21. — Voici les chiffres de l'écriture indienne :

१	२	३	४	५	६	७	८	९	०
1	2	3	4	5	6	7	8	9	0

22. — *Exercice de lecture sur les préfixes qui peuvent se joindre aux différentes formes verbales et nominales.*

I. Préfixes commençant par une consonne et terminés par une voyelle.

नि *ni,* **परा** *parā* (παρά), **परि** *pari* (περί), **प्र** *pra* (πρό), **प्रति** *prati* (πρός, προτί et ποτί), **वि** *vi.*

II. Préfixes commençant par une consonne et terminés par une consonne.

निस् *nis,* **सम्** *sam* ou **सं** *saṃ* (62).

III. Préfixes commençant par une voyelle et terminés par une consonne.

अन्तर् *antar* (lat. inter), **उद्** *ud* (angl. out).

IV. Préfixes commençant par une voyelle et terminés par une voyelle.

अति *ati* (ἔτι), **अधि** *adhi,* **अनु** *anu,* **अप** *apa* (ἀπό), **अपि** *api* (ἐπί), **अभि** *abhi* (ἀμφί), **अव** *ava,* **आ** *ā,* **उप** *upa* (ὑπό).

Combinaisons des séries II et III avec la série IV.

समति *sam-ati*, समधि *sam-adhi*, समनु *sam-anu*, समभि *sam-abhi*, समव *sam-ava*, समा *sam-ā*, समुप *sam-upa*, अन्तरव *antar-ava*, उद्व *ud-ava*, उद्दा *ud-ā*.

Combinaisons des séries II et III avec les séries I et II.

संवि *saṃ-vi*, संनि *saṃ-ni*, संनिस् *saṃ-nis*, संपरा *saṃ-parā*, संपरि *saṃ-pari*, संप्र *saṃ-pra*, संप्रति *saṃ-prati*, अन्तर्वि *antar-vi*, उद्वि *ud-vi*.

CHAPITRE II.

EUPHONIE ET ORTHOGRAPHE.

23. — Le principe de l'*écriture* sanscrite, consistant à écrire la phrase sans tenir compte du commencement et de la fin des mots, en dépit des atténuations qui y ont été apportées, rend la lecture difficile aux commençants. Leur tâche est encore compliquée par le principe de l'*orthographe* sanscrite.

Ce principe consiste à reproduire fidèlement dans l'écriture toutes les nuances de la prononciation des lettres dans le mot, et des mots dans la phrase.

La première condition est déjà remplie par un alphabet qui comprend juste autant de signes qu'il y a de sons dans la langue.

La seconde l'est par un système d'orthographe qui observe toutes les déformations des mots au contact les uns des autres. C'est ainsi qu'en grec, par exemple, la préposition ἐπί perd son ι final devant un mot commençant par une voyelle, ἐπ' ἔργῳ, et change son π en φ devant un esprit rude, ἐφ' ἵππῳ. Mais ces modifications de l'orthographe, peu nombreuses et peu importantes en grec, sont à la fois très importantes et très nombreuses en sanscrit. Elles composent ce que nous appellerons l'euphonie *extérieure*.

24. — Aux règles de l'euphonie extérieure s'ajoutent celles de l'euphonie *intérieure*, ou de la *phonétique*, c'est-à-dire celles qui permettent de reconnaître et d'isoler les éléments constitutifs du mot, racine, suffixes, désinence, plus ou moins déformés au contact les uns des autres. C'est ainsi qu'en grec, par exemple, on ne peut com-

prendre le rapport des formes ἔχω, εἶχον, ἕξω, ἔσχον, sans connaître les lois : 1° de la substitution de l'esprit rude au σ initial (ἕξω pour σεξω); 2° de la substitution de l'esprit doux à l'esprit rude quand la syllabe suivante commence par une aspirée (ἔχω pour ἕχω pour σεχω); 3° de la chute de σ entre deux voyelles et de la contraction de εε en ει (εἶχον pour ἔεχον pour ἔσεχον)[1]. Mais ici l'avantage appartient au sanscrit. Les lois phonétiques suivant lesquelles les mots se sont déformés intérieurement sont beaucoup plus compliquées en grec et en latin. Il est vrai que très peu de grammaires classiques en tiennent compte. Mais elles sont alors réduites à multiplier les exceptions apparentes dans la conjugaison et même dans la déclinaison, et à négliger complètement la formation des thèmes nominaux. Au contraire la grammaire sanscrite la plus élémentaire peut et doit pousser l'analyse des formes régulières jusqu'à leurs derniers éléments. Pour cela, il faut qu'elle commence par une étude des lois phonétiques. Mais cette complication apparente du début[2] est une simplification pour la suite.

25. — Dans l'intérêt de la brièveté, nous confondrons les lois de l'euphonie intérieure et de l'euphonie extérieure, sauf à signaler, quand il y aura lieu, celles de ces lois qui ne sont applicables qu'à l'une ou à l'autre.

26. — Les règles de l'euphonie extérieure sont *toutes* applicables aux différents termes des mots *composés*. L'euphonie intérieure doit s'entendre uniquement du mot *simple*.

27. — Même à l'intérieur du mot simple, il est des éléments qui sont soumis en principe à *toutes* les règles de l'euphonie extérieure : ce sont les désinences de déclinaison *-bhis* (instr. pl.), *-bhyas* (dat. et abl. pl.), *-bhyām* (instr. dat. et abl. duel) et *-su* (loc. pl.), dans leur union avec les thèmes nominaux.

VOYELLES.

28. — En principe l'hiatus est évité : il ne subsiste que lorsqu'il est produit par l'application d'une autre règle d'euphonie.

1. Le rapport de ἔσεχον à ἔσχον est une question, non de phonétique, mais de morphologie (v. 86).

2. Il est entendu d'ailleurs que nos lecteurs n'embrasseront pas d'abord toutes ces lois à la fois, et qu'ils suivront dans leur étude l'ordre indiqué pour l'explication des *Sentences morales* de la Chrestomathie.

29. — Deux voyelles simples de même nature, brèves ou longues, se contractent en la longue de même nature : *ă* + *ă* = *ā*; *ĭ* + *ĭ* = *ī*, etc.

On se rappellera en particulier, pour les cas très fréquents où on aura à résoudre un *ā* long en un *a* final d'un mot et un *a* initial d'un mot suivant, que tous les deux peuvent être, soit brefs, soit longs.

30. — L'une quelconque des voyelles auxquelles correspondent des semi-voyelles, qu'elle soit brève ou longue, (*ĭ*, *ŭ*, *ṛ*, le cas ne se présentera pas pour *ṝ*, ni pour *ḷ*), devant une voyelle de nature différente ou une diphthongue, se change en la semi-voyelle correspondante (*y*, *v*, *r*). Cependant, dans l'euphonie intérieure, il arrive aussi que *ī*, *ū* se décomposent en *iy*, *uv*, et que *ī*, *ū*, *i*, *u* développent après eux la semi-voyelle correspondante, *īy*, *ūv*, *iy*, *uv*.

31. — La cinquième voyelle simple, *a*, placée devant une voyelle différente, s'abrège d'abord si elle est longue, puis

1° change *ṛ* en *r* : *ă* + *ṛ* = *ar*;

2° forme avec *i* et *u*, brefs ou longs, les diphthongues *e*, *o* : *ă* + *ĭ* = *e*; *ă* + *ŭ* = *o*; (quelquefois, dans l'euphonie intérieure, un *y* se développe entre *ā* et *i*);

3° forme avec les diphthongues *e*, *ai*, la diphthongue *ai*, avec les diphthongues *o*, *au*, la diphthongue *au*.

32. — Les diphthongues, placées devant une voyelle quelconque, se décomposent; leur premier élément s'isole et le second se change en semi-voyelle :

e + *a* = *aya*; *ai* + *a* = *āya*;
o + *a* = *ava*; *au* + *a* = *āva*.

Cependant, dans l'euphonie intérieure, il arrive aussi que la diphthongue *e* développe après elle un *y*. Pour l'euphonie extérieure, voir 34.

Exercices sur l'euphonie des voyelles.

33. Les nominatifs singuliers अयः *-ayaḥ* et आयः *-āyaḥ* (pour *-ayas*, *āyas*, v. 49) des thèmes masculins *-aya*, *-āya* (employés en composition), tirés de la racine *i* « aller »; एमि *emi*, 1e pers. sing. prés. ind. = εἶμι, इमः *imaḥ* (pour *imas*, v. 49), 1e pers. pl. = ἴμεν,

tirées de la même racine; ces différentes formes combinées avec les préfixes dont la liste a été donnée (22). Le thème *-ay-a*, en regard de *e-mi*, offre un exemple de la décomposition de *e* en *ay*.

-ayaḥ ou *-āyaḥ*. **अपायः** *apāyaḥ*, **अवायः** *avāyaḥ*, **समवायः** *sam-avāyaḥ*, **उपायः** *upāyaḥ*, **प्रायः** *prāyaḥ*, **अभिप्रायः** *abhi-prāyaḥ*.

-ayaḥ ou *-āyaḥ*. **आयः** *āyaḥ*.

imaḥ. **अतीमः** *atīmaḥ*, **उपातीमः** *upātīmaḥ*, **अन्तरुपातीमः** *antar-upātīmaḥ*, **समतीमः** *sam-atīmaḥ*, **अधीमः** *adhīmaḥ*, **प्राधीमः** *prādhīmaḥ*, **अपीमः** *apīmaḥ*, **अभीमः** *abhīmaḥ*, **समभीमः** *sam-abhīmaḥ*, **नीमः** *nīmaḥ*, **अभिनीमः** *abhi-nīmaḥ*, **उपनीमः** *upa-nīmaḥ*, **परीमः** *parīmaḥ*, **अनुपरीमः** *anu-parīmaḥ*, **अभिपरीमः** *abhi-parīmaḥ*, **प्रतिपरीमः** *prati-parīmaḥ*, **विपरीमः** *vi-parīmaḥ*, **प्रतिविपरीमः** *prati-vi-parīmaḥ*, **संपरीमः** *sam-parīmaḥ*, **प्रतीमः** *pratīmaḥ*, **संप्रतीमः** *saṃ-pratīmaḥ*, **वीमः** *vīmaḥ*, **अनु-वीमः** *anu-vīmaḥ*, **अभिवीमः** *abhi-vīmaḥ*.

imaḥ. **अनूद्‌िमः** *anūd-imaḥ*.

-ayaḥ. **अत्ययः** *aty-ayaḥ*, **व्यत्ययः** *vy-aty-ayaḥ*, **व्यपायः** *vy-apāyaḥ*, **प्रत्यवायः** *praty-avāyaḥ*, **व्यवायः** *vy-avāyaḥ*, **अभ्युदयः** *abhy-ud-ayaḥ*, **अभ्युपायः** *abhy-upāyaḥ*, **पर्ययः** *pary-ayaḥ*, **विपर्ययः** *vi-pary-ayaḥ*, **प्रत्ययः** *praty-ayaḥ*, **संप्रत्ययः** *saṃ-praty-ayaḥ*, **व्ययः** *vy-ayaḥ*.

-āyaḥ. **अध्यायः** *adhy-āyaḥ*, **न्यायः** *ny-āyaḥ*, **पर्यायः** *pary-āyaḥ*.

emi. **अभ्यत्येमि** *abhy-aty-emi*, **व्यत्येमि** *vy-aty-emi*, **प्रत्यध्येमि** *praty-adhy-emi*, **समध्येमि** *sam-adhy-emi*, **अभ्युदेमि** *abhy-ud-emi*, **प्रत्युदेमि** *praty-ud-emi*, **न्येमि** *ny-emi*, **अभिन्येमि** *abhi-ny-emi*, **उपन्येमि** *upa-ny-emi*.

-ayaḥ. **अन्वयः** *anv-ayaḥ*, **समन्वयः** *sam-anv-ayaḥ*, **अन्ववायः** *anv-avāyaḥ*.

emi. **अन्वत्येमि** *anv-aty-emi*, **अन्वेमि** *anv-emi*, **समन्वेमि** *sam-anv-emi*.

imaḥ. **अपेमः** *apemaḥ*, **व्यपेमः** *vy-apemaḥ*, **अवेमः** *avemaḥ*, **अन्ववेमः** *anv-avemaḥ*, **अभ्यवेमः** *abhy-avemaḥ*, **समभ्यवेमः** *sam-abhy-avemaḥ*, **उपावेमः** *upāvemaḥ*, **पर्यवेमः** *pary-avemaḥ*, **प्रत्यवेमः** *praty-avemaḥ*, **व्यवेमः** *vy-avemaḥ*, **अनुव्यवेमः** *anu-vy-avemaḥ*, **समवेमः** *sam-avemaḥ*, **उपेमः** *upemaḥ*, **अध्युपेमः** *adhy-upemaḥ*, **अभ्युपेमः** *abhy-upemaḥ*, **सम-**

भ्युपेमः *sam-abhy-upemaḥ,* प्रत्युपेमः *praty-upemaḥ,* समुपेमः *sam-upemaḥ,* प्रेमः *premaḥ,* अनुप्रेमः *anu-premaḥ,* अपप्रेमः *apa-premaḥ,* अभिप्रेमः *abhi-premaḥ,* उपप्रेमः *upa-premaḥ,* परिप्रेमः *pari-premaḥ,* विप्रेमः *vi-premaḥ,* संप्रेमः *saṃ-premaḥ.*

imaḥ. एमः *emaḥ,* अत्येमः *aty-emaḥ,* अन्वेमः *anv-emaḥ,* अभ्येमः *abhy-emaḥ,* समभ्येमः *sam-abhy-emaḥ,* उद्देमः *ud-emaḥ,* अनूद्देमः *anūd-emaḥ,* अभ्युद्देमः *abhy-ud-emaḥ,* न्येमः *ny-emaḥ,* पर्येमः *pary-emaḥ,* अनुपर्येमः *anu-pary-emaḥ,* अभिपर्येमः *abhi-pary-emaḥ,* प्रत्येमः *praty-emaḥ,* अभिप्रत्येमः *abhi-praty-emaḥ,* समेमः *sam-emaḥ,* अभिसमेमः *abhi-sam-emaḥ,* उपसमेमः *upa-sam-emaḥ,* परेमः *paremaḥ,* अनुपरेमः *anu-paremaḥ,* अभिपरेमः *abhi-paremaḥ,* उपपरेमः *upa-paremaḥ,* प्रतिपरेमः *prati-paremaḥ,* विपरेमः *vi-paremaḥ.*

emi. अपोद्देमि *apod-emi,* उपोद्देमि *upod-emi,* प्रोद्देमि *prod-emi.*

imaḥ. उपोद्देमः *upod-emaḥ,* अभ्युपोद्देमः *abhy-upod-emaḥ.*

imaḥ. समोपेमः *sam-opemaḥ.*

emi. अपैमि *apaimi,* व्यपैमि *vy-apaimi,* अवैमि *avaimi,* अन्ववैमि *anv-avaimi,* अभ्यवैमि *abhy-avaimi,* समभ्यवैमि *sam-abhy-avaimi,* उपावैमि *upāvaimi,* पर्यवैमि *pary-avaimi,* प्रत्यवैमि *praty-avaimi,* व्यवैमि *vy-avaimi,* अनुव्यवैमि *anu-vy-avaimi,* समवैमि *sam-avaimi,* उपैमि *upaimi,* अध्युपैमि *adhy-upaimi,* अभ्युपैमि *abhy-upaimi,* समभ्युपैमि *sam-abhy-upaimi,* समोपैमि *sam-opaimi,* प्रत्युपैमि *praty-upaimi,* समुपैमि *sam-upaimi,* प्रैमि *praimi,* अनुप्रैमि *anu-praimi,* अपप्रैमि *apa-praimi,* अभिप्रैमि *abhi-praimi,* उपप्रैमि *upa-praimi,* परिप्रैमि *pari-praimi,* विप्रैमि *vi-praimi,* संप्रैमि *saṃ-praimi.*

emi. ऐमि *aimi,* अत्यैमि *aty-aimi,* अन्वैमि *anv-aimi,* अभ्यैमि *abhy-aimi,* समभ्यैमि *sam-abhy-aimi,* उद्दैमि *ud-aimi,* अनूद्दैमि *anūd-aimi,* अभ्युद्दैमि *abhy-ud-aimi,* उपोद्दैमि *upod-aimi,* अभ्युपोद्दैमि *abhy-upod-aimi,* न्यैमि *ny-aimi,* पर्यैमि *pary-aimi,* अनुपर्यैमि *anu-pary-aimi,* अभिपर्यैमि *abhi-pary-aimi,* प्रत्यैमि *praty-aimi,* अभिप्रत्यैमि *abhi-praty-aimi,* समैमि *sam-aimi,* अभिसमैमि *abhi-sam-aimi,* उपसमैमि *upa-sam-aimi,* परैमि *paraimi,* अनुपरैमि *anu-paraimi,* अभिपरैमि *abhi-pa-*

raimi, उपपरैमि *upa-paraimi*, प्रतिपरैमि *prati-paraimi*, विपरैमि *vi-paraimi*.

34. — Dans l'euphonie extérieure, la diphthongue *ai*, devant une voyelle quelconque, perd son dernier élément et se réduit à *ā* : l'hiatus subsiste. Ex. : वा इति *vā iti* pour वै *vai* et *iti*. La diphthongue *e*, et la diphthongue *o* quand elle est une première modification de *as* (48), perdent aussi leur dernier élément et se réduisent toutes deux à *a* : l'hiatus subsiste également. Toutefois, si la voyelle qui suit est *ă*, les diphthongues *e* et *o* subsistent, et c'est au contraire l'*a* suivant qui disparaît : il est remplacé par l'apostrophe. Ex. : श्रुतो ऽपि *çruto 'pi*, pour *çruto (çrutas)* et अपि *api*; श्रुते ऽपि *çrute 'pi* pour *çrute* et *api*; श्रुत इति *çruta iti*, pour श्रुतो *çruto (çrutas)* ou श्रुते *çrute* et *iti*[1].

Consonnes.

Consonnes en général.

35. — Un mot ne peut avoir plusieurs consonnes finales (l'*anusvāra*, *ṃ*, est compté comme consonne); la première subsiste seule (et *ṃ* devient *n*, v. 149). Ainsi le thème बोधन्त् *bodhant* « sachant » fait au nominatif singulier masculin sans désinence बोधन् *bodhan*.

Il arrive pourtant qu'un mot dans la phrase se termine par deux consonnes. Mais c'est par application d'autres règles d'euphonie (64 et 65).

Muettes en général.

36. — Les modifications euphoniques des muettes se produisent principalement devant une autre muette, devant une sifflante, et à la fin d'un mot ou d'une phrase (ou demi-stance).

37. — Il y a des muettes qui ne peuvent subsister devant une autre muette, ni devant une sifflante, ni à la fin d'un mot. Ce sont :

1° Les palatales. Elles seront l'objet d'une étude spéciale (70 et suiv.).

2° Les aspirées de tous les ordres. Elles perdent leur aspiration. Pour les exemples, voir 40. Voir en outre 39 et 41.

1. Comme le montre cet exemple, le nominatif et le locatif singulier d'une même déclinaison (154) se confondent dans une pareille combinaison.

38. — Reste à considérer les muettes suivantes, soit primitives, soit provenant d'une première modification euphonique.

sourdes	sonores
k	*g*
ṭ	*ḍ*
t	*d*
p	*b*

Les sourdes se changent en la sonore correspondante devant une muette sonore. Les sonores se changent en la sourde correspondante devant une muette sourde ou une sifflante, et à la fin d'une phrase ou d'une demi-stance.

39. — Si la sonore était primitivement aspirée, l'aspiration qu'elle perd reparaît dans certains cas sur la lettre initiale de la racine, ou d'un redoublement.

40. — Exemples :

Sourde non aspirée. **स्याद्भूयस्** *syād bhūyas,* pour **स्यात्** *syāt,* 3e s. opt. act. *as* « être » et *bhūyas* « de nouveau ».

Sourde aspirée, perdant en outre son aspiration. **मधुमद् दूरे** *madhumad dūre,* pour **मधुमत्** *madhumat,* nom. s. (sans désinence) du thème **मधुमथ्** *madhumath,* « meurtrier de Madhu », suivi de *dūre* « loin ».

Sonore non aspirée. **छेत्तुम्** *chettum,* infinitif formé de **छेद्** *ched,* forme forte de *chid,* « fendre », avec le suffixe *tum* (st. 5).

Sonore aspirée, perdant en outre son aspiration ou la reportant sur la lettre initiale de la racine, ou d'un redoublement : **भोत्स्यते** *bhotsyate,* 3e s. fut. moy. formée de **बोध्** *bodh,* forme forte de *budh,* « s'éveiller, savoir », du suffixe *sya* et de la désinence *te;* **धित्सति** *dhitsati,* 3e s. prés. act. du désidératif de **धा** *dhā* « poser », (pour *di-dhsati).*

41. — *Exception.* — Devant un suffixe ou une désinence commençant par *t* ou *th,* une aspirée sonore, finale d'une racine, au lieu de se changer en sourde, détermine au contraire le changement du *t* ou *th* en la sonore *d* ou *dh,* et son aspiration se reporte sur le *d* ou se confond avec celle du *dh*, c'est-à-dire en somme que le *t* et le *th* sont également remplacés par *dh.* Exemples : **क्रुद्ध** *kruddha* (st. 7), **लुब्ध** *lubdha (ibid.),* **वृद्ध** *vṛddha* (st. 33 et 68), **युद्ध** *yuddha* (st. 80),

thèmes de participes passés (pris ou non substantivement), formés avec le suffixe *ta,* des racines क्रुध् *krudh* « s'irriter », लुभ् *lubh* « désirer », वृध् *vṛdh,* forme faible de *vardh* « s'accroître », युध् *yudh* « combattre ».

42. — *Extension de la règle.* — A la fin d'un mot, le changement de la sourde en sonore a lieu, non seulement devant une muette sonore, mais devant une sonore quelconque autre qu'une nasale (v. 43), c'est-à-dire aussi devant les semi-voyelles, devant l'aspiration *h,* et devant les voyelles. Ex. : स्यादिति *syād iti,* pour *syāt* et *iti* « ainsi ».

43. — Devant une nasale, toute muette finale d'un mot, qu'elle soit sourde ou sonore, se change en la nasale de son propre ordre. Ex. : उपसर्पेन्न *upasarpen na,* pour उपसर्पेत् *upasarpet,* 3e s. opt. act. de *sarp* « ramper », avec le préfixe *upa,* suivi de la négation *na.*

44. — Le même phénomène se produit à l'intérieur d'un mot, mais il n'a lieu régulièrement que pour un *d* final d'une racine devant le suffixe *na.* Ex. : भिन्न *bhinna* « fendu », de भिद् *bhid* « fendre ».

S et R.

45. — Les sons *s* et *r* s'échangent de telle sorte que *r* peut passer pour la sourde de *s,* et *s* pour la sonore de *r,* (cf. les phénomènes dits de rhotacisme en latin, *arbos* et *arbor, arboris; pulvis, pulveris,* etc.).

46. — En principe donc, *s* final se change en *r* devant les sonores. Il y a exception dans deux cas, très fréquents d'ailleurs, ceux où le *s* est précédé de *a* ou de *ā.*

47. Quand il est précédé de *ā,* il tombe purement et simplement, et si la sonore qui a déterminé sa chute est une voyelle, l'hiatus subsiste.

48. — Quand il est précédé de *a,* ce qui est le cas le plus fréquent de tous, *as* se change en *o,* et si la sonore qui a déterminé ce changement est une voyelle, il y a application des règles données à l'euphonie des voyelles (34).

49. — Devant les sourdes mêmes, le sanscrit ayant trois sifflantes, toutes les trois sourdes, et correspondant aux ordres des palatales, des cérébrales et des dentales, le *s* ne reste dental que

si la sourde est une muette dentale *(t, th)*; il devient *ç* si c'est une muette palatale *(c, ch)*, et *ṣ* si c'est une muette cérébrale *(ṭ, ṭh)*. Il ne subsiste même pas devant les autres sourdes, c'est-à-dire devant les gutturales *(k, kh)*, les labiales *(p, ph)* et les sifflantes elles-mêmes *(ç, ṣ, s)*, non plus qu'à la fin d'une phrase ou d'une demi-stance. Dans tous ces cas, il se change en *visarga, ḥ*. Toutefois, devant les sifflantes, le *visarga* n'est qu'une variante (généralement adoptée d'ailleurs) pour une sifflante identique à la sifflante suivante, et, dans les dictionnaires, les mots (composés) qui renferment un *visarga* devant une sifflante sont classés comme s'ils avaient au lieu du *visarga* la sifflante en question. Par exemple : निःशङ्क *niḥ-çaṅka* « qui est sans crainte » doit être cherché[1] comme s'il était écrit : निश्शङ्क *niç-çaṅka*. Devant la désinence *su* du locatif pluriel (v. 27), l'orthographe varie entre *ḥ* et *s*.

50. — *Exercices sur l'euphonie de s final.* — Cas en *s* de la déclinaison des thèmes *çruta* (154) et *çrutā* (150), combinés avec les particules suivantes :

अपि *api* « aussi », इति *iti* « ainsi », इव *iva* « comme », एव *eva* « même », खलु *khalu* « certes », च *ca* « et », तु *tu* « mais », न *na* « ne pas », नु *nu* « donc », पुनर् *punar* « de nouveau », वा *vā* « ou », वै *vai* « certes », स्म *sma* « certes », हि *hi* « car ».

श्रुतस्तु *çrutas tu,* श्रुतश्च *çrutaç ca,* श्रुतः खलु *çrutaḥ khalu,* श्रुतो न *çruto na,* श्रुत इति *çruta iti,* श्रुतो ऽपि *çruto 'pi.*

श्रुतास्तु *çrutās tu,* श्रुताश्च *çrutāç ca,* श्रुताः पुनर् *çrutāḥ punar,* श्रुता अपि *çrutā api.*

श्रुतैस्तु *çrutais tu,* श्रुतैश्च *çrutaiç ca,* श्रुतैः स्म *çrutaiḥ sma,* श्रुतैर्वा *çrutair vā,* श्रुतैरिव *çrutair iva.*

श्रुतेभ्यस्तु *çrutebhyas tu,* श्रुतेभ्यश्च *çrutebhyaç ca,* श्रुतेभ्यः । *çrutebhyaḥ.* श्रुतेभ्यो वै *çrutebhyo vai,* श्रुतेभ्य एव *çrutebhya eva,* श्रुतेभ्यो ऽपि *çrutebhyo 'pi.*

श्रुतयोस्तु *çrutayos tu,* श्रुतयोश्च *çrutayoç ca,* श्रुतयोः खलु *çrutayoḥ khalu,* श्रुतयोर्हि *çrutayor hi,* श्रुतयोरिति *çrutayor iti.*

1. Cette observation est d'ailleurs à peu près sans intérêt pour notre lexique, les composés y étant rangés sous leur dernier terme.

श्रुतायास्तु *çrutāyās tu*, श्रुतायाश्च *çrutāyāç ca*, श्रुतायाः पुनर् *çrutāyāḥ punar*, श्रुताया न *çrutāyā na*, श्रुताया इव *çrutāyā iva*.

श्रुताभिस्तु *çrutābhis tu*, श्रुताभिश्च *çrutābhiç ca*, श्रुताभिः स्म *çrutābhiḥ sma*, श्रुताभिर्नु *çrutābhir nu*, श्रुताभिरेव *çrutābhir eva*.

श्रुताभ्यस्तु *çrutābhyas tu*, श्रुताभ्यश्च *çrutābhyaç ca*, श्रुताभ्यः। *çrutābhyaḥ*. श्रुताभ्यो वा *çrutābhyo vā*, श्रुताभ्य इति *çrutābhya iti*, श्रुताभ्यो ऽपि *çrutābhyo 'pi*.

51. — Le *r* se change en *s*, ou subit les mêmes changements que *s* lui-même, devant les sourdes et à la fin d'une phrase ou d'une demi-stance.

52. — Devant une sonore, *r* ne subit aucun changement, à moins que cette sonore ne soit un autre *r*. Alors le premier *r* tombe, et la voyelle qui le précède, si elle était brève, s'allonge.

53. — Les mêmes phénomènes se produisent pour le *s* changé en *r* devant *r*. Ex. : नीरस *nī-rasa* « qui est sans suc, sans saveur », de निस् *nis*, employé comme particule privative, et रस *rasa*.

54. — *Exercices sur l'euphonie de r final.*

La particule *punar* combinée avec d'autres particules. पुनस्तु *punas tu*, पुनश्च *punaç ca*, पुनः खलु *punaḥ khalu*, पुनः पुनः *punaḥ punaḥ*, पुनः स्म *punaḥ sma*, पुनः। *punaḥ*. पुनर्वै *punar vai*, पुनरिव *punar iva*, पुनरपि *punar api*.

55. — Une voyelle suivie de *r*, à l'intérieur d'un mot simple, s'allonge ou paraît s'allonger quand *r* est lui-même suivi d'une autre consonne (v. st. 218). Dans la plupart des cas, c'est en réalité une longue primitive qui subsiste devant *r* suivi d'une autre consonne, tandis qu'elle s'abrégerait devant *r* suivi d'une voyelle (v. 93).

56. — Les règles précédentes, sauf la dernière, ne s'appliquaient qu'à l'euphonie extérieure[1]. En voici une, également très importante, qui n'est applicable en principe qu'à l'euphonie intérieure.

57. — Un *s* se change en *ṣ*, à l'intérieur d'un mot simple, après toute voyelle autre que *a* ou *ā*, et après les consonnes *k* et *r*, à moins qu'il ne soit final du mot, ou suivi de *r*. Ex. : बिभेषि *bibheṣi* (st. 42) 2e s. prés. act. de la racine *bhī* redoublée, forme forte *bhe*, avec la désinence सि *si*.

1. La règle 51 ne s'applique même pas à l'adjonction de la désinence casuelle *-su* (contre 27).

La règle s'applique également au cas où la voyelle précédente est suivie d'un *anusvāra*[1] ou d'un *visarga :* हवींषि *havīṃṣi,* nom. acc. pl., et हविःषु *haviḥṣu,* loc. pl. de हविस् *havis* (neutre) « offrande »[2].

Elle est étendue à certains composés, surtout aux composés de deux termes dont le premier est un préfixe ou une particule. Ex. : निष्फल *niṣ-phala* « qui ne produit pas de fruit », thème composé de निस् *nis,* particule privative, et de *phala* « fruit ».

58. — Un *s* placé entre deux muettes dentales, *t* ou *th,* disparaît dans certains cas (v. st. 222).

Nasales en général et anusvāra.

59. — A l'intérieur d'un mot, la nasale placée devant une muette doit être du même ordre que cette muette, et devant les sifflantes et l'aspiration *h* il n'y a pas d'autre nasale possible que l'*anusvāra.* Les nasales dentale et labiale, *n* et *m,* subissent donc, s'il y a lieu, les modifications nécessaires pour l'application de cette règle. Ex. : भुञ्ज्मस् *bhuñjmas,* 1e pl. prés. act. et भुङ्क्ते *bhuṅkte,* 3e s. prés. moy. (st. 24), en regard de भुनज्मि *bhunajmi,* 1e s. prés. act. de भुज् *bhuj,* « jouir ». — गन्तुम् *gantum,* infinitif de गम् *gam,* « aller » ; श्रान्त *çrānta* (st. 2 et 7), दान्त *dānta* (st. 29), thèmes de participes passés passifs ou neutres formés avec le suffixe *ta* de श्राम् *çrām,* दाम् *dām,* formes faibles (93) des racines *çram* « se fatiguer », *dam,* « dompter ».

60. — La nasale dentale *n* s'assimile même à une muette précédente, mais seulement quand cette muette est une palatale. Ex. : राज्ञस् *rājñas* (st. 33), gén. s. du thème राजन् *rājan* « roi ».

61. — Enfin la nasale dentale *n,* toujours à l'intérieur d'un mot simple, se change en la nasale cérébrale *ṇ,* quand elle est précédée, dans le même mot, des voyelles *ṛ, ṝ,* de la semi-voyelle correspondante *r,* ou de la sifflante cérébrale *ṣ.* Mais il faut pour cela qu'elle soit immédiatement suivie d'une voyelle ou d'une des lettres *m, y, v,* et qu'il n'y ait entre elle et la lettre qui exerce sur elle son influence aucune palatale, cérébrale ou dentale (muette, nasale ou sifflante), ni un *l.* Ex. : श्राविणी *çrāviṇī,* féminin du thème श्राविन्

1. Excepté dans la racine anomale *hiṃs,* et dans le thème faible *puṃs* de *pumaṃs.*

2. Pour le changement de *s* en *visarga* devant le désinence *su,* voir 27 et 49.

çrāvin « qui écoute », de la racine *çru* « entendre », forme très forte *çrāv* (et voir st. 13—16). Quand deux *n* se suivent immédiatement dans ces conditions, ils se changent tous les deux en *ṇ*.

La règle est étendue à certains composés, surtout aux composés de deux termes dont le premier est un préfixe ou une particule. Ex. : प्रणय *pra-ṇaya* « affection » (st. 10), thème formé du préfixe *pra* et du thème नय *naya*, de la racine *nī*, « conduire », forme forte *ne*, *nay*.

62. — A la fin d'un mot, la nasale labiale *m* se change en *anusvāra* devant toutes les consonnes (v. les exemples st. 1 et suivantes).

Toutefois, devant les muettes et les nasales, l'*anusvāra* n'est qu'une variante (généralement adoptée d'ailleurs) pour la nasale de l'ordre de la consonne suivante, et, dans les dictionnaires, les mots (composés) qui renferment un *anusvāra* devant une muette ou une nasale, sont classés comme s'ils avaient, au lieu de l'*anusvāra*, la nasale en question. Par exemple : संभ्रम *saṃ-bhrama* doit être cherché[1] comme s'il était écrit सम्भ्रम *sam-bhrama*.

63. — La nasale dentale *n*, placée à la fin d'un mot, appelle des insertions de lettres, se redouble ou se modifie dans les conditions suivantes.

64. — Devant une muette sourde de l'un des trois ordres auxquels correspondent les trois sifflantes (palatales, *c*, *ch*, cérébrales, *ṭ*, *ṭh*, dentales, *t*, *th*), le *n* final se fait suivre d'une sifflante de l'ordre de la consonne suivante, et lui-même se change en *anusvāra*. Ex. : श्रुतांस्तु *çrutāṃs tu* pour श्रुतान् *çrutān* et *tu*. — श्रुतांश्च *çrutāṃç ca* pour *çrutān* et *ca*.

65. — Devant une voyelle, *n*[2] final se redouble s'il est lui-même précédé d'une voyelle brève. Ex. : तस्मिन्निव *tasminn iva* pour *tasmin* et *iva*.

66. — Devant *l* et devant les palatales autres que *c*, *ch* (voir ci-dessus 64), la sifflante *ç* comprise, *n* final subit des modifications analogues à celles des muettes dentales (voir ci-après 68 et 69).

1. Voir plus haut, p. 253, note 1.

2. Il en est de même des nasales *ṅ*, *ṇ* : mais le cas est beaucoup plus rare.

Muettes dentales.

67. — Les muettes dentales placées à l'intérieur d'un mot après la sifflante cérébrale *ṣ*[1] ou après une cérébrale muette[2], se changent en cérébrales. Ex. : इष्ट *iṣṭa* (st. 24, 80), हृष्ट *hṛṣṭa* (st. 39), तुष्ट *tuṣṭa* (st. 69), participes passés passifs ou neutres formés avec le suffixe त *ta* des racines *iṣ* « désirer », *harṣ*, forme faible *hṛṣ* « éprouver une horripilation de joie », तुष् *tuṣ* « contenter » ; अनुष्ठित *anu-ṣṭhita* « exécuté » (st. 4), formé du préfixe *anu* et de स्थित *sthita* (cf. 57), participe passé de *sthā*, forme faible *sthi*, « se tenir debout ».

68. — Les muettes dentales placées à la fin d'un mot devant une muette palatale, ou devant la sifflante palatale *ç*, commençant le mot suivant, se changent en une palatale sourde ou sonore, selon que la lettre qui détermine ce changement est elle-même sourde ou sonore. Quand la lettre qui exerce l'influence est la sifflante palatale, elle se change elle-même en aspirée sourde palatale. Ex. : लोभाच्च *lobhāc ca* (st. 41) pour लोभाद् *lobhād* et *ca* ; एतावज्जन्मसाफल्यम् *etāvaj janmasāphalyam* (st. 66) pour एतावत् *etāvat* et *janmasāphalyam* ; चेज्जीवन्ति *cej jīvanti (ibid.)* pour चेद् *ced* et *jīvanti*. — उच्छिष्ट *ucchiṣṭa* (st. 76), participe passé passif de शिष् *çiṣ* « laisser », avec le préfixe उद् *ud*.

La nasale dentale *n*, dans les mêmes conditions (v. 66), excepté devant *c*, *ch* (v. 64), se change en nasale palatale. Le changement de *ç* en *ch* a lieu également après le *n* ainsi modifié. Voir un exemple st. 76.

69. — A la fin d'un mot également, les muettes dentales placées devant *l* se changent en *l*. La nasale dentale *n*, dans les mêmes conditions (v. 66), se change en *l* nasal ou *anunāsika*. Voir les exemples st. 79 et 80.

Muettes palatales, sifflantes ç et ṣ et aspiration h.

70. — Les palatales, y compris la sifflante *ç*, sont d'anciennes gutturales, et reprennent souvent leur première forme. Il en est de même de l'aspiration *h*. Enfin la sifflante *ṣ*, quoiqu'elle ne soit

1. Pour la nasale dentale *n*, dans les mêmes conditions, voir plus haut, 61.
2. Pouvant provenir de la modification d'un *ç* (v. 81).

généralement qu'une modification de *s*, est traitée dans la plupart des combinaisons de la même manière que certaines palatales, et, comme elles, est remplacée dans quelques-unes de ces combinaisons par une gutturale.

71. — Les gutturales indo-européennes primitives d'où viennent les gutturales, les palatales et le *h* sanscrits, sont de deux sortes. Les deux séries de sons se sont confondues dans la série unique des gutturales sanscrites *k*[1], *g*, *gh*, dans la palatale *j*[2] et dans l'aspiration *h*. Elles sont au contraire restées distinctes dans la muette palatale *c*[3] opposée à la sifflante *ç*, et dans certaines combinaisons phonétiques où la diversité des traitements du *j* et du *h* révèle une diversité d'origine.

72. — Devant les voyelles, les semi-voyelles et les nasales, à l'intérieur d'un mot, le changement des muettes palatales et de *h* en gutturales[4] n'est pas assujetti à des lois simples. Citons शोक *çoka* « chagrin », de शोच् *çoc*, forme forte de *çuc* « s'affliger » ; भग्न *bhagna* « brisé », (st. 49) de भज् *bhaj*, forme faible de *bhañj*; मेघ *megha* « nuage », de मेह् *meh*, forme forte de *mih* « arroser ».

73. — Devant le *s* des formations verbales ou des désinences personnelles, tous les sons en question se changent régulièrement en un *k* (après lequel *s* devient *ṣ*, v. 57). Ex. : वेक्ष्यति *vekṣyati* et रोक्ष्यति *rokṣyati*, 3ᵉ s. fut. act. de वेश् *veç*, रोह् *roh*, formes fortes de *viç* « entrer », *ruh* « monter ».

74. — Le *c* se change en gutturale, non seulement dans le cas précédent, mais toutes les fois qu'il termine le mot, ou qu'il est suivi dans le même mot d'une lettre autre qu'une voyelle, une semi-voyelle ou une nasale. Ex. : सम्यक् *samyak* (st. 70), acc. n. pris adverbialement de सम्यच् *samyac*, forme faible de *samyañc* « complet ». — वक्तर् *vaktar* « parleur » (st. 13), वक्त्र *vaktra* « bouche » (st. 43), उक्त *ukta* « dit » (st. 59), वक्ति *vakti* « il dit » (st. 19), des deux formes, forte वच् *vac*, et faible उच् *uc*, de la racine signifiant « parler ».

1. L'aspirée *kh* est hors de cause, cf. 6.
2. L'aspirée *jh* est presque inusitée.
3. L'aspirée *ch* est dans le même cas que *kh*. Voir seulement plus bas, 83.
4. Plus exactement, la conservation du son guttural primitif dans les racines dont la forme normale présente la palatale ou le *h*.

75. — Au contraire, *ç* se change : 1° en *ṣ* devant *t, th* qui deviennent eux-mêmes *ṭ, ṭh* (67); 2° en muette cérébrale devant le *dh* des désinences personnelles (qui devient *ḍh,* v. 67), à la fin d'un mot et devant les désinences casuelles dont l'adjonction se fait d'après les règles de l'euphonie extérieure *(bhis, bhyas, bhyām, su,* v. 27). Ex. : विष्ट *viṣṭa,* participe passé de विश् *viç* «entrer». — विट् *viṭ,* विड्भिस् *viḍbhis,* nom. s. et instr. pl. de विश् *viç* «peuple».

76. — Cependant, pour les deux derniers cas, il y a des exceptions. Par exemple, दिश् *diç* «point cardinal» fait au nom. s. दिक्, à l'intr. pl. दिग्भिस् *digbhis,* au loc. pl. दिक्षु *dikṣu,* c'est-à-dire qu'il suit l'analogie des mots terminés en *c.*

77. — Parmi les racines terminées en *j,* il en est qui sont traitées comme les racines en *c,* c'est-à-dire qui changent leur *j* en gutturale à la fin des mots et devant toute lettre autre qu'une voyelle, une semi-voyelle ou une nasale. Ex. : भुक्त *bhukta* (st. 16), participe passé passif, भुक्त्वा *bhuktvā* (st. 76), gérondif de भुज् *bhuj* «jouir de . . .».

78. — D'autres sont traitées comme les racines en *ç,* c'est-à-dire qu'elles changent leur *j* en *ṣ* devant *t, th,* et en muette cérébrale devant le *dh* des désinences verbales, à la fin des mots et devant les désinences casuelles déjà énumérées. Ex. : सृष्ट *sṛṣṭa,* participe passé passif de सृज् *sṛj,* forme faible de *sarj* «émettre, créer»; राड् *rāḍ,* nom. s. de राज् *rāj* «roi».

79. — Même diversité dans le traitement des racines terminées en *h.* Les unes sont traitées dans tous les cas[1] comme si elles étaient en *gh,* en sorte que par exemple, devant les suffixes et désinences commençant par *t, th,* elles déterminent le changement de ces lettres en sonores et transmettent leur aspiration au *t* ou la confondent avec celle du *th* (41). Ex. : दग्धुम् *dagdhum* (st. 45), infinitif de दह् *dah* «brûler», formé avec le suffixe *tum.*

80. — Les autres subissent le traitement cérébral des racines en *ç,* et de celles des racines en *j* qui en suivent l'analogie, avec cette particularité qu'à leur suite, les suffixes commençant par *t* ou *th,* — après avoir changé leur sourde en sonore, et aspiré le *t* d'après l'analogie des racines terminées par une aspirée, — après avoir aussi changé cette dentale en cérébrale sous l'influence du

1. Autres que ceux qui ont fait l'objet du paragraphe 72.

traitement cérébral du *h*, — déterminent la chute de l'élément final de la racine, ordinairement avec allongement ou diphthongaison de la voyelle précédente, si elle était brève. Ex. : रूढ *rūḍha*, participe passé formé de la racine रुह् *ruh* « monter » et du suffixe *ta*; वोढुम् *voḍhum*, infinitif formé de la racine वह् *vah* « charrier », avec le suffixe *tum*. La combinaison est la même avec le *dh* des désinences verbales. Ex. : लीढ्वे *līḍhve*, 2e pl. prés. moy. de लिह् *lih* « lécher », avec la désinence *dhve*.

80 *bis*. — L'aspiration, quand elle ne passe pas à la lettre initiale du suffixe, est quelquefois reportée sur la lettre initiale de la racine (cf. 39). Ex. : धक्ष्यति *dhakṣyati*, 3e s. futur actif de *dah*.

81. — Enfin la sifflante cérébrale *ṣ* suit dans tous les cas l'analogie du *ç*, c'est-à-dire qu'elle subsiste naturellement devant *t*, *th* qu'elle change en *ṭ*, *ṭh*, qu'elle se change elle-même en *k* devant le *s* des formations verbales et des désinences personnelles, et en muette cérébrale devant le *dh* des désinences personnelles, qui devient *ḍh* (67), à la fin des mots et devant les désinences casuelles énumérées plus haut. Ex. : द्वेक्षि *dvekṣi*, 2e s. prés. act. et द्विड्ढ्वे *dviḍḍhve*, 2e pl. prés. moy., tirées des formes, forte द्वेष् *dveṣ*, et faible द्विष् *dviṣ*, de la racine signifiant « haïr », avec les désinences *si*, *dhve*; द्विट् *dviṭ*, nom. s. de द्विष् *dviṣ* « ennemi », etc.

82. — Quand la sifflante *ṣ* est précédée d'un *k*, les combinaisons phonétiques sont les mêmes, mais le *k* tombe. Ainsi avec la désinence de la 3e s. prés. moy. *te*, चक्ष् *cakṣ* « dire » fait चष्टे *caṣṭe*.

Autres phénomènes.

83. — Un *ch* placé après une voyelle brève se double par un *c* non aspiré. V. st. 90.

84. — On a vu (68) le changement de *ç* en *ch* après une dentale changée elle-même en palatale.

85. — Le *h* est sujet à un changement qui n'est pas sans analogie avec celui-là. Placé au commencement d'un mot, après une muette quelconque, il se change en une aspirée de l'ordre de cette muette. V. st. 77 et 78.

CHAPITRE III.

RACINES ET SUFFIXES.

86. L'analyse étymologique des mots indo-européens (susceptibles d'une telle analyse) aboutit aux éléments suivants : racines, suffixes, désinences.

En grec, par exemple, quand on retranche la désinence casuelle ou personnelle des formes λείμματος, λοιπός, -λιπος (dans le composé αἰγίλιπος), λείποντος, λείπομεν, ἔλειψα, ἔλιπον, λελοίπασι, — τόν, τοῖον, on atteint directement la racine dans -λιπ-ος, τό-ν, et, en négligeant certains faits sur lesquels nous reviendrons plus tard, redoublement, addition de l'augment avant la première lettre ou d'un σ après la dernière, dans ἐ-λειπ-σ-α et dans λε-λοίπ-ασι. Mais dans λείμ-ματ-ος (pour λειπ-ματ-ος), λοιπ-ό-ς, λείπ-ο-μεν, ἔ-λιπ-ο-ν, — το-ῖο-ν, entre la désinence et la racine on trouve un autre élément, ματ, ο, ιο; dans λείπ-ο-ντ-ος, on en trouve deux, ο et ντ; dans d'autres mots, on en trouverait davantage. Ces éléments sont appelés *suffixes*. La forme, avec ou sans suffixes, qui reçoit les désinences, est appelée *thème*. Le thème est donc quelquefois identique à la racine; mais le plus souvent il en diffère.

Si on néglige à leur tour les suffixes, si on néglige aussi les racines pareilles à το, qui ont une valeur purement indicative et qu'on appelle ordinairement *thèmes pronominaux*, on reste en présence des racines proprement dites, exprimant une action, un état, une qualité, et qui sont appelées *racines verbales*.

On voit, par l'exemple choisi, qu'indépendamment des modifications extérieures telles que le redoublement, etc., ces racines sont susceptibles de modifications intérieures, et peuvent prendre trois formes caractérisées, la première par l'ε, λείμματος, λείποντος, λείπομεν, ἔλειψα, la seconde par l'ο, λοιπός, λελοίπασι, la troisième par l'absence d'ε et d'ο, αἰγίλιπος, ἔλιπον. Nous appellerons la première *forme forte*, la seconde *forme très forte* [1], la troisième *forme faible*.

1. Nous n'entendons pas préjuger par ce terme la question encore pendante des rapports de la forme en ε et de la forme en ο. Quant à la forme faible, on l'explique aujourd'hui par un affaiblissement réel de la racine, perdant

Quand la forme forte ne contient pas d'autre voyelle que ε, la forme faible, en principe, n'en doit contenir aucune, à moins que la racine ne renferme une consonne (nasale ou liquide) susceptible de vocalisation. Ainsi, en regard de πέτ-ομαι, on a ἐ-πτ-όμην. Mais la racine qui est forte dans πένθ-ος, et très forte dans πέ-πονθ-α, a la forme faible παθ dans ἔ-παθ-ον et dans πάσχω pour παθ-σχω, par vocalisation du ν en α.

87. — Les trois formes des racines se retrouvent en sanscrit comme en grec, généralement réparties entre des catégories grammaticales déterminées. La forme forte est caractérisée par un *a*, répondant à l'ε grec, la forme très forte, en principe, par un *ā*, répondant à l'ο, la forme faible par l'absence d'*a* et d'*ā* *organiques*.

88. — La forme faible d'une racine peut donc se déduire de la forme forte par suppression de l'*a*. Les diphthongues *e* (= *a* + *i*), *o* (= *a* + *u*) des formes fortes se réduisent ainsi dans les formes faibles à *i*, *u*, et les semi-voyelles *y*, *v*, et *r*, *l*, placées avant ou après l'*a* des formes fortes, se vocalisent en *i*, *u*, *ṛ*, *ḷ* (voir les tableaux, 99 et 111).

89. — La vocalisation d'une nasale dans la forme faible se fait par un *a inorganique*, répondant à l'α, également inorganique, du grec. Ex. : तन्त्रम् *tan-tram*, « chaîne d'étoffe » (cf. fut. τενῶ), तानस् *tān-as* = τόν-ος, ततस् *ta-tas* = τα-τός. De même गतस् *ga-tas* = βα-τός, de la racine dont la forme forte est गम् *gam*, « aller ». Cependant la vocalisation de *n* et de *m* à la fin d'une racine se fait quelquefois aussi, particulièrement devant *y* et *v*, en *an*, *am*, et la forme faible se confond alors avec la forme forte. — Les racines renfermant une nasale suivie d'une consonne étendent souvent la forme forte à des catégories qui demanderaient la forme faible.

90. — Les racines contenant dans leur forme forte, outre l'*a* = ε du grec, un autre *a* = α, et quelquefois aussi = ε ou ο, du grec, combiné avec le premier en un *ā* long, changent, en principe, ce

son ε ou son ο. Mais jusqu'à présent, dans les grammaires sanscrites, ce sont au contraire les formes forte et très forte qui ont été présentées, selon la méthode indienne, comme des renforcements de la forme faible, appelés, le premier *guṇa*, le second *vṛddhi*. Nous conservons ce dernier terme, mais pour désigner un renforcement propre au sanscrit, et confondu à tort avec la forme très forte des racines (121, 197, 223).

second *a* en *i* ou *ī*[1] (v. 3) dans leur forme faible. Ex. : **अस्थाम्** *a-sthā-m* = ἔ-στη-ν et **स्थितस्** *sthi-tas* = στα-τός; **दधामि** *da-dhā-mi*, cf. τί-θη-μι, et **हितस्** *hi-tas* = θε-τός; **पात्रम्** *pā-tram* «vase à boire», cf. πῶ-μα, et **पीतस्** *pī-tas* = πο-τός. Mais les racines ainsi constituées étendent souvent la forme forte aux catégories qui demanderaient la forme faible[2]. Ex. : **यातस्** *yā-tas* «étant allé», comme **यामि** *yā-mi*, «je vais».

91. — Quand la forme forte ne contient, outre l'*a*, aucune autre voyelle et aucune consonne susceptible de vocalisation, la forme faible conserve plus souvent encore l'*a* de la forme forte, sans lequel elle serait presque toujours trop difficile à prononcer. Ainsi, on a bien des formes régulières comme **स्मस्** *s-mas*, «nous sommes», en regard de **अस्मि** *as-mi*, «je suis». Mais l'identification de la forme forte et de la forme faible est très fréquente dans les racines ainsi constituées : **अद्मस्** *ad-mas*, «nous mangeons», comme **अद्मि** *ad-mi*, «je mange».

92. — Dans les racines mêmes où une semi-voyelle *y* ou *v* précède l'*a* de la forme forte (au lieu de le suivre, soit sous forme de semi-voyelle, soit sous forme de voyelle combinée avec l'*a* en une diphthongue *e* ou *o*), cette forme forte remplace quelquefois abusivement la forme faible.

93. — Certaines racines renfermant dans leur forme forte un élément *i*, *u*, (soit voyelle, soit consonne), *r*, *n* ou *m*, final, ont une forme faible en *ī*, *ū*, sauf application des lois phonétiques ordinaires devant les voyelles, *īr* ou *ūr*, *ā*, *ām*, devant les consonnes, *ir* ou *ur*, *an*, *am*, devant les voyelles, au lieu de *i*, *u*, *ṛ*, *a*. Ces racines, à l'exception de celles dont la forme faible est en *ī*, offrent une particularité correspondante dans leur forme forte. Cette forme est dissyllabique devant les suffixes ou désinences consonantiques, et se termine alors par une voyelle qui devait être primitivement un *a*, ainsi qu'on le verra au paragraphe 201, mais qui se présente ordinairement sous la forme *i* ou *ī* (plus rarement *u*, v. 202), et est par conséquent de même nature que celle des racines dont la

1. Cet *i* ou *ī* disparaît devant les suffixes et les désinences commençant par une voyelle.

2. En revanche les racines *dā* «donner», *dhā* «poser», perdent quelquefois leur voyelle entière dans les formes faibles, même devant les consonnes.

forme forte est en *ā* (90)[1]. Ex. : ब्रवीमि *bravī-mi* « je parle », et ब्रूमस् *brū-mas* « nous parlons ». — तरित्रम् *tari-tram* « navire », et तीर्थम् *tīr-tham* « gué », d'une racine signifiant « traverser » (cf. grec τέρμα); परीम *parī-ma,* « plénitude », et पुरुस् *pur-us* = πολύς, d'une racine signifiant « remplir ». — जनिता *jani-tā* (thème *janitar*) = γενετήρ, lat. genitor, et जातस् *jā-tas* « né ». — दमिता *dami-tā,* cf. lat. *domitor,* et दाम्यति *dām-yati* « il dompte », etc. Seules, les racines dont la forme faible est en *ī* final n'ont pas de forme forte dissyllabique. Ex. : नेता *ne-tā* « conducteur », et नीतस *nī-tas* « qui a été conduit ».

94. — Quelques racines monosyllabiques terminées dans leur forme forte par un *ā* précédé de *y, r,* ont des formes faibles analogues aux précédentes. Ex. : प्याये *pyā-ye* « je m'engraisse », et पीवा *pī-vā* (thème *pīvan*) = πίων. — आश्रामि *ā-çrā-mi* « je cuis » (avec le préfixe *ā*), et आशीर्तस *ā-çīr-tas* « cuit ». Mais la plupart des racines ainsi constituées ont généralisé la forme forte.

95. — Les racines dissyllabiques dont la voyelle finale est précédée d'une consonne autre que celles qui sont susceptibles de vocalisation, restent dissyllabiques dans la forme faible, devant les suffixes ou désinences consonantiques. Ex. : ग्रहीतुम् *grahī-tum,* « saisir », ग्राहस् *grāh-as,* « qui saisit », गृहीतस् *gṛhī-tas,* « saisi ». A part l'*ĭ* qui les suit, elles ne diffèrent dans aucune de leurs formes des racines monosyllabiques.

96. — Il faut ajouter que les racines monosyllabiques, et traitées comme telles dans leur forme faible, prennent quelquefois, sans doute à l'exemple des racines dissyllabiques, et sous l'une quelconque de leurs formes, un *i* dit de liaison devant les suffixes commençant par une consonne.

97. — La forme très forte des racines monosyllabiques ne se distingue de la forme forte, par la substitution de *ā* à *a,* que dans le cas où l'*a* termine la syllabe, c'est-à-dire n'est suivi, ni d'une voyelle *i, u,* combinée avec lui en une diphthongue *e, o,* ni de deux consonnes. Dans le cas contraire, la forme très forte se confond avec la forme forte. Ainsi on a bien जजान *ja-jān-a* = γέ-γον-α en regard de जनुस् *jan-us,* « origine », cf. γέν-ος. Mais on a ददर्श *da-darç-a* = δέ-δορκ-α avec l'*a* au lieu de l'*ā* pour correspondre à l'ο grec, et रिरेच

1. Elle disparaît également devant les suffixes et les désinences commençant par une voyelle.

ri-rec-a = λέ-λοιπ-α avec l'*e* = *ă* + *i* au lieu de *ai* = *ă* + *i* pour correspondre à la diphthongue grecque οι. Cependant la forme très forte est possible quand la seconde consonne est un *y*.

98. — Dans les racines dont la forme forte est en *ā* long, la forme très forte ne peut naturellement être distinguée de cette forme forte dans aucun cas.

99. — Suit un tableau de la partie vocalique[1] des différentes catégories de racines sous leurs trois formes. Pour la forme forte et la forme faible, nous distinguerons : 1° le cas où la partie vocalique (et semi-vocalique ou nasale) est suivie d'une consonne finale de la racine, ou d'une ou deux consonnes initiales d'un suffixe, ou à la fois d'une consonne finale et de consonnes initiales, comme dans **बोधस्** *bodh-as* m., « connaissance », **बोध्यस्** *bodh-yas* « devant être connu », **श्रोता** *çro-tā* « auditeur », **श्रोत्रम्** *çro-tram* « oreille », **पूर्णस्** *pūr-ṇas* « rempli » ; 2° celui où elle est immédiatement suivie d'une voyelle comme dans **श्रवस्** *çrav-as* n., « gloire », **पुरुस्** *pur-us* « nombreux ». Comme on le voit par les exemples cités, les racines terminées par la partie vocalique peuvent subir devant les voyelles, dans leur forme forte et dans leur forme faible, un traitement différent de celui qu'elles subissent devant les consonnes, et de celui que subissent, tant devant les voyelles que devant les consonnes, les racines déjà terminées par une consonne. Les formes fortes peuvent encore subir le même traitement devant *y*[2], et les formes faibles des racines en *n*, *m*, subissent en outre un traitement particulier devant la même lettre. Quant à la forme très forte, elle ne peut jamais être distincte de la forme forte que devant les suffixes ou désinences commençant par une voyelle ou par un *y*. Cinq colonnes nous suffiront donc. La place des racines en *a*, *ya*, *va*, *ra*, *al*, restera en blanc dans la seconde colonne et dans la cinquième colonne, ces racines étant toutes terminées par une consonne (l'unique racine *normale* en *al* est *kalp*). Il en sera de même, dans la cinquième colonne, pour deux autres catégories de racines dont la partie vocalique ne se rencontre jamais devant une voyelle dans la

1. Ce tableau, utile comme résumé synoptique, sera complété par des exemples à propos de la formation des thèmes en *a* (111).

2. Dans la plupart des cas, le *y* remplace un ancien *i*. C'est ce qui explique par exemple la décomposition de *e*, *o*, en *ay*, *av*, devant cette lettre (cf. 32).

forme faible. Nous laisserons aussi en blanc dans la seconde et dans la troisième colonne la place des racines en *ā*, *yā*, *rā* dont la forme forte donne avec les voyelles qui peuvent suivre des combinaisons euphoniques diverses (v. le tableau du paragraphe 111), et dont la forme très forte ne peut être en aucun cas distincte de la forme forte. L'unique racine normale en *al*, *kalp*, étant terminée par une consonne, ne peut avoir non plus de forme très forte distincte.

Les catégories de racines sont réparties en groupes d'après les analogies de leurs formes faibles.

Partie vocalique des formes

	Forte, devant les consonnes	Forte, devant les voyelles ou *y*	Très forte devant les voyelles ou *y*	Faible, devant les consonnes	Faible, devant les voyelles
1.	*a*		*ā*	* » [1]	
2.	*ā*			* *i*, *ī*	
3.	*e*	*ay*	*āy*	*i*	*y*, *iy*
	ya		*yā*	* *i*	
	e	*ay*	*āy*	*ī*	*iy*
	yā			* *ī*	
4.	*o*	*av*	*āv*	*u*	*v*, *uv*
	va		*vā*	* *u̇*	
	avī̆	*av*	*āv*	*ū*	*uv*
5.	*ar*	*ar*	*ār*	*ṛ*	*r*
	ra		*rā*	*ṛ*	
	arī̆	*ar*	*ār*	*īr*, *ūr*	*ir*, *ur*
	rā			* *īr*	* *ir*
6.	*al*			*ḷ*	
7.	*an* [2]	*an*	*ān*	*a*, *an* [3]	*n*
	anī̆	*an*	*ān*	*ā*	*an*
8.	*am* [2]	*am*	*ām*	*a*, *am* [3]	*m*
	amī̆	*am*	*ām*	*ām*	*am*

1. Les guillemets indiquent l'absence de voyelle. L'astérisque accompagne les formes faibles qui, dans un plus ou moins grand nombre de racines, sont supplantées par les formes fortes.

2. La nasale, quand elle est suivie d'une consonne, s'accommode naturellement à cette consonne dans les formes fortes.

3. Devant les semi-voyelles *y* et *v*.

100. — Les racines devraient être toutes rangées dans les lexiques, soit sous la forme forte, soit sous la forme faible. Malheureusement ni l'un ni l'autre de ces systèmes n'est suivi avec une entière conséquence dans aucun dictionnaire. Pour que les étudiants qui useront de ce manuel ne se trouvent pas trop dépaysés dans le grand ouvrage qu'ils auront à consulter plus tard, le dictionnaire de MM. Böhtlingk et Roth, je me suis cru obligé d'adopter en général le système mixte que ces auteurs ont suivi. Notre lexique rangera donc sous la forme faible les racines renfermant dans leur forme forte un élément *i* ou *u* placé *après* l'*a*, pouvant se combiner avec lui en *e*, *o*, ou se changer en semi-voyelle *y*, *v*. Toutes les autres racines, y compris celles en *ya*, *va*, dans lesquelles l'élément *i*, *u* précède l'*a*, seront rangées sous la forme forte. Les racines dissyllabiques seront données sous leur forme monosyllabique forte, avec addition entre parenthèses de la voyelle qui les rend dissyllabiques. Mais toutes les autres formes régulières de chaque racine seront données immédiatement après.

101. — Nous considérerons comme *anomales* toutes les racines dont la partie vocalique ne répond à aucune des catégories du tableau ci-dessus.

102. — Dans plusieurs formations grammaticales, la racine est redoublée. Les règles du redoublement de la voyelle varient dans ces différentes formations. Celles du redoublement d'une consonne initiale sont au contraire constantes. Les voici :

Quand la racine commence par deux consonnes, on redouble la première. Ex. : शुश्राव *çu-çrāva*, 3e s. parf. act. de श्रु *çru*, « entendre » (κλύω).

Cependant si la première est une sifflante suivie d'une muette, c'est la seconde qu'on redouble. Ex. : तस्तम्भ *ta-stambh-a*, parf. de स्तम्भ् *stambh* « étayer ».

L'aspirée se redouble par la non aspirée correspondante. Ex. : तस्थौ *ta-sthau*, parf. de स्था *sthā* « se tenir debout » (ἵστημι).

Les gutturales et l'aspiration *h* se redoublent par la palatale correspondante (non aspirée). Ex. : जहार *ja-hāra*, parf. de हृ *har*, « prendre ».

103. — L'addition d'un *s* à la racine a lieu également dans plu-

sieurs catégories grammaticales (223, 252, cf. 220). Elle se fait d'après les lois euphoniques.

103 *bis*. — Enfin la racine peut recevoir dans la formation du présent une insertion nasale, forte en *na*, faible en *n* (199—202 et 209), et la forme nasalisée faible est quelquefois étendue à d'autres formations, ou même se substitue complètement à la racine primitive.

104. — Un bon nombre de suffixes ont, comme les racines, une forme forte et une forme faible, distinguées par un *a* qui manque également à la forme faible, et même une forme très forte, quand cette forme est possible, c'est-à-dire quand l'*a* de la forme forte n'est suivi, ni d'un *i* ou d'un *u* combiné avec lui en une diphthongue *e*, *o*, ni de deux consonnes (cf. 97). Ainsi le suffixe du mot श्रुतिस् *çru-ti-s*, « audition », a la forme faible *ti* au nominatif. Il a la même forme, avec changement de la voyelle en semi-voyelle à l'instr. श्रुत्या *çru-ty-ā*. Mais il a en outre une forme forte *te* devant les consonnes, et *tay* devant les voyelles, génitif श्रुतेस् *çru-te-s*, datif श्रुतये *çru-tay-e*. Le suffixe du mot श्रोता *çro-tā*, « auditeur », a la forme forte au locatif श्रोतरि *çro-tar-i;* la forme très forte à l'accusatif श्रोतारम् *çro-tār-am*, et la forme faible, par une consonne à l'instr. sing. श्रोत्रा *çro-tr-ā*, par une voyelle à l'instr. pl. श्रोतृभिस् *çro-tṛ-bhis.*

Comme pour les racines, nous donnerons les suffixes en *i*, *u* sous leur forme faible, les autres sous leur forme forte.

105. — Le mot simple ne peut comprendre, à proprement parler, qu'une racine, un ou plusieurs suffixes, et une désinence. Les préfixes verbaux, qui peuvent d'ailleurs se placer devant les thèmes nominaux comme devant les verbes, sont des éléments, non de formation, mais de composition. Cependant, cette composition est de nature si particulière, et les préfixes modifient si intimement le sens de la racine même, qu'à un point de vue pratique, les mots qui ne sont composés qu'avec un ou plusieurs de ces éléments peuvent être assimilés aux mots simples. Nous les considérerons comme tels dans les chapitres de la formation et de la composition.

La liste des préfixes a été donnée (22).

CHAPITRE IV.

FORMATION ET DÉRIVATION DES THÈMES NOMINAUX.

106. — Certains thèmes nominaux sont formés de thèmes pronominaux : nous en renvoyons la formation au chapitre des *Pronoms*. Il ne sera donc question dans ce chapitre que des noms formés de racines verbales.

107. — Parmi ceux-ci mêmes, il en est qui sont tirés de thèmes de temps. Tels sont les participes du présent, du futur et du parfait, actifs et moyens. La formation en sera renvoyée au chapitre de la conjugaison. Mais le présent chapitre comprendra les participes tirés directement de la racine, ainsi que l'infinitif et le gérondif, qui sont dans le même cas.

108. — Les noms peuvent être : 1° *primitifs*, c'est-à-dire formés de la racine seule ou de la racine accompagnée d'un seul suffixe; 2° *dérivés*, c'est-à-dire tirés de thèmes déjà formés. Le nom de *formation* sera réservé pour les premiers. Celui de *dérivation* sera appliqué aux seconds.

109. — Pour les adjectifs, et plus généralement pour les noms qui peuvent prendre les différents genres, tant primitifs que dérivés, la forme donnée sera toujours celle du thème commun au masculin et au neutre. La formation du féminin, pour tous les thèmes, sera indiquée au titre de la dérivation, en même temps que celle du comparatif et du superlatif.

110. — Il y a des primitifs et des dérivés indéclinables. Ils formeront le sujet de deux appendices placés, l'un après l'énumération des principaux suffixes de formation, l'autre après celle des suffixes de dérivation.

THÈMES PRIMITIFS.

111. — Suffixes terminés en *a*.

Voici la liste des principaux de ces suffixes, avec l'indication des différentes formes de la racine auxquelles ils s'ajoutent, et de la nature des noms qu'ils forment avec elles.

a. — Racine ordinairement très forte, quelquefois simplement forte, ou faible. — Abstraits masculins, quelquefois neutres. — Noms d'agent. — Adjectifs et appellatifs.

ā. — Racine ordinairement faible. — Abstraits féminins.

ana. — Racine ordinairement forte, quelquefois très forte ou faible. — Abstraits neutres. — Noms d'agent. — Appellatifs.

aka. — Racine très forte. — Noms d'agent.

tra. — Racine forte. — Noms d'instrument et abstraits neutres.

trā. — Id. féminins.

na. — Racine forte. — Divers substantifs.

ta et *na.* — Racine faible. — Participe passé passif avec les racines de valeur transitive, et neutre avec les autres.

ya (iya après une racine en *ā* final), *tya* (après une racine terminée par une voyelle brève), *tavya, anīya.* — Participe futur passif exprimant l'obligation. — Racine forte avec les deux derniers, faible avec *tya,* faible, forte ou très forte avec *ya.*

yā et *iyā.* Racine faible. — Abstraits féminins.

Divers suffixes plus ou moins usités, *tha, ma, trima, vara, ra, ura, uka, nā,* etc.

Des exemples de ces diverses formations sont contenus dans le tableau suivant, qui est disposé de manière à présenter l'application du tableau synoptique des diverses formes des racines donné au paragraphe 99.

	Forme forte		Forme très forte		Forme faible		Racine	
1.	अस्त्र	*as-tra*	अभ्यास	*abhy-ās-a*	समस्त	**sam-as-ta* [1]	अस्	*as 2* [2]
	दहन	*dah-ana*	दाह	*dāh-a*			दह्	*dah*
			दाह्य	*dāh-ya*				
2.	साध्य	*sādh-ya*			सिध्र	*sidh-ra* [3]	साध्	*sādh*
	निधान	*ni-dhāna (ana)*			धीर	*dhī-ra*	धा	*dhā 1*
	धेय	*dheya (iya)*			हित	*hi-ta* [4]		
	पानीय	*pānīya (anīya)*			पीत	*pī-ta*	पा	*pā 2*
	यात्रा	*yā-trā* [5]			यात	**yā-ta*	या	*yā*

1. Un astérisque indique une forme forte remplaçant la forme faible. — 2. Les racines homonymes sont distinguées dans notre lexique par des numéros d'ordre. Nous ne donnons en note que le sens des mots non compris dans le lexique, et autres que des participes. — 3. « Efficace ». — 4. La substitution de *h* à *dh* est un fait exceptionnel. L'étudiant sera toujours averti des faits de ce genre par les notes de la chrestomathie ou par les renvois du lexique. — 5. « Marche ».

	Forme forte		Forme très forte		Forme faible		Racine	
3.	वेद	ved-a			विद्या	vid-yā	विद्	vid 1
	जेतव्य	je-tavya						
	विजय	vi-jay-a			जित	ji-ta	जि	ji
	जय्य	jay-ya						
	अन्वय	anv-ay-a [1]	अध्याय	adhy-āy-a	समन्वित	sam-anv-i-ta	इ	i
	यजन	yaj-ana [2]	याजक	yāj-aka [3]	इज्या	ij-yā [5]	यज्	yaj
			याज्य	yāj-ya [4]				
	प्रयत्न	pra-yat-na			आयत्त	*ā-yat-ta	यत्	yat
	नेत्र	ne-tra	नायक	nāy-aka [6]	नीत	nī-ta	नी	nī
	नय	nay-a						
					प्रिय	priy-a	प्री	prī
					शीत	çī-ta	श्या	çyā
					श्यान	*çyā-na [7]		
4.	रोष	roṣ-a			रुषित	ruṣ-i-ta (96)	रुष्	ruṣ
	श्रोतव्य	çro-tavya						
	श्रव	çrav-a [9]	श्रावक	çrāv-aka [8]	श्रुत	çru-ta	श्रु	çru
	श्रव्य	çrav-ya	श्राव्य	çrāv-ya				
	स्वप्न	svap-na	स्वाप	svāp-a [10]	सुप्त	sup-ta	स्वप्	svap
	श्वसन	çvas-ana [11]	विश्वास	vi-çvās-a	विश्वस्त	*vi-çvas-ta	श्वस्	çvas
			विश्वास्य	vi-çvās-ya				
	भवितव्य	bhavi-tavya						
	अभिभव	abhi-bhav-a	प्रभाव	pra-bhāv-a	संभूत	saṃ-bhū-ta	भू	bhū
	भव्य	bhav-ya	भाव्य	bhāv-ya	भुवन	bhuv-ana		
5.	दर्शन	darç-ana			°दृश	-dṛç-a	दर्श्	darç
	कर्तव्य	kar-tavya	आकार	ā-kār-a	कृत्य	kṛ-tya	कर्	kar 1
	कर	kar-a	कार्य	kār-ya	क्रिया	kr-iyā		
	ग्रहीतव्य	grahī-tavya (95)	ग्राह	grāh-a	गृहीत	gṛhī-ta	ग्रह्	grah
	परिग्रह	pari-grah-a	ग्राह्य	grāh-ya	गृह	gṛh-a		
	तरित्र	tari-tra [12]	तारक	tār-aka [13]	तीर्थ	tīr-tha	तर्	tar
					पुर	pur-a [14]	पर्	par 1
					आशीर्त	ā-çīr-ta	श्रा	çrā [15]
					आशिर्	ā-çir		
					श्रात	*çrā-ta		

1. « Famille », proprement « succession ». — 2. « Action de sacrifier ». — 3. « Prêtre ». — 4. « Celui au profit duquel est célébré le sacrifice ». — 5. « Sacrifice ». — 6. « Conducteur ». — 7. « Sec », proprement « coagulé ». — 8. « Bouddhiste », proprement « disciple ». — 9. « Audition ». — 10. « Sommeil ». — 11. « Vent ». — 12. « Navire ». — 13. « Qui fait traverser, sauveur ». — 14. « Ville ». — 15. « Cuire ».

	Forme forte		Forme très forte		Forme faible		Racine	
6.	कल्प	*kalp-a*			कॢप्त	*kḷp-ta*	कल्प्	*kalp*
7.	शंस	*çaṃs-a*[1]			प्रशस्त	*pra-ças-ta*	शंस्	*çaṃs*
	ग्रन्थ	*granth-a*			ग्रथित	*grathi-ta* (95)	ग्रन्थ्	*granth*
	मन्त्र	*man-tra*	मान मान्य	*mān-a* *mān-ya*	मत	*ma-ta*	मन्	*man*
					व्याहत विघ्न	*vy-ā-ha-ta* *vi-ghn-a* (72)	हन्	*han*
	जनित्र जनन जन्य	*jani-tra* *jan-ana* *jan-ya*	आजान	*ā-jān-a*	जात	*jā-ta*	जन्	*jan*
8.	नियम	*ni-yam-a*	यामक	*yām-aka*[2]	उद्यत	*ud-ya-ta*	यम्	*yam*
	प्रशम	*pra-çam-a*			शान्त	*çān-ta* (59)	शम्	*çam*
			काम काम्य	*kām-a* *kām-ya*	कान्त	*kān-ta*	कम्	*kam*
	क्षमितव्य	*kṣami-tavya*	क्षाम्य	*kṣām-ya*	क्षान्त क्षमा	*kṣān-ta* *kṣam-ā*	क्षम्	*kṣam*

112. — Mots-racines.

Les mots formés uniquement de la racine sans suffixe sont pour la plupart, ou des abstraits féminins, ou des noms d'agent employés seulement à la fin des composés, le plus souvent avec la signification d'un participe présent. Toutes les racines sont susceptibles de ce dernier emploi.

La racine a généralement la forme faible. Ex. Formes faibles consonantiques : दिश् *diç,* « direction, point cardinal » (st. 95) de *diç,* « montrer ». — *vid,* dans le composé धर्मविद् *dharma-vid,* « qui connaît le devoir » (st. 7) de *vid,* « savoir ». — Formes faibles vocaliques : *dhi* dans जलधि *jala-dhi,* « récipient des eaux, océan » (st. 70) de धा *dhā,* « poser ». — धी *dhī,* « sagesse » de ध्या *dhyā,* « réfléchir ». — भू *bhū,* « terre » de *bhū,* « être » (primitivement, au sens actif,

1. Nous rangeons, pour plus de simplicité, dans la catégorie des racines en *n*, toutes les racines renfermant une nasale accommodée à la consonne suivante (59).

2. Nom propre, littéralement « qui refrène ».

«produire», cf. φύω). — *jā* dans प्रजा *pra-jā* «créature, peuple» (st. 41) de जन् *jan (jani)* «engendrer». — *ga* dans दुर्ग *dur-ga,* «impraticable, lieu impraticable» (st. 1) de गम् *gam* «aller».

Les racines terminées sous leur forme forte en *ā* gardent cette forme dans les abstraits féminins. Ex. : *sthā* dans अवस्था *ava-sthā* «situation» (st. 52), de *sthā* «se tenir debout».

Les mêmes racines, et celles dont la forme faible est terminée en *ā, ī, ū* abrègent ordinairement leur voyelle finale à la fin des composés. Ex. : *stha* dans दूरस्थ *dūra-stha,* «qui se tient loin» (st. 20). — *ja* dans पादवेगज *pāda-vega-ja,* littéralement «né de la vitesse des pieds» (st. 96), pour *jā* de *jan (jani).* — *bhu* dans प्रभु *pra-bhu* «maître» de *bhū* «être».

La racine est quelquefois redoublée. Ex. : दरिद्र *daridra* «pauvre» (st. 87) de द्रा *drā* «courir, errer».

Un petit nombre de racines forment un double thème, reproduisant leur forme forte ou très forte et leur forme faible. Ex. : पाद् *pād* et पद् *pad* (forme faible confondue avec la forme forte, v. 91) «pied» de *pad* «aller». D'autres n'ont que la forme très forte. Ex. : *bhāj* dans फलभाज् *phala-bhāj* «qui a les fruits en partage» (st. 99) de भज् *bhaj* «partager».

Les racines terminées sous leur forme faible en *i, u, ṛ,* ne peuvent s'employer à la fin des composés qu'avec un suffixe. Mais nous assimilerons aux mots-racines ceux qui sont formés de racines de ces catégories suivies uniquement du suffixe *t.* Ex. : *bhṛ-t* dans प्राणभृत् *prāṇa-bhṛ-t* «qui porte (qui a) le souffle, être vivant», de भर् *bhar,* «porter».

Peuvent être encore assimilés aux mots-racines les thèmes consonantiques et les thèmes terminés par un *ī,* un *ū* ou une diphthongue, de formation rare, ou sans rapport avec aucune racine verbale connue. L'un de ces derniers a un double thème आप् *āp* et अप् *ap* (ou अद् *ad*) «eau».

113. — Thèmes consonantiques proprement dits.

Suffixe *as.* Il forme principalement des abstraits neutres. Forme forte de la racine. Ex. : चेतस् *cet-as,* «esprit» (st. 3) de चित् *cit,* «penser».

Suffixes *tas, is, us.* Ex. : हविस् *hav-is,* offrande» n. de हु *hu,* «verser, sacrifier».

114. — Thèmes en *n*.

Suffixes *an*, *van*. Forme très forte *ān*, *vān*, faible *a*, *va* devant les consonnes ou à la fin du mot (cf. 89), *n*, *vn* ou *van* (pour éviter l'accumulation des consonnes, cf. 91) devant les voyelles. — Assez rares. Ex. : **राजन्** *rāj-an* « roi » (st. 33) de **राज्** *rāj* « gouverner ». Thème très fort **राजान्** *rājān*, faible **राज** *rāja* et **राज्ञ्** *rājñ* (60).

Suffixe *man*. Forme très forte *mān*, faible *ma* devant les consonnes ou à la fin du mot, *mn* ou *man* (pour éviter l'accumulation des consonnes) devant les voyelles. La racine a la forme forte. Noms d'agent, et surtout abstraits neutres. Ex. : **कर्मन्** *kar-man*, « œuvre » (st. 95) de **कर्** *kar*, « faire ». Thème très fort **कर्मान्** *karmān*, faible **कर्म** *karma* et **कर्मन्** *karman*.

Suffixe *in*. Noms d'agent employés surtout à la fin des composés dans le sens d'un participe présent. Forme très forte de la racine. Ex. : **कारिन्** *kār-in* « qui fait » (st. 95) de **कर्** *kar* « faire ».

115. — Thèmes en *ar*.

Suffixe *tar*. Forme très forte *tār*, faible *tṛ* devant les consonnes, *tr* devant les voyelles. La racine a la forme forte. Ex. : **श्रोतर्** *çrotar* « auditeur » (st. 13), de **श्रु** *çru* « entendre ».

Il faut rapprocher des mots ainsi formés les autres noms en *tar* ou en *ar* dont la plupart sont des noms de parenté, d'origine plus ou moins obscure. En général, ils n'ont pas de forme très forte. Ex. : **पितर्** *pitar* « père », **मातर्** *mātar* « mère ».

116. — Thèmes en *i*, forme forte en *e* *(ay)*.

Suffixe *ti*. Il forme surtout des abstraits féminins. La racine a la forme faible. Ex. : **श्रुति** *çru-ti*, « audition », de **श्रु** *çru*, « entendre ».

Suffixes *i*, *ni*, *ani*, *mi*, *ri*, *vi*. Ex. : **शुचि** *çuc-i*, « pur » (st. 104) de **शुच्** *çuc*, « briller ».

117. — Thèmes en *u*, forme forte en *o* *(av)*.

Suffixe *u*. Il forme surtout des adjectifs. La racine a ordinairement la forme faible. Ex. : **मृदु** *mṛd-u* « doux », (st. 62) de **मर्द्** *mard* « broyer ». Beaucoup de ces adjectifs sont formés du thème du désidératif (262), c'est-à-dire de la racine redoublée et suivie de *s*. Ils ont le sens désidératif. Ex. : **शुश्रूषु** *çuçrūṣ-u*[1] « qui désire entendre, obéissant » de **श्रु** *çru* « entendre ».

1. Sur l'allongement de la voyelle, voir 252.

Suffixes *tu, nu, yu, tyu, ru, tnu, snu.* Ex. : जन्तु *jan-tu,* « créature, être vivant » (st. 44), de जन् *jan,* « engendrer » et « naître ».

Appendice.

118. — Infinitif et gérondif.

L'infinitif et le gérondif sont tirés, en principe, non de thèmes de temps, mais de la racine même des verbes. Ils appartiennent donc de tout point à la formation nominale. Mais d'autre part, ils ne se déclinent pas, comme les participes passés et futurs (111) : ils ont donc été réservés pour cet appendice.

119. — L'infinitif est tiré de la forme forte de la racine avec le suffixe *tum* (accusatif d'un suffixe *tu*). Ex. : छेत्तुम् *chet-tum* (st. 5) de छिद् *chid,* « couper ». — ग्रहीतुम् *grahī-tum* de ग्रह् *grah (grahī),* « saisir ».

120. — Le gérondif est tiré de la forme faible de la racine :

1° Avec le suffixe *tvā,* quand la racine est employée seule ou avec l'*a* privatif. Ex. : कृत्वा *kṛ-tvā,* « ayant fait », अकृत्वा *a-kṛ-tvā,* « n'ayant pas fait », de कर् *kar,* « faire ».

2° Avec le suffixe *ya,* ou *tya* si la racine se termine sous sa forme faible par une voyelle brève, quand la racine est précédée d'un ou de plusieurs préfixes. Ex. : आदाय *ā-dā-ya,* « ayant pris », de दा *dā,* « donner ». — समाश्रित्य *sam-ā-çri-tya,* « s'étant appuyé sur . . », de श्रि *çri,* « s'appuyer ».

Thèmes dérivés.

121. — Dans la dérivation, la voyelle finale des primitifs terminés en *a, ā, i, ī,* tombe devant les suffixes commençant par une voyelle ou par un *y*. Quand le primitif a un double thème, c'est généralement la forme faible qui sert de base au dérivé. Il y a exception pour les thèmes en *o, u,* qui de plus changent *o* en *av* devant *y* comme devant les voyelles (cf. p. 265, note 2). La première voyelle du primitif, simple ou composé, est assez souvent frappée de *vṛddhi*[1], c'est-à-dire qu'elle est renforcée par un *ā* long qui la précède et se combine avec elle d'après les principes de l'eu-

1. Voir p. 261, note 1.

phonie des voyelles, mais sans s'abréger préalablement (contre 31). Les voyelles *a, i, u, ṛ* sont ainsi remplacées par *ā, ai, au, ār*.

122. — La dérivation a le plus souvent pour effet de changer un substantif en adjectif, ou au contraire de changer un adjectif ou un substantif concret en substantif abstrait. Elle sert aussi à former des patronymiques.

123. — Dérivés en *a, ā*.

Suffixe *a*. Ordinairement, *vṛddhi* de la première voyelle du primitif. Ex. : प्राज्ञ *prājñ-a*, « sage » (st. 19), de प्रज्ञा *pra-jñā*, « sagesse ». — शैल *çail-a*, m. « montagne » (st. 45), de शिला *çilā*, « pierre ». — वैर *vair-a*, n. « hostilité » (st. 19), de वीर *vīra*, « héros ». — दैव *daiv-a*, n. « destin » (st. 23), de देव *deva*, « dieu ». — पौर *paur-a*, « citoyen » (st. 55) de पुर *pura*, « ville ». — शौच *çauc-a*, n. « purification » de शुचि *çuci*, « pur ». — आर्जव *ārjav-a*, n. « droiture » (st. 38), de ऋजु *ṛju*, « droit », thème fort *ṛjo* ou *ṛjav*.

Suffixe *ya*. Même formation qu'avec le suffixe *a*, mais très souvent sans *vṛddhi*. Ex. : आतिथ्य *ātith-ya*, n. « hospitalité » (st. 5), de अतिथि *atithi*, « hôte ». — नैराश्य *nairāç-ya*, n. « absence d'espérance » (st. 4), de निराश *nir-āça*, « qui est sans espérance ». — सौख्य *saukh-ya*, n. « bonheur », de सुख *su-kha*, « agréable ». — मनुष्य *manuṣ-ya*, « homme » (st. 6), de मनुस् *manus*, « Manus ou Manu, ancêtre de la race humaine ». — सत्य *sat-ya*, « véridique » de सन्त् *sant*, « étant », forme faible *sat*. — वीर्य *vīr-ya*, n. « héroïsme », de वीर *vīra*, « héros ».

Suffixes *iya, īya, eya*. Ex. : इन्द्रिय *indr-iya*, n. « sens, *primitivement* force pareille à celle d'Indra » (st. 29), de इन्द्र *indra*, « le dieu Indra ».

Suffixe *ka*. Dérivés de même sens que le primitif, assez souvent avec une valeur diminutive, ou péjorative. Ex. : आयुक्तक *āyukta-ka*, « magistrat » (st. 41) de आयुक्त *ā-yukta* (même sens). — शरीरक *çarīra-ka*, n. « corps méprisable », de शरीर *çarīra*, « corps ».

Suffixe *ika*. क्षणिक *kṣaṇ-ika*, « momentané » (st. 34), de क्षण *kṣaṇa*, « instant ». — Avec *vṛddhi* : धार्मिक *dhārm-ika*, « vertueux », de धर्म *dharma*, « vertu ».

Suffixe *tva*. Abstraits neutres. Ex. : सत्त्व *sat-tva*, « valeur » (st. 1) et « être (vivant) » (st. 22, 47), de सन्त् *sant*, « étant » et « bon », thème faible *sat*.

Suffixe *tā*. Abstraits féminins. Ex. : **समता** *sama-tā*, « similitude » (st. 51) de **सम** *sama*, « semblable ».

Suffixes divers : *na, īna, ma, ima, ra, la*, etc. Ex. : **शीतल** *çīta-la*, « froid » (st. 31), de **शीत** *çīta* (même sens).

124. — Suffixes *vant* et *mant*. Forme faible *vat, mat*. Adjectifs exprimant la possession de l'objet ou de la qualité marquée par le primitif. Ex. : **बलवन्त्** *bala-vant*, « fort » (st. 12), de **बल** *bala*, « force ». **बुद्धिमन्त्** *buddhi-mant*, « intelligent » (st. 20), de **बुद्धि** *buddhi*, « intelligence ».

125. — Le suffixe *vant, vat*, ajouté à un participe passé passif en *ta* ou *na* (111), le transforme en un participe passé actif. Ex. : **श्रुतवन्त्** *çruta-vant*, « ayant entendu », de **श्रुत** *çruta*, « entendu ».

126. — Suffixes *in, min, vin*. Ils ont le même emploi que ceux dont il a été question au paragraphe 124. Ex. : **प्राणिन्** *prāṇ-in*, « être vivant » (st. 42), de **प्राण** *prāṇa*, « souffle ». **मनस्विन्** *manas-vin*, « intelligent », de **मनस्** *manas*, « esprit ».

127. — Suffixe *i*. *Vṛddhi* de la première syllabe. Ex. : **सारथि** *sārath-i*, « cocher », de *sa-ratha*, « qui est sur le même char ».

Formation du féminin des adjectifs, participes et noms d'agent.

128. — Les thèmes en *i* ne changent pas au féminin. Ex. : **शुचि** *çuci*, « pur », pour les trois genres.

Les thèmes en *a* font leur féminin par la substitution à l'*a* final d'un *ā* ou d'un *ī*.

Tous les participes en *a* l'ont en *ā*. Ex. : **भार्या** *bhāryā*, « épouse » (st. 58), féminin du participe futur passif **भार्य** *bhārya*, « qui doit être entretenu, nourri », pris substantivement.

Les noms en *aka* font leur féminin en *ikā*. Ex. : **नायिका** *nāy-ikā* « l'héroïne (d'un drame) », féminin de **नायक** *nāy-aka* « le héros », proprement « conducteur ».

Tous les autres thèmes [1] forment leur féminin par l'addition de *ī*. Ex. : **°चारिणी** *-cāriṇ-ī* (st. 54), fém. de **°चारिन्** *-cārin*, « qui va ».

Quand le thème a une double forme, c'est ordinairement la forme faible qui sert de base au féminin. Ex. : **श्रुतवती** *çrutavat-ī*,

1. Ceux en *u* le font aussi, mais beaucoup plus rarement, en *ū*.

fém. de श्रुतवन्त् *çrutavant* « ayant entendu ». — साध्वी *sādhv-ī,* fém. de साधु *sādhu,* « bon ».

Toutefois le féminin des participes présents de la première conjugaison (194) a le plus souvent la forme forte : बोधन्ती *bodhant-ī,* fém. de बोधन्त् *bodhant,* part. prés. de बुध् *budh* « savoir ».

Formation du comparatif et du superlatif des adjectifs.

129. — Le comparatif et le superlatif se forment ordinairement par l'addition des suffixes *tara, tama.* Si l'adjectif a un double thème, le suffixe s'ajoute au thème faible. Ex. : रसवत्तर *rasavat-tara* (st. 90), comparatif, et रसवत्तम *rasavat-tama,* superlatif de रसवन्त् *rasavant,* « succulent, agréable ».

130. — Quelques comparatifs sont en *īyaṃs,* forme forte, *īyāṃs,* forme très forte, *īyas,* forme faible. Les superlatifs correspondants sont en *iṣṭha.* Ex. : पापीयंस् *pāp-īyaṃs,* पापीयांस् *pāp-īyāṃs* et पापीयस् *pāp-īyas,* comparatif; पापिष्ठ *pāp-iṣṭha,* superlatif, de पाप *pāpa,* « mauvais, méchant »[1].

Appendice.

131. — Dérivations adverbiales.

Suffixe *vat.* Le suffixe *vant,* à l'accusatif neutre *vat,* s'ajoute à un mot quelconque dans le sens de « comme », et le mot auquel il est joint peut être construit dans une relation quelconque avec le verbe de la proposition ou le terme qui en tient lieu. Ex. : विषवत् *viṣa-vat,* « comme le poison » (st. 71), ou « comme par le poison », etc., de *viṣa* « poison ».

Suffixe *tas.* Ce suffixe, joint à un mot quelconque, lui donne la fonction de l'ablatif. Ex. : मृत्युतस् *mṛtyu-tas* (st. 44) équivalent à l'ablatif de *mṛtyu,* « mort ». Les formes de ce genre peuvent se prendre adverbialement.

1. Le plus souvent ces comparatifs et superlatifs sont tirés, non d'un thème d'adjectif, par dérivation, mais d'une racine (sous sa forme forte) par formation primaire. Ils ne se rattachent alors que pour le sens à tel ou tel adjectif tiré de la même racine.

CHAPITRE V.

COMPOSITION[1].

132. — Deux ou plusieurs mots simples peuvent se réunir pour former un seul mot composé. La langue sanscrite ayant une faculté illimitée de composition, les composés ne peuvent être tous compris dans les dictionnaires. On n'y relève que ceux qui ont pris un sens spécial. Le sens des autres doit être reconnu d'après la signification des éléments composants.

133. — En principe, les mots entrent en composition sous la forme du thème (sans désinence). La désinence du composé s'ajoute au dernier terme. Les mots placés en composition devant un autre mot y prennent : ceux qui ont un double thème, le thème faible, sous la forme que ce thème doit prendre à la fin du mot (voir 114 pour les thèmes en *n*[2]); les adjectifs, la forme du thème commun au masculin et au neutre, quel que soit le genre du terme qu'ils qualifient.

134. — Toutefois les pronoms démonstratifs, le pronom relatif et le pronom interrogatif, placés en composition devant un autre mot, y prennent la forme de leur accusatif singulier neutre (169, 175, 176, 177), et les pronoms personnels, celle de leur ablatif (singulier ou pluriel).

Composés primitifs.

135. — Nous appelons ainsi les composés de deux termes dont le premier se place simplement devant le second sans en changer la forme ni la fonction.

Exemples. Un substantif précédé d'un adjectif : **अन्तरपूरुष** *antara-pūruṣa,* « âme intérieure » (st. 9).

Un substantif précédé d'un régime, le plus souvent dans la fonction du génitif : **जीवितक्षय** *jīvita-kṣaya,* « diminution de la vie », (st. 6). — **परोपकार** *paropakāra* « service rendu aux autres ».

Un adjectif ou participe précédé d'un régime, dans une fonction quelconque, ou d'un adjectif pris adverbialement : **नृप** *nṛ-pa,* « qui

1. Sur la composition avec les préfixes verbaux, voir 105.

2. Ceux en *in* perdent le *n* final. Cf. la déclinaison de ces thèmes (159).

protège les hommes, roi» (st. 14). — दूरस्थ *dūra-stha,* «qui se tient loin» (st. 20). Par exception, dans certains de ces composés, le premier terme est fléchi [1], par exemple à l'accusatif, et, par analogie, la désinence *m* de l'accusatif est ajoutée quelquefois au premier terme, quelle que soit sa déclinaison ou sa relation avec le second terme : वसुंधरा *vasuṃ-dharā,* «qui porte les trésors, terre».

Un mot quelconque précédé d'une particule qui le modifie, telle que *a* ou *an* privatif, *su,* «bien», etc. : अकुटिल *a-kuṭila,* «non tortueux» (st. 11). — सुस्तम्भ *su-stambha,* «bon poteau» *(ibid.).*

D'après la définition même, ces composés se déclinent exactement comme se déclinerait leur dernier terme.

Composés dérivés.

136. — Nous appelons ainsi les composés de deux termes dont le dernier est un substantif et qui sont eux-mêmes adjectifs par une dérivation le plus souvent virtuelle, quelquefois exprimée par un suffixe *ka, in.*

Exemples. Un substantif précédé d'un adjectif : लघुचेतस् *laghu cetas* (st. 3), signifiant, non pas «âme vile», mais «dont l'âme est vile»; — ou d'un autre substantif en apposition : धर्मशील *dharma-çīla,* signifiant, non pas «habitude qui est la vertu», mais «qui a pour habitude la vertu, vertueux».

Un substantif précédé d'un régime, le plus souvent dans la fonction du génitif. Un thème d'infinitif peut remplacer le substantif : वक्तुकाम *vaktu-kāma* (st. 8), signifiant, non pas «désir de dire», mais «qui a le désir de dire, qui veut dire».

Un substantif précédé d'une particule qui le modifie, telle que *a* privatif, etc. : दुर्बल *dur-bala* (st. 12) signifiant, non pas «mauvaise force», mais «qui a une mauvaise force, faible».

Le composé, étant adjectif, subit, s'il y a lieu, dans sa finale, les modifications nécessaires pour former les thèmes des différents genres. Ainsi une voyelle longue finale s'abrège pour former le thème du masculin et du neutre : भग्नाश *bhagnāça,* «dont l'espérance est brisée» (st. 49), de भग्न *bhagna,* «brisé», et आशा *āçā,* f. «espérance».

1. Il y a des exemples du même fait dans les autres catégories des composés : mais ils y sont plus rares.

C'est au thème ainsi modifié que s'ajoute, le cas échéant, le nouveau suffixe destiné à marquer formellement la dérivation : अन-सूयक *an-asūya-ka,* « qui n'a pas d'envie » (st. 29), de असूया *asūyā,* « envie », précédé de *an* privatif.

Le féminin des composés dérivés se forme du thème commun au masculin et au neutre d'après les règles générales (128).

Les thèmes de chaque genre, une fois formés, suivent dans leur déclinaison l'analogie des thèmes simples terminés par la même finale.

Les composés dérivés peuvent se prendre adverbialement à l'accusatif singulier neutre, comme tout autre adjectif. Ex. : सुखम् *sukham,* « agréablement », de सुख *su-kha,* « agréable », proprement « qui a un bon moyeu, qui roule bien ».

Composés copulatifs.

137. — Ce sont ceux dont les termes, si le composé était dissous, seraient réunis par une conjonction « et, ou ». Les termes ainsi réunis sont quelquefois des adjectifs, beaucoup plus souvent des substantifs. Les composés de substantifs suivent la déclinaison de leur dernier terme, mais au duel ou au pluriel, selon le nombre résultant de l'*addition* des individus exprimés par l'ensemble du composé.

Cependant un composé de deux termes, surtout lorsque ces deux termes expriment des choses qui s'opposent, peut aussi se construire au singulier neutre, quel que soit le genre du dernier terme. Un tel composé peut être comparé aux composés dérivés. Ex. : शुभाशुभम् *çubhāçubham* acc. neutre (st. 51), « le bien et le mal ».

Composés de composés.

138. — Les composés des trois catégories peuvent se combiner de même que les mots simples, soit avec un mot simple, soit avec un autre composé.

Dans la résolution d'un composé de plusieurs termes il faut toujours procéder par la division en deux termes, sauf à diviser de nouveau en deux l'un des résultats de la première division, ou tous les deux, en continuant ainsi jusqu'à la résolution complète. Il n'y a d'exception que pour les composés copulatifs qui peuvent comprendre, comme composés du premier degré, un nombre quelconque de termes.

Ainsi जन्ममृत्युजरादुःख *janma-mṛtyu-jarā-duḥ-kha* (st. 44) se divisera d'abord en *janma-mṛtyu-jarā* et *duḥ-kha*. Puis *duḥ-kha* se divisera en *dus*, particule péjorative, et *kha*, «moyeu». Ce composé est dérivé : «qui a un mauvais moyeu», d'où «qui va mal, désagréable», et substantivement «douleur». Il est d'ailleurs relevé dans les dictionnaires comme ayant pris un sens qui ne sort pas directement de celui des termes composants. Quant au premier composé, *janma-mṛtyu-jarā*, comme il est copulatif, il doit être résolu d'un seul coup en trois termes : «naissance, mort et vieillesse». Le composé total signifie : «douleur de la naissance, de la vieillesse et de la mort».

Appendice.

139. — Parmi les composés primitifs, il faut signaler à part les composés *appositifs*, formés de deux substantifs dont le second désigne par métaphore le même objet que le premier. Ex. : गुणरत्न *guṇa-ratna* (st. 142), «joyau qui est une qualité».

140. — Parmi les composés dérivés, sont dignes de remarques particulières :

1° Ceux dont le second terme est un mot signifiant commencement, fin, mesure, etc., un nom de nombre ordinal, ou un adjectif pronominal pris substantivement. Ex. : इत्यादि *ity-ādi* (st. 142), «qui a son commencement ainsi», équivalent à «ceci, etc.». V. st. 161—163.

141. — 2° Ceux dont le second terme est le nom d'une partie du corps. Ex. : असिहस्त *asi-hasta* «qui a l'épée à la main», proprement «qui a la main (munie, armée) d'une épée».

141 *bis*. — 3° Ceux qui, ayant pour premier terme un nom de nombre, sont pris substantivement, au neutre ou au féminin, dans le sens d'un collectif. Ex. : त्रिलोक *tri-loka* et त्रिलोकी *tri-lok-ī*, proprement «comprenant les trois mondes», et substantivement «l'ensemble des trois mondes», de *tri* «trois» et *loka* «monde».

142. — 4° Enfin, et surtout, ceux dont le second terme est précédé d'une particule qui le régit. Ex. : अत्यन्त *aty-anta* (st. 16) signifiant, non pas «dont la fin est au-delà», mais «qui va au-delà de la fin, excessif» ou «extrême».

Ces composés sont surtout employés adverbialement à l'accusatif neutre. Ex. : यथेष्टम् *yatheṣṭam* (*yathā* « comme » et *iṣṭa* « désiré », pris substantivement), « selon le désir ».

143. — Un composé peut, comme un mot simple, former un nouveau mot par dérivation. Ex. : तुल्यमूर्तिता *tulya-mūrti-tā* (st. 14), « le fait d'avoir une forme semblable ».

144. — Les formes personnelles des verbes, ceux de leurs participes qui sont tirés de thèmes de temps, et même l'infinitif (comme second terme) et le gérondif, bien qu'ils soient tirés directement de la racine, ne peuvent en principe se combiner qu'avec les préfixes. Ces catégories n'entrent pas en composition avec un thème nominal.

Il n'y a d'exception que pour les verbes formés des racines *kar* « faire » et *bhū* « devenir, être ». Dans leur combinaison avec ces verbes, les thèmes nominaux allongent un *i* et un *u* final, et changent un *a* ou un *ā* final en *ī*. V. st. 158.

Les thèmes nominaux peuvent subir les mêmes modifications en composition avec les formes nominales des mêmes racines. Ex. : *svī-karaṇa*, « action de rendre sien », considéré comme le nom d'action du verbe composé *svī-karoti*.

CHAPITRE VI.

DÉCLINAISON DES NOMS.

145. — La déclinaison sanscrite comprend trois nombres, singulier, pluriel et duel [1], et huit cas rangés dans l'ordre suivant :

Nominatif,
Vocatif,
Accusatif,
Instrumental,
Datif,
Ablatif,
Génitif,
Locatif.

1. Le duel n'est jamais remplacé par le pluriel.

146. — Nous composerons la *première déclinaison* des féminins en *ā*, qui correspondent aux féminins en η et α bref ou long du grec, en y ajoutant les féminins dérivés en *ī*, qui correspondent, pour l'origine, aux féminins grecs en ια, (et quelques féminins en *ū*).

La *deuxième déclinaison* comprendra les masculins et neutres en *a* (nominatif *as*, *am*), correspondant aux masculins en ος et aux neutres en ον du grec.

Tous les autres thèmes seront rangés dans la *troisième déclinaison*, à l'exception des thèmes en *ar*, *i*, *u*, (nominatif masc. et fém. *ā*, *is*, *us*), correspondant aux mots en ηρ, ις, υς du grec : ceux-ci formeront un *appendice* analogue à celui dont les grammaires grecques font suivre la troisième déclinaison.

147. — Les substantifs, les adjectifs et les participes de même forme se déclinant de même, nous prendrons pour paradigmes des trois déclinaisons principales les trois genres de deux participes, dont l'un d'ailleurs est tiré directement de la racine et l'autre est dérivé du premier : masc. et n. **श्रुत** *çruta*, « entendu », de **श्रु** *çru*, « entendre » (111), fém. **श्रुता** *çrutā* (128); masc. et n., thème fort **श्रुतवन्त्** *çrutavant*, faible **श्रुतवत्** *çrutavat*, « ayant entendu » (125), fém. **श्रुतवती** *çrutavatī* (128). Les paradigmes de l'Appendice seront formés de thèmes empruntés à la même racine, fort **श्रोतर्** *çrotar*, très fort **श्रोतार्** *çrotār*, faible **श्रोत्र्** *çrotr* et **श्रोतृ** *çrotṛ*, « auditeur » (115); faible **श्रुति** *çruti*, fort **श्रुते** *çrute*, « audition » (116); faible **शुश्रूषु** *çuçrūṣu*, fort **शुश्रूषो** *çuçrūṣo*, « désirant entendre » (v. 262).

148. — Dans la transcription des paradigmes, la séparation du thème et de la désinence ne sera indiquée que dans les cas les plus simples.

149. — L'application des paradigmes de la première et de la seconde déclinaison ne présente aucune difficulté. La troisième déclinaison est plus compliquée. Un supplément au paradigme relèvera les particularités de la déclinaison de certains thèmes. Mais des observations préliminaires sont nécessaires pour l'application du paradigme même.

D'abord il ne comprend qu'un thème masculin et neutre. Les féminins appartenant à la même déclinaison sont très peu nombreux. Ils suivent l'analogie du masculin.

Certains thèmes ont une forme unique : il suffit d'ajouter à cette forme les désinences, qui, dans la transcription du paradigme de la troisième déclinaison, ont pu être toutes détachées du thème.

Le thème choisi a une double forme, forte et faible. Comme on le verra par le paradigme, le thème fort ne sort pas des trois premiers cas, nominatif, vocatif, accusatif. Encore le neutre ne l'a-t-il qu'au pluriel. Au masculin même, l'accusatif pluriel a le thème faible. Les cas formés du thème fort sont appelés *cas forts*, les autres *cas faibles* [1].

D'autres thèmes ont une triple forme, forte, très forte et faible. Le thème fort est alors réservé au vocatif, et quelquefois étendu au locatif; le thème très fort appartient aux cas forts autres que le vocatif. Ex. : Voc. sing. masc. *rājan* (114), acc. *rājān-am*, instr. *rājñ-ā*, instr. pl. *rāja-bhis*. Nom. voc. acc. sing. neutre *karma* (114), pluriel *karmāṇ-i* (61).

On verra dans l'étude de la conjugaison (234) que le participe parfait actif a, outre sa forme forte en *vaṃs*, sa forme très forte en *vāṃs*, et sa forme faible en *uṣ*, une forme inorganique en *vat :* cette dernière remplace la forme faible aux cas faibles sans désinence (nom. voc. acc. sing. neutre), et à ceux dont la désinence commence par une consonne.

Notre thème fort *çrutavant*, se terminant par deux consonnes, en perd une (35) aux cas sans désinence (nom. et voc. sing. masc.), en allongeant la voyelle précédente au nominatif, et le thème faible *çrutavat* change sont *t* en *d* devant les désinences commençant par la sonore *bh*. De même les thèmes *bubudhvaṃs* et *bubudhvāṃs*, du participe parfait de *budh*, feront au vocatif et au nominatif masculin singulier, *bubudhvan* et *bubudhvān*, la nasale du suffixe reprenant la forme *n* quand elle n'est plus suivie de *s*. Même observation pour les thèmes de comparatif en *īyaṃs*, *īyāṃs* (130). D'autres thèmes subiront, soit aux cas sans désinence, soit devant les diverses désinences consonantiques, des modifications diverses enseignées au chapitre de l'euphonie (35 et suiv.).

1. Cette distinction n'est pas applicable aux mots en *i* et en *u* (voir l'Appendice), où la distribution du thème fort et du thème faible est toute différente.

150. — *Féminins en ā.*
Thème *çru-tā* « entendue ».

	Singulier.	*Pluriel.*
N.	श्रुता *çrutā*	} श्रुतास् *çrutās*
V.	श्रुते *çrute*	
Acc.	श्रुताम् *çrutā-m*	
I.	श्रुतया *çrutayā*	श्रुताभिस् *çrutā-bhis*
D.	श्रुतायै *çrutāyai*	} श्रुताभ्यस् *çrutā-bhyas*
Ab. }	श्रुतायास् *çrutāyās*	
G. }		श्रुतानाम् *çrutānām*
L.	श्रुतायाम् *çrutāyām*	श्रुतासु *çrutā-su*

Duel.

N. V. Acc. श्रुते *çrute* G. L. श्रुतयोस् *çrutayos*
I. D. Ab. श्रुताभ्याम् *çrutā-bhyām*

152. — Les féminins polysyllabiques en *ū* suivent l'analogie de
en *y*. De plus, le nom. sing. a la désinence *s*. Ex. : *vadhū* « femme »,
153. — Les féminins monosyllabiques en *ī*, *ū* suivent la troi-

DEUXIÈME DÉCLINAISON.

154. — *Masculins et neutres en a.*
Thème *çru-ta* « entendu ».

	Singulier.	*Pluriel.*	
N.	M. श्रुतस् *çruta-s* N. श्रुतम् *çruta-m*	} M. श्रुतास् *çrutās*	} N. श्रुतानि *çrutāni*
V.	M. N. श्रुत *çruta*		
Acc.	श्रुतम् *çruta-m*	M. श्रुतान् *çrutān*	
I.	श्रुतेन *çrutena*	M. N. श्रुतैस् *çrutais*	
D.	श्रुताय *çrutāya*	} श्रुतेभ्यस् *çrutebhyas*	
Ab.	श्रुताद् *çrutād*		
G.	श्रुतस्य *çruta-sya*	श्रुतानाम् *çrutānām*	
L.	श्रुते *çrute*	श्रुतेषु *çruteṣu*	

Duel.

N. V. Acc. M. श्रुतौ *çrutau* N. श्रुते *çrute* G. L. M. N. श्रुतयोस् *çrutayos*
I. D. Ab. M. N. श्रुताभ्याम् *çrutābhyām*

DÉCLINAISON.

151. — *Féminins dérivés en ī.*

Thème *çruta-vat-ī* « ayant entendu ».

	Singulier.	*Pluriel.*
N.	श्रुतवती *çrutavatī*	N. V. श्रुतवत्यस् *çrutavaty-as*
V.	श्रुतवति *çrutavati*	
Acc.	श्रुतवतीम् *çrutavatī-m*	श्रुतवतीस् *çrutavatīs*
I.	श्रुतवत्या *çrutavaty-ā*	श्रुतवतीभिस् *çrutavatī-bhis*
D.	श्रुतवत्यै *çrutavaty-ai*	D. Ab. श्रुतवतीभ्यस् *çrutavatī-bhyas*
Ab. G.	श्रुतवत्यास् *çrutavaty-ās*	
G.		श्रुतवतीनाम् *çrutavatīnām*
L.	श्रुतवत्याम् *çrutavaty-ām*	श्रुतवतीषु *çrutavatī-ṣu*

Duel.

N. V. Acc. श्रुतवत्यौ *çrutavaty-au* G. L. श्रुतवत्योस् *çrutavaty-os*
I. D. Ab. °तीभ्याम् *çrutavatī-bhyām*

çrutavatī, en changeant *ū* en *v* dans les conditions où *ī* se change nom. s. *vadhū-s,* voc. *vadhu,* acc. *vadhū-m,* instr. *vadhv-ā,* etc. sième déclinaison (156).

TROISIÈME DÉCLINAISON.

155. — *Terminaisons diverses.*

Thème masc. et neut., fort *çruta-vant,* faible *çruta-vat,* « ayant entendu ».

	Singulier.		*Pluriel.*	
N.	M. °वान् *çruta-vān*	N. V. Acc. N. °वत् *çru-tavat*	N. V. M. °वन्तस् *çruta-vant-as*	N. V. Acc. N. °न्ति *çrutavant-i*
V.	M. °वन् *çrutavan*			
Acc.	M. °वन्तम् *çruta-vant-am*		M. °वतस् *çrutavat-as*	
I.	M. N. श्रुतवता *çrutavat-ā*		M. N. श्रुतवद्भिस् *çrutavad-bhis*	
D.	श्रुतवते *çrutavat-e*		D. Ab. श्रुतवद्भ्यस् *çrutavad-bhyas*	
Ab. G.	श्रुतवतस् *çrutavat-as*			
G.			श्रुतवताम् *çrutavat-ām*	
L.	श्रुतवति *çrutavat-i*		श्रुतवत्सु *çrutavat-su*	

Duel.

N. V. Ac. M. °न्तौ *çruta-vant-au* N. °ती *çruta-vat-ī* G. L. M. N. श्रुतवतोस् *çrutavat-os*
I. D. Ab. M. N. °द्भ्याम् *çrutavad-bhyām*

Supplément a la troisième déclinaison.

156. — *Thèmes vocaliques.* Les monosyllabes fém. en *ī, ū* ont la désinence *s* au nom. et au voc. sing. et décomposent leur finale en *iy, uv* devant les voyelles. Ex. : *dhī* (112), nom. *dhī-s,* acc. *dhiy-am,* etc. Ils peuvent en outre suivre l'analogie des thèmes en *ī* aux dat., ab. gén., loc. sing., et gén. pl. : *dhiy-ai, dhiy-ās, dhiy-ām, dhīnām.*

157. — *Thèmes consonantiques.* L'allongement de la dernière voyelle au nom. masc. sing. est particulier aux thèmes en *vant, mant* et *as* (*su-çravās,* nom. m. de *su-çravas.* « qui a une belle gloire »). Les autres thèmes dont la dernière voyelle est brève n'en changent pas la quantité (voir pourtant 159). Ex. : *bodhan,* nom. m. sing. du thème *bodhant* (194).

158. — Les thèmes neutres qui n'ont pas déjà une nasale avant la consonne finale en prennent une au nom. voc. acc. pl. Ceux en *as, is, us* allongent en outre la voyelle précédente. Ex. : *çravāṃs-i* de *çrav-as* « gloire ».

159. — Thèmes en *n.* Les masculins en *an, van, man* perdent le *n* de la forme très forte en *ān* (114) au nom. sing., ex. : *rājā.* — Les thèmes en *in,* par analogie avec les thèmes en *an,* font le nom. m. sing. en *ī,* le nom. voc. acc. pl. neutre en *īn-i,* et sont sans *n* devant les désinences consonantiques et à la fin du mot (excepté au voc. m. s.). Ex. : *çrāv-in* « écoutant », nom. m. sing. *çrāvī,* n. *çrāvi,* nom. voc. acc. pl. n. *çrāvīn-i,* instr. pl. *çrāvi-bhis.*

Appendice.

Terminaison ar.

160. — Masc., fort *çro-tar,* très fort *çro-tār,* faible *çro-tṛ* et *çro-tr* « auditeur ».

	Singulier.	*Pluriel.*
N.	श्रोता *çrotā*	श्रोतारस् *çrotār-as* (N. V.)
V.	श्रोतर् *çrotar*	
Acc.	श्रोतारम् *çrotār-am*	श्रोतॄन् *çrotṝn*
I.	श्रोत्रा *çrotr-ā*	श्रोतृभिस् *çrotṛ-bhis*
D.	श्रोत्रे *çrotr-e*	श्रोतृभ्यस् *çrotṛ-bhyas* (D. Ab.)
Ab.	श्रोतुर् *çrotur* (Ab. G.)	
G.		श्रोतॄणाम् *çrotṝṇām*
L.	श्रोतरि *çrotar-i*	श्रोतृषु *çrotṛ-ṣu*

Duel.

N. V. Acc. श्रोतारौ *çrotār-au* G. L. श्रोत्रोस् *çrotr-os*
I. D. Ab. श्रोतृभ्याम् *çrotṛ-bhyām*

161. — Les noms de parenté masculins et féminins se déclinent de même. Mais la plupart n'ont que le thème simplement fort, là où les noms d'agent ont le thème très fort, *pitaram, mātaram,* etc. (115). Un féminin, comme *mātar,* fait à l'acc. pl. *mātṝs.* — Le neutre des noms d'agent est très peu usité. Il suit l'analogie des neutres en *i* et en *u.*

Terminaison i.

162. — Fém., faible *çru-ti,* fort *çru-te, çru-tay* « audition ».

	Singulier.	*Pluriel.*
N.	श्रुतिस् *çruti-s*	श्रुतयस् *çrutay-as* (N. V.)
V.	श्रुते *çrute*	
Acc.	श्रुतिम् *çruti-m*	श्रुतीस् *çrutīs*
I.	श्रुत्या *çruty-ā*	श्रुतिभिस् *çruti-bhis*
D.	श्रुतये *çrutay-e*	श्रुतिभ्यस् *çruti-bhyas* (D. Ab.)
Ab.	श्रुतेस् *çrutes* (Ab. G.)	
G.		श्रुतीनाम् *çrutīnām*
L.	श्रुतौ *çrutau*	श्रुतिषु *çruti-ṣu*

Duel.

N. V. Acc. श्रुती *çrutī* — G. L. श्रुत्योस् *çruty-os*

I. D. Ab. श्रुतिभ्याम् *çruti-bhyām*

163. — Un masculin tel que *agni* « feu » se déclinera de même, excepté à l'instr. sing. *agni-n-ā,* et à l'acc. pl. *agnīn.* Cf. la déclinaison de *çuçrūṣu.*

164. — Les féminins peuvent en outre suivre aux dat., ab. gén. et loc. sing. l'analogie des thèmes en *ī* (151) : *çruty-ai, çruty-ās, çruty-ām.*

165. — Un neutre tel que *vāri* « eau » se décline exactement comme s'il était en *in* (159), excepté au gén. pl. *vārīṇām,* avec l'*ī* long, comme *çrutīnām.*

Terminaison u.

166. — Masc., faible *çuçrūṣ-u,* fort *çuçrūṣ-o çuçrūṣ-av* « désirant entendre ».

	Singulier.	*Pluriel.*
N.	शुश्रूषुस् *çuçrūṣu-s*	शुश्रूषवस् *çuçrūṣav-as* (N. V.)
V.	शुश्रूषो *çuçrūṣo*	
Acc.	शुश्रूषुम् *çuçrūṣu-m*	शुश्रूषून् *çuçrūṣūn*
I.	शुश्रूषुणा *çuçrūṣu-ṇ-ā*	शुश्रूषुभिस् *çuçrūṣu-bhis*
D.	शुश्रूषवे *çuçrūṣav-e*	शुश्रूषुभ्यस् *çuçrūṣu-bhyas* (D. Ab.)
Ab.	शुश्रूषोस् *çuçrūṣos* (Ab. G.)	
G.		शुश्रूषूणाम् *çuçrūṣūṇām*
L.	शुश्रूषौ *çuçrūṣau*	शुश्रूषुषु *çuçrūṣu-ṣu*

Duel.

N. V. Acc. शुश्रूषू *çuçrūṣū* — G. L. शुश्रूष्वोस् *çuçrūṣv-os*

I. D. Ab. शुश्रूषुभ्याम् *çuçrūṣu-bhyām*

167. — Un féminin tel que *dhenu* « vache » se déclinera de même, excepté à l'instr. sing. *dhenv-ā,* et à l'acc. pl. *dhenūs.* Cf. *çruti.* Il pourra aussi suivre aux dat., ab. gén. et loc. sing. l'analogie des thèmes en *ī* et en *ū* (151 et 152).

168. — Un neutre tel que *madhu* « miel » suivra entièrement l'analogie des neutres en *i,* c'est-à-dire que, excepté au gén. pl. *madhūnām,* il suivra la troisième déclinaison avec addition de *n* devant les désinences vocaliques et allongement de *u* au nom. voc. acc. pl. : *madhūni.*

CHAPITRE VII.

PRONOMS.

Pronoms et adjectifs pronominaux relatifs, interrogatifs, démonstratifs et indéfinis.

169. — Déclinaison du pronom et adjectif relatif, thème masculin et neutre य *ya*[1], féminin या *yā*. Les formes différentes de celles de la déclinaison des noms en *a*, *ā*, sont seules transcrites.

Singulier.

	Masculin et Neutre		Féminin
N.	M. यस्	N. यद् *yad* (N. Acc.)	या
Acc.	M. यम्		याम्
I.	येन		यया
D	यस्मै *yasmai*		यस्यै *yasyai*
Ab.	यस्माद् *yasmād*		यस्यास् *yasyās* (Ab. G.)
G.	यस्य		
L.	यस्मिन् *yasmin*		यस्याम् *yasyām*

Pluriel.

	Masculin et Neutre		Féminin
N.	M. ये *ye*	N. यानि (N. Acc.)	यास्
Acc.	M. यान्		यास्
I.	यैस्		याभिस्
D. Ab.	येभ्यस्		याभ्यस्
G.	येषाम् *yeṣām*		यासाम् *yāsām*
L.	येषु		यासु

Duel.

	Masculin et Neutre		Féminin
N. Acc.	M. यौ	N. ये	ये
I. D. Ab.	याभ्याम्		याभ्याम्
G. L.	ययोस्		ययोस्

1. Ce n'est pas ce thème, mais bien la forme du nom. acc. sing. neutre, qui entre en composition avec les thèmes nominaux (134).

170. — Ainsi se déclinent : यतर *ya-tara,* « qui » (en parlant de deux), यतम *ya-tama,* « qui » (en parlant de plusieurs), comparatif et superlatif du même thème relatif *ya;* कतर *ka-tara,* « qui? » (en parlant de deux) et कतम *ka-tama* « qui? » (en parlant de plusieurs), comparatif et superlatif du thème interrogatif *ka* (175); इतर *i-tara,* « autre », comparatif du thème démonstratif *i* (176, 3°); अन्य *anya,* « autre », अन्यतर *anya-tara,* « autre » (en parlant de deux), comparatif du précédent; — et les féminins correspondants en *ā.*

171. — On ne trouve que quelques cas, d'ailleurs parfaitement réguliers, d'un thème démonstratif एन *ena,* एना *enā,* employé surtout comme pronom de la 3e personne. Les plus usités sont les accusatifs sing. masc. et fém. एनम् *enaṁ,* एनाम् *enām.*

172. — Même déclinaison encore pour le pronom et adjectif démonstratif, servant aussi de pronom de la troisième personne, dont le thème est त *ta* pour le masculin et le neutre, ता *tā* pour le féminin. Le nom. acc. sing. neutre est régulièrement तद् *tad*[1]. Seulement, au nom. sing. masculin et féminin, le thème *ta, tā,* fait place à un thème स *sa,* सा *sā,* et le nom. masculin सस् *sas,* perd sa désinence devant les consonnes, contre les lois euphoniques ordinaires, et se réduit à स *sa.* Les trois nominatifs *sa, sā, tad* sont identiques à ceux de l'article grec, ὁ, ἡ, τό.

173. — Les thèmes *sa, sā, ta, tā,* combinés avec un *e,* donnent un autre pronom et adjectif démonstratif, exprimant le voisinage, qui se décline exactement comme le précédent : nom. एषस् *eṣas* et एष *eṣa,* एतद् *etad,* एषा *eṣā;* acc. एतम् *etam,* एतद् *etad,* एताम् *etām,* etc.

174. — Les pronoms et adjectifs indéfinis ou numéraux सर्व *sarva,* « *omnis* et *totus* », विश्व *viçva* (mêmes sens), एक *eka,* « un », et leurs féminins en *ā,* suivent le paradigme *ya, yā,* excepté au nom. acc. sing. neutre qui est en *m* comme dans les noms : सर्वम् *sarvam,* विश्वम् *viçvam,* एकम् *ekam.* D'autres adjectifs tels que पर *para,* « autre », पूर्व *pūrva* « premier, antérieur », etc., ont, tantôt la même déclinaison, tantôt la déclinaison nominale.

175. — Le pronom et adjectif interrogatif क *ka,* का *kā,* suit aussi le paradigme *ya, yā,* excepté au nom. acc. s. n. : ce cas est tiré

1. Remplaçant le thème en composition.

d'un thème en *i*, *ki*, ce qui ne l'empêche pas de prendre la désinence *m* : किम् *kim* [1].

176. — Un thème démonstratif, exprimant ordinairement le voisinage, masculin et neutre अ *a*, féminin आ *ā*, suit encore le paradigme donné plus haut. Mais il n'a que le datif, l'ablatif, le génitif et le locatif singulier, अस्मै *asmai*, अस्यै *asyai*, etc., les mêmes cas du pluriel, plus l'instrumental qui d'ailleurs est एभिस् *ebhis* (cf. *ebhyas*), au masculin et au neutre, au lieu de *ais*, et l'instr. dat. abl. duel. Les autres cas sont suppléés par les thèmes suivants :

1° Le thème masc. et n. इम *ima*, féminin इमा *imā*, qui forme, toujours d'après le même paradigme, l'acc. sing. masc. et fém., le nom. et l'acc. pl. et duel des trois genres : इमम् *imam*, इमाम् *imām*, इमे *ime*, etc.

2° Le thème masc. et n. अन *ana*, fém. अना *anā*, qui forme non moins régulièrement l'instr. sing. et le gén. loc. duel : अनेन *anena*, अनया *anayā*, अनयोस् *anayos*.

3° Le thème इ *i*, forme forte अय् *ay*, qui donne avec des désinences nouvelles le nom. sing. masc. अयम् *ayam*, le nom. acc. sing. n. इदम् *idam*, et le nom. sing. fém. इयम् *iyam*.

177. — Le pronom et adjectif démonstratif exprimant l'éloignement a pour thème masculin et neutre अमु *amu*, pour thème féminin अमू *amū*. Il suit la déclinaison de *ya*, *yā*, présentant l'*u* en regard de l'*a*, l'*ū* en regard de l'*ā* (avec la substitution euphonique du *ṣ* au *s*, ex. : अमुष्मै *amuṣmai*, अमुष्यै *amuṣyai*), excepté aux cas suivants :

1° Le masculin présente les formes particulières à la déclinaison des noms en *u* à l'instr. sing. अमुना *amunā*, et au nom. acc. duel अमू *amū*. Cette dernière forme est étendue au neutre et au féminin.

2° Le nom. masc. pl. a la forme अमी *amī*, qui se retrouve, en regard de *ye*, et de *e* (176), comme thème des cas du pluriel communs au masculin et au neutre (*amībhis*, *amībhyas*, etc.).

3° Au singulier, le nom. masc. et féminin est असौ *asau*, le nom. acc. n. अदस् *adas*.

Pronoms personnels.

178. — Nous donnons les paradigmes des pronoms de la première et de la seconde personne en regard l'un de l'autre, en les

1. Remplaçant également le thème en composition.

disposant de façon à distinguer dans chaque nombre les thèmes complétement différents et les formes enclitiques.

Singulier.

	1e Personne :	Formes enclitiques	2e Personne :	Formes enclitiques
N.	अहम् *aham*		त्वम् *tvam*	
Acc.	माम् *mām*	मा *mā*	त्वाम् *tvām*	त्वा *tvā*
I.	मया *mayā*		त्वया *tvayā*	
D.	मह्यम् *mahyam*	मे *me*	तुभ्यम् *tubhyam*	ते *te*
Ab.	मद् *mad*		त्वद् *tvad*	
G.	मम *mama*	मे *me*	तव *tava*	ते *te*
L.	मयि *mayi*		त्वयि *tvayi*	

Pluriel.

N.	वयम् *vayam*		यूयम् *yūyam*	
Acc.	अस्मान् *asmān*	नस् *nas*	युष्मान् *yuṣmān*	वस् *vas*
I.	अस्माभिस् *asmābhis*		युष्माभिस् *yuṣmābhis*	
D.	अस्मभ्यम् *asmabhyam*	नस् *nas*	युष्मभ्यम् *yuṣmabhyam*	वस् *vas*
Ab.	अस्मद् *asmad*		युष्मद् *yuṣmad*	
G.	अस्माकम् *asmākam*	नस् *nas*	युष्माकम् *yuṣmākam*	वस् *vas*
L.	अस्मासु *asmāsu*		युष्मासु *yuṣmāsu*	

Duel.

N. Acc.	आवाम् *āvām*		युवाम् *yuvām*	
I. D. Ab.	आवाभ्याम् *āvābhyām*		युवाभ्याम् *yuvābhyām*	
G. L.	आवयोस् *āvayos*		युवयोस् *yuvayos*	
(A. D. G.)		नौ *nau*		वाम् *vām*

179. — Pour la 3e personne (cf. 171 et 172), le seul pronom assimilable par sa forme aux pronoms de la 1e et de la 2e est **स्वयम्**, *svayam*, proprement un nom. sing. signifiant « lui-même » ou « elle-même ». Cette forme invariable est d'ailleurs employée pour toutes les personnes et pour tous les nombres, et même pour différents

cas, comme pronom emphatique. Elle est tirée d'un thème *sva,* qui est employé comme pronom possessif. Voir le paragraphe suivant.

Adjectifs possessifs, primitifs et dérivés.

180. — Le thème स्व *sva* (lat. suus) est employé comme adjectif possessif *commun à toutes les personnes.*

Les pronoms possessifs distincts, assez peu usités d'ailleurs, sont tirés avec un suffixe *īya* des formes des pronoms qui remplacent le thème en composition (134), c'est-à-dire de l'ablatif, soit singulier, soit pluriel, des pronoms personnels, et du nom. acc. neutre des pronoms démonstratifs et du relatif. Ex. : मदीय *mad-īya,* « mien », तदीय *tad-īya,* « appartenant à celui-ci ». Le thème *sva,* en tant que thème du pronom emphatique (179), forme lui-même un dérivé स्वीय *sv-īya* « appartenant à soi-même, propre ».

Les génitifs *mama, tava,* forment aussi avec un suffixe *ka* et avec *vṛddhi* de la première voyelle, मामक *māmaka,* « mien », तावक *tāvaka,* « tien ».

Tous ces mots suivent la déclinaison des noms. Cependant le thème *sva* présente quelques formes analogues à celles du paradigme *ya, yā.*

Autres dérivés de thèmes pronominaux et de particules.

181. — Les thèmes pronominaux et les particules forment certains dérivés employés comme adjectifs ou comme adverbes.

Dérivés adjectifs. — Ils sont formés :

1e Avec des suffixes de dérivation pareils à ceux qui sont usités pour les noms. Ex. : एतावन्त् *etā-vant,* thème faible एतावत् *etā-vat,* « tel ». Comme on le voit par cet exemple, le thème pronominal en *a* s'allonge en *ā* devant le suffixe *vant.* Les mots ainsi formés peuvent, à l'accusatif neutre en *vat,* former des adverbes et des conjonctions : तावत् *tāvat,* corrélatif de यावत् *yāvat,* « pendant.... que, tant.... que ». — उत्तम *ut-tama,* superlatif signifiant « le plus haut, suprême », de उद् « en haut ». Ce mot, et quelques autres du même genre, suivent à certains cas la déclinaison de *ya, yā.* On peut ranger dans la catégorie des dérivés de thèmes pronominaux les noms de nombre ordinaux formés de noms de nombre cardinaux avec le suffixe de superlatif *tama,* comme शततम *çata-tama,* « centième » de शत *çata,* « cent »[1].

2° Avec des suffixes spéciaux, tels que *tana, tya.* Ex. : सनातन *sanā-tana* « éternel » (st. 22, v. le Lexique). — नित्य *ni-tya,* même sens, de la particule नि *ni.*

Dérivés adverbiaux. — Les thèmes pronominaux (et les thèmes nominaux de fonction analogue) forment, selon leur sens, des adverbes ou des conjonctions avec les suffixes suivants.

Suffixe *tas.* Adverbes et conjonctions répondant à la question *unde.* Ex. : ततस् *ta-tas,* « de là ». — यतस् *ya-tas,* « d'où » (conjonction). Le thème interrogatif a ici la forme *ku:* कुतस् *ku-tas,* « d'où ? ». — Les ablatifs des pronoms personnels (servant de thème en composition) peuvent aussi prendre le sufffixe *tas* par un véritable pléonasme. Ex. : मत्तस् *mat-tas,* même sens que *mad.*

Suffixe *tra.* Adverbes et conjonctions répondant à la question *ubi.* Ex. : तत्र « *ta-tra,* là » (st. 13). — यत्र *ya-tra,* « où » (conjonction, st. 13). — Même observation sur le thème interrogatif : कुत्र *ku-tra,* « où ? ».

Suffixe *tād.* Il s'ajoute à des adverbes de lieu sans en changer le sens. Ex. : अधस्ताद् *adhas-tād,* « en bas » (st. 36), de अधस् *adhas,* même sens.

Suffixes *thā, tham.* Adverbes et conjonctions de manière. Ex. : तथा *ta-thā,* « ainsi ». — यथा *ya-thā,* « comme ». — कथम् *ka-tham,* « comment ? ».

Suffixe *dā.* Adverbes et conjonctions de temps. Ex. : तदा *ta-dā,* « alors ». — यदा *ya-dā,* « quand » (conjonction). — कदा *ka-dā,* « quand ? ».

Suffixe *dhā.* Adverbes marquant la répétition. Ex. : बहुधा *bahu-dhā,* « beaucoup de fois » (st. 130), de बहु *bahu,* « nombreux ».

Suffixe *ças.* Adverbes marquant la distribution. Ex. : शतशस् *çata-ças,* « par centaines », de *çata,* « cent ».

Différents cas des pronoms démonstratifs, relatifs, interrogatifs, particulièrement l'accusatif et l'ablatif singulier, font aussi fonction d'adverbes ou de conjonctions.

1. Pour les autres noms de nombre ordinaux, et pour les nombres cardinaux, voir le Lexique.

CHAPITRE VIII.

Formation et conjugaison des verbes.

182. — Le sanscrit a trois voix, l'actif, le moyen et le passif, sans compter le causal qui peut passer pour une quatrième voix, et deux catégories spéciales, le désidératif et l'intensif. Les verbes tirés de noms, ou dénominatifs, forment une dernière catégorie. Nous ne nous occuperons d'abord que de l'*actif*, du *moyen* et du *passif*.

183. — Le moyen se distingue de l'actif par des désinences spéciales, comme en grec : λύω, λύο-μαι; ἔλυο-ν, ἐλυό-μην; λύσω, λύσο-μαι, etc. Le passif a, comme en grec, les désinences du moyen, et ne diffère de lui (par le thème) que dans certains temps, toujours comme en grec. Seulement les temps où le passif et le moyen se confondent ne sont pas tous les mêmes dans les deux langues.

184. — Les temps sont le *présent*, le *futur* et le *passé*. Le passé est exprimé par trois catégories de formes, qui s'emploient indifféremment, mais qui correspondent aux formes de l'*imparfait*, des *aoristes* et du *parfait* grecs. Nous leur donnerons les mêmes noms pour rappeler cette parenté morphologique.

185. — L'*imparfait* présente, comme en grec, les mêmes particularités de formation que le présent : λύω, ἔλυον; λαμβάνω, ἐλάμβανον, etc. Ces particularités se retrouvent encore dans deux modes, l'*impératif* et l'*optatif*, correspondant à l'impératif et à l'optatif du présent en grec, et dans le *participe présent*.

Nous donnerons à l'ensemble de ces catégories le nom de *système du présent*, et nous laisserons d'abord de côté les autres temps pour étudier le système du présent dans les trois voix et dans les différents verbes.

Système du présent.

186. — En ce qui concerne les voix, on verra que les catégories composant le système du présent sont précisément celles où le sanscrit, à la différence du grec, distingue le passif du moyen.

187. — Les différents verbes se ramènent tous à deux conju-

gaisons, correspondant à la conjugaison en ω [1] et à la conjugaison en μι du grec. Nous les désignerons par les noms de *première* et *deuxième conjugaison*. Cette distinction ne s'appliquera pas au passif qui se forme de même dans tous les verbes (210). Ajoutons qu'une même racine peut former de différentes manières son thème de présent actif et moyen.

Formation des thèmes de la Première conjugaison.

188. — Ces thèmes sont formés au moyen de suffixes terminés en *ā, a,* correspondant aux suffixes grecs terminés en ο, ε, φέρ-ο-μεν, φέρ-ε-τε; λαμβ-άνο-μεν, λαμβ-άνε-τε. A l'ε grec correspond, comme on le verra, l'*a*, à l'ο (ou ω), l'*ā*, quand la voyelle termine la syllabe (cf. 3 et 97), c'est-à-dire quand elle n'est pas suivie de deux consonnes ou d'une consonne *finale*. Dans le cas contraire, l'ο grec est représenté en sanscrit par *a,* aussi bien que l'ε.

189. — Les suffixes sont, sous la forme terminée en *a* bref : *a, ya* (ou *iya,* cf. 210) et *cha* (*ccha,* v. 83), le dernier peu usité. Ils s'ajoutent à la forme faible de la racine, à l'exception du suffixe *a* qui s'ajoute, tantôt à la forme faible, tantôt, et beaucoup plus souvent, à la forme forte [2]. Les thèmes tirés de la forme forte de la racine avec le suffixe *a* sont les plus nombreux de toute la première conjugaison. Ex. : *bodh-a* de *budh,* « savoir » (πεύθ-ο-μαι); *viç-a* de *viç,* « entrer » ; *kup-ya* de *kup,* « être irrité » (lat. cup-io), *ga-ccha* de *gam,* « aller » (βά-σκω).

Pour quelques autres thèmes suivant aussi la première conjugaison, voir ci-dessous, paragraphe 209.

190. — Le thème ainsi formé est celui du présent.

191. — L'imparfait a le même thème précédé de l'augment *a* [3] (grec ε) : *a-bodha, a-viça, a-kupya, a-gaccha.*

1. A cela près que les verbes sanscrits ont tous la désinence *mi* à la 1ᵉ pers. sing. ind. prés. act.

2. La racine suivie du suffixe *a* a la forme forte quand elle est accentuée, et la forme faible quand elle laisse l'accent au suffixe.

3. Quand le thème commence par une voyelle, l'augment est *ā* et ne s'abrège pas dans sa combinaison avec cette voyelle (contre 31). Ex. : *aikṣa-ta,* 3ᵉ s. imparf. moy. de la racine anomale *īkṣ,* 3ᵉ s. prés. *īkṣa-te.* — L'augment prend toujours l'accent.

192. — L'impératif a le même thème que le présent. Toutefois, aux premières personnes des trois nombres, l'*ā* long du thème, *bodhā, viçā, kupyā, gacchā,* correspond, non à un ο, mais à un ω du grec. Car ces premières personnes sont en réalité des restes de l'ancien subjonctif dont la conjugaison complète ne s'est conservée que dans la langue védique. Cf. en grec λύω, λύω-μεν, λύω-μαι, etc., tenant lieu des premières personnes manquant à l'impératif, à côté de λύε, λύε-τε, etc.

193. — Le thème de l'optatif a pour base le thème du présent en *a*, auquel il ajoute un *ī* (cf. 207) qui se combine avec l'*a* final en *e* (grec οι) : *bodhe, viçe, kupye, gacche.*

194. — Le participe présent se forme du thème du présent en *a*, par l'addition du suffixe *nt* à l'actif, *bodha-nt, viça-nt, kupya-nt, gaccha-nt*, et *māna* au moyen, *bodha-māna, viça-māna, kupya-māna, gaccha-māna.*

Le participe présent actif, traitant l'*a* du thème du présent comme si c'était l'*a* de la forme forte d'un suffixe en *ant*, a une forme faible en *at* pour *nt* : *bodhat, viçat, kupyat, gacchat*, et suit notre paradigme de la troisième déclinaison (voir toutefois 157). Il tire son féminin de la forme forte, *bodhant-ī, viçant-ī, kupyant-ī, gacchant-ī*, excepté dans quelques verbes du type *viça.*

Le participe présent moyen fait son féminin en *ā*, et suit la déclinaison régulière des thèmes en *a, ā.*

Formation des thèmes de la Deuxième conjugaison.

195. — Ces thèmes ne se composent en principe que de la racine pure, ou de la racine redoublée, ou de la racine nasalisée.

196. — Ils ont une double forme, forte et faible[1], comme les thèmes correspondants du grec. Ex. : τίθη-μι, τίθε-μεν, τίθε-μαι.

Le thème fort appartient :

1° Aux trois personnes du singulier actif, tant du présent que de l'imparfait.

2° A la troisième personne du singulier actif de l'impératif.

3° Au thème de l'ancien subjonctif conservé dans les premières personnes de l'impératif, aux trois nombres des deux voix.

1. Le thème fort est accentué, tandis que le thème faible laisse l'accent à la désinence.

Toutes les autres formes ont le thème faible.

197. — *Racine pure.* Le thème fort se compose de la forme forte, le thème faible de la forme faible de la racine. Ex. : *dveṣ* et *dviṣ* de *dviṣ*, « hair » ; *bravī* et *brū* de *brū*, « parler », etc. (cf. εἶ-μι, ἴ-μεν).

Les racines terminées en *u* remplacent devant les consonnes la forme forte régulière en *o* par une forme anomale en *au* (cf. 121). Ex. : *stau, stav,* et *stu,* de *stu,* « louer ».

198. — *Racine redoublée.* Le redoublement de la consonne se fait d'après les règles générales (102). La voyelle du redoublement est *i, u,* dans les racines dont la forme faible a pour voyelle *ĭ* ou *ŭ*. Dans les autres, elle est, tantôt *i,* tantôt *a*.

Outre le redoublement, le thème fort comprend la forme forte, le thème faible la forme faible de la racine. Ex. : *bi-bhar* et *bi-bhṛ* de *bhar* « porter » (cf. τί-θη-μι, τί-θε-μεν).

199. — *Racine nasalisée.* La racine, qui se présente ici toujours sous sa forme faible, reçoit avant sa dernière lettre une insertion nasale *na*, pour former le thème fort, *n* pour former le thème faible. Il peut se présenter trois cas.

200. — 1° La racine est monosyllabique et terminée par une consonne. Il n'y a qu'à observer la règle de l'accommodation de la nasale à la consonne suivante (59) dans la forme faible. Ex. : *yu-na-j, yu-ñ-j* de *yuj,* « joindre » ; *bhi-na-d, bhi-n-d* de *bhid,* « fendre », etc.

201. — 2° La racine est dissyllabique et terminée par un *ī* (ou un *i*, dans d'autres formations[1]). Cet *ī*, primitivement *a* (93), sera combiné sous sa forme primitive avec l'*a* de l'insertion nasale forte en un *ā* long. Ex. : *gṛh-ṇā* (61) et *gṛh-ṇ-ī* de *grah (grahī),* « saisir » ; *pu-nā* et *pu-n-ī* de *pū (pavī,* l'*u* représente le *v* de *pavī,* après la chute de l'*a)* « purifier ». L'*ī* disparaît, comme il arrive toujours dans les racines dissyllabiques (cf. 93), devant les désinences et les suffixes commençant par une voyelle. Cf. κίρνη-μι, κίρνα-μεν.

Certaines racines, ordinairement monosyllabiques, suivent, soit en vertu d'une forme dissyllabique ancienne, soit par analogie, le même mode de formation. Ex. : *kliç-nā, kliç-nī,* de *kliç* « tourmenter ».

202. — 3° La racine est dissyllabique et terminée par un *u,* ou

1. Quelle que soit celle de ces deux formes que donne le Lexique, c'est une forme en *ī* qu'il faut supposer pour expliquer le présent en *nā, nī*.

même monosyllabique en *u*. L'*u* sera combiné avec l'*a* de la forme forte en *o*. Ex. : *va*[1]*-no* et *va-n-u* de *van (vanu)*, « aimer » ; *çr̥-ṇo* et *çr̥-ṇ-u* de *çru*, « entendre » (exemple unique de racine monosyllabique).

203. — Mais cette dernière formation n'est pas restée limitée aux racines terminées, au moins dans certaines de leurs formes, par un *u*, et la classe des thèmes en *no*, *nu*, s'est accrue très anciennement par voie d'extension analogique. La plupart de ces thèmes, en sanscrit, sont réellement formés par l'addition, à la forme faible de la racine (monosyllabique), d'un suffixe qui est, dans le thème fort, *no*, et dans le thème faible, *nu*. Ex. : *ta-no* et *tanu* de *tan* « étendre »[2]. Cf. δείκ-νῡ-μι, δείκ-νῠ-μεν.

204. — Les thèmes ainsi formés sont des thèmes de présent.

205. — L'imparfait, dans la deuxième comme dans la première conjugaison, a le même thème que le présent, plus l'*a* de l'augment[3].

206. — L'impératif a également le thème du présent, excepté aux premières personnes où il a le thème de l'ancien subjonctif, tiré du thème fort du présent, avec addition d'un *ā* correspondant à un ο grec (par ex. dans le subjonctif homérique ἴομεν).

207. — Le thème de l'optatif a pour base la forme faible du thème du présent, et a lui-même deux formes, qui ajoutent au thème du présent, la forte un suffixe *yā*, la faible un suffixe *ī*[4]. La forme faible est d'ailleurs réservée au moyen. L'actif a la forme forte au pluriel et au duel comme au singulier. Ex. : *dviṣ-yā* et *dviṣ-ī*, *bibhr̥-yā* et *bibhr-ī*, *yuñj-yā* et *yuñj-ī*, *gr̥hṇī-yā* et *gr̥hṇ-ī*, *tanu-yā* et *tanv-ī*.

208. — Le participe présent se forme du thème faible du présent par l'addition d'un suffixe qui est *ant* aux cas forts, *at* aux cas faibles, à l'actif[5], et *āna* au moyen.

1. L'*a* représente ici le *n* de *van, vanu*, après la chute de l'*a* de la forme forte (cf. *ma-ta* de *man*). La racine *van* a aussi la forme dissyllabique *vani*.

2. La racine *kar*, outre le double thème régulier *kr̥-ṇo, kr̥-ṇu*, en a un autre, irrégulier, seul usité à l'époque classique, *karo, kuru*.

3. *ā* devant les voyelles (v. p. 297, note 3).

4. Le suffixe porte l'accent à l'actif, et le laisse à la désinence au moyen.

5. Soit par une double vocalisation du *n* de *nt* (194) en *an* et en *a*, soit par analogie avec la première conjugaison. Cf. 211.

Les verbes redoublés étendent aux cas forts la forme faible du participe actif en *at*.

Le féminin du participe actif se tire de la forme faible : *dviṣat-ī, bibhrat-ī, yuñjat-ī, gṛhṇat-ī, tanvat-ī*. Celui du participe moyen est en *ā*.

Confusion des deux ordres de formations.

209. — Certains thèmes analogues à ceux de la deuxième conjugaison ont passé dans la première, soit par addition d'un suffixe *a* (et *ā*, v. 188), soit par abréviation d'un *ā* final (aux personnes qui dans la première conjugaison prennent le suffixe *a*). Ex. : *muñc-a* de *muc*, « délivrer », présentant la même nasalisation que *yuñj* de *yuj* ; *tiṣṭha*, de la racine *sthā*, « se tenir debout », redoublée.

Formation du passif.

210. — Le thème du présent passif se forme dans tous les verbes par l'addition à la forme faible de la racine d'un suffixe *ya* ou *iya* [1]. Ex. : *dviṣ-ya* de *dviṣ*, « haïr » ; *kr-iya* de *kar*, « faire ».

Les racines en *i*, *u* final, allongent cette voyelle.

La formation de l'imparfait et des modes, et la conjugaison sont parfaitement analogues à celles du moyen de la première conjugaison.

Désinences.

211. — On trouvera dans les paradigmes ci-après la conjugaison complète (pour le système du présent) d'un verbe de la première et d'un verbe de la seconde conjugaison, à l'actif et au moyen. Le passif, dans tous les verbes, se conjuguant comme le moyen de la première conjugaison, pourra être réduit à la 3e personne (sous laquelle les différents temps sont cités dans le Lexique). Entre les diverses catégories de verbes de chacune des deux conjugaisons, comme entre le moyen et le passif d'un verbe de la première, il

1. Ce suffixe est accentué, tandis que le suffixe *ya* servant à la formation d'un thème de présent actif et moyen (189) laisse l'accent à la racine. Il a, bien entendu, la finale tour à tour longue et brève.

n'y a aucune différence dans les désinences : pour les différences de formation, on se reportera aux paragraphes précédents.

L'étudiant fera de lui-même la comparaison des désinences du sanscrit avec celles du latin et surtout du grec.

Dans la comparaison des désinences sanscrites entre elles, il distinguera, tant à l'actif qu'au moyen, les désinences du présent de celles de l'imparfait qui présentent généralement une lettre, ou plus exactement un son de moins à la fin. Même rapport à peu près entre les désinences d'un même temps au moyen et à l'actif. Les désinences de l'optatif sont pour la plupart identiques à celles de l'imparfait. L'impératif a aussi à plusieurs personnes les désinences de l'imparfait avec lequel il se confondrait alors, n'était l'absence d'augment : à la 2e du sing. act., il est sans désinence dans la première conjugaison et dans certains verbes de la seconde; aux autres personnes, et à cette dernière même dans la seconde conjugaison, il a des désinences spéciales.

Les désinences sont en principe les mêmes dans les deux conjugaisons, sauf application des lois phonétiques. La deuxième conjugaison donne lieu en particulier aux remarques suivantes. Les désinences *m*, *n*, de la 1e sing. et de la 3e pl. imparf. act., se vocalisent en *am* [1], *an* après les thèmes terminés par une consonne, et cette forme est étendue aux autres par analogie [2]. Celles des 3es pl. prés. et impératif act. vocalisent de même *n* en *an* : *anti*, *antu*. Au contraire, le *n* des 3es pl. prés., imparf. et impératif moy. se vocalise simplement en *a* : *ate*, *ata*, *atām*.

A plusieurs personnes, tant de la première que de la seconde conjugaison, la désinence ne peut être nettement séparée du suffixe de formation.

Nous recommandons à l'étudiant la lecture des observations placées au bas du paradigme de la deuxième conjugaison.

1. Il en est de même à la 1e sing. opt. act.

2. Cf. 89, et l'accusatif en *am* de la 3e déclinaison en regard de l'accusatif en *m* des deux premières, et des thèmes en *i* et en *u*.

Voir au verso les paradigmes du Système du présent.

212. — Première

ACTIF.

	Présent.	Imparfait.
S. 1.	बोधामि *bodh-ā-mi*	अबोधम् *a-bodh-a-m*
2.	बोधसि *bodh-a-si*	अबोधस् *a-bodh-a-s*
3.	बोधति *bodh-a-ti*	अबोधत् *a-bodh-a-t*
P. 1.	बोधामस् *bodh-ā-mas*	अबोधाम *a-bodh-ā-ma*
2.	बोधथ *bodh-a-tha*	अबोधत *a-bodh-a-ta*
3.	बोधन्ति *bodh-a-nti*	अबोधन् *a-bodh-a-n*
D. 1.	बोधावस् *bodh-ā-vas*	अबोधाव *a-bodh-ā-va*
2.	बोधथस् *bodh-a-thas*	अबोधतम् *a-bodh-a-tam*
3.	बोधतस् *bodh-a-tas*	अबोधताम् *a-bodh-a-tām*

	Impératif.	Optatif.
S. 1.	बोधानि *bodhāni*	बोधेयम् *bodhey-am* (32)
2.	बोध *bodh-a*	बोधेस् *bodhe-s*
3.	बोधतु *bodh-a-tu*	बोधेत् *bodhe-t*
P. 1.	बोधाम *bodhā-ma*	बोधेम *bodhe-ma*
2.	बोधत *bodh-a-ta*	बोधेत *bodhe-ta*
3.	बोधन्तु *bodh-a-ntu*	बोधेयुर् *bodhey-ur*
D. 1.	बोधाव *bodhā-va*	बोधेव *bodhe-va*
2.	बोधतम् *bodh-a-tam*	बोधेतम् *bodhe-tam*
3.	बोधताम् *bodh-a-tām*	बोधेताम् *bodhe-tām*

Participe présent.

Thème fort बोधन्त् *bodh-a-nt,* faible बोधत् *bodh-at;* féminin बो-धन्ती *bodhant-ī.*

213. — Passif, sans distinction

	Présent.	Imparfait.
S. 3.	द्विष्यते *dviṣ-ya-te*	अद्विष्यत *a-dviṣ-ya-ta*

Participe présent. द्विष्यमाण *dviṣ-ya-māṇa.*

conjugaison.

MOYEN.

Présent.	*Imparfait.*
बोधे *bodh-e*	अबोधे *a-bodh-e*
बोधसे *bodh-a-se*	अबोधथास् *a-bodh-a-thās*
बोधते *bodh-a-te*	अबोधत *a-bodh-a-ta*
बोधामहे *bodh-ā-mahe*	अबोधामहि *a-bodh-ā-mahi*
बोधध्वे *bodh-a-dhve*	अबोधध्वम् *a-bodh-a-dhvam*
बोधन्ते *bodh-a-nte*	अबोधन्त *a-bodh-a-nta*
बोधावहे *bodh-ā-vahe*	अबोधावहि *a-bodh-ā-vahi*
बोधेथे *bodh-ethe*	अबोधेथाम् *a-bodh-ethām*
बोधेते *bodh-ete*	अबोधेताम् *a-bodh-etām*

Impératif.	*Optatif.*
बोधै *bodhai*	बोधेय *bodhey-a*
बोधस्व *bodh-a-sva*	बोधेथास् *bodhe-thās*
बोधताम् *bodh-a-tām*	बोधेत *bodhe-ta*
बोधामहै *bodhā-mahai*	बोधेमहि *bodhe-mahi*
बोधध्वम् *bodh-a-dhvam*	बोधेध्वम् *bodhe-dhvam*
बोधन्ताम् *bodh-a-ntām*	बोधेरन् *bodhe-ran*
बोधावहै *bodhā-vahai*	बोधेवहि *bodhe-vahi*
बोधेथाम् *bodh-ethām*	बोधेयाथाम् *bodhey-āthām*
बोधेताम् *bodh-etām*	बोधेयाताम् *bodhey-ātām*

Participe présent.

बोधमान *bodh-a-māna;* féminin बोधमाना *bodhamānā.*

des deux conjugaisons.

Impératif.	*Optatif.*
द्विष्यताम् *dviṣ-ya-tām*	द्विष्येत *dviṣye-ta*

214. — Deuxième

ACTIF.

	Présent.	Imparfait.
S. 1.	द्वेष्मि *dveṣ-mi*	अद्वेषम् *a-dveṣ-am*
2.	द्वेक्षि *dvek-ṣi* (81 et 57)	अद्वेट् *a-dveṭ* (35 et 81)
3.	द्वेष्टि *dveṣ-ṭi* (67)	अद्वेट् *a-dveṭ*
P. 1.	द्विष्मस् *dviṣ-mas*	अद्विष्म *a-dviṣ-ma*
2.	द्विष्ठ *dviṣ-ṭha*	अद्विष्ट *a-dviṣ-ṭa*
3.	द्विषन्ति *dviṣ-anti*	अद्विषन् *a-dviṣ-an*
D. 1.	द्विष्वस् *dviṣ-vas*	अद्विष्व *a-dviṣ-va*
2.	द्विष्ठस् *dviṣ-ṭhas*	अद्विष्टम् *a-dviṣ-ṭam*
3.	द्विष्टस् *dviṣ-ṭas*	अद्विष्टाम् *a-dviṣ-ṭām*

	Impératif.	Optatif.
S. 1.	द्वेषाणि *dveṣ-āṇi* (61)	द्विष्याम् *dviṣ-yā-m*
2.	द्विड्ढि *dviḍ-ḍhi* (81)	द्विष्यास् *dviṣ-yā-s*
3.	द्वेष्टु *dveṣ-ṭu*	द्विष्यात् *dviṣ-yā-t*
P. 1.	द्वेषाम *dveṣ-ā-ma*	द्विष्याम *dviṣ-yā-ma*
2.	द्विष्ट *dviṣ-ṭa*	द्विष्यात *dviṣ-yā-ta*
3.	द्विषन्तु *dviṣ-antu*	द्विष्युर् *dviṣ-yur*
D. 1.	द्वेषाव *dveṣ-ā-va*	द्विष्याव *dviṣ-yā-va*
2.	द्विष्टम् *dviṣ-ṭam*	द्विष्यातम् *dviṣ-yā-tam*
3.	द्विष्टाम् *dviṣ-ṭām*	द्विष्याताम् *dviṣ-yā-tām*

Participe présent.

Thème fort द्विषन्त् *dviṣ-ant*, faible द्विषत् *dviṣ-at;* féminin द्विषती *dviṣat-ī*.

OBSER-

215. — Les désinences *s, t,* de la 2e et de la 3e sing. imparf. act. reparaissent, là où elles sont possibles, c'est-à-dire après les thèmes terminés par des voyelles : *a-yā-s,* de *yā* « aller » ; *a-gṛhṇā-t,* de *grah (grahī)* « saisir ».

216. — Les thèmes redoublés ont des formes spéciales à la 3e pl. act. : présent *ati, bi-bhr-ati,* impératif *atu, bi-bhr-atu,* imparfait *ur,* dans certains cas avec la forme forte du thème, *a-bi-bhar-ur,* de *bhar* « porter ». La dernière forme est étendue à certains thèmes formés de la racine pure : *a-yur* de *yā*.

conjugaison.

MOYEN.

Présent.	*Imparfait.*
द्विषे *dviṣ-e*	अद्विषि *a-dviṣ-i*
द्विक्षे *dvik-ṣe*	अद्विष्ठास् *a-dviṣ-ṭhās*
द्विष्टे *dviṣ-ṭe*	अद्विष्ट *a-dviṣ-ṭa*
द्विष्महे *dviṣ-mahe*	अद्विष्महि *a-dviṣ-mahi*
द्विड्ढ्वे *dviḍ-ḍhve*	अद्विड्ढ्वम् *a-dviḍ-ḍhvam*
द्विषते *dviṣ-ate*	अद्विषत *a-dviṣ-ata*
द्विष्वहे *dviṣ-vahe*	अद्विष्वहि *a-dviṣ-vahi*
द्विषाथे *dviṣ-āthe*	अद्विषाथाम् *a-dviṣ-āthām*
द्विषाते *dviṣ-āte*	अद्विषाताम् *a-dviṣ-ātām*

Impératif.	*Optatif.*
द्वेषै *dveṣ-ai*	द्विषीय *dviṣ-īy-a* (30)
द्विक्ष्व *dvik-ṣva*	द्विषीष्ठास् *dviṣ-ī-thās*
द्विष्टाम् *dviṣ-ṭām*	द्विषीत *dviṣ-ī-ta*
द्वेषामहै *dveṣ-ā-mahai*	द्विषीमहि *dviṣ-ī-mahi*
द्विड्ढ्वम् *dviḍ-ḍhvam*	द्विषीध्वम् *dviṣ-ī-dhvam*
द्विषताम् *dviṣ-atām*	द्विषीरन् *dviṣ-ī-ran*
द्वेषावहै *dveṣ-ā-vahai*	द्विषीवहि *dviṣ-ī-vahi*
द्विषाथाम् *dviṣ-āthām*	द्विषीयाथाम् *dviṣ-īy-āthām*
द्विषाताम् *dviṣ-ātām*	द्विषीयाताम् *dviṣ-īy-ātām*

Participe présent.

द्विषाण *dviṣ-āṇa;* féminin द्विषाणा *dviṣāṇā.*

VATIONS.

217. — A la 2ᵉ sing. impér. act., la désinence *dhi* devient *hi* après une voyelle : *bi-bhṛ-hi,* de *bhar.* Les thèmes en *nu* sont sans désinence *(ta-nu,* de *tan* « étendre »), à moins que le *n* ne soit précédé d'une consonne *(āp-nu-hi* de *āp* « atteindre »). Ceux en *nī* précédé d'une consonne remplacent *nī* par *āna* (sans autre désinence) : *gṛhāṇa,* de *grah.*

218. — Les thèmes en *nu* perdent souvent leur *u* devant les désinences des premières personnes du pluriel et du duel du présent et de l'imparfait, tant actif que moyen : *tan-mas,* etc. Il en est de même, et régulièrement, de *kuru* (p. 300, n. 2), qui le perd en outre devant le *y* de l'optatif.

Futur, aoristes et parfait.

219. — En dehors du système du présent, le passif se confond avec le moyen.

Futur.

220. — Au *futur* se rattache un mode très peu usité, qui a la fonction d'un *conditionnel* (fonction ordinairement remplie par l'optatif du présent).

On forme mécaniquement le thème du futur en ajoutant *sya* à la forme forte de la racine. Ex. : *bhot-sya* (40), de *budh, bhavi-ṣya* (57) de *bhū (bhavi)*, « être ». Beaucoup de racines monosyllabiques se font suivre d'un *i* devant le suffixe *sya* (cf. 96). Ex. : *kar-i-ṣya* (st. 86) de *kar*, « faire ».

Ce thème se conjugue, tant à l'actif qu'au moyen-passif, exactement comme un thème du présent de la première conjugaison.

Il forme avec le suffixe *nt*, à l'actif, *māna*, au moyen, deux participes qui se déclinent exactement comme les participes du présent.

Le conditionnel est, pour la forme, exactement dans le même rapport avec le futur, que l'imparfait avec le présent dans la première conjugaison.

221. — Le futur peut être remplacé à la 3e personne par le nominatif masc. sing. pl. ou duel d'un nom d'agent en *tar* (115), comme *boddhā, boddhāras, boddhārau* de *budh*. Il peut l'être aussi aux autres personnes par le nom. masc. sing. du même nom (quel que soit le nombre et le genre du sujet), accompagné du présent du verbe « être » (racine *as*) comme auxiliaire.

Aoristes.

222. — Le sanscrit, comme le grec, a deux aoristes, *l'aoriste premier* et *l'aoriste second*. Tous les deux ont l'augment.

223. — L'aoriste premier, caractérisé par l'addition de *s* à la racine[1], a le plus souvent deux thèmes, l'un présentant la forme très forte de la racine ou même une forme renforcée par la *vṛddhi* (cf. 121), l'autre la forme simplement forte ou faible. Le premier

1. Ce *s* disparaît dans certaines combinaisons phonétiques. Voir 238.

appartient à l'actif[1], le second au moyen-passif. Ex. de thèmes de l'actif : *a-raut-s,* avec *vṛddhi,* de *rudh,* « empêcher » ; *a-pāvi-ṣ,* forme très forte de *pū (pavi),* « purifier ». Ex. de thèmes du moyen : *a-rut-s,* forme faible de *rudh, a-pavi-ṣ,* forme simplement forte de *pū (pavi).*

Certaines racines ont l'*i* devant *s* quoique monosyllabiques (cf. 96). Ex. : *a-bodh-i-ṣ* de *budh.*

D'autres ajoutent *iṣ* à un premier thème contenant déjà un *s.* Ex. : *a-yā-s-iṣ* de *yā,* « aller ». C'est une combinaison des deux formations avec et sans *i.*

Ces différents thèmes se conjuguent comme l'imparfait de la seconde conjugaison, avec certaines particularités qu'indiquera le paradigme (238).

224. — Enfin le thème faible d'aoriste en *s* peut prendre un suffixe *ā, a, a-dik-ṣ-a* de *diç,* « montrer », et se conjuguer comme un imparfait de la première conjugaison, sauf quelques particularités sans importance.

225. — On peut rattacher à l'aoriste premier un mode appelé vulgairement précatif. Ce mode est, au moyen, une sorte d'optatif de l'aoriste, ajoutant le suffixe *ī* à la racine suivie d'un *s,* par ex., thème *bhav-i-ṣ-ī* de *bhū (bhavi),* 1e sing. *bhaviṣīy-a,* 1e pl. *bhaviṣī-mahi,* 3e *bhaviṣī-ran.* Mais à d'autres personnes, un second *s* se place entre le suffixe de l'optatif et la désinence : 2e sing. *bhaviṣī-ṣ-ṭhās,* 3e *bhaviṣī-ṣ-ṭa.* Enfin l'actif n'a de *s* qu'après le suffixe de l'optatif *yā : bhū-yā-s-am.* Ce *s* disparaît à la 3e sing. pour permettre à la désinence *t* de se maintenir, *bhū-yā-t;* cette personne reste ainsi distincte de la 2e, *bhū-yā-s.*

226. — L'aoriste second, en sanscrit comme en grec, se conjugue exactement comme un imparfait, soit de la première, soit de la seconde conjugaison. Dans le premier cas, il est formé, toujours comme en grec, de la forme faible de la racine, précédée de l'augment et suivie du suffixe *ā, a,* par ex., *a-sic-a* de *sic,* « verser ». Dans le second cas, il est formé uniquement de la racine, par ex., *a-dā* de *dā,* « donner », mais sans alternance de formes fortes et faibles, les aoristes de ce genre étant formés presque exclusivement de racines

1. La forme *vad-ī-s,* de la st. 132, est irrégulière.

en *ā* qui étendent abusivement la forme forte (90); *a-bhū*, de *bhū*, a partout la forme faible.

227. — Le sanscrit a aussi un aoriste second redoublé; mais cette formation est à peu prés réservée au causal (v. 250).

228. — Il faut signaler à part une 3e personne du singulier de l'aoriste passif, qui ne se rattache à aucun paradigme. Elle se compose de la forme très forte de la racine, précédée de l'augment, et suivie de *i*. Ex. : *a-kār-i* de *kar*, « faire »; *budh* ne pourra avoir naturellement que la forme forte (97), *a-bodh-i*. Dans *a-jñā-y-i* (st. 211), de *jñā* connaître, il y a développement d'un *y* (31, 2°).

Parfait.

229. — Le thème du parfait se compose de la racine redoublée[1].

230. — Le redoublement de la consonne se fait d'après les règles générales (102). La voyelle du redoublement est *i*, *u*, dans les racines dont la forme faible a pour voyelle *ĭ* ou *ŭ*. Dans les autres, elle est *a*. Ces dernières règles sont applicables aux racines commençant par une voyelle.

231. — La racine a la forme forte au singulier actif, et même la forme très forte, quand celle-ci est possible, régulièrement à la 3e personne, quelquefois aussi à la 1e. — A certaines personnes, elle peut ou doit être suivie d'un *i*, dit de liaison (cf. 96)[2]. Ex. : de *budh*, 1e sing. act. *bu-bodh-a*, 2e *bu-bodh-i-tha*, 3e *bu-bodh-a*; de *i*, « aller », *iy-ay-a* (30) et *iy-āy-a*, *iy-e-tha* et *iy-ay-i-tha*, *iy-āy-a*; de *vac*, « dire », *u-vac-a*[3] et *u-vāc-a*, etc. Au pluriel et au duel de l'actif, et dans tout le moyen, elle a la forme faible[4]. Ex. : 3e pl. act. *bu-budh-ur*, *īy-ur* (30), *ūc-ur*.

232. — Les racines qui n'ont dans leur forme forte d'autre voyelle que *a*, et qui commencent par une consonne unique, autre

1. Il y a cependant un parfait sans redoublement, très usité, 1e s. act. *ved-a* (= οἶδα) de *vid*, « savoir ».

2. Devant cet *i*, un *i* ou *ī* final de la racine se change en *y* (contre 29). Ex. : *ni-ny-i-ma*, 2e pl. act. de *nī* « conduire ».

3. Le redoublement, se faisant d'après la forme faible *uc*, ne peut contenir de consonne.

4. L'accent est sur la racine dans les formes fortes, sur la désinence dans les formes faibles.

que les aspirées, l'aspiration *h*, et les gutturales, en un mot par une consonne qui ne doive pas être remplacée par une non-aspirée ou par une palatale dans le redoublement (102), fondent la forme faible et le redoublement de telle sorte que le résultat est identique à la racine non redoublée, à cela près que la diphthongue *e* est substituée à *a*. Ex. : de *man*, «penser», 3e pl. moy. *men-i-re* (st. 213).

233. — A part un certain nombre de désinences spéciales (qui forment la grande majorité à l'actif), le parfait prend à l'actif les désinences de l'imparfait et au moyen celles du présent.

234. — De la forme faible du thème du parfait, se tire un participe actif en *vaṃs* et *vāṃs* dans les formes fortes, en *uṣ* dans les formes faibles dont la désinence commence par une voyelle, en *vat* dans les autres formes faibles. Il suit la 3e déclinaison. Le féminin, en *ī*, se tire du thème en *uṣ*. Ex. : *bu-budh-vaṃs* et *bu-budh-vāṃs, bu-budh-uṣ, bu-budh-vat, bubudhuṣ-ī*. Toutefois, quand le thème en *uṣ* est dissyllabique[1], les autres ont un *i* avant le suffixe. Ex. : *ād-i-vāṃs, ād-i-vat, ād-uṣ*, de *ad*, «manger».

Il y a aussi un participe parfait moyen : il se tire toujours de la forme faible du thème de l'indicatif, avec un suffixe *āna*, dont le féminin est *ānā*.

235. — Le sanscrit a en outre un parfait *périphrastique :* cette formation est surtout usitée pour le causal, le désidératif et les verbes dénominatifs (voir 249).

Paradigmes.

236. — Suivent les paradigmes du futur, des aoristes et du parfait, réduits pour le futur et l'aoriste second, à la troisième personne du singulier de chacun de ces temps. Pour l'aoriste premier et le parfait, on tiendra compte des observations.

1. Il y a exception pour *vid-vāṃs, vid-uṣ*, qui n'est dissyllabique que par l'absence du redoublement (cf. p. 310, note 1).

237. — Futur *(pour le participe et le conditionnel,* v. 220).

	Actif.	*Moyen.*
S. 3.	भोत्स्यति *bhot-sya-ti*	भोत्स्यते *bhot-sya-te*
et	करिष्यति *kar-i-ṣya-ti*	करिष्यते *kar-i-ṣya-te*
ou	बोद्धा *boddhā*	

238. — Aoriste premier *(pour les thèmes en a et le précatif,* v. 224 et 225).

	Actif.	*Moyen.*
S. 1.	अरौत्सम् *a-raut-s-am*	अरुत्सि *a-rut-s-i*
2.	अरौत्सीस् *a-raut-s-ī-s*	अरुत्थास् *a-rut-thās*
3.	अरौत्सीत् *a-raut-s-ī-t*	अरुत्त *a-rut-ta*
P. 1.	अरौत्स्म *a-raut-s-ma*	अरुत्स्महि *a-rut-s-mahi*
2.	अरौत्त *a-raut-ta* (58)	अरुद्ध्वम् *a-rud-dhvam*
3.	अरौत्सुर् *a-raut-s-ur*	अरुत्सत *a-rut-s-ata*
D. 1.	अरौत्स्व *a-raut-s-va*	अरुत्स्वहि *a-rut-s-vahi*
2.	अरौत्तम् *a-raut-tam*	अरुत्साथाम् *a-rut-s-āthām*
3.	अरौत्ताम् *a-raut-tām*	अरुत्साताम् *a-rut-s-ātām*

239. — Le *s* subsiste (sauf les modifications euphoniques) devant les lettres *t, th, dh* des désinences, quand la racine se termine par une voyelle. Ex. : *a-nai-ṣ-ṭa,* 2e pl. act., *a-ne-ḍhvam,* pour *a-ne-ḍ-ḍhvam* (81), id. moy. de *nī* « conduire ».

240. — Les thèmes dans lesquels le *s* est précédé d'un *i* (après lequel il se change en *ṣ)* font la 2e et la 3e sing. act., non en *iṣ-ī-s, iṣ-ī-t,* mais en *īs, īt.* Ex. : *a-pāv-i-ṣ-am, a-pāvīs, a-pāvīt.*

241. — Aoriste second *(pour une forme particulière de la 3e sing. passif,* v. 228).

	Actif.	*Moyen.*
S. 3.	असिचत् *a-sic-a-t*	असिचत *a-sic-a-ta*
et	अदात् *a-dā-t*	

au système du présent.

242. — PARFAIT.

	Actif.	*Moyen.*
S. 1.	बुबोध *bu-bodh-a*	बुबुधे *bu-budh-e*
2.	बुबोधिथ *bu-bodh-i-tha*	बुबुधिषे *bu-budh-i-ṣe*
3.	बुबोध *bu-bodh-a*	बुबुधे *bu-budh-e*
P. 1.	बुबुधिम *bu-budh-i-ma*	बुबुधिमहे *bu-budh-i-mahe*
2.	बुबुध *bu-budh-a*	बुबुधिध्वे *bu-budh-i-dhve*
3.	बुबुधुर् *bu-budh-ur*	बुबुधिरे *bu-budh-i-re*
D. 1.	बुबुधिव *bu-budh-i-va*	बुबुधिवहे *bu-budh-i-vahe*
2.	बुबुधथुस् *bu-budh-athus*	बुबुधाथे *bu-budh-āthe*
3.	बुबुधतुस् *bu-budh-atus*	बुबुधाते *bu-budh-āte*

243. — Certaines racines ne prennent pas l'*i* devant la désinence *tha* de la 2e sing. act. Ex. : *ta-tan-tha,* de *tan* « tendre ».

244. — Les racines en *ā* final ont la 1e et la 3e sing. act. en *au.* Ex. : *da-dau,* de *dā* « donner ». Elles confondent avec l'*i* dit de liaison, aux personnes qui prennent cet *i,* l'*i* (ou *ī*) qu'elles devraient présenter dans la forme faible. Ex. : 1e pl. act. *da-d-i-ma.* Elles sont sans voyelle devant les désinences commençant par une voyelle (v. p. 263, note 1). Ex. : *da-d-ur.*

245. — PARTICIPE PARFAIT.

		Actif.	*Moyen.*
S. M.	Nom.	बुबुध्वान् *bu-budh-vān*	बुबुधानस् *bu-budh-āna-s*
	Voc.	बुबुध्वन् *bu-budh-van*	etc.
	Acc.	बुबुध्वांसम् *bu-budh-vāṃs-am*	
N.	Nom. Voc. Acc.	बुबुध्वत् *bu-budh-vat*	
M. N.	Instr.	बुबुधुषा *bu-budh-uṣ-ā*	

Causal, désidératif et intensif.

Causal.

246. — Sous le nom de *causal*, nous comprendrons, au sens propre, une sorte de voix, exprimant l'idée que l'action est faite, non immédiatement par le sujet, mais par un intermédiaire, puis, par extension, toutes les formations analogues, qu'elles aient ou non le sens causal.

Le causal prend, tantôt les désinences de l'actif, tantôt celles du moyen, souvent les unes et les autres.

Le thème du causal se forme par l'addition d'un suffixe *ayā*, *aya*, à la forme très forte, quelquefois seulement à la forme forte, même quand la forme très forte serait possible, très rarement à la forme faible de la racine. Ex. : *mār-aya* (st. 71) de *mar*, « mourir » ; *vardh-aya* (st. 83) de *vardh*, « croître » ; *jan-aya* (st. 33) de *jan*, « naître » ; *spṛh-aya* (st. 54) de *sparh*, « désirer ». Les trois premières de ces formations ont le sens causal : « faire mourir, accroître, engendrer » ; mais la dernière n'a que le sens de « désirer ».

La plupart des racines en *ā* final, et la racine *ar* « adapter », ajoutent un *p* devant le signe du causal : *sthā-p-aya*, de *sthā* « se tenir debout » ; *ar-p-aya*.

247. — Ce thème, sans autre modification, sert de thème de présent et suit la première conjugaison.

248. — Le futur s'en tire par l'addition du suffixe *sya* précédé de *i*, soit *iṣya*, devant lequel l'*a* du suffixe *aya* disparaît. Ex. : *svād-aya* (st. 109) de *svad*, « goûter » (sans changement de sens), futur *svāday-i-ṣya*. — Même thème avec l'augment pour le conditionnel.

Formation analogue pour le nom d'agent qui peut remplacer le futur : 3ᵉ sing. *svād-ay-i-tā*.

249. — Le parfait du causal est périphrastique. Il se compose de l'accusatif d'un nom abstrait féminin, formé du thème du causal avec l'*a* final long, *mārayā-m*, qu'on fait suivre du parfait de l'une des racines *kar*, « faire », *as*, « être », *bhū*, « devenir », *ca-kār-a* et *ca-kr-e*, *ās-a*, *ba-bhūv-a* [1].

1. *ba-bhūv-a* est un parfait irrégulier, tant pour le redoublement (230) que pour la forme de la racine (231).

250. — Le causal a en outre un aoriste second, mais qui se tire directement de la racine. Il est formé de la racine redoublée et suivie d'un suffixe *ā, a :* il se conjugue donc comme un imparfait de la première conjugaison (212). Le redoublement de la consonne se fait d'après les règles générales (102). Pour la voyelle du redoublement, l'aoriste suit en général l'analogie des présents redoublés (198) : seulement cette voyelle, quelle qu'elle soit, est sujette à s'allonger, si la syllabe du redoublement n'est pas déjà longue par position, quand la racine forme une syllabe brève, ce qui est le cas le plus fréquent. Ex. : *a-bū-budh-a* de *budh.*

251. — Le passif du causal se forme, dans les temps et modes où cette voix est distincte du moyen, c'est-à-dire dans le système du présent, par la substitution du suffixe *ya* au suffixe *aya :* il reste distinct du passif du simple par la forme de la racine, et, le cas échéant, par le *p* qui la suit. Ex. : *dhār-ya* (st. 11) de *dhar,* «soutenir» (sans changement de sens), en regard de *dhr-iya; sthā-p-ya,* en regard de *sthī-ya.*

Désidératif.

252. — Le désidératif substitue à l'idée de l'action exprimée par la racine celle du désir d'accomplir cette action. Il prend les désinences de l'actif ou du moyen.

Le thème du désidératif se forme par l'addition d'un *s* à la forme faible de la racine, précédée d'un redoublement.

Le redoublement de la consonne se fait d'après les règles générales. La voyelle du redoublement est *u* dans les racines contenant dans leur forme faible un élément *ŭ* précédé de l'*a* dans la forme forte (et non suivi de lui); elle est *i* dans toutes les autres. Ex. : *bu-bhut-s* de *budh; dhi-t-s* (v. 40 et p. 263, note 2) de *dhā* «poser».

Certaines racines, particulièrement celles dont la forme faible est en *i, u, ṛ,* sont traitées d'après l'analogie des racines dissyllabiques correspondantes. Ex. : *ji-gī-ṣ* (st. 18) de *ji* «vaincre» (72); *ci-kīr-ṣ,* de *kar, kṛ* «faire».

253. — Le thème du système du présent se forme par addition d'un suffixe *ā, a,* et suit la première conjugaison.

254. — Les autres temps, à l'exception du parfait, se tirent du thème en *s,* comme ils se tireraient d'une racine. Le parfait est

périphrastique comme celui du causal (249), et forme le nom d'action du thème du présent en *ā* long : *bubhutsā-m.*

255. — Du thème en *s*, on peut aussi former, comme d'une racine, un passif et même un causal du désidératif.

Intensif.

256. — L'intensif ajoute à l'idée de l'action celle d'une certaine intensité avec laquelle elle est accomplie.

Le thème de l'intensif se compose essentiellement de la racine redoublée.

La consonne du redoublement suit les règles générales (102) dans le sanscrit classique[1]. Mais au lieu d'une simple voyelle brève, le redoublement de l'intensif peut comprendre, selon la forme de la racine, un *ā* long, une diphthongue *e*, *o*, ou même un *a* suivi de *r*, *l*, *n*[2]. Ex. : *jā-gar* de *gar*, « veiller » ; *car-car* de *car*, « aller », etc.

257. — L'intensif se conjugue de deux manières dans le système du présent. Ou bien, sans rien ajouter à la racine redoublée, il suit la deuxième conjugaison, d'après l'analogie des thèmes redoublés, et avec alternance de la forme forte et de la forme faible de la racine; ou bien, ajoutant à la forme faible de la racine redoublée, un suffixe *ya*, il suit la première conjugaison : dans le premier cas, il prend les désinences de l'actif, dans le second, celles du moyen. Ex. : *jā-gar-ti* de *gar; bo-budh-ya-te* de *budh.*

Les autres temps de l'intensif sont extrêmement peu usités.

DÉNOMINATIFS.

258. — En sanscrit, comme dans toutes les langues, un grand nombre de verbes sont tirés de thèmes nominaux. Ils peuvent l'être de thèmes composés comme de thèmes simples.

Généralement, le thème verbal se tire du thème nominal par addition du suffixe *ya*. Ex. : *namas-ya*, « vénérer » (st. 168), de *namas*, n. « action de s'incliner », racine *nam; kavala-ya*, « avaler » (st. 74) de *kavala*, m. « bouchée ». Dans un assez grand nombre de cas,

1. Il n'en est pas toujours de même dans la langue védique.
2. Il peut même être dissyllabique dans la langue védique.

que l'usage apprendra, une voyelle finale du thème nominal est supprimée ou plus souvent allongée; un *a* peut aussi se changer en *ī*.

259. — Les verbes dénominatifs suivent, dans le système du présent, la première conjugaison, avec les désinences, soit de l'actif, soit du moyen. Ils n'ont guère d'autres temps, à l'exception de ceux qui, terminés en *aya*, peuvent suivre l'analogie du causal. Ces derniers forment en particulier, comme le causal, un parfait périphrastique, et un passif qui substitue *ya* à *aya*. Ex. : *gaṇa-ya*, « compter » de *gaṇa*, m. « multitude », passif *gaṇ-ya* (st. 117 et 155).

CHAPITRE IX ET DERNIER.

Formations nominales tirées de thèmes verbaux.

260. — Les thèmes du causal, du désidératif, de l'intensif et des dénominatifs peuvent, comme les racines elles-mêmes, servir de base à des formations nominales analogues à celles qui ont été étudiées dans le chapitre IV.

261. — Au premier rang de ces formations, il faut placer les participes non tirés de thèmes de temps (111 et 125), l'infinitif et le gérondif.

A l'infinitif, au gérondif en *tvā* et au participe futur passif en *tavya*, l'*a* seul du thème du présent disparaît, devant un *i* dont le suffixe se fait précéder. Ex. : *karṣay-i-tum, karṣay-i-tvā,* en regard de *karṣ-aya,* « tourmenter », de *karṣ*, « entraîner » ; *dhits-i-tum* (st. 82), en regard de *dhi-t-s-a,* de *dhā,* « poser ».

Au participe passé passif, ou neutre, où le suffixe *ta* est également précédé de *i,* au participe futur passif et au gérondif en *ya,* le causal et les dénominatifs qui en suivent l'analogie perdent l'élément *aya* tout entier : les participes et le gérondif du causal restent distincts de ceux du simple par la forme forte ou très forte de la racine, et de plus par le *p,* dans les cas où le causal prend cette lettre. Ex. : *varj-i-ta* (st. 25), participe passif du causal de *varj,* « écarter », opposé à *vṛk-ta; sthā-p-i-t-a,* de *sthā* « se tenir debout », opposé à *sthi-ta; ā-sād-ya*, gérondif du causal de *sad*, « s'asseoir », précédé de *ā*, opposé à *ā-sad-ya.* — Les dérivés en *-ita* peuvent en général s'expliquer comme des participes de verbes dénominatifs, usités ou non. Ex. : *kshutpipās-ita* (st. 165) « qui a faim et soif », du composé *kshut-pipāsā* « faim et soif ».

262. — De la forme qui sert de base au participe passé et au gérondif en *ya*, on peut en outre, comme d'une racine, tirer différentes autres formations nominales. Ex. : *cāl-aya*, « agiter », causal de *cal*, « être agité » : *cāl-ana* (st. 96), n. « agitation ». — *jā-gar*, intensif de *gar*, «veiller» : *pra-jāgar-a*, m. «veille». — *gaṇa-ya*, «compter», dénominatif de *gaṇa*, «multitude» : *gaṇ-anā*, f. « calcul ». — Le thème du désidératif sert particulièrement de base à deux formations très usitées : 1° un adjectif en *u* : *çuçrūṣ-u*, « qui désire entendre », de *çu-çrū-ṣ*, désidératif de *çru*, « entendre » ; 2° un abstrait féminin en *ā* : *pipās-ā* « désir de boire, soif », de *pi-pā-s*, désidératif de *pā* « boire ».

APPENDICE.

TRADUCTION DES SENTENCES MORALES.

(Premiers exercices.)

1. Dans une forêt épaisse, dans les fourrés des bois, dans les accidents fâcheux, au milieu du trouble, et quand les épées sont levées, les braves ne connaissent pas la peur.

2. Il faut donner un lit au malade, un siége à celui qui est las, de l'eau à celui qui a soif, à manger à celui qui a faim. (Cf. 91.)

3. «C'est un des miens» ou «c'est un étranger» : ainsi calculent ceux qui ont l'âme vile. Mais pour les magnanimes, la famille, c'est la terre entière.

4. Il a tout appris, tout entendu, tout accompli, celui qui, tournant le dos à l'espérance, trouve le repos dans l'absence de tout espoir.

5. Quiconque entre dans notre demeure, fût-ce un ennemi, a droit à l'hospitalité : l'arbre ne refuse pas son ombre même à celui qui vient l'abattre.

6. Le soleil se lève, et les hommes sont en joie; le jour tombe, et ils sont encore en joie : ils ne voient pas que c'est autant de pris sur leur vie. (Cf. 115 et 214.)

7. L'homme ivre, le négligent, l'égaré, celui qui est las, irrité, affamé, cupide, lâche, pressé ou amoureux, ne connaît pas de loi.

8. «Donne!» Si celui à qui ce mot s'adresse savait la peine qu'il coûte à prononcer, il donnerait au besoin sa propre chair.

9. Celui qui a commis une faute se dit : «Personne ne le sait». Cependant les dieux le savent, et aussi l'Ame qui réside en lui. (Cf. 144.)

10. L'amitié des magnanimes dure jusqu'à la mort, leur colère ne dure qu'un instant, et leur libéralité est désintéressée.

11. Des conseillers intègres, francs, sans défauts et éprouvés soutiennent un royaume comme de bons piliers (solides, droits, sans trous et bien vérifiés [1]) soutiennent une maison.

12. Les faibles mêmes, quand ils sont défiants, échappent à leurs ennemis; mais la confiance fait succomber les forts mêmes devant les faibles.

1. Jeux de mots.

13. Le lieu où se trouvent un homme pour donner, et un autre pour écouter un conseil, désagréable au premier abord, mais salutaire dans ses conséquences, est celui où la Fortune élit domicile. (Cf. 35, 59 et 148.)

14. Entre les rois et le reste des hommes, nulle différence extérieure : la supériorité d'un roi, c'est la patience, la fermeté, l'autorité, la libéralité, la vaillance.

15. C'est l'effort qui fait le succès des entreprises; le désir n'y suffit pas : les gazelles n'entrent pas d'elles-mêmes dans la gueule du lion endormi.

16. Entre le poison et les plaisirs, la différence est très grande : le poison tue celui qui y goûte; les plaisirs tuent ceux-là même qui ne font qu'y penser.

17. Ici-bas, la mort est appelée un malheur : mais la mort est justement ce qui peut mettre un terme au malheur! Dans le malheur comme dans le bonheur, la mort serait un mal? Mais quel est donc le mal particulier qu'on prétend trouver dans la mort? (Cf. 44.)

18. Le roi qui, sans avoir assuré la securité de son propre royaume, cherche à faire des conquêtes, est pareil à un homme qui aurait la tête enveloppée sous son manteau.

19. L'homme qui dit une flatterie, en cachant dans son cœur la haine, doit être évité par le sage, comme le chasseur par l'antilope.

20. Celui qui a offensé un habile a tort de se rassurer en disant : « Je suis loin! ». L'homme habile a les bras longs pour rendre le mal qui lui a été fait.

21. Il faut craindre le danger tant qu'il est loin; mais quand on le voit près de soi, il faut frapper sans crainte.

22. Renonce à nuire; sois compatissant; observe la loi éternelle, et donne au besoin ta propre vie pour être utile aux autres.

23. Quel est l'homme qui atteint le terme de ses désirs? Puisque tout dépend du destin, contentez-vous de votre part.

24. Les dieux vous donneront les biens que vous demandez, si vous les honorez par des sacrifices : celui qui jouit de leurs dons sans leur en faire est un voleur.

25. Il ne faut avoir égard qu'aux qualités; la suffisance ne sert de rien : on ne vend pas pour leurs clochettes les vaches qui n'ont pas de lait.

26. La paix du cœur est la plus méritoire des austérités; la modération des désirs est le plus sûr des bonheurs; la concupiscence est la plus funeste des maladies; la pitié est la première des vertus.

27. Voici le devoir en abrégé; hommes, à quoi bon les longs discours? Ce qui est un mérite, c'est de faire du bien aux autres; ce qui est un péché, c'est de leur faire du mal. (Cf. 53.)

28. L'avare, en creusant un trou toujours plus profond dans la terre pour y enfouir son or, perce d'avance le chemin par où il descendra en enfer.

29. L'homme avisé, prudent, docile, sans envie, bien réglé et maître de ses sens, est à l'abri de la douleur.

30. Sait-on quand viendra pour chacun le moment de la mort? Commen-

cez aujourd'hui même à pratiquer la vertu : la vie n'est pas éternelle. (Cf. 48, 117 et 166.)

31. Si le feu devenait rafraîchissant et la lune brûlante, on pourrait aussi sur cette terre changer le caractère des hommes.

32. Qui n'insulte le fort lui-même quand il a perdu sa force (ou sa flamme[1]); ne voyez-vous pas que, sur un tas de cendres, on pose le pied sans crainte?

33. Essuyer les larmes des misérables, de ceux qui sont sans protecteur, des vieillards, et rendre les hommes heureux, voilà le devoir d'un roi.

34. Quitter ses amis, quitter la vie, quitter son pays : trois maux, dont deux, le premier et le dernier, causent un long chagrin; la peine que cause l'autre ne dure qu'un instant. (Cf. 180.)

35. Celui qui, fidèle au devoir, et sans s'inquiéter de ce qui plaît ou déplaît à son maître, donne des conseils désagréables, mais salutaires, est le véritable ami d'un roi. (Cf. 13, 59 et 148.)

36. L'une est au-dessous, l'autre au-dessus : la position des mains de celui qui demande et de celui qui donne est l'image de leur situation à eux-mêmes.

37. On n'est accompagné dans l'autre monde ni par son père, ni par sa mère, ni par ses fils, ni par sa femme, ni par aucun parent : on n'a d'autre compagnie que celle de ses mérites. (Cf. 78 et 100.)

38. Sache que l'ingrat, l'homme qui ne connaît pas ses devoirs, le rancunier et celui qui manque de droiture, sont quatre *caṇḍālas;* le *caṇḍāla* de naissance n'est que le cinquième. (Cf. 161 et 207.)

39. La femme doit être toujours gaie, adroite aux soins domestiques; elle doit tenir son ménage propre, et n'avoir pas la main ouverte à la dépense.

40. Le bois de l'arc et le méchant sont durs de leur nature; quand ils ploient, ce n'est pas naturellement, et leur *guṇa* même (la corde de l'arc et le talent du méchant[2]) ne fait que du mal aux autres.

41. Les fonctionnaires, les voleurs, les ennemis, le favori du roi et l'avidité du roi lui-même : cinq causes de terreur pour les sujets. (Cf. 72 et 196.)

42. Enfant, pourquoi crains-tu la mort? Elle ne lâche pas celui qui fuit devant elle. Aujourd'hui ou dans cent ans, tout être vivant est sûr de mourir.

43. L'extérieur, les airs, la démarche, le geste, la parole et les mouvements des yeux et de la bouche, trahissent le dedans du cœur.

44. Dans ce terrible océan du monde, le mal de la naissance, le mal de la mort, le mal de la vieillesse tourmentent perpétuellement les créatures : et cependant les hommes ont peur de la mort! (Cf. 17.)

45. Les Brâhmanes, quand ils sont irrités, peuvent brûler en un instant le ciel avec Indra[3], la terre avec ses montagnes, l'enfer avec le roi des serpents[4].

1. Jeu de mots.
2. Jeu de mots.
3. Ce dieu est roi du ciel appelé *svarga.* Les Brâhmanes, et surtout les ascètes, lui causent quelquefois une grande frayeur par le pouvoir surnaturel qu'ils doivent à leurs austérités.
4. Les serpents à face humaine, habitant l'enfer.

46. Le sage ne doit pas entreprendre une affaire sans profit, ni celle qui est interminable, ni celle qui coûte autant qu'elle rapporte, ni celle qui est impossible.

47. Les bons ne désirent pas jouir eux-mêmes du bonheur; ils désirent le bonheur de tous les êtres, et le malheur des autres les rend perpétuellement malheureux.

48. La vie des êtres est instable comme le reflet de la lune dans l'eau : puisqu'on sait qu'elle est telle, il faut toujours pratiquer la vertu. (Cf. 30, 117 et 166.)

49. Un hôte, en s'éloignant d'une maison qui a déçu son espoir, emporte les mérites du maître et lui laisse ses propres péchés. (Cf. 102.)

50. Quand les sujets sont mal gardés, une moitié de toutes les fautes qu'ils commettent est à la charge du roi, puisqu'il lève l'impôt (pour les garder).

51. Dans ce monde sombre[1], les sages ne séjournent pas dans un lieu où on ne fait pas la différence des pierres fines et du verre.

52. Quelque œuvre, bonne ou mauvaise, que fasse un homme dans une situation quelconque, il en recueille le fruit dans une situation correspondante[2].

53. Ecoutez quelle est l'essence de la loi, et quand vous l'aurez entendu, réfléchissez-y : il ne faut pas faire aux autres ce qui vous serait désagréable à vous-mêmes. (Cf. 27.)

54. Certes, la fortune est heureuse entre toutes les femmes, elle que les plus nobles courtisent malgré son dévergondage. (Cf. 220.)

55. Heureux les rois qui reposent tranquillement la nuit, après avoir vu partout devant eux, comme une famille, leurs sujets heureux!

56. La richesse des avares ne leur cause que de la gêne; elle les tourmente, les altère, les affole, les tient éveillés; ce n'est plus une richesse, c'est une maladie de l'âme.

57. Il ne faut pas faire le mal, et il faut faire le bien, dût-il en coûter la vie : c'est la loi éternelle.

58. De vrais fils sont dévoués à leur père; un vrai père nourrit ses enfants; un véritable ami inspire la confiance; une véritable épouse rend son mari heureux.

59. Les hommes qui donnent des conseils salutaires, même quand ils sont désagréables, sont les seuls qui soient tenus pour des amis : les autres n'en ont que le nom. (Cf. 13, 35 et 148.)

60. Vive la richesse seule, grâce à qui les hommes retrouvent dans un pays lointain une patrie, et dans des étrangers une famille!

61. Le feu, même quand il sort du bois de santal, brûle toujours : en vain le méchant est-il né d'une noble race; c'est toujours un méchant. (Cf. 114.)

1. L'épithète est là pour le jeu de mots : *nirāloke loke*.
2. En vertu de la transmigration, dans une autre vie.

62. La bonté, la patience, la véracité, un caractère inoffensif, la possession de soi-même, la droiture, la bienveillance, la sérénité, l'amabilité, la douceur, voilà les dix austérités par excellence[1].

63. Les bons ne se rappellent que le bien qu'on leur a fait, et oublient le mal; ils rendent service aux autres sans espoir de récompense.

64. Il faut éviter du plus loin qu'on peut l'indiscrétion, la calomnie, la divulgation des fautes d'autrui, la rudesse et les querelles.

65. La libéralité, l'austérité, l'héroïsme, la science, la modestie, la sagesse ne doivent pas nous étonner : la terre renferme bien des joyaux.

66. Quand on a une existence indépendante, cela vaut la peine d'être né; quant à ceux qui dépendent des autres, s'ils vivent, quels seront donc les morts? (Cf. 74.)

67. Un homme a des talents et de la dignité, tant qu'il ne va pas en supplier un autre; mais quand il s'est fait mendiant, que deviennent ses talents et sa dignité?

68. Celui qui est pauvre dans la jeunesse, qui a perdu sa mère en bas-âge, et qui dans la vieillesse n'a pas de fils, n'aurait pas dû naître.

69. Pour qui a du talent, il n'y a pas de terre étrangère; pour qui est content de peu, il n'y a pas de chagrin; pour qui a de la fermeté, il n'y a pas d'accidents; pour qui a de la résolution, il n'y a rien d'impossible.

70. Le peuple, s'il n'avait un roi pour le bien conduire, périrait comme périt dans l'océan un navire sans timonier.

71. Les richesses de l'avare sont-elles des suppliantes qu'il a accueillies, ou font-elles mourir comme un poison, pour qu'il ne veuille, ni les lâcher, ni y goûter?

72. Le roi doit, pareil à un père, garder ses sujets des voleurs, des fonctionnaires, des ennemis, de son favori et de sa propre avidité. (Cf. 41 et 196.)

73. L'homme le plus timide et le plus lâche, s'il est au service d'un roi, n'a à craindre d'humiliation de la part de qui que ce soit.

74. Vivre, c'est mener une vie glorieuse et digne : autrement, le corbeau aussi vit longtemps, en avalant ce qu'on lui jette par charité! (Cf. 66.)

75. Je lève les bras pour le proclamer, et personne ne m'écoute : «L'honnête est la source de l'utile et de l'agréable; pourquoi n'est-ce pas l'honnête qu'on cultive?»

76. Comment les rois n'ont-ils pas eu de honte à manger dans les plats où d'autres ont mangé avant eux? Comment n'ont-ils pas eu du moins l'idée de les laver?

77. Semer ceci, et récolter cela : voilà qui n'arrive jamais. Quelque grain qu'on sème, c'est celui-là qui pousse.

78. Il n'y a qu'un ami : c'est le mérite moral; car il nous suit jusque dans la mort; tout le reste finit avec le corps même. (Cf. 37 et 100.)

79. Au prix de beaucoup d'efforts, en s'imposant de dures austérités, les

1. C'est-à-dire «ces dix choses valent mieux que les austérités».

gens avisés gagnent des mérites[1]; ce n'est pas par le plaisir qu'on acquiert des droits aux plaisirs.

80. A l'heure du combat, un roi ne doit pas ménager plus que du bois sec les serviteurs mêmes qu'il chérit comme sa propre vie, et qu'il a toujours défendus et choyés.

81. L'acquisition de ce qu'on désire ne donne pas le contentement; la soif de la concupiscence ne s'apaise pas avec de l'eau : elle ne fait que brûler davantage, comme un feu qu'on alimente. (Cf. 139.)

82. Le pauvre désire en vain devenir riche; il ne peut y parvenir : il faut déjà de l'argent pour faire la chasse à l'argent, comme il faut déjà des éléphants pour faire la chasse aux grands éléphants.

83. Il faut chercher à gagner ce qu'on n'a pas, bien garder ce qu'on a gagné, non seulement le garder mais l'accroître, et après l'avoir accru, le distribuer aux plus méritants.

84. Quand le chef est abattu, tous ceux qu'il faisait vivre périssent avec lui : comment les branches pourraient-elles vivre quand l'arbre a les racines coupées?

85. Il faut ici-bas se séparer de ceux qu'on aime plus que la vie, et sans lesquels on ne peut être heureux un instant : l'existence est bien misérable.

86. Qu'importe la colère d'un maître qui ne sait, ni faire peur quand il est irrité, ni donner quand il est content, et dont il ne faut attendre ni châtiment ni récompense?

87. Entre ceux qui ont renoncé à la concupiscence, il n'y a plus de distinction de riches et de pauvres; ceux qui lui lâchent les rênes sont plus que pauvres : ils sont esclaves.

88. Autant l'homme de bien souffre à blâmer le prochain, autant le méchant y trouve de plaisir.

89. La paresse fait perdre l'intelligence, la fortune, la vie, la gloire, la force; le paresseux est une mine où sont enfouis tous les vices.

90. Le plaisir qui naît d'une douleur n'en est que plus doux : c'est surtout celui qui a trop chaud qui jouit de l'ombrage avec délices.

91. Il faut donner de l'eau au temps chaud, du feu au temps froid, un abri au temps des pluies, à manger en tout temps. (Cf. 2.)

92. Comme l'abeille prend le suc des fleurs, le sage sait prendre en toutes choses ce qu'il y a de meilleur.

93. Ceux qui se conduisent en héros dans les combats, qui donnent leur vie pour leur maître, qui lui sont dévoués et reconnaissants, ces hommes-là vont au ciel.

94. La gloire des anciens rois est leur image[2], reproduite dans le miroir des livres, et voyez! quand ils disparaissent, elle ne disparaît pas avec eux.

95. La première attaque, la protection de l'armée entière et le soin de nettoyer les routes aux environs, tel est le rôle qu'on assigne à l'infanterie.

96. Il y a, comme on dit, deux moyens de se tirer d'affaire en présence de l'ennemi : il faut jouer des mains, ou jouer des pieds.

1. Qui leur vaudront des plaisirs dans une autre existence.
2. Composé appositif : « l'image-gloire des anciens rois ». Voir la Grammaire, paragraphe 139.

97. Celui qui, avant d'agir, prend conseil des maîtres qu'il doit en effet consulter et qui veulent son bien, ne rencontre d'obstacles en rien.

98. Il faut savoir quelquefois employer un serviteur utile, même quand on a eu à se plaindre de lui : quand le feu a brûlé la maison, c'est encore à lui qu'on a recours pour cuire son dîner.

99. Le roi dont les sujets prospèrent comme le lotus dans l'étang, a tous les fruits en partage, et son éloge est célébré dans le ciel même.

100. Celui qui voyage a pour amis ses compagnons de voyage; celui qui reste chez lui a sa femme pour amie; l'ami du malade est son médecin; l'amie du mourant est sa munificence. (Cf. 37 et 78.)

101. La flèche lancée par l'archer n'atteint qu'un homme, ou même n'atteint personne : l'idée jetée par un homme habile peut détruire un royaume et son roi.

102. Celui qui supporte sans s'irriter la colère d'un autre, lui prend ses mérites et se décharge sur lui de ses propres péchés. (Cf. 49.)

103. Entre celui qui mérite vos présents et celui qui en est indigne, il y a la même différence qu'entre la vache et le serpent : d'un côté l'herbe[1] se change en lait, de l'autre le lait se change en venin.

104. Ce misérable corps est un réceptacle de toutes les impuretés; il est périssable et incapable de reconnaître ce qu'on fait pour lui : et c'est pour lui cependant que des insensés commettent le péché!

105. Une grande fortune est un lourd fardeau pour les sages; une petite fortune suffit déjà pour faire perdre la tête aux sots.

106. On peut supporter le contact du feu; on peut supporter le tranchant cruel du glaive : ce qui est insupportable, ô roi, c'est la douleur que cause un chagrin intérieur.

107. Le sage doit se pelotonner comme la tortue et recevoir les coups, puis, quand le moment est propice, se redresser comme le serpent noir.

108. La puissante armée des sens, voilà l'ennemi des hommes; on connaît le glaive qui peut en venir à bout : c'est la science.

109. Mène une vie errante sans avoir rien à toi, et tu mangeras volontiers; celui qui n'a rien dort tranquillement, et se lève de même.

110. Celui qui, étant le maître, n'empêche pas le mal qu'il connaît et qu'il peut empêcher, en est responsable.

111. Chaque fois qu'on se crée un nouveau lien d'affection, c'est une douleur de plus qu'on s'enfonce comme un clou dans le cœur.

112. Celui qui lit échappe à la sottise, celui qui prie, au péché, celui qui se tait, aux querelles, celui qui veille, au danger.

113. La cohabitation avec ceux qu'on n'aime pas, la séparation de ceux qu'on aime et le contact des méchants, voilà à quoi sont exposés ceux qui vivent longtemps.

114. Les bons, quand ils sont irrités, font autant de mal que les mé-

1. Les Hindous disent «de l'herbe», comme nous disons «un fétu», pour désigner une chose sans valeur.

chants : le bois de santal, quand il est embrasé, cause les mêmes brûlures qu'une bûche vulgaire. (Cf. 61.)

115. Les jours et les nuits, pareils aux eaux des fleuves, coulent sans cesse pour ne plus revenir, et ils emportent avec eux la vie des hommes. (Cf. 6 et 214.)

116. Un ignorant présomptueux, ou un pauvre orgueilleux, ou un homme qui prétend s'enrichir sans rien faire, c'est ce que les sages appellent un sot.

117. Les jours s'additionnent et ta vie diminue ; la durée de ton existence est fixée : lève-toi donc, et cours! (Cf. 30, 48 et 166.)

118. Celui qui sait contenir l'emportement de la colère ou de la joie sera un vase de prospérité, ô roi, comme aussi celui qui ne perd pas la tête dans le malheur.

119. Ni l'affection, ni les simples, ni l'autorité, ni la condescendance, ni le mérite, ni l'intelligence, ni la famille, ni la force, ni la prière ne peut venir à bout du méchant.

120. Ce que l'homme désire, voit ou fait pendant le jour, il le dit ou le fait en songe par la force de l'habitude.

121. Un maître de maison ne doit jamais repousser un hôte qui lui arrive le soir, amené par le soleil, bien ou mal à propos, ni le laisser sans nourriture dans sa demeure.

122. On ne doit jamais se présenter les mains vides devant un roi, ni devant un médecin, ni devant son précepteur, ni devant un devin, ni devant un enfant, ni devant un ami : c'est en leur faisant des présents qu'on leur fait comprendre ce qu'on attend d'eux.

123. Le peuple règle sa conduite sur celle du roi : tel roi, tels sujets. (Cf. 169.)

124. Il est difficile d'arracher quelque chose aux méchants par un coup de main : c'est par la ruse qu'on met le pied sur la tête des éléphants furieux.

125. Les sens sont comme des chevaux lancés sur une route : il faut de l'énergie pour les conduire ; avec de l'énergie on s'en rend maître sûrement. (Cf. 205.)

126. Les hommes qui ont fait le mal dans leur jeunesse, s'ils se purifient ensuite dans le Gange, arrivent comme d'autres au paradis. (Cf. 131, et opposez 162, 185.)

127. Les mots violents, irritants, lancés par une bouche imprudente, frappent un homme aux endroits sensibles aussi cruellement que des épées.

128. Le sage rit des yeux, l'homme ordinaire en laissant voir ses dents, l'homme grossier éclate de rire, les princes d'entre les sages ne rient pas.

129. Le sage doit toujours faire son profit d'une parole raisonnable, vînt-elle d'un enfant, et mépriser une parole déraisonnable, vînt-elle d'un vieillard.

130. Les desseins que forment les sages, après les avoir longtemps agités en commun et bien examinés, n'échouent jamais.

131. Un homme, pour purifier son corps, s'impose mille jeûnes, et l'autre

boit simplement l'eau du Gange : il y a entre eux égalité de mérite, ou même inégalité[1]. (Cf. 126 et opposez 162, 185.)

132. Celui qui porte un faux témoignage dans une affaire d'argent damne ses enfants nés et à naître; celui qui porte un faux témoignage dans une affaire immobilière damne toute sa famille : ne portez donc pas de faux témoignage en matière d'immeubles!

133. Protéger les bons, punir les méchants, voilà le devoir suprême des rois : en l'accomplissant, ils assurent leur salut dans ce monde et dans l'autre.

134. Celui qui n'est pas sur son domaine succombe devant le plus faible ennemi : le crocodile est tout petit, et, dans l'eau, il entraîne le roi des éléphants.

135. La compassion suprême qui fait qu'on sauve les malheureux doit être comme une douleur profonde dont le cœur est pénétré.

136. La pointe d'une épée, un serpent sur lequel on a marché, un ennemi dont la colère ne désarme pas, font moins de mal qu'une âme mal réglée.

137. La douceur est considérée comme le premier des devoirs pour tous les vivants : le roi doit donc être doux et protéger les misérables.

138. L'esprit de l'homme de bien est aiguisé, mais ne blesse pas; il y a dans ses actions autant de douceur que de majesté; son cœur est chaud, mais ne brûle pas; il est éloquent, mais n'a qu'une parole.

139. Le désir ne s'apaise pas par la jouissance : il ne fait que croître, comme le feu où on verse l'offrande. (Cf. 81.)

140. Tout ce qu'on retranche du désir est autant d'ajouté au bonheur; l'homme esclave du désir périt avec l'objet de son désir.

141. L'homme sans mérite n'apprécie pas celui qui en a, et celui qui en a est jaloux de ses pareils; l'homme de mérite qui aime le mérite chez les autres est un honnête homme, et un homme rare.

142. Vertu, gloire, sagesse, habileté, charme de la parole, de telles qualités sont des joyaux, et l'homme qui les réunit ne succombe jamais.

143. Un ennemi rit, cause avec vous, mange à votre plat, et se place à vos côtés sur le même siége : pendant ce temps, il songe à son offense.

144. Tu te crois seul, ami? Mais dans ton cœur est toujours présent le témoin silencieux de tes bonnes et de tes mauvaises actions. (Cf. 9.)

145. Celui qui a la parole facile, dont les récits sont variés, qui est intelligent, sagace, et qui explique vite le sens des livres, s'appelle un savant.

146. Personne en ce monde n'est comparable à l'avare pour la libéralité : il transmet ses biens aux autres sans même y avoir touché. (Cf. 151.)

147. Fuyez ou combattez : vous vivrez ce que le créateur vous a d'avance assigné de vie, et non ce que vous en pouvez désirer.

148. Il est facile, ô roi, de trouver de gens qui ne disent que des choses agréables. Ce qui est difficile à trouver, c'est un conseiller qui sache donner, et un roi qui sache écouter, un avis à la fois salutaire et désagréable. (Cf. 13, 35 et 59.)

1. Au profit du second.

149. Y a-t-il dans le ciel un arbre dont la lune soit le fruit? Maman, quelles sont les plantes qui produisent les perles?

150. Celui qui contente ses parents, qui se fait aimer de ses amis, et dont la gloire est partout célébrée, a conquis les trois mondes.

151. L'homme libéral est, à mon sens, un avare : il emporte son bien[1] dans l'autre monde. C'est l'avare qui est libéral : en quittant ce monde, il abandonne tout le sien. (Cf. 146.)

152. Les hommes les plus instruits, possesseurs d'une science immense, et capables de trancher toutes les difficultés, ont à pâtir quand ils se laissent égarer par l'amour du gain.

153. Les hommes bienveillants qui donnent aux autres le bienfait de l'instruction n'ont pas de malheurs à craindre en ce monde ni dans l'autre.

154. Le bonheur est assuré dans la famille où le mari est toujours content de sa femme, et la femme contente de son mari.

155. La naissance, les mœurs, l'instruction, le courage, tout cela est compté pour rien : celui qu'on aime, fût-il sans mœurs et sans naissance, c'est celui qui donne.

156. La femme doit être soumise, dans l'enfance, à son père, dans la jeunesse, à son mari, et après la mort de son mari, à ses fils : elle ne doit jamais s'appartenir.

157. Le parfum des fleurs ne s'exhale guère contre le vent : le parfum des vertus humaines s'exhale en tous sens.

158. Il faut commencer par se vaincre soi-même pour vaincre ensuite ses autres ennemis; comment celui qui ne s'est pas vaincu, qui ne se possède pas lui-même, pourrait-il soumettre les autres à son empire? (Cf. 176.)

159. Le moyeu est supporté par les rayons, et les rayons reposent sur le moyeu : une roue qui roule est l'image des rapports du maître avec ses serviteurs.

160. Le méchant est un serpent pernicieux, à la langue double, et le venin terrible qu'il vomit est sa parole sur laquelle les formules curatives[2] sont sans action.

161. Le faux témoin, le menteur, l'ingrat, le rancunier, sont quatre *cāṇḍālas* de fait : le *cāṇḍāla* de naissance n'est que le cinquième. (Cf. 38 et 207.)

162. L'esprit est purifié par la méditation, la bouche par la véracité, le corps par la chasteté et les autres vertus, sans qu'il soit besoin des eaux du Gange. (Opposez 126 et 131, et cf. 185.)

163. Le nom de roi est inutile, s'il ne donne pas l'autorité; le fruit de l'ascétisme doit être la chasteté; l'instruction ne sert de rien, si elle ne donne pas la vraie science; l'avantage de la richesse consiste à en jouir ou à la donner.

164. Il faut éviter un ami qui vous nuit par derrière, et, en face, vous dit des flatteries : c'est un vase de poison avec du lait sur les bords.

1. Ses mérites.

2. Ou «les bons conseils». Jeu de mots.

165. Celui qui ne comble pas de soins et d'honneurs un hôte, même inconnu, que la route a fatigué, et qui a faim et soif, on l'appelle un *brahmicide*[1].

166. Le sage doit poursuivre la science et la fortune comme s'il ne devait jamais vieillir, ni mourir, — et pratiquer la vertu comme s'il était déjà pris aux cheveux par la mort. (Cf. 30, 48 et 117.)

167. Le serpent est terrible; le méchant est terrible : le serpent est moins terrible que le méchant. Le serpent est vaincu par les formules et par les simples : mais qui peut venir à bout du méchant?

168. Le meilleur des rois est celui dont les actes sont encore un objet de vénération pour les hommes, citadins, paysans et ministres, quand il habite déjà le séjour du ciel.

169. C'est quand le roi est bon, qu'il a les meilleurs sujets; quand il est mauvais, ils sont mauvais; quand il est ordinaire, ils sont ordinaires. Les sujets imitent le roi : tel roi, tels sujets. (Cf. 123.)

170. Ce qui fait la force des Brâhmanes, c'est leur science; ce qui fait la force des rois, c'est leur armée; ce qui fait la force des *Vaiçyas*, c'est leur richesse; ce qui peut faire la force des *Çûdras*, c'est la vieillesse[2].

171. Celui qui n'a pas dans sa maison une femme vertueuse et aimable, n'a qu'à partir pour la forêt[3] : sa maison est déjà une forêt.

172. Ô langue qui aimes l'amertume, pourquoi ne dis-tu pas des douceurs? Dis des douceurs, ma chère! Ce sont les douceurs que le monde aime.

173. La vie a un pas difficile : c'est la rivière dont les eaux sont les cinq sens, et où les passions de l'amour et de la colère sont embusquées comme des crocodiles; pour traverser cette rivière, fais-toi une barque de ta fermeté.

174. La terre, quand elle est bien gardée par le roi, produit les moissons et l'or, comme une nourrice bien repue donne sans cesse son lait, et pour les siens et pour les autres.

175. Toujours agréable et contente, habile, honnête et intelligente : avec de telles qualités une femme est, sans contredit, pareille à la Fortune personnifiée.

176. Comment celui qui est incapable de vaincre un ennemi unique, son propre cœur, pourrait-il conquérir la terre jusqu'à l'Océan qui en baigne les bords? (Cf. 158.)

177. Quand un homme, soit par l'étendue de sa science, soit par ses richesses, soit par sa force, est à la tête de ceux de sa race, sa mère peut vraiment dire qu'elle a mis au monde un fils.

178. Sur cette terre, il n'y a pas de maison, de cour princière, de temple, de ville ou de forêt, où on ne soit exposé à rencontrer un méchant prêt à s'irriter sans cause.

179. Il faut trouver un auxiliaire dans la race de son ennemi, pour le

1. Le meurtre des Brâhmanes est le plus grand des crimes.
2. En leur donnant des droits au respect. La caste des *Çûdras* est la dernière des quatre.
3. Pour y vivre en ascète.

vaincre : sans le joyau qu'on appelle diamant, on ne pourrait couper le joyau qu'on appelle perle.

180. Mieux vaut perdre la vie que l'honneur. La mort est un mal d'un instant : mais on souffre tous les jours de la perte de l'honneur. (Cf. 34.)

181. On appelle sage celui qui ne se laisse détourner de son entreprise, ni par le froid, ni par le chaud, ni par la crainte, ni par le plaisir, ni par les succès, ni par les revers.

182. La fortune est fragile, fragile la vie, fragile le corps, fragile la jeunesse; le monde est la fragilité même : ce qui est durable, c'est la gloire et la vertu.

183. Un roi, même ignorant, s'il honore les savants, prospère comme un arbre au bord de l'eau.

184. D'ordinaire, en ce monde, les riches sont sans appétit, et les pauvres, sire, digèrent même le bois.

185. Un cœur intérieurement corrompu ne peut être purifié par les bains sacrés, non plus qu'un impur vase à liqueurs fortes, quand on le rincerait cent fois avec de l'eau. (Cf. 162 et opposez 126 et 131.)

186. Les combattants doivent se sentir les coudes et se défendre mutuellement; quant aux non-valeurs de l'armée, il faut les placer au centre.

187. On triomphe de l'avare par la libéralité, du menteur par la véracité, du violent par la patience, du méchant par l'honnêteté.

188. Les dieux ne frappent pas à la façon d'un ennemi, en prenant le glaive et sous l'empire de la colère : mais celui qu'ils veulent perdre, ils le privent de sa raison.

189. Le méchant, comme le chat, déchire la main même avec laquelle de braves gens lui donnent la pâture.

190. Celui qui connaît son devoir ne doit publier, ni sa propre gloire et ses exploits, ni les secrets qu'on lui a confiés pour les garder, ni les services qu'il a rendus.

191. Le combat du faible avec le fort finit toujours par la mort du faible : le fort reste inébranlable, comme la pierre, jusqu'à ce qu'elle ait brisé la cruche.

192. Le cœur nous rend esclaves quand il est attaché aux plaisirs, et nous délivre quand il s'en détache; la seule cause de l'esclavage ou de la délivrance des hommes, c'est le cœur.

193. Un champ trop souvent ensemencé perd de lui-même sa fertilité; il ne peut plus produire, et la semence qu'on y jette périt.

194. Quand on blâme votre précepteur, ou qu'on dit du mal de lui, il faut vous boucher les oreilles ou quitter la place.

195. On ne peut, ni attacher avec des liens le vent qui parcourt l'espace, rapide comme la pensée, ni saisir les flammes immaculées du feu allumé.

196. Les riches ont toujours à craindre le roi, l'eau, le feu, les voleurs, et leur propre famille, comme les vivants la mort. (Cf. 41 et 72.)

197. L'esprit de l'homme ne mûrit que dans un âge avancé; c'est quand l'arbre de santal est vieux, qu'il répand son parfum.

198. C'est un mauvais moyen, pour avoir du lait, que de couper le pis de la vache : de même, un royaume trop pressuré ne prospère pas.

199. La montagne a la hauteur sans la profondeur; la mer a la profondeur sans la hauteur; le sage a tout à la fois la hauteur et la profondeur : aussi est-il infranchissable.

200. On désire un ami reconnaissant, vertueux, véridique, noble de cœur, entièrement dévoué, maître de ses sens, constant et fidèle.

201. Quand il s'agit de conseiller les autres, tout le monde est sage; quand il faut agir pour son compte, les sages mêmes ne le sont plus.

202. La pire de toutes les ivresses, ivresse produite par les liqueurs fortes et autres, c'est l'ivresse du pouvoir. Celui que l'ivresse du pouvoir égare, ne s'éveille pas avant l'instant de sa chute.

203. Quand un roi est maître de ses sens et suit la route de la sagesse, sa fortune est brillante, et sa gloire monte jusqu'au ciel.

204. De longs fils, quoique minces, quand ils sont réunis en grand nombre, et pareils, triomphent toujours, par leur nombre même, d'efforts réitérés : il en est de même des honnêtes gens.

205. Les six sens[1] sont des chevaux emportés, attelés à l'âme même; le sage qui sait les tenir en bride est le meilleur des cochers. (Cf. 125.)

206. Les animaux aquatiques trouvent leur principale force dans l'eau, les habitants d'une forteresse dans leur forteresse, les animaux carnassiers et autres, chacun dans le domaine qui leur est propre, les rois dans leur armée.

207. Le *cāṇḍāla* des oiseaux est le corbeau; le *cāṇḍāla* des animaux domestiques est le chien; le *cāṇḍāla* des ascètes est celui qui est irritable, et c'est le pire de tous les *cāṇḍālas*. (Cf. 38 et 161.)

208. L'eau, le feu, le poison, l'épée, la faim et la maladie, la chute du haut d'une montagne, telle cause ou telle autre amène la mort des êtres vivants.

209. La vieillesse et la mort sont deux loups qui dévorent les êtres, forts ou faibles, petits ou grands.

210. Le monde ne serait que ténèbres, on n'y distinguerait plus rien, si le roi n'était là pour séparer le bon du mauvais.

211. L'homme passe aux yeux des siens pour leur pareil; ce sont les étrangers qui reconnaissent ses mérites : *Viṣṇu*[2] passe aux yeux des bergers pour un berger; ce sont les dieux qui reconnaissent en lui le maître du monde.

212. Le ciel[3] est périssable : ceux qui aspirent à la délivrance ne doivent pas le désirer. Efforce-toi donc, ô ascète, d'atteindre la science en renonçant à ton individualité.

213. Les anciens sages et les dieux n'ont fait cas que de la vérité : celui qui dit la vérité en ce monde arrive au séjour suprême.

1. Les cinq sens et le cœur ou sens intime.

2. Dans son incarnation sous la figure de *Kṛṣṇa*, au milieu des bergers.

3. Le ciel d'Indra par exemple. Les dieux sont soumis comme les hommes à la transmigration. Le salut, c'est l'absorption en Brahma, qui est le fruit de la science.

214. Le soleil, qui ne s'use pas, en se levant et en se couchant tous les jours, use les plaisirs et les peines des êtres vivants. (Cf. 6 et 115.)

215. Que le sage exécute telle et telle de ses résolutions : il n'en tirera pas d'autre fruit que celui qui lui est réservé par le destin.

216. Que la mer garde la perle dans ses abîmes, et qu'elle porte un fétu sur la cime de ses flots, c'est sa faute : mais la perle n'en reste pas moins une perle, et le fétu un fétu.

217. «Où irons-nous? Où nous arrêterons-nous? Que ferons-nous? Que ne ferons-nous pas?» Telles sont les pensées des hommes sensuels. Celui qui est sans passion est paisible et heureux.

218. La négligence est le plus redoutable des ennemis; la négligence est le plus violent des poisons; la négligence est le voleur de la ville qui s'appelle délivrance[1]; la négligence est le chemin de l'enfer.

219. Il ne faut faire de mal à aucun être vivant; il faut cultiver l'amitié; il ne faut pas, dans l'intérêt de cette vie, entretenir d'inimitié avec qui que ce soit.

220. Il n'y a pas de femme aussi favorisée du sort que la concupiscence : elle nous prend la vie, et elle reste notre bien-aimée. (Cf. 54.)

221. A quoi bon la forêt quand on a dompté ses sens, ô descendant de Bharata[2]? A quoi bon la forêt si on ne les dompte pas? Quel que soit le lieu qu'on habite après avoir dompté ses sens, ce lieu est une forêt et un ermitage[3].

222. Heureux ces hommes, les meilleurs des hommes, qui, lorsque la colère naît et s'allume dans leur cœur, l'éteignent avec la raison, comme on éteint avec l'eau un feu qui brûle.

1. Ou «salut». Cf. 212.
2. Le vers est adressé à l'un des héros du Mahābhārata.
3. C'est-à-dire celui qui l'habite est un véritable ascète.

ADDITIONS ET CORRECTIONS.

P. 2, l. 2. शस्रेषु. Lisez : शस्त्रेषु.

» 3, l. 7. Ajoutez : La césure qui sépare les *pādas* impairs des *pādas* pairs peut se trouver entre deux termes d'un même mot composé.

» 11, l. 22. *āçru* (deux fois). Lisez : *açru*.

» 17, l. 5. Ajoutez : *ṛju* v. *arj 2*.

» » l. 23. *añc*. Lisez : *ac*.

» 19, l. 19. Ajoutez : *pālita*, part. passé passif du verbe dénominatif *pālayati*, v. *pāla*, sous *pā 1*.

» 20, l. 30. ०भागराजा. Lisez : भाग्राजा.

» 25, l. 27. v. *ud*. Ajoutez : *1*.

» 26, l. 7. विग्रहस्तथा. Lisez : निग्रहस्तथा.

» 27, l. 27. possessif. Lisez : dérivé.

» 29, l. 21. *rajyate* id. Ajoutez : moyen.

» 37, l. 17. Supprimez : 109.

» » l. 21. Ajoutez : 109.

» 39, l. 10. Lisez : भ्राजयन्तीं (lettre cassée).

» 41, l. 28. auxiliaire. Lisez : à auxiliaire.

» 48, l. 30. Lisez : *mā (ā* mal venu).

» 61, l. 18. केचित्प्र०. Lisez : के चित्प्र०.

» 78, l. 20. réduite. Lisez : réduit.

» 85, l. 22. सची०. Lisez : शची०.

» » l. 28. ०श्राबक. Lisez : ०श्रावक.

» 96, l. 20. *adhas-tāt*. Lisez : *adhas-tād*.

» 107, l. 5 et 6. Ajoutez l'astérisque.

» » l. 26. St. 48, etc. Lisez : Quelquefois, dans les vers, il se déplace.

» 108, l. 15. Ajoutez l'astérisque.

P. 110, l. 10 et 18. Ajoutez l'astérisque.
» 115, l. 26. Devant la racine, ajoutez : *1.*
» 118, l. 14. Entraîner. Ajoutez : violenter, dompter.
» 120, l. 28. Ajoutez l'astérisque.
» 122, l. 26. *Id.*
» 125, l. 4 et 28. *Id.*
» 130, l. 15. Nœud. Ajoutez : nœud du vêtement, tenant lieu de bourse.
» 154, l. 4. *dhe-ya.* Lisez : *dheya.*
» 165, l. 4. dureté. Ajoutez : particulièrement en paroles, rudesse, grossièreté.
» 177, l. 9. boire. Ajoutez : jouir de.
» 183, l. 3. *mard, mṛd.* Lisez : *mard(i), mṛd(i).*
» 198, l. 15. *lav.* Lisez : *lav(i).*
» 204, l. 24. 2 *-vāh-a.* Lisez : 2 *vāh-a.*
» 208, l. 27. jeune. Lisez : jeûne.
» 209, l. 24. cheville. Ajoutez : clou.
» 222, l. 30. *stambh, stabh.* Lisez : *stambh(i), stabh(i).*
» 224, l. 26. *prati-ṣṭha.* Lisez : *prati-ṣṭhā.*
» 230, l. 12. Après cette ligne, intercaler : **हुम्** *hum.* Ah!
» 283, l. 8. de thèmes de temps, etc. Lisez : de thèmes de temps et même l'infinitif (comme seconds termes), et le gérondif, bien que celui-ci, comme l'infinitif, soit tiré, etc.
» » l. 10. qu'avec les préfixes. Ajoutez : Le gérondif (120) et les participes peuvent en outre se combiner avec *a, an* privatif.
» » l. 11. Lisez : Aucune de ces catégories n'entre en composition comme second terme avec un thème nominal.

TABLE DES MATIÈRES.

VIENNE. — TYP. ADOLPHE HOLZHAUSEN.
IMPRIMEUR DE LA COUR I. & R. ET DE L'UNIVERSITÉ.

www.ingramcontent.com/pod-product-compliance
Ingram Content Group UK Ltd.
Pitfield, Milton Keynes, MK11 3LW, UK
UKHW020427200726
13857UKWH00002B/321